# 메를로퐁티 현상학과
# 예술세계

# 메를로퐁티 현상학과 예술세계—개정증보판

초판1쇄 펴냄 2026년 3월 3일

**지은이** 신인섭, 김화자, 박신화, 전영백, 주성호, 최재식, 한의정, 한정선, 정소라
**책임편집** 이진희

**펴낸이** 유재건
**편집장** 이진희
**편집부** 문혜림, 민승환, 전혜빈
**디자인팀** 심민경, 조예빈
**독자사업** 류경희
**경영관리** 장혜숙
**펴낸곳** (주)그린비출판사
**주소** 서울시 서대문구 이화여대2길 10, 1층
**대표전화** 02-702-2717 | **팩스** 02-703-0272
**홈페이지** www.greenbee.co.kr
**원고투고 및 문의** editor@greenbee.co.kr

ISBN 979-11-94513-47-6 93160

독자의 학문사변행學問思辨行을 돕는 든든한 가이드_(주)그린비출판사

개 정 증 보 판

# 메를로퐁티 현상학과 예술세계

신인섭 편저

MAURICE
MERLEAU-PONTY
PHENOMENOLOGY
AND ART

그래서 어느 누구도 세계와 등지고서는
자신의 작품을 자랑할 수 없을지니.

Maurice Merleau-Ponty, *Signes*

| 일러두기 |

1 이 책은 여러 지면에 발표되었던 글들을 묶어 수정·보완한 것이다.
2 단행본·정기간행물의 제목에는 겹낫표(『 』), 논문·단편·예술작품 등의 제목에는 낫표(「 」), 건축물의 이름에는 화살괄호(《 》)를 사용했다.
3 외국어 고유명사는 2002년에 국립국어원에서 펴낸 외래어표기법을 따르되, 일부 명사의 경우 필자의 표현을 따라 원어의 발음을 살려 표기하였다.

# 서문 / 예술의 철학자, 메를로퐁티

## 젊은 시절의 초상

1959년 열린 앙리 베르그손(1859~1941) 탄생 100주년 기념 강연회에서, 흄과 후설 철학의 전문가이자 고위공무원인 가스통 베르제Gaston Berger가 좌석을 가득 메운 청중에게 세 가지 형용사로 메를로퐁티를 소개한다. 천천히 그리고 다소 비장하게 발음된 "심오하고 엄밀하며 독창적인" 철학자 메를로퐁티는 프랑스 중서부의 해안도시 로슈포르에서 태어났다. 1913년 부친의 사망 이후 그의 가족은 고향을 떠나 르아브르에서 얼마간 살다가 파리로 이사한다. 조르주 샤르보니에와의 인터뷰를 통해 그는, 레비스트로스도 동문이었던 파리 16구의 장송-드-사이이Janson-de-Sailly 고등학교 시절 축구를 즐겼으며, 교과 성적으로는 수학보다 라틴어와 그리스어에서 탁월한 점수를 받았다고 기억한다.

가톨릭 신자였던 메를로퐁티는 고교 재학 당시(1923~1924) 무신론자이자 행동하는 유태인 철학 교사인 로드리그<sup>Gustave Rodrigues</sup>로부터 결정적인 영향을 받는다. 1894년의 교수 자격시험에 2등으로 합격한 로드리그의 수업은 메를로퐁티의 관심을 횡적 관계인 '타인'으로 가져가면서 종적 관계인 '종교'로부터 서서히 그를 해방할 맹아를 심게 된다. 게다가 철학 성취도 평가의 '최우수상'과 더불어 그의 전공은 분명해지기 시작한다. 고교 졸업 후 에꼴 노르말<sup>Ecole Normale Supérieure</sup>에 입학하기 위해 메를로퐁티는 '루이-르-그랑' 고등학교의 '프레파'(노르말 준비반)로 진학한다. 프랑스는 고등교육인 아카데미에서 일반 교육과 엘리트 교육을 병행하는데, 후자에 속하는 초일류 교육기관, 즉 그랑제콜<sup>Grandes Écoles</sup>에 입학하려면 특정 고교에만 설치된 준비반에서 2년을 공부한 후 입학시험을 치러야 한다. 메를로퐁티는 역사와 그리스어에 최고 점수를 받으면서 마침내 1926년 에꼴에 입학한다.

그는 노르말리앙<sup>Normalien</sup>으로 재학 중 라틴어와 그리스어에서 타의 추종을 불허할 만큼 뛰어났기에 인문반 주임교수인 불문학자 귀스타브 랑송<sup>Gustave Lanson, 1857~1934</sup>이 '고전문학'으로 전공을 바꾸라고 조언하지만, 후일 1940년 독일군에게 점령된 대서양 도시 비아리츠에서 자살로 생을 마감한 은사 로드리그 및 고교 시절에 대한 추억과 함께 철학자의 길을 굳힌다. 에꼴 재학 중에 메를로퐁티는 사르트르와 폴 니장을 만났으며 또 말년까지 절친한 관계로 지낸 장 이폴리트<sup>Jean Hyppolite, 1907~1968</sup>와 우익의 기수 레몽 아롱도 알게 된다.

한편, 노르말리앙 2년 차 메를로퐁티는 파리대학의 '철학일반 및 논리학' 학사자격시험에서 시몬 베유<sup>Simone Weil</sup>와 시몬 드 보부아르에 이어 3등을 하자, 당시로는 흔치 않은 이들 철학 전공 두 여학생에게 자신을 소개하였고, 특히 사르트르와 무관하게 알게 된 보부아르와는 오래도록 우정의 편지를 나눈다. 동시에 보부아르의 단짝 엘리자벳 라쿠앵Elisabethe Lacoin, 1907~1929과의 운명적 만남도 시작되고 있었다. 자자Zaza로 불린 엘리자벳과는 약혼까지 하지만 가족사를 문제 삼는 그녀 집안의 반대로 결혼에 이르지 못한다. 메를로퐁티는 에꼴 노르말에 입학한 후 4년 뒤인 1930년 교수 자격시험에서 1881년의 베르그손처럼 차석으로 합격한다.

　그는 1935년부터 1939년까지 에꼴 노르말의 교수 자격시험 훈련 교수로 재직한 후 제2차 세계대전 발발과 동시에 보병연대에 동원되지만, 마지노선이 너무도 허망하게 무너지면서 1년이 채 못 돼 무장 해제된다. 1940년부터는 카르노 고교에서 4년을 가르친 후 콩도르세 고등학교의 '프레파' 교수로 1년 일하는데, 이 재직 기간 중 파리대학 철학과 에밀 브레이에Émile Bréhier, 1876~1952 교수의 지도하에 1942년의 부논문과 1945년의 주논문으로 박사학위를 취득한다. 1945년 가을, 리용대학 전임강사로 임용된 메를로퐁티는 1948년 1월, 같은 대학 심리학 전공 교수가 되었으며 1949년 가을부터는 파리대학에서 교육심리학을 가르친 후 바로 다음 해 학과 소속 없이 정교수로 승진한다. 2년 후인 1952년, 그간의 연구 성과를 인정받아 마침내 44세의 나이에 '콜레주 드 프랑스'의 교수로 취임하면서 그는 나중에 『철학 예찬』으로 출간된 취임사를 읽게 된다. 그리고 9년 후, 최후 저술 『보이는 것과 보이지 않는 것』을 탈고하지 못한 채 1961년 5월의 어느 날 심장마비로 타계하여 현재 파리 20구에 영면 중이다.

## 앙가주망의 철학자

제2차 세계대전 발발 초기에 당대 지식인들과 비밀결사 네트워크에 가담하여 항독활동을 한 그는 전후 1945년 12월 사르트르, 레몽 아롱, 미셸 레리스, 시몬 드 보부아르 등과 함께 월간지 『현대』*Les Temps Modernes*를 창간하여 1952년까지 편집장을 맡는다. 그가 이 직책을 그만둔 것은 한국전쟁의 성격과 전개를 바라보는 사르트르와의 시각 차이 때문이기도 하지만, 결정적인 이유는 다음과 같은 독단적인 편집 운영 때문이었다. 사르트르는 한국전쟁에 대한 자신의 독자적 논리를 피력한 「공산주의자와 평화」 초고를 편집위원회의 심의도 거치지 않고 1952년 12월호에 실으려 했던 것이다. 이미 1950년 무렵부터 이러한 전횡의 기미를 보여 온 사르트르와의 관계는 이 사건을 계기로 되돌릴 수 없는 파국을 맞이하게 된다. 메를로퐁티는 1952년 콜레주 드 프랑스 교수 취임을 계기로 마음을 다지다가 1953년 7월 영원히 그와 결별한다. 그는 억압받는 계급의 일원처럼 행동하는 자기기만 대신 노동자 계급의 당 비판도 마다하지 않는 자유로운 정신의 지식인으로 남은 것이다.

이렇듯 메를로퐁티는 프랑스의 영웅들과 함께 팡테옹에 잠들어 있는 에꼴 노르말의 선배 장 조레스처럼 역사와 현실에 깊이 관여한 철학자였다. "타자란 곧 역사"라는 그의 지론이 단적으로 그것을 보여 주고 있는데, 전기의 정치 저작인 『휴머니즘과 테러』에서 변증법적 역사 인식을 철저히 적용하며, 목적과 수단의 관계에서 국가 폭력이 정당화되는 논리를 어느 정도 수용하는 마르크스주의적 입장을 보였으나, 이후 서구 사회에서의 그 적용은 공동체의 맥락을 효율적으로 이용해야 한다고 보고 혁명적 좌파에서 민주적 좌파로 전략을 수정하게 된다. 『변증법의 모험들』 이후로 그는 '베버, 루카치, 사르트르, 마키아벨리'라는 사두마차를 통해 정치철학에서의 이른바 '제3의 길'을 모색하게 된다.

그 결과 그는 당대의 마르크시스트 로제 가로디<sup>Roger Garaudy</sup> <sup>1913~2012</sup>에게 비판받는다. 가로디는 루카치의 편지를 부록에 소개하면서 앙리 르페브르 등과 함께 공저 『안티-마르크시즘의 실패』를 간행하는데 "메를로퐁티의 불행"이라는 부제까지 달았다. 아이러니한 점은 후일 가로디 자신도 기술 발전에 따라서는 '20세기 마르크스주의'가 재편되어야 한다고 선언하면서 정통파로부터 비판을 받았다는 것이다. 그런데 여기서 메를로퐁티 후기 사유의 키워드인 '존재의 리듬'으로서 '세계의 살'<sup>chair du monde</sup>을 역사에 적용한다면, 모든 독트린이란 필연적으로 시공간의 변화와 흐름에 따라 조율되어야 한다는 맥락주의로 수렴된다. 이것은 맹목적인 상대주의가 아니라, 시대의 이면을 통찰하며 섣부른 가담을 경계하는 '이유 있는 관망주의'였다. 그는 이를 통해 권력의 도그마에 빠지지 않는 비판적인 '체제 비순응'<sup>non-conformisme</sup>을 고수하면서도, 역사의 흐름 속에서 정당한 자리를 찾는 '신중한 앙가주망'을 실천하고자 했다. 이후 메를로퐁티는 20세기 중반 서구 사회의 정치지형적 아우라를 타고서 피에르 망데스프랑스를 지지하게 된다. 그리고 반-드골주의자요, 비-공산주의자로서 사회주의 이념을 민주적 토대 위에서 실현하기 위해, '신좌파'<sup>Nouvelle Gauche</sup>의 효시와도 같은 정당 '민주세력연합'<sup>UFD</sup>에 장 이폴리트와 함께 가담한다.

## 문학과 예술 비평가, 메를로퐁티

다양한 작가와 예술가들을 읽고 인용도 한 메를로퐁티가 특별히 애호한 시인은 스테판 말라르메, 폴 발레리 그리고 프란시스 퐁주였다. 소설가 가운데에서는 마르셀 프루스트와 클로드 시몽이 그에게 매우 중요한 인물이었다. 프루스트는 감각적인 것의 유사물이자 이 감각적인 것의 바탕에 놓인 '관념'이 어떻게 신체 속으로 스며드는지를 보여 준 작가였고, 시몽은 시공간의 순차적 전개를 해체하며 이미지들을 재편함으로써 메를로퐁티의 철학이 사유하는 지각과 표현의 문제를 소설적으로 형상화한 대표적 인물이다. 메를로퐁티는 콜레주 드 프랑스 취임 이듬해인 1953년부터 『문학적 언어 사용 연구』*Recherches sur l'usage littéraire du langage*[1] 라는 제목으로 강의를 진행하였다. 거기서 그는 누보로망 작가들을 비롯하여 당대의 주요 문필가이자 이론가였던 모리스 블랑쇼, 피에르 프레보, 장 폴 사르트르, 미셸 레리스를 다루는 동시에 사실주의 심리소설가인 스탕달을 적극적으로 원용했다. 특히 시인이자 작가이며 철학자였던 폴 발레리의 문체와 사유는 메를로퐁티가 자신의 철학적 이념을 해석하고 구성하는 데 핵심적인 준거가 되었다.

그와 연결되어 언급할 수 있는 예술가들은 회화와 소각 선만에 걸쳐 존재한다. 회화에서는 니콜라 드 스탈^Nicolas de Staël과 앙리 마티스도 언급할 수 있겠지만, 메를로퐁티의 미학적 사유와 가장 깊게 호응하

---

1) Maurice Merleau-Ponty, *Recherches sur l'usage littéraire du langage*, Metispresses, Genève, 2013.

는 화가는 역시 프랑스의 폴 세잔이고 스위스의 파울 클레도 친연성을 보인다. 조각에서는 낭만주의 이후 형성된 사실주의적 문제의식을 출발점으로 삼아 그 너머까지도 창조한 오귀스트 로댕 그리고 '존재의 원초적 신체성'을 조형적으로 탐색한 제르멘 리쉬에Germaine Richier가 메를로퐁티와 연결되어 언급될 수 있다. 그러나 그 누구보다 메를로퐁티의 예술적 비전과 가장 잘 어울리는 조각가는 알베르토 자코메티Alberto Giacometti이다. 메를로퐁티는 지각과 존재 사이의 거리를 조형적으로 구현한 자코메티의 인물상에서 '존재의 후퇴와 현전 사이의 긴장'을 읽어 낸다. 자코메티는 메를로퐁티가 편집한 사전『저명한 철학자들』에 드로잉 작품을 헌정하기도 했다. 덧붙여, 초현실주의와의 접점을 지니면서 형태를 본질적인 조형의 핵으로 정련한 루마니아 출신 조각가 콘스탄틴 브랑쿠시Constantin Brancusi, 추상적 긴장과 비일상성을 현실의 정물 속에서 포착한 이탈리아 볼로냐 출신 화가 조르조 모란디Giorgio Morandi 또한 메를로퐁티의 미학적 이념을 구현한 예술가로 평가될 수 있겠다. 특히 모란디는 폴 세잔에게서 밀도 높은 컬러 존과 영속적인 형태감을 계승한 화가였다.

## 소설가 메를로퐁티

1930년경의 에꼴 노르말 쉬프 학생 특히 문과생에게는, 비록 모두는 아니지만 재학 중이나 직후에 소설을 출간하는 것이 유행이었다. 예컨대 사르트르의 단짝 폴 니장은 졸업 직후인 1931년『아라비아의 아덴만』Aden Arabie과 1932년『경비견』Les Chiens de garde을 간행했다. 그런데 2014년 10월 『르 몽드』에는 메를로퐁티가 필명 자크 엘레르Jacques Heller로 『북극 이야기』[2]를 간행했을 것이라는 기사가 실린다. 당시 그의 약혼녀인 엘리자벳 라쿠앙과 그녀의 친구 시몬 드 보부아르가 저자의 정체에 대해 의견의 일치를 본 것으로 추정되었다.

이 가설은 2019년 발견된 미간행 편지들에서 확인이 된다. 주인공 미셸이 현대판 율리시스로서 신세계로 모험을 찾아 나선다는 소설의 내적 증거를 보면, 작품 속에는 메를로퐁티에게 익숙한 지역들이 등장하는데, 주인공 미셸은 메를로퐁티의 친지가 많은 프랑스 남서쪽 보르도 부근에 들렀다가 떠나며 또 일정 기간 메를로퐁티가 학창 시절을 보낸 북부의 항구 르 아브르에서 출발하는 여정이 그려진다. 미셸은 캐나다 북극의 한 촌락에서 어느 이누이트 부인과 관계를 맺으며 식민주의자의 관행을 답습하게 되고, 마침내 공범이 되는 것으로 비친다. 메를로퐁티가 저자라는 전제하에서 볼 때, 하필 이러한 북극의 고독과 모험이 전개된 배경은, 당시 약혼녀의 부모가 결혼을 반대하여 딸을 베를린으로 보내 버린 이후 그에게 모종의 탈출구가 필요했을 가능성과 관련되어 있다.

한편, 모험적 방랑과 더불어 생계형 생존 투쟁을 낭만적으로 다룬 미국 작가 잭 런던Jack London의 '프랑스판'이라 할 수 있는 자크 엘레르는, 잭과는 달리 메를로퐁티에게 소중한 작가들인 샤를 보들레르와 샤를 모라스를 통해 장기 여행을 준비했으며 또 세네카와 루크레티우스를 통해 진정으로 낯선 유배란 멀리 떠난다는 데 있지 않고 가장 친밀한

---

2) *Nord: Récit de l'arctique*, Grasset, 1928.

사람과의 힘든 관계에 있다는 것을 독자에게 환기하고 있었다. 한편, 소설 외부적 증거로는 우선 메를로퐁티의 문학적 재능과 가족을 잘 알고 보부아르에게 귀띔한 약혼녀의 직감적 확신에 있으며, 다음으로 서점에서 만난 보부아르에게 메를로퐁티가 수줍고도 멋쩍게 웃으면서 갓 출간된『북극 이야기』를 말없이 친절하게 건넸다는 전자의 증언에서도 확인된다. 더군다나 소설가의 이름 자크는 메를로퐁티의 세례명이기도 했다.

그런데 소설의 플롯은 구체적으로 어떻게 가능했을까? 소설 주인공 미셸이 캐나다 허드슨만 서북쪽에서 체류했다는 설정은 메를로퐁티 할아버지의 경험과 연결시킬 수밖에 없다. 프랑스령 뉴칼레도니아에서 4년간 의사로 일한 할아버지는 〈인간 박물관〉에서 '토인 자료전'을 기획했었다. 그는 필시 손자에게 원주민 이야기를 들려주었으리라. 이것을 바탕으로 자크 엘레르가 된 메를로퐁티는 이누이트의 생활 모드를 다룬 다큐영화「북극의 나누크」<sup>Nanouk l'Eskimau, 1922</sup>를 풍부한 상상력으로 종합했을 것으로 보인다. 약혼녀 엘리자벳은 스토리에 흐르고 있는 이 모든 '데자뷔'를 본능적 감각으로 깨달았을 것이다.

반면, 메를로퐁티가 저자가 아닐 일말의 가능성도 있다. 딸 마리안느에게는 소설에 대해 한 마디의 언급도 없었고, 그 어떤 원고도 연구실에 남아 있지 않았으며, 그라세 출판사에도 서신 왕래의 흔적은 보이지 않는다. 무엇보다 메를로퐁티 자신이 공식적으로 고백한 적이 없다는 것이 큰 이유가 된다. 그러나 어느 날 클로드 시몽이 메를로퐁티와 더불어 뉴욕 작가들 앞에서 대담을 가졌을 때 그 자신은 철학자가 되는 것이 자신 없었다고 하자 이 철학자는 "만약 당신이 철학자였다면 그런 소설을 쓸 수 없었을 것이니 자신을 행운아로 여기라"라고 조언하면서 철학자가 아닌 소설가로 살아가는 시몽을 다소 부러워한 듯한 묘한 여운을 남긴다.

## 사전 편집인 메를로퐁티

콜레주 드 프랑스 교수 취임 4년 후인 1956년, 메를로퐁티는 마즈노 출판사의 기획물인 『저명 철학자들』*LES PHILOSOPHES CELEBRES*이라는 사전을 편집한다. 당대의 유력한 철학자들이 메를로퐁티의 의뢰로 대거 등장한 이 사전은 내용상은 물론이며 전대미문의 예술적 편집으로 철학사에 아름다운 흔적을 남기게 된다. 메를로퐁티는 일곱 주제로 분류하고 각 주제마다 상세하고 긴 소개문을 쓴다. 「동양과 철학」에서 그는 『장자』의 편집자요 주석가인 귀상郭象을 언급하면서 유가와 도가의 시조들 및 신유학을 해제한다. 「서양철학의 시조」에서는 장 보프레와 골드슈미트 그리고 미셸 구리나가 주요 항목을 맡아 기술하고 「기독교와 철학」에 가면 모리스 드 강디약과 폴 비뇨 등이 저술한다.

　「합리주의」에서는 17세기 프랑스철학의 강세를 보여 주듯 앙드레 릴렁드, 데몽 폴링, 페르디낭 알기에, 클랑 기이 유이, 이봉 블뢰발, 장 스타로방스키라는 거장들이 대거 작성에 참여한다. 「주체성의 발견」에 가면 옥스퍼드의 길버트 라일Gilbert Ryle, 1900~1976이 흄을 담당하고 헐Hull 대학의 제소프T. E. Jessop가 버클리를 소개한다. 더불어 스트라스부르의 귀스도르프는 파스칼과 키르케고르를, 클레르몽의 쥘 뷔유망은 칸트와 피히테를 맡게 된다. 「역사의 발견」에서는 하이델베르크의 칼

뢰비트Karl Löwith가 니체를 쓰고 CNRS의 에릭 베유Eric Weil, 1904~1977는 헤겔을 집필한다. 마지막 현대편 「실존과 변증법」에서도 중요 철학자들이 기고를 하고 있다. 베르그손은 질 들뢰즈가, 블롱델은 앙리 뒤메리가, 막스 셸러는 뉴욕의 알프레드 쉬츠Alfred Schütz가, 그리고 후설, 하이데거, 사르트르는 루뱅의 알폰스 드 밸런스Alphonse De Waelhens가 작성하게 된다.

이렇게 일곱 개의 항목이 완료된 후, 「부록」에서는 본편에 다루어지지 않은 철학사의 거장들에 대한 일람표가 메를로퐁티 자신의 선정과 지도로 세부적으로 기술된다. 여기서도 그는 위 일곱 항목에 기고한 몇몇 철학자들을 비롯하여 가스통 바슐라르, 앙리 코르뱅, 위베르 다미쉬Hubert Damisch 등에게 원고를 의뢰한다.

이 사전의 특징은 첫째, '주체'에서 몽테뉴, 파스칼, 콩디약을 도드라지게 했으며, '역사'에서는 콩트를, '실존'에서는 알렝과 블롱델을 다룸으로 프랑스 철학자들의 중요성을 부각시켰다는 점이고, 둘째, 메를로퐁티가 평소 사상적 라이벌인 사르트르를 비판했음에도 불구하고 그를 본편의 마지막 항목으로 중용했다는 것이며, 셋째, 편집인 메를로퐁티가 원로와 중견뿐만 아니라 신진 학자들에게도 집필을 의뢰했다는 것이다. 훗날 '포스트구조주의'의 대철학자가 되는 약관의 질 들뢰즈, 그랑제꼴 준비반을 위한 두 권짜리의 혁혁한 철학 원론을 저술한 미셸 구리나, '리듬과 세계'의 현상학자이자 루이 아라공이 발탁한 시인 자크 가렐리가 바로 그들이다. 각 철학자의 사진과 초상화가 삽입되면서 이 사전은 일종의 예술품처럼 승화하는데, 메를로퐁티에게 헌정된 자코메티의 표제 드로잉은 화룡정점이 된다.

# 현상학적 알고리즘의 내막

야생적 존재의 키아즘<sup>chiasme de l'être sauvage</sup>

모리스 메를로퐁티는 신과 자연, 정신과 물질, 의식과 신체 사이의 고전적 이원론을 극복하려 한 철학자이다. 아마도 서양철학사에서 이론철학과 실천철학을 가로질러 메를로퐁티만큼 일관되고 정합적인 철학자를 찾기는 쉽지 않을 것이다. 메를로퐁티는 존재론, 심리학, 사회학, 인류학, 교육학, 예술철학, 정치철학 그리고 과학사 비판으로서 인식론에 이르기까지 제3의 장르(이론)와 제3의 길(실천)을 통해 일괄적인 해법을 일관되게 제시한 독창적인 철학자이다. 그래서 그에 대한 평가는 아직도 진행 중이라고 할 수 있겠다.

메를로퐁티는 후설의 '살아 있는 현재'<sup>présent vivant</sup>가 구성하는 시간 의식의 흐름을, 지각과 신체의 응축된 깊이 속에서 '살의 시간'으로 다시 그려 낸다. 그는 이러한 지각적 시간의 흐름이 의식과 세계 사이에 제3 존재세계<sup>inter-monde</sup>를 형성한다고 보는데, 그곳에서는 더 이상 선명한 이항 구조란 통용되지 않는다. 이로써 배중률<sup>Principle of the Excluded Middle</sup>은 해체되고 서로 얽히는 경계 위에서 음양의 원리처럼 둘이자 하나요, 하나이자 둘로서의 '양의성'<sup>兩儀性/ambiguïté</sup>이 철학적 사유의 새로운 원리가 된다. 그의 현상학은 의식과 신체가 고도로 미묘하게 서로의 안으로 미끄러져 들어가면서 경계를 흐리게 하므로 마침내 양자 사이가 철저히 얽히는 '순환적'(교차적) 상호성의 존재론으로 진화한다.

메를로퐁티에게 키아즘<sup>chiasme</sup>은 의식과 신체, 주체와 세계의 관계에서 발생하는 단순한 역전<sup>reversibility</sup>을 넘어선 존재론적 교직교차<sup>交</sup>

織交又이다. 이는 대립 항들이 서로를 포옹하며 구성하는 "교차적 얽힘" entrelacs으로, 신체가 세계로 들어가는 동시에 세계에 의해 점령되는 역동적인 중첩의 구조이다. 예를 들어, "보는 신체"가 동시에 "보이는 신체"가 되는 순간처럼, 키아즘은 주체와 객체의 이분법을 해체하며 살a chair이라는 존재론적 근간을 드러낸다.

이러한 교직교차 이미지의 시간적 등가물이 바로 임박성imminence이다. 이것은 키아즘이 '언제나 이미' 진행 중인 임박한 현재, 그리고 막 달아나는 여기에서 성립하는 비-지양적 시간성, 다시 말해 변증법적인 알리바이를 형성한다. 이는 과거 · 현재 · 미래의 선형적(순차적) 시간을 거부하고, 지각의 순간마다 새롭게 발생하는 비가시적인 출현emergence의 시간성을 포착한다. 예컨대, 손이 물건을 만지려는 순간 그 물건도 동시에 손을 "만지는" 것처럼, 임박성은 행위와 경험이 서로를 예측 불가능하게 재구성하는 생성의 과정이다. 이 과정은 마치 양자 얽힘Quantum Entanglement의 순간처럼, 주체와 세계가 분리되기 이전의 원초적 연관성 속에서만 포착될 수 있는 존재론적인 교차 도약이다. 이러한 의미에서 임박성은 존재의 기저에서 작동하는 비-지양적 변증법이며, 주체와 객체, 주체와 주체, 더 나아가 사물과 사물 사이에서 발생하는 역동적 존재현상으로 이해할 수 있다.

키아즘의 기제인 임박성 개념은 뫼비우스의 띠에 비유될 수 있다. 뫼비우스의 띠는 키아즘의 이미지로, 내부와 외부의 구분이 무너지는 개방 구조를 상징한다. 여기서 "윗면"이 예기치 않게 "아랫면"이 되는 역전은 안과 밖이 동시적으로 뒤얽히는 키아즘적 사건을 입체적으로 보여 준다. 동시에 이 뒤집힘은 "지금 여기"에서 끊임없이 창발하는 임박한 시간성을 함축한다. 뫼비우스 띠의 끝없는 순환은 고정된 완결성이 아닌 영원한 미완결과 창조적 개방성을 드러내는데, 이는 지각과 행위가 지속적으로 재편되는 생활세계, 곧 '살아 있는 현장'을 닮아 있다.

키아즘과 임박성은 하나의 살, 곧 세계와 신체가 공유하는 존재론적 조직을 이루면서, 각각 공간과 시간의 차원에서 지각의 신체성을 구현한다. 키아즘은 주체와 세계의 상호 침투와 연루를 가능하게 하는 공간적 네트réseau이며, 그 시간적 이미지인 임박성은 저러한 침투가 현재라는 시간적 모순 또는 변증법적 부재의 시간 속에서 발생함을 보여 준다. 이 두 가지는 분리될 수 없는 한 쌍의 개념으로, 세계와 신체가 동일한 존재론적 조직texture으로 짜여 있다는 사유 곧 메를로퐁티의 살의 존재론을 완성한다. 이로써 "보는 자"와 "보이는 것"의 교직교차는 단순한 상호작용이 아니라 존재 자체가 스스로를 드러내는 근원적 경험의 장이 된다.

이와 같은 사유로 메를로퐁티는 철학의 고전적 문제인 정신과 자연, 그리고 의식과 신체의 '관계'를 전 · 후기 주저를 통해 일관되고 심층적으로 연구한다. 후설이 논리적인 것을 감성적 경험의 축적물로 보는 심리학주의Psychologism를 비판하며 출발했듯이, 메를로퐁티 역시 분트 이래의 실험심리학을 비판하며 철학사의 전면에 등장한다. 그는 의식과 신체 사이에 실체적 구분이 존재하지 않으며, 신체란 언제나 정신으로 젖어 있고 정신 또한 초월적 독자성을 갖기보다 신체의 기운으로 배어 나온다는 '흐린 경계'의 역설을 기술한다. 이는 다분히 서구적 이분법을 거스르는 초논리적Hyper-logical 저항이라 하겠다.

## 스피노자를 위한 교착배어 현상학

메를로퐁티의 현상학은 심신통일, 상호침투, 교직교차[3]로 특징지을 수 있는 전대미문의 작업이었지만 당대의 구조주의 및 그 이후의 철학자로부터 비판을 받기도 했다. 이처럼 그의 '현상학적 변증법'이라 할 양의성兩儀性 교직交織은 우리 현상학계에서도 제대로 이해되지 못한 채 통용되고 있는 것으로 보인다. 하지만 메를로퐁티는 『행동의 구조』에서부터 '행동의 구조'를 경험함으로써 대자와 즉자 사이의 사르트르식 양자택일을 이미 극복했다고 평가할 수 있다. 더 나아가 그는 『눈과 정신』에서 인간이 사물을 바라볼 때, 눈이라는 기관이 '지각'한 것을 정신이 해석하여 '판단'한다고 말해서는 안 된다고 명시한다. 그럴 경우, 기관과 정신은 서로가 대립적인 이항이 되기 때문이다. 보는 행위 속에서 사물인 눈과 투명한 정신 사이의 간극은 증발한다. 행동 자체가 이미 "체화된 지향성"intentionalité incarnée을 통해 살아 움직이는 사물로서의 정신을 증명하는 것이며 이러한 행동의 주체를 메를로퐁티는 '주체적 신체' 또는 '고유한 몸'corps propre이라 부른다. 이것이 '체화된 의식'이다.

그러면 이제 corps propre와 conscience incarnée의 품사 배치를 분석해 봄으로써 메를로퐁티의 스피노자적 전술을 간파해 보도록 하자. 먼저 고전적 의식철학의 한계가 언어적 실체화에 있음을 전제할 때, 메를로퐁티는 스피노자의 문구인 "Deus sive Natura" 곧 신즉자연神卽自然

---

3) 키아즘은 교직교차(交織交叉)로 옮길 수 있으며, 주체와 세계가 서로를 품는 음양의 구조로서 '양의적 교직'(ambiguous chiasme)이라 정의할 수 있다.

을 거울로 "의식 즉 신체"라고 한다. 이 통일성은 고정된 이원 구조가 아닌 스스로 의미를 분비하는 생성적 과정이다. 여기서 그의 철학은 두 개의 체언(명사)이 아니라 하나의 체언에 하나의 용언(동사)을 접속하는 문법을 구사한다. 메를로퐁티의 두 표현을 분석해 보면, "고유한 몸"은 '의식적'이거나 '주체적인' 의미의 '고유한'이라는 용언(형용사)이 '신체'(체언)와 결합한 것이고, "체화된 의식"conscience incarnée은 '몸을 입은'(용언) 또는 '육화된'(용언)이라는 형용사가 '의식'(체언)과 결합해 있다.

이처럼 메를로퐁티는 정신과 자연의 통일성 및 인간 존재의 통합 구조를 위해 두 개의 체언을 사용하지 않고 하나만을 쓰므로 두 실체를 인정하지 않는다. 인간이란 영혼과 육체 그리고 의식과 신체라는 두 실체로 이루어진 존재가 아니다. 후기 철학의 "키아즘"이 등장하기 전부터 나타난 용언과 체언 사이의 이 같은 교차배어법, 그래서 양의兩儀적인 교직교차의 구조는 분석적 언어[4]의 한계를 극복하는 현상학적인 진리이다. 분석적 언어 배치는 모순율을 지킨다. 하지만 전기든 후기든 메를로퐁티의 키아즘은 얽힐 수 없고 섞일 수 없는 모순 관계의 두 실체(의식/신체)를 한 번은 의식(체언)을 중심으로 '체화된'이라는 용언을 접속하고, 다른 한 번은 신체(체언)를 중심으로 '주체적'이라는 용언을 연결하여 모순율을 부정해 버린다. 이때 체언은 용언의 한성으로 설고 실체화되지 못한다. 요컨대 메를로퐁티는 두 가지 실체로서가 아닌 의식

---

4) 고유한 신체와 육화된 의식은 C'est blanc bonnet et bonnet blanc처럼 corps propre와 conscience incarnée의 교착배어(交錯配語), 곧 키아즘이다. 이 같은 대각적 교차 구조로서의 키아즘을 통한 양의(兩儀) 변증법은 의식을 분석적 언어의 질서로 '무모하게' 규정해 온 전통적 서양 시각을 구원하기 위해 메를로퐁티의 현상학에서 독창적으로 떠오른 진리가 된다.

과 신체 사이를 양의적 교차 관계로 이해함으로써 서양철학의 이원론을 결정적으로 해체한다.

## '살'의 존재론과 표현성

메를로퐁티 후기 철학, 특히 『보이는 것과 보이지 않는 것』의 끄트머리에서 살의 존재론을 표현성과 연결하는 작업은 그의 철학을 언어, 예술, 타자 심지어 정치철학으로까지 확장하는 데 결정적인 매개 기제가 된다. 먼저 '살'은 오로지 물질만도 아니고 단순히 주체만도 아닌, 표현이 발생하는 매질milieu이다. 『보이는 것과 보이지 않는 것』에서 "살"은 세계와 주체 사이 및 보이는 것과 보는 자 사이에 공유된 존재론적 조직이 된다. 이 살은 더 이상 실체가 아니라 끊임없이 자기 자신을 드러내는 작용으로서 존재 그래서 표현성expressivité의 장이 된다. 메를로퐁티의 언어 및 예술의 철학은 바로 이 점을 바탕으로 존재론적인 표현성의 사유로 나아간다.

첫째, 감각의 형상화로서 세잔의 캔버스

세잔은 사물을 그리는 것이 아니라 "사물이 보이게 하는 방식 자체"를 그린다고 말한다. 이는 세계가 우리에게 단지 대상이 아니라 살의 얽힘 구조 속에서 스스로를 표현하는 존재임을 드러내는 예이다. 예술은 살의 존재론이 가시화되는 지점이다. 특히 회화는 단순한 재현이 아니라 살의 진동이 화면 위로 드러나게 하는 행위이며, "보이는 것과 보이지 않는 것" 사이의 교차가 된다. 이처럼 예술은 야생적 존재인 살이 표현을 통해 자기 자신을 드러내는 양식이라는 사실의 실천적인 증거이다. 메를로퐁티는 세잔이나 피카소를 세계의 리듬을 감각의 리듬으로 번역하는 사람들로 간주한다. 그러므로 이때 예술의 진실이란 재현 Representation이 아니라 출현Émergence, 곧 살의 비가시성에서 가시성으로 솟아나는 힘이 된다. 메를로퐁티는 이 같은 '살의 리듬'을 표현하고자 한 것이다.

둘째, '살'의 외화 형태로서 언어

메를로퐁티에게 언어는 단순한 기호 체계가 아니라 세계와 신체 사이의 얽힘이 구체화된 표현적인 매체이다. 그는 언어를 "사고의 몸"이라 부르면서 이 언어란 주체의 내면을 표현하는 것이 아니라 살 자체가 세계 속에서 의식이 열리는 '사건'이라 본다. 어떤 문장을 말할 경우, 그 문장은 "내 안에 이미 있는 생각"을 전달하는 것이 아니라, 말함으로써 생각이 구성되고 세계가 생성됨을 말한다. 메를로퐁티는 구조주의의 기표/기의 이분법을 거부하는데 언어란 구조이자 살아 있는 행위로서 언표 중인 말parole parlante이라고 본다. 이 생동적인 언어는 살의 표현적 기능이며, 세계와의 연루에서 태어나고 다시 세계를 형성하는 창조적인 실천이다.

셋째, 표현성의 존재론

메를로퐁티의 후기 철학에서 살은 단순히 공간적으로만 세계와 주체 사이의 중간이 아니라 그 자체로 존재가 자기 자신을 표현하는 활동적 힘 곧 표현성의 장이다. 이것은 먼저, 예술에서는 감각의 가시화로서 구현되며 다음, 언어에서는 의식의 체화인 발화parole로서 구현된다. 언어와 예술은 살이 자기 자신을 드러내는 방법들이며 따라서 메를로퐁티의 현상학은 '표현성의 존재론'으로 확장된다. 그가 꿈꾼 철학에서 예술과 언어는 존재가 자기 자신을 드러내는 자리이자, 우리는 그러한 과정에 참여하는 신체적-지각적 매개체라는 점에서 모두 살-존재의 현상학적 표현이 된다.

넷째, 양의적 교직교차chiasme ambigu

"한 손이 물건을 만질 때 그 물건도 이 손을 만진다"라는 예시는 가역성reversibilité의 직관적 표현이다. 살은 직조체texture이고, 차이의 얽힘entrelacs이며, 세계가 우리를 접촉하자마자 우리도 다시 세계를 만지게 하는 매질이다.[5] 나아가 말한다는 것은 그 말로써 자신을 보여 주는 것이다. 즉 말한다는 것은 언어의 살을 통해 자기 자신을 보이게 함이다.[6] 이것을 좀 더 철학적으로 확장하면 다음과 같이 전개된다.

— 세잔의 회화: 세잔은 병, 사과, 테이블과 같은 사물을 단순한 시각적 재현이 아니라 색채와 형태를 통해 그 사물이 지닌 감각적 밀도와 존재감을 표현하려 했다. 그의 그림에서 사물은 객관적 대상에 그치지 않고 화가의 시선과 몸이 그 안에 스며든 감각적 사건이 된다. 이는 바로 세계와 주체 사이에서 서로가 교차하는 살의 얽힘 관계이고

---

5) "La chair est une texture, un entrelacs, elle est ce par quoi le monde nous touche et nous touche en retour"(살은 하나의 직조이고 〔차이의〕얽힘이며, 세계가 우리를 접촉하자마자 우리가 다시 세계를 촉감하는 매질이다).

6) "Parler, c'est se faire voir par les mots"(말한다는 것은 말을 통해 자신을 보여 주는 것이다/ 말한다는 것은 말이라는 살을 통해 자기 자신을 보이게 함이다).

결국 표현성의 구현이다.

― 타자의 시선: 내가 타인을 볼 때, 그의 눈빛은 나를 되돌려 본다. 이 상호적 시선 속에서 보는 자와 보이는 자의 구분은 흐려지고, 우리는 살의 이 같은 가역성 안에서 서로를 촉발하는 존재가 된다.

― 유아의 신체 경험: 메를로퐁티는 아기의 신체가 세계와 접촉하는 방식, 예컨대 자아와 타자의 구별이 생기기 전의 운동과 감각의 상호작용을 분석한다. 아기의 손이 자신의 얼굴을 만지거나 타인의 얼굴을 더듬는 행위는, 살의 교차성을 가장 원초적인 방식으로 보여 주는 사례이다. 이 시기의 신체는 주체-객체 및 주체-타자의 명확한 구분 이전의 표현성과 감응의 장이다.

다섯째, 예술과 언어에서 드러나는 살

존재론적인 차원에서 살은 의식과 세계 사이에 생겨나는 제3 존재 장르로서의 직조체이다. 이 제3 존재장르는 앞서 살의 교차성과 출현 사례를 통해 보여 준 바와 같이, 세계와 주체, 보이는 것과 보는 자 사이의 얽힘 속에서 자신을 드러낸다. 살은 표현성을 띠면서 세계를 감각-신체론적으로 '표현'하는 힘이 된다. 우선, 살은 감각을 리듬화하여 예술가의 신체를 통해 회화와 음악으로 드러낸다. 다음, 살의 구조는 언어 작업으로 외화되어 의식을 구축하게 된다.

**현상학적 리얼리티: 양식과 표현**

메를로퐁티는 세잔의 회화가 자신의 현상학적 이념을 화폭에서 구현했다고 보았다. 세잔은 색으로 철학을 하고 메를로퐁티는 글로 그림을 그린 것이다. 세잔과 메를로퐁티 둘 다 사람과 자연 사이의 '원초적 만남'에서 출발한다. 화가는 눈으로 오브제와 관계를 맺는다. 화가의 눈에 현전$^{Présence}$하는 오브제들이 화가의 내부로 스며든다. 동시에 화가는 이 눈을 통해, 또 눈과 더불어 외출하여 오브제들 사이를 이리저리 돌아다닌다. 이렇게 들어옴과 나아감이 맞물리는 자리에서, 오브제와 화가 모두가 새로운 출현$^{Émergence}$의 장면을 연출하는 것이다.

나의 눈은 세계를 보는 창이기도 하지만 세계가 나를 볼 수 있는 창이기도 하다. 나아가 나의 눈은 내가 세계 안으로 입장할 수 있는 문이기도 하지만 마찬가지로 그것을 통해 세계가 나에게 들어올 수 있는 문이기도 하다. 나의 눈은 나와 세계 사이의 창이자 문으로서 서로의 것이 된다. 메를로퐁티가 차용한 독일어 In-ein-ander가 그것을 설명하는데, 내 눈을 통해 세계와 타자도 나를 본다. 요컨대 나는 보고 있지만 보이기도 한다는 존재론적 '교차'가 발생한 것이다.

주체와 객체 서로가 서로의 안으로$^{Ineinander}$ 미끄러져 드는 '얽힘 현상'$^{intrication}$을 통해 화가 주체는 세계로 열리고 동시에 이 세계는 나를 온전히 감싸는 둘레$^{Umwelt}$가 되므로 더이상 내 앞의 대상이 아니다. 그래서 주체가 객체를 통제하는 철학인 인식론은 역동적인 현상학적 존재론으로 바뀌게 된다. 이제 화가는 무대 밖의 감독이 아니라 무대 안을 누비는 배우가 된다. 여기서 화가는 무엇을 표현하고픈 걸까? 아마도 화폭에 '그러한' 그림이 그려지게 만든, 화가 고유의 양식이리라.

눈에 범상치 않게 포착된 장면이 들어오자마자 화가는 그 오브제들을 캔버스에 '표현'하면서, 그것들이 생동적으로 '현전'하게끔 만든다. 이와 같은 출현이 바로 오브제의 리얼리티, 곧 세계가 스스로 드러나는 현전의 방식이다. 이때 그림이 세계에 던진 물음Interrogation 으로 펼쳐지는 화가와 세계 사이의 신비로운 비전은 끊임없이 재탄생한다.

그 결과 객관적 리얼리티가 아니라 지각적 리얼리티를 찾느라 번뇌가 깊어진 세잔의 캔버스 위에는 균형이 무너진 오브제들이 들어찬다. 세잔 그림의 목표는 여전히 살아 있는, 그래서 흐르고 있는 세계의 모든 순간을 그 충만한 리얼리티로 표현함이다. 이처럼 화가는 자신에게 최적화된 화면을 절묘하게 포착해서 그 순간 절정의 감수성을 계시하는 존재다. 요컨대 세잔은 오브제의 단순 재현이 아니라 자연의 '원초 구현'을 목표로 삼은 점에서 현대미술의 진수자이며 메를로퐁티는 그 미증유의 증인이 된다고 하겠다.


## 미학의 패러다임: 두 주제와 세 원리

「세잔의 회의」라는 에세이와 후기 저술 『눈과 정신』이라는 두 주요 텍스트는 메를로퐁티의 미학 사유의 진화를 드러내고 있다. 이 저작들에서 미학과 현상학은 일치하는 경향이 있는데, 미학이 예술의 존재론으로 변하면서 현상학은 필연적으로 미학이 되는 것이다. 다시 말해 우리는 「세잔의 회의」에 기술된 "예술에 관한 현상학"에서 '예술로서의 현상학'으로 넘어간다고 하겠다. 여기서 세 가지 원리와 두 가지 주제를 발견할 수 있겠는데 우선 서로 긴밀히 엮여 있는 세 원리는 이 같은 미학의 진화를 스스로 조정하고 있다. 바로 ① 지각의 원리 ② 표현의 원리 ③ 리듬의 원리 또는 '살의 원리'principe de chair가 그것들이다.

다음으로 메를로퐁티 미학의 두 가지 주제는 이 세 원리를 연결하고 있다. 첫째는 신체 관련의 주제로서 '아이스테시스'aisthēsis(αἴσθησις)는 세계 현전의 근원 모드인 감각으로서의 신체와 직결된다. 둘째, 작품 관련의 주제로서 '페노메나'phenomena는 예술작품을 간접적 재현représentation이 아닌 직접적 현전présentation, 곧 나타남 자체라는 존재 양식으로 규정한다.

이렇게 하여 예술은 세계에 대한 '살의 현전'으로서의 감각, 다시 말해 '아이스테시스'인 것이다. 객관성에 대립하는 이 예술 이념은 체화incarnation의 다른 이름이라 하겠다. 그러므로 예술가의 신체는 과학이 말하는 오브제로서 몸, 즉 객관적인 신체가 아닌 "시선(정신)과 운동(질료)의 '양의적'兩儀的/ambigu 얽힘entrelacs"이 된다. 이제 예술은 화가와 세계 사이의 객관적 관계가 아니라 그들 사이의 능·수동적인 상호침투이며, "느끼고 느껴지는 가역성"이 활성화되는 교직교차의 "교환 체계"이다.

이럴 경우, 객관적이지 않은 예술가의 신체는 드디어 표현적으로 된다. 그런데 표현이란 자신 이전에 존재하고 있던 어떤 의미의 외재화가 아니다. 그래서 예술은 재현이 아닌 직접 현전으로서의 현상이다. 당연히 예술가의 시선이란 더 이상 정신의 행위가 아니라 세계의 살로 가득 채워지자마자 열리는 우리의 살이 된다.[7] 『눈과 정신』의 3장과 4장에서 논의되는 비구상적 회화로서 모더니즘 예술은 그 어떤 것도 재현

---

7) Maurice Merleau-Ponty, "Préface", *Signes*, Paris: Gallimard Folio, 2001〔1960〕, pp.28~29 참조.

하지 않는다. 예술이란, 보편적 존재라는 개념이 제거된 '현전' 그래서 생생한 '세계의 살'로 연결되는 것이다. 이처럼 "세계로써 세계를 만듦"에 참여하는 것으로 이해된 그림은 마침내 사물들을 야생적인 존재 상태로 복귀시키며, 따라서 예술은 세계의 자기-조형이 된다.

「세산의 회의」 이후 15년이 지나 세상에 나온 『눈과 징신』을 통해 메를로퐁티는 '예술 현상학'에서 '감각 존재론'으로의 이행을 보여 주는데, 이를테면 '세잔의 심리학'으로부터 작품 속 '보이는 것의 존재론'으로 사유의 무게중심을 옮긴 것이다. 이때의 '보임'은 단순히 시각적 표면을 넘어, 그 이면의 '보이지 않는' 존재의 깊이까지를 동일한 원질로서 포괄한다. 이는 고유한 몸으로서 '주체적 신체'라는 테마로부터 '작품 감성론'이라는 테마로 나아간 것이며, 여기에는 지각, 표현, 살이라는 세 가지 철학 원리가 차례로 분절하며 몸과 세계를 연결하는 변화가 수반된다. 특히 살은 존재의 '살아 있는 리듬'으로서 변주되며, 이 리듬 속에서 세계와 몸은 비로소 하나의 원질élément로 섞인다.

## 저자 소개

이번 저작은 미술사가 한 분, 미학자 두 분, 철학자 다섯 분의 다양한 지적 통찰로 작업이 진행되었다. 그동안 저명 화가들에 대한 프랑스 철학자들의 예술 비평 관련 저술은 나왔으나 현대미학의 핵심 인물에 대한 집중 조명은 부재했다. 차제에 메를로퐁티에 대한 중량감 있는 연구를 하신 선생님들의 글을 모아 공저로 간행할 수 있어 행복을 느낀다. 연구물이라 다소 어려운 부분도 있겠지만 각기 다른 주제임에도 불구하고 동일한 맥락의 진리가 흐르고 있는 것도 사실이므로, 독자들이 그동안 숨겨 놓았던 인내심을 펼치면서 읽어 주신다면 감사하겠다.

본 저술은 3부로 구성되었다. 1부는 현대미술사에서 메를로퐁티의 위치와 가치를 확인할 터인데, 예술철학에서 찾은 제1 철학의 이념, 세잔과 메를로퐁티 사이의 교환적 동질성, 메를로퐁티로 터치된 모던아트의 역사가 그 내용이다. 2부는 메를로퐁티가 영국과 독일 그리고 프랑스의 독창적인, 그래서 대표적인 작가와 미학적 대화를 나누는 부로 기획했다. 프랜시스 베이컨, 파울 클레, 앙드레 말로가 그들이다. 마지막 3부는 표피 디자인과 입체 디자인 그리고 거울 디자인을 메를로퐁티의 시각으로 해석한다. 디지털 파사드의 소통성, 팔라스마 건축의 감각성 그리고 파빌리온 작업의 피드백 구조는 메를로퐁티의 '살의 흐름'을 타면서 디자인 표면과 내면이 얽히는 과정을 드러낸다.

최재식 선생님은 오늘날의 예술철학이란 곧바로 제1 철학이라는 점을 논증한다. 예술이 현재 철학에서 주목받는 이유는 예술 활동과 더불어 인간의 원초적 경험이 발생하는 데다 이 활동은 존재의 끊임없는 재탄생을 초래하기 때문이라고 한다. 말하자면 예술은 자아와 타자, 자아와 세계, 자아와 우주가 만나는 영역이 된다. 따라서 철학 활동은 곧 예술 활동이고, 예술 활동은 철학 활동이 됨으로써 예술철학이 제1 철학에 능극함을 메를로퐁티의 해법으로 보여 준다.

주성호 선생님은 메를로퐁티가 세잔의 그림을 인상주의도 아니고 고전주의도 아닌 제3의 화풍을 추구하는 것으로 이해할 때 그로부터 메를로퐁티의 철학 전모가 드러나는 것이라 설명한다. 따라서 메를로퐁티가 이해한 세잔은 궁극적으로 메를로퐁티 자신이라고 한다. 지각세계 자체를 포착하려 한 메를로퐁티는 자연을 눈에 보이는 대로 관찰하고 순응하려 한 세잔에 누구보다 더 가까이 다가갈 수 있으며 후자를 가장 잘 이해할 수 있는 철학자로 규정된다.

전영백 선생님은 메를로퐁티의 현상학적 미학이 1960년대 미국 미니멀리즘에 대해 결정적인 이론적 토대를 마련해 주었다고 평가하면서 현대미술사의 작가들에 대한 후자의 다른 공헌들을 추적하고 있다. 메를로퐁티의 섬세한 현상학적 기술이 세잔, 클레, 로댕, 마티스, 리쉬어, 드 스탈, 자코메티라는 작가들의 구체적인 예술작품을 해석하고 있음을 『눈과 정신』을 통해 밝히고 있다. 메를로퐁티에 대한 연구가 철학자가 아닌 미술사가의 본격적인 담론으로 전개된다.

한의정 선생님은 세 장르의 학자군, 곧 20세기 미술사가, 철학자 들뢰즈, 정신분석학자 앙지외가 베이컨의 삼면화에 대해 내린 해석들이 작품 주체로서 작가, 그 대상인 작품, 작품 수용자로서 관객을 한꺼번에 설명하지 못한다고 한 뒤, 회화는 재현이 아니라 메를로퐁티의 표현 개념에 기초한 '애매성'의 '작가 스타일'로써 제대로 이해된다고 주장한다. 표현하는 주체–표현된 대상, 표현된 주체–표현하는 대상이라는 가역성과 상호침투로 이루어진 '표현'은 주체–객체 이원론을 극복하는 '하이퍼' 변증법으로 이끈다고 한다.

한정선 선생님은 '본다는 것'이 무엇인가를 찾았던 메를로퐁티가 후기에 접어들면서 다른 어떤 화가보다 클레에게 관심을 가진 이유를 설명한다. 클레의 예술 창조의 장소는 신체성을 통해 가시성이 드러나는 원초적인 지각의 현장이다. 이곳은 화가 주체가 대상과 만나 서로 얽히면서 세계가 열리는 제3지대inter-monde이다. 예술은 바로 이 창조적 영역을 통해 보이지 않는 것을 보이게 함으로 의미를 발생시키고 이것이 예술의 본질을 표현하는 것이라 소개하고 있다.

편저자 신인섭은 앙드레 말로가 세계로부터 화가를 지나치게 분리하고 이 화가를 그의 천재성 때문에 세계 위로 솟아오르는 존재로 과도히 상상한다고 한다. 말로는 창작이 시간 외부적이라도 되듯 데미우르고스적 신성의 불가사의가 예술에서 발생한다고 본다. 반면 메를로퐁티는 화가의 지배적 '우월성'이 아니라 마치 공범처럼 유혹으로 존재하는 세계와의 밀접한 '관계성'으로 화가를 되돌리기를 원하고 자신의 세계에 접속되도록 화가의 원천적인 복원을 바란다고 해명한다.

김화자 선생님은 현대의 미디어 파사드가 단순한 거주의 기능을 넘어 소통의 인터페이스로 거듭나면서, 사회적 커뮤니케이션을 잠재적으로 그러나 실질적으로 실현할 수 있을 것이라 기대한다. 이를 위하여 시몽동의 기술철학과 앙지외의 정신분석학적 피부 이해를 매개로 메를로퐁티의 현상학 지평을 재구성한다. 즉 인간의 유기체적 질서와 현상학적 공동체의 시각을 토대로 자가반응적, 상호작용적 기능의 디지털 스킨이 초래할 소통의 플랫폼을 해명하고 있다.

박신화 선생님은 핀란드의 건축 이론가인 팔라스마가 자신의 건축 경험이 메를로퐁티의 지각철학과 전적으로 합치되는 것은 아니지만 후자의 현상학을 자신의 건축 이론의 토대로 삼음을 보여 준다. 또 건축 이론의 핵심 부분에서 양자 사이의 미묘한 대립을 팔라스마의 건축 현상학이 제기한 쟁점들을 통해 고찰한다. 팔라스마와 더불어 메를로퐁티의 지각철학이 지닌 타당성과 의미를 논의한 결과, 전자의 이론의 의의와 한계를 반사적으로 잘 인식할 수 있다고 한다.

정소라 선생님은 댄 그레이엄의 비디오 설치와 파빌리온 작업을 메를로퐁티의 지각론으로 해석한다. 메를로퐁티에 따르면 우리는 개별 주관성을 확립하기 이전부터 이미 타인과 연속적인 세계, 곧 상호신체적 관계에 놓여 있다. 이러한 자아와 타자의 지각적 얽힘은 독립된 주체 개념을 해체하려는 그레이엄의 문제의식과 접합된다. 그는 거울과 비디오 피드백 실험을 통해 지각 과정에서 순수한 개별 현존이 불가능함을 드러내며, 지각이 언제나 타인, 시간과 기억, 사회적 의미 속에서 매개됨을 보여 준다.

## 감사와 소망

이제 마법에 홀린 세계 앞에서 당혹감과 더불어 경이감마저 느끼던 세기의 철학자 메를로퐁티의 미학 텍스트가 이처럼 재구성되어 나오기까지 도움을 주신 분들께 고마움을 전하는 순서가 된 듯하다. 인문학 시장이 고전을 면치 못하는 가운데서도 개정증보판을 결정해 주신 그린비의 유재건 사장님과 진행을 이어 준 이진희 편집장에게 감사를 전한다. 끝으로 예술에 대한 메를로퐁티의 현상학적 사유를 탐색해 온 저자들의 이번 작품을 계기로 그의 철학적 사유의 심층부가 이 땅의 독자들에게 더욱 풍부하고 심층적으로 전달되기를 바란다.

2026년 2월

개정증보판 편저자 신인섭

# 차례

# 1부
## 현대 미술사의 해시태그, 메를로퐁티

# 1장 / 제1 철학으로서 예술철학, 메를로퐁티의 미학

최재식

## 예술철학은 제1 철학이다

오늘날 예술에 대한 철학적 이해로서 예술철학은 문화철학과 함께 과거 그 어떤 시대보다 새로운 접근과 발전적 논의를 전개시키고, 심화시키고 있다. 이는 현시대가 단순히 예술 시대이기 때문만은 아니다. 물론 우리는 지난 50~60년 전에 비해 좋아진 경제적 여유를 통해서 예술에 대한 관심이 높아지게 된 사회적 배경을 지나칠 수 없다. 이로 인해 철학에서도 예술에 대한 연구가 활발하게 된 점을 결코 부인하지 않는다. 또한 예술 활동에 있어서 단순히 문화적 향유라는 차원뿐만 아니라, 우리나라의 대중문화, 소위 '한류' 내지는 K-문화가 세계에 많은 주목을 받고 있는 데에서 비롯된 문화 산업에 대한 향상된 관심도 부정할 수 없다.[1] 그러나 더 주목해야 할 것은 경제 발전이라는 풍요사

---

1) 그러나 한편 호르크하이머와 아도르노는 자본주의 사회(미국)에서 전개되는 문화 산업에 대

회의 지향은, '삶의 목표는 궁극적으로 행복 추구'라는 아리스토텔레스 윤리학과 이후의 윤리학 기초에서도 볼 수 있듯이 — 물론 행복의 '정의는 철학자마다 서로 다를 수 있지만 — 문화가 인간에게 인간 본연의 특성과 수준 높은 행복을 제공해 주기 때문이다. 인간의 행복은 경제적 풍요에서만 머무르지 않는다. 어쩌면 오늘날 생존의 경제적 수준에서 벗어나면서, 사회 전체가 문화 향유를 추구하게 되고, 이를 계기로 문화는 과거 예술을 — 소위 고급 예술 — 독점적으로 향유하던 귀족계급에만 국한할 것이 아니라, 봉건주의 사회가 끝나고 격변기의 역사적 과정 속에서 힘들게 이루어진 민주사회 도래 이후, 모든 인간이 문화를 향유할 수 있는 자유와 권리를 원칙적으로 갖게 된다. 다만 이를 계기로 우리는 학문적 논의에 있어서 단지 과거 예술을 독점적으로 향유하던 귀족계급에만 국한할 것이 아니라, 모든 인간이 향유할 수 있는 자유와 권리를 지향해야 할 것이고, 이런 점에서 예술에 대한 철학적 이해는 당연히 수행되어야 한다.[2]

　철학적으로 볼 때, 예술 활동이 — 그것이 예술가의 작품 활동에서뿐만 아니라, 일반 감상자의 감상 입장에서도 — 주목받게 되는 것은

---

한 인간 소외 현상을 강력하게 비판한다. 이들의 논의에 대해서 우리는 주목할 필요가 있으나, 본 글에서는 해당 저서의 주제와 거리가 있기 때문에 그것에 관한 논의는 들어가지 않는다. 「문화산업: 대중기만으로서의 계몽」, 『계몽의 변증법』, 김유동 옮김, 문학과지성사, 2001 참조.

[2] 이 점에서는 아도르노와 학문적으로 긴밀한 관계를 맺는 벤야민의 *Das Kunstwerk im Zeitalter seiner technischen Reproduzierbarkeit*(『기술복제시대의 예술작품』, 최성만 옮김, 도서출판 길, 2007)의 논의 역시 참고할 필요가 있다. 즉 기술복제시대의 예술작품은 소수 귀족들만이 향유하던 것에서 벗어나 일반 대중이 쉽게 접하게 될 수 있다는 점에서 비록 예술작품의 고유한 아우라는 침해당했지만, 예술은 대중사회에서 매우 긍정적 기여를 하고 있다는 것이다.

단지 앞서 언급한 문화에 대한 우리나라의 사회적 · 경제적 배경이라거나 경제적 발전을 통해 문화에 관심을 갖게 되는 여유나 행복론에서만 기인하는 것은 결코 아니다. 왜냐하면 예술 활동에서 인간의 원초적 경험이 이루어지고 있기 때문이며, 예술 활동이란 존재의 끊임없는 재탄생이 일어나는 현장이기 때문이다. 그러기에 예술 활동은 나와 타자, 나와 세계, 나와 우주가 만나는 장이다. 이 점에서 예술철학이 제1 철학임을 필자는 감히 선언할 수 있다. 철학 활동은 곧 예술 활동이고, 예술 활동은 철학 활동이 된다.[3]

그렇다면, 예술(회화) 활동과 그 이해는 어떻게 가능한가? 경험과 지각(감성, 감각)에 비해서 소크라테스 이후 지금까지 진리 인식에 있어서 '탁월한' 능력으로 —— 광범위한 합리론적 철학 사유[4]에 의해서 —— 인정받고 있다고 생각되는 '정제된' 이성을 통해 여전히 예술 활동이 가능한가라는 문제의식은 당연히 요구된다. 우선 플라톤에 따르면, 예술가(시인, 화가)는 이 이성에 의해서 활동하는 자로서 인정받지 못한다. 플라톤에게 있어 예술가는 "모방의 무리"로 폄하된다.[5]

반면 르네상스 시대 미학의 정상에 있으며, 회화에서 수학성을 발견한 레오나르도 다빈치는 예술(회화) 활동의 핵심은 '정제된' 이성의 하나인 수학적 이성에 기초하고 있음을 확인했다. "회화는 하나의 학문

---

3) 이런 표현은 필자에게 처음이 아니다. 필자는 「영화에 대한 현상학적 이해」, 『자연의 현상학』(철학과현실사, 1998)에서 "영화는 현상학 자체"라고 표현한 적이 있다. 이는 본 글의 주제인 회화의 철학에서도 적용된다. 물론 그럼에도 영화와 회화는 많은 차이점을 갖고 있다.
4) 이런 철학적 경향은 플라톤, 아리스토텔레스, 데카르트, 라이프니츠, 칸트, 헤겔을 넘어서 오늘날 하버마스에 이르기까지 광범위하게 걸쳐 있다.
5) 플라톤, 『티마이오스』, 박종현 · 김영균 옮김, 서광사, 2000, 19d.

이다. 이유는 첫째, 재현 원리는 체계적 정식화가 가능하기 때문이다. […] 둘째, 신체의 동작과 행동의 신속성을 다루기 때문이다. […] 셋째, 명암의 비례뿐만 아니라 모든 연속적인 양量을 다룬다는 점에서 수학적이기 때문이다.[6] 마침내 회화는 학문 이상의 학문이 된다.

이와 같은 전통은 근대 합리주의자인 라이프니츠G. W. Leibniz의 철학을 계승하고 있는 바움가르텐A. G. Baumgarten에서는 약간 다르게 나타난다. 물론 바움가르텐은 철학사에서 최초로 미학이라는 분과학문을 만들었다는 데에서 예술에 대한 철학적 연구에 큰 기여를 하였다. 하지만 그의 철학적 출발에서 볼 수 있는 것처럼, 그가 미학을 그 어원, 즉 aesthetica에서 풀어내듯이 이성보다 하위의 인식 능력으로서, 감성의 학學으로서 설명함으로써 여전히 예술학으로서 미학의 위상을 논리적 이성에 의한 철학에 비해 낮게 평가한다. 이런 입장은 그가 라이프니츠의 형이상학을 수용하고 있기 때문이기도 하다. 바움가르텐의 미학이 풀어내고 있는 예술철학이 플라톤 예술철학과 큰 차이점이 있다면, 플라톤이 배제한 감각의 역할을 나름대로 —— 비록 하위 개념이지만 —— 인정했다는 데에 새로운 가능성을, 즉 플라톤의 지성주의보다는 진일보한 가능성을 찾아볼 수 있다.

그러나 이런 진일보한 가능성을 여전히 제대로 된 가능성으로 볼

---

6) L. Da Vinci, *Treatise on Painting*, trans. A. Philip McMahon, 2 vols., 1956. pp.4~9.
강조는 인용자. M. C. Beardsley, *Aesthetics From Classical Greece to the Present: A Short History*, 1966, p.140 이하. 『미학사』, 이성훈·안원현 옮김, 이론과실천, 1987, 140쪽. 이런 입장은 르네상스기의 시각예술 이론가이며 예술가인 알베르티(L. B. Alberti)와 뒤러(A. Dürer)에게도 적용된다.

수는 없다. 왜냐하면 그의 미학은 진정한 예술철학의 자치권(자율권)을 갖지 못하고, 항상 이성의 학에 의존하거나, 미완성의 학으로 남아 있게 되기 때문이다. 이런 한계를 밝히기 위해서 본 글은 메를로퐁티 현상학에서 발견되는 새로운 이성 개념으로서 '신체적 이성'을 추적해 봄으로써 종전의 이분법 내지는 여전히 라이프니츠의 연속성의 법칙에서도 나타난 지각과 이성의 구분을 넘어선다.

메를로퐁티에서 발견되는 '신체적 이성'은 바로 예술의 가능 근거로서 나타난다. 특히 데카르트가 자신의 "굴절광학론"에서 전개하고 있는 '봄의 사유'에서 여전히 나타나고 있는 순수자아의 코기토<sup>Cogito</sup>에 대한 메를로퐁티의 비판은 소위 명증성의 철학과 다른 경험을 제시하고 있다. 결국 우리는 메를로퐁티가 '경험의 침묵'(벙어리)을 넘어서 선험 이성으로 가는 후설과 다른 현상학의 길로 가는 것을 파악하게 된다. 즉 우리는 메를로퐁티가 '신체적 이성'을 주장하는 한 명증성의 철학인 데카르트와 후설 철학과 다른 애매성의 철학으로 들어감을 알 수 있다.

이 애매성의 철학은 근본적으로 인간 실존의 애매성으로부터 출발하지만, 동시에 이중 감각과 상호 감각에서 얻어진 '신체적 반성'에서 그 애매성이 발견된다.[7] 이런 신체적 반성은 자기투명적 의식이 갖는 의식의 절대성(후설)을 인정할 수 없게 된다. 이런 신체적 이성에 의한 미학은 세잔의 그림에 대한 철학적 분석으로 나아가게 되고, 곧 회화

---

7) 이 점에서 메를로퐁티 현상학은 후설 현상학과 분명히 거리를 둔다. 국내 일부 학자들이 메를로퐁티의 철학을 후설로부터 받은 일부 영향을 크게 생각하면서, 그 차이의 중요성을 간과하는 경우가 종종 있다. 하지만 메를로퐁티 현상학이 애매성의 철학이라면, 후설 현상학은 여전히 명증성의 철학이다.

의 철학으로 나타난다. 이 회화의 철학은 바로 현상학과 예술 활동이 연결될 수 있다는 것을 의미한다. 회화의 철학은 곧 메를로퐁티에서는 예술현상학이다. 그러나 우리는 여기서 예술의 가능 조건으로서 메를로퐁티의 인간 행동에 대한 분석에서 나타난 상징 의식과 그에 따른 인간(예술가)의 창조성, 즉 과거의 시각과 기술을 넘는 창조성의 특징에 주목한다.

상징 의식을 가진 인간은 그림 그리는 몸(신체)의 주체이다. 그림 그리는 몸은 봄과 보여짐의 얽힘chiasm뿐만 아니라,[8] 시각과 운동의 얽힘 구조를 갖고 있다. 이런 몸이기에 우리는 가시적인 세계에 들어갈 수 있고 비로소 회화(세계)가 가능한 것이다. 이 회화의 세계는 바로 현상학이 탐구하려는 원초적 경험의 세계이기도 하다. 여기서 우리는 현상학자 메를로퐁티의 작업과 화가(세잔)의 작업이 얼마나 유사한가를 보게 된다. 또한 우리의 원초적 경험이 기하학적 사유와 얼마나 다른가를 보게 된다. 이는 현대회화(인상파와 그 이후)에서 르네상스 회화론을 어떻게 넘어서는가를 간명하게 보여 준다. 회화뿐만 아니라 문학도 실존적 자유 속에서의 활동이다. 그렇기 때문에 예술은 어떤 개념적 사유보다도 앞서 있다. 이는 바로 예술가의 창조성에서 발견되며 이 창조성의 자유는 자유의 장이다.

이제 철학(현상학)과 회화는 레오나르도 다 빈치 이후 고전회화에서 보여진 '탁월한 그러나 고정된' 세계 이해 방식에 따라서 세계를 발

---

8) 최재식, 「신체개념을 통한 메를로퐁티 현상학과 후설 현상학 연구」, 『철학과 현상학 연구』, 제40집, 2009 참조.

견하는 것이 아니다. 오히려 이들은 '거울체험' 속에서 "존재의 끊임없는 재탄생의 서정"을 밝히게 될 것이다.[9] 결국 제1 철학으로서 예술철학이 미(학)적 경험을 통해서 존재론, 형이상학, 인식론, 사회철학의 가능 근거가 됨을 보여 준다.

## 미학의 정초로서 바움가르텐의 미학: 합리주의 미학

미에 대한 학문으로서 미학Aesthetics이라는 말이 철학에서 공식적으로 나타난 것은 합리주의, 특히 라이프니츠와 볼프Chr. Wolff의 영향하에 있는 바움가르텐에 의해서 처음으로 전개되었다. 여기서 미를 추구하는 것이 예술이라는 점에서 미학은 동시에 예술철학이기도 하다. 물론 바움가르텐에 앞서 플라톤의 모방이론에서 출발한 예술철학과 아리스토텔레스의 비극론에서 전개된 예술철학의 논의를 감안한다면, 미학으로서의 예술철학에 대한 논의는 거의 전 철학사와 함께 발전, 전개되었다고 볼 수 있다.

　그럼에도 불구하고 오늘날의 미학적 경험이라는 주제에서 볼 때 그 어원을 18세기 바움가르텐에 의해서 최초로 명명된 ── 감성학이라는 이름의 ── 미학 명칭에서 찾아보는 것이 더 현상학적일 것이다. 이는 바움가르텐이 행하는 미학적 경험에 대한 분석이 라이프니츠의 단자론에서 나오는 '연속성의 법칙'을 따르고 있으며, 라이프니츠는 후설 및 후설 이후의 현상학이 탐구하는 감성과 이성에 대한 발생학적인 연

---

9) Maurice Merleau-Ponty, *Sens et non-sens*, Paris : Nagel, 1948, p.30.

구를 진행시키는 현상학적 전통과 매우 유사한 앞선 길을 걷고 있었기 때문이다. 달리 말한다면, 후설이 라이프니츠의 단자론으로부터 많은 영향을 받고 있다는 것이 더 적확한 표현이다.[10] 즉 라이프니츠의 미시지각petites perception에서 이성으로 나가는 발생학적(계보학적) 전개는 후설의 발생적 현상학에 직간접적으로 많은 영향을 줬다.

라이프니츠의 단자론에서 나타난 연속성의 법칙이란, 단자들이 그 속성상 변화를 겪게 될 때에, 이 변화가 급진적인 도약 없이 연속적으로 변하게 된다는 것을 말한다. 즉 "모든 자연적인 변화는 점차적으로 일어나기 때문에 항상 변하는 것과 변하지 않는 것이 있게 된다. 따라서 비록 단순 실체가 부분으로 이루어져 있지 않지만, 단순 실체에서는 많은 성질들과 관계들이 존재"한다. 여기서 라이프니츠는 데카르트주의자들이 "의식되지 않는 지각들"을 주목하고 있지 않다는 사실을 비판한다. 라이프니츠에 따르면, 무의식의 지각부터 반성적인 의식까지의 전개가 연속적으로 이루어진다는 것이다. 이런 무의식은 아주 작은 "미시지각"으로 불린다. 의식을 연속적으로 채우는 "미시지각"은 식물적인 단자에서 동물적인 단자로, 그리고 영혼을 넘어서 인간의 이성적인 영혼으로서 정신에 이르기까지 한 번에 이루어지는 것이 아니라, 영속적으로 흐

---

10) 물론 후설이 라이프니츠의 단자론을 그대로 답습한 것은 아니다. 예를 들어 후설은 라이프니츠와는 달리 '창 없는 단자'가 아니라, '창 있는 단자'로서 의사소통과 상호주관성의 가능성을 열어 놓고 있기 때문에, 이 두 철학자의 단자론이 서로 차이를 보이고 있다는 사실은 부정할 수 없다. 그러나 분명히 후설은 자아론, 사회존재론과 발생적 현상학 등은 상당 부분 라이프니츠의 단자론에 많은 영향을 받고 있다. E. Husserl, *Cartesianische Meditationen und Pariser Vorträge*, Den Haag, 1950, *Zur Phänomenologie der Intersubjektivität*; S. Strasser, "Grundgedanken der Sozialontologie Edmund Husserls", *Zeitschrift der Philosophische Forschung*, 1975.

르는 강물에서 끊임없이 부분들이 나타났다 사라지듯이 "점차적인 방식"으로 이루어진다.[11]

이와 같은 라이프니츠 철학에 기초를 둔 바움가르텐 미학의 과제는 바로 미학이 철학의 한 과목(분과)으로서, 철학과 예술의 대립을 넘어서 시나 예술의 진리를 철학의 진리와 화해시키는 데 있다.[12] 이 점에서 바움가르텐의 미학적 시도는 적어도 오늘날의 미학적 경험의 관점에서 볼 때 감성Aisthesis이 진리 인식에 장애를 주기 때문에 철학적 정화Katharsis를 통해서 순수이성으로 들어가야 한다는 플라톤 미학의 주장에 비해 진일보한 것으로 볼 수 있다. 플라톤은 영감론에 의하지 않고는 예술가가 결코 자신의 예술 활동으로는 진리에 도달할 수 없게 된다고 보았기 때문이다. 따라서 "시인의 부류를 […] 모방하는 족속"이라고 불렀다.[13] 또한 "호메로스를 비롯한 모든 시인은 덕의 영상들의 모방자들이며, […] 진리를 포착하는 것은 아니"라고 플라톤은 여기고 있다.[14] 따라서 플라톤에 있어서 예술가의 미학적 경험은 진리에 도달하지 못하고 단지 모방에 머무를 뿐이다.

반면에, 바움가르텐의 미학적 시도는 미학을 통한 철학의 확대인 동시에 미학이 철학의 영역에서 제자리를 찾는 과정이다. 이로 인해 논리학과 이에 기초한 합리적 인식은 인식론에 있어서 더 이상 독점권을

---

11) G. W. Leibniz, *Monadologie*, ed. H. Herring, Hamburg, 1982, § 10, 13, 14, 71, 72.
12) A. G. Baumgarten, *Meditationes philosophicae de nonnullis ad poema pertinentibus*, 1735; *Philosophische Betrachtungen über einige Bedingungen des Gedichtes*, ed. v. H. Paetzold, Hamburg, 1983.
13) 플라톤, 『티마이오스』, 19d.
14) 플라톤, 『국가』, 박종현 옮김, 서광사, 1997, 600e.

갖지 못하게 된다. 그 이유는 앞서 보았듯이, 바움가르텐이 기초하고 있는 라이프니츠 철학에서 볼 수 있는 것처럼 세계를 인식하는 것도 자발적인 의식으로서의 미시지각을 근본적으로 인정하고 있기 때문이다. 따라서 바움가르텐에게 오성에 기초하고 있는 논리학은 더 이상 인식의 향상을 도모하는 배타적이고 독점적 지위의 학문은 아니다.

그렇다고 바움가르텐의 시도에서 미학이 논리학과 대등한 관계를 갖는 것은 결코 아니다. 미학은 단지 감성적 인식의 학문으로서 "저급한" 인식론으로 간주되기 때문에, 그의 미학은 논리학에서도 저급한 인식 능력으로서의 논리학의 대열에 속할 뿐이다. 그렇기 때문에 바움가르텐은 여전히 궁극적으로는 감성의 저급한 인식론으로서 미학이 이성과 오성에 의해 통제되어야 한다고 주장할 수밖에 없다. 이것이 바로 바움가르텐 미학이 겪을 수밖에 없는 한계이다. 즉 미학은 논리학과의 대등한 관계가 아니라, 논리학에 의해서 통제되어야 한다는 것으로 결론을 맺게 된다. 물론 낮은 인식 능력으로서 감성에 대한 이런 이성의 권위가 더 이상 폭정이 되어서는 안 되고, 오히려 두 부분으로 나누어진 '논리적 지평'과 '미적 지평'이 자기 고유의 권리를 갖는다.[15] 이런 주장을 하게 된 이유는 라이프니츠가 강조하는 조화를 통해 완전성으로 나가는 보편적인 존재론이라는 합리주의 전통에 그가 여전히 속해 있기 때문이다. 바움가르텐의 형이상학에서 완전성은 부분들 내지는 다양성의 조화롭고 질서 잡힌 결합이라는 개념이 된다. 이를 통해서 세계는 통일성으로서 파악된다.

---

15) Baumgarten, *Aesthetica*, Frankfurt(Oder), 1750, §12, 119.

이는 라이프니츠가 세계에 대한 관점들이 아무리 많고 그래서 다양성을 주장한다 해도 궁극에는 최고의 가능한 질서와 완전성에 의해서 해결된다는 결론에 도달하는 것과 같다.[16] 그러나 미학은 세계의 완전성을 미로서 현전시키는 과제를 갖게 되지만, 이 완전성은 세계를 추상적인 완전성에서 파악하는 철학과는 달리 추상이 상실되기 이선의 질료를 갖고 다루는, 즉 미적인 세계를 제작·창조하는 예술 활동에서 발견되는 완전성이다. 이 점에서 바움가르텐은 미적 진리는 볼프적 의미의 유사이성analogon rationis으로서 파악되며, 미학은 논리학에 유비되는 낮은 인식 이론으로서, 유사이성의 예술ars analogi rationis로서 그 자리를 잡게 된다. 이 점에서 바움가르텐의 미학은 소위 합리주의 미학의 특징이자 그 한계라고 볼 수 있다. 결국 라이프니츠에 기초한 바움가르텐의 미학은 미학의 자율성을 획득했다기보다는 이성이라는 타율성에 의해서 미학은 통제되며, 궁극적으로 이성의 조화력에 의해서 완성된다는 합리주의적 전통을 벗어나지 못한다. 즉 바움가르텐은 미학을 최초로 성립시켰지만, 미학, 즉 예술철학의 자율성과 독립성을 획득하는 데 실패했다고 본다.

## 미학적 경험의 가능 근거로서 메를로퐁티의 '신체적 이성'

오늘날 미학적 경험은 단순히 철학의 한 영역으로서 예술철학에만 관계된 것이 아니라, 철학에서 가장 중요한 핵심 문제 중 하나인 이성 개

---

16) Leibniz, *Monadologie*, §§ 57~58.

넘 정립에 관한 새로운 시도와 긴밀하게 맞물려 있다.[17] 이런 시도는 앞서 본 합리주의 전통에서 논의되는 이성 개념과는 다른 메를로퐁티에서 언급되는 '신체적 이성'이라는 새로운 이성 개념이 전개되면서 본격적으로 전개된다.[18] 신체적 이성이란 바로 플라톤 이후 데카르트를 넘어서 현대에 이르기까지 대부분의 합리론(관념론)이 유지하고 있는 심신이원론의 이분법[19] 내지는 감성에 대한 이성의 우월론[20]을 넘어서는 시도이기도 하다. '신체적 이성'은 메를로퐁티의 신체 현상학에서 전개되는 사이신체성intercorporéité, Zwischenleiblichkeit[21])에서 기

---

17) 이 문제는 전통적 이성 개념에 대해 강한 이의를 제기하는 19세기 니체와 니체의 후예이기도 한 소위 철학적 포스트모더니스트들 또는 포스트구조주의자들(레비나스, 푸코, 데리다, 리오타르 등)과 깊이 관련되어 있다. 물론 우리는 포스트모더니즘과 메를로퐁티의 관계에 관해서 철학자마다 이해의 온도 차이를 느낄 수 있다. 한 예로 매디슨(G. B. Madison)은 아래 주 18에서 인용된 책에 기고한 논문 "Merleau-Ponty und die Postmodernität"에서 메를로퐁티에서 나타난 포스트모던적 이성 이해와 이성을 거부하는 포스트모더니스트들과는 관계없다고 주장한다. 즉 "메를로퐁티는 한 번도 이성을 개별적이고 역사적인 전통의 산물 그 이상은 아닌 것으로, 또는 서구인의 문화적 선입견 그 이상은 아닌 것으로 간주하는 생각을 해본 적이 없다"(p.182)고 말하고 있다. 필자는 이에 관해서는 여전히 논의의 여지를 남겨 두고자 한다.

18) Alexandre Métraux and Bernhard Waldenfels(ed.), *Leibhaftige Vernunft: Spuren von Merleau-Pontys Denken*, München : Fink, 1986 참조.

19) 라이프니츠의 단자론은 유심론이기 때문에 같은 합리론이라 해도 심신이원론에 포함시켜서는 안 된다.

20) 라이프니츠와 이에 영향을 받고 있는 바움가르텐이 전형적으로 여기에 속한다.

21) 사이신체성은 상호주관성(intersubjektivität, intersubjectivity)이라는 단어의 상호(inter)와 같은 어원일 수 있다. 그러나 군이 '사이'라는 접두어로 번역해서 사용하는 이유는 독일어 'Zwischenraum'에서 볼 수 있는 것처럼 두 개의 공간 사이에 존재하는 또 하나의 공간이라는 측면 때문이다. 이 점에서 독일어 'Zwischen'(between, entre)은 'inter' 개념과는 구별해서 사용되어야 한다. 발덴펠스(B. Waldenfels)의 현상학에 따르면, 사이영역은 "모든 사람에게 속하는, 그러나 어떤 누구에게도 (일방적으로: 인용자 보충) 속하지 않는 사이영역(Zwischenreich)"을 말하고 있다. 이 점은 상호주관성을 말할 때에도 단순히 상호주관성이라기보다는 복수의 주관성 사이에 형성되는, 그래서 사이신체성으로부터 발전되는 사회성(사이신체성에서 발전)을 말할 때 그 의미가 시사된다. B. Waldenfels, *Stachel des*

원한다. 사이신체성은 이중 감각에서 출발한 나의 신체 지각에서 우선 발견된다. 즉 우리의 두 눈은 동시에 하나의 대상을 보면서 그 대상의 거리(감)를 신체적으로 인지한다. 나는 또한 예를 들어 나의 양손을 맞잡았을 때, 왼손이 오른손을 잡는 동시에 왼손은 오른손에 잡히는 것을 지각한다. 이런 이중 감각은 나 자신에서만 일어나는 것이 아니라, 신체적 존재로서 내가 타자를 바라보았을 때, 내 눈은 남을 '봄'과 동시에 내가 남에 의해서 '보여짐'을 나는 본다.[22] 즉 나와 타자가 만났을 때 '봄'과 '보여짐'이 함께 이루어짐으로써 우리의 신체적인 의사소통이 이루어진다.[23]

이런 신체적 의사소통에 이루어진 사이신체성은 우리의 공통적인 익명적 주체로서 우리의 세계 인식에 참여하고 있다. 우리가 함께 이룬 이 사이신체성은 각자의 의미 구조와 주관성을 동근원적으로 함께 구성하는 공동 주체이다. 여기서 형성된 합리성은 순수이성이나 순수 의식 활동에 의해 형성된 합리성이 아니라, 신체성에 의해 형성된 소위 신체적 이성이다. 이때 감성과 이성의 엄격한 구분은 힘들게 된다. 신체적 이성에는 이미 지각이 바라보는 세계상이 함께 작동하고 있다.

---

Fremden, Frankfurt/M, 1992, p.77(최재식, 「메를로 퐁티의 현상학에 있어서 형태개념에 의거한 사회성 이론」, 『철학과 현상학 연구』, 제7집, 1993 참조).

22) 예를 들어 내가 나의 언짢은 얼굴 모습으로 밝은 미소를 띤 남의 얼굴을 봤을 때, 나는 그 상대방의 밝은 모습에 조금 동화되지만, 동시에 상대방의 미소 띤 얼굴은 나의 언짢은 모습을 보고서 조금은 경직되는 듯한 변화에서 우리는 이런 현상을 쉽게 이해할 수 있을 것이다.

23) Merleau-Ponty, Phénoménologie de la perception, Paris: Gallimard, 1945, p.403. 신체적 의사소통은 언어적 의사소통보다 더 근원적이다. 이 점에서 하버마스는 신체적 의사소통을 자신의 의사소통이론에서 전혀 고찰하지 못하는 결점을 갖고 있다. 최재식, 「하버마스의 "생활세계"와 "체계" 이론 및 이에 관한 사회·문화적 비판」, 『문화와 생활세계』 (『철학과 현상학 연구』 제13집), 1999.

신체적 이성은 '신체 현상학'에서 기원하지만 동시에 이 이성은 역사 속에서 형성된 이성이기도 하다. 이는 메를로퐁티가 회화의 역사와 관련해서 그의 저서 『세계의 산문』[24]을 통해 다음과 같이 말하고 있다는 점에서 알 수 있다.

전통은 [⋯] 근원들의 망각을 뜻하는 것이며, 다른 방식으로 새롭게 시작하는 것을 말한다. 따라서 전통이란 바로 망각의 위선적인 형태인 과거가 계속 살아남도록 해주는 것이 아니라, 기억의 우아한 방식인 재수용이나 반복의 효과를 과거에 부여하는 의무를 말한다.[25]

즉 이 주장은 과거로부터 전승되어 온 것과의 새로운 만남, 즉 창조적 만남에서 '신체적 이성'이 작동하고 있다는 것을 뜻한다. 이 '신체적 이성'은 과거와의 창조적 만남에서 이루어지기 때문에 초시간적인 어떤 '투명한' 타당성을 요구하지 않으며, 세계와 역사에 스며든 이성이며, 이 점에서 미학적인 세계뿐만 아니라 역사적인 세계에 익숙한 로고스이다. 화가 세잔이 전통 회화를 단순히 거부하기보다는 전통 회화의 한계를 넘어서려는 데에서 이미 '신체적 이성'이 작동하고 있다는 것을 알 수 있다.

메를로퐁티에게 '신체적 이성'은 더 이상 선험적 이성이라는 초월

24) Merleau-Ponty, *La prose du monde*, ed. C. Lefort, Paris, 1969; *Die Prosa der Welt*, ed. von R. Giuliani, München, 1984.
25) *Ibid.*, p.88. 우리말에 맞게 번역을 수정함.

적론 요청보다는 신체 현상학에서 밝혀질 수 있는 이성이다.[26] 이것은 그가 모든 것을 완성시키고 모든 것을 구성하는 주체로서의 선험적 자아를 수용할 수 없었기 때문이다. 더 나아가서 그는 '주관과 객관', '나와 너', '나와 나의 신체', '신체적 존재로서 나'와 '내가 그 속에서 살고 있으면서 동시에 혼을 불어넣는 세계' 그리고 '나와 타자' 사이의 어떤 근대의 절대적인 이원론은 결코 존재하지 않는다는 사실을 그의 『지각의 현상학』에서 보여 주고자 했다.[27] 그는 후설과 관련지어서 다음과 같이 말하고 있다. "어떤 내적인 인간도 존재하지 않는다. 인간은 '세계-에로-존재'이며, 인간은 세계 내에서만 자신을 인식할 수 있다."[28] 이때 '세계-에로-존재'로서 인간은 바로 신체적 존재이며, 신체적 존재로서 인간은 전통적 이원론에 기초한 이분법을 넘어선다.

메를로퐁티는 '신체적 이성' 개념을 이성주의자인 데카르트의 "굴절광학론"과의 논쟁에서 이끌어 낸다. 그는 데카르트의 "굴절광학론"에서 전개되는 시각론은 촉각에 근거한다는 사실을 밝혀낸다. 그는 "장님들은 손을 가지고 본다"[29]라는 데카르트 말을 인용한다. 데카르트에 따르면, 빛이란 장님의 지팡이에 가해진 사물의 작용처럼 접촉에 의한 작용이다.[30] 따라서 데카르트는 거리로부터 기인하는 영향과 시각의

26) 신체적 이성을 요구한다는 건 그가 후설의 선험적 관념론으로부터 떠났다는 것을 뜻한다.
27) 따라서 그는 『지각의 현상학』에서 경험론과 지성주의(합리론)를 비판한다. *Phénoménologie de la perception*, p.34, 47 이하 참조. 이 외에 곳곳에서도 비판을 전개시키고 있다.
28) *Ibid.*, p.5.
29) Descartes, *Œuvres de Descartes*, Adam/P. Tannery, Paris, 1897~1913, p.84.
30) Merleau-Ponty, *L'Œil et l'esprit*, Paris, 1964.

편재성을 배제시켰다. 이는 데카르트주의자들이 시각의 교차배어법[31]을 파악하지 못했다는 것을 뜻한다. 시각의 교차배어법은 선험 이성이 행하는 반성과 구분되는 신체적 반성을 말한다. 이성적 반성(작용)에서는 이 작용의 주체로서 자아 극[P]이 대상 극으로서 대상을 '객관적'으로 바라보며, 따라서 대상에 대해서 의식은 초월적인 시각으로 자리를 잡게 된다.[32] 여기서 의식은 절대적이고 전체적인 자기반성을 행한다. 반면에 신체적 반성에서는 이런 절대적이고 전체적인 자기반성을 행하지 않는다. 왜냐면 의식의 절대적이고 전체적인 자기반성은 대상과 반성의 주체가 엄격히 분리되어 있지만, 이중 감각에서 이루어지는 교차배어법에서는 '봄'과 '보여짐', 일반적으로 말해서 '경험함'과 '경험됨'이, 즉 '경험 작용'과 '경험되어짐'이 서로 분리되어 두 개의 극으로 이루어지는 것이 아니라, 상호얽힘 속에 이루어지는 것이기 때문이다.

실행되는 신체적 반성에서 신체성으로 규정된 주관에서의 지향성은 의식에 의한 작용 지향성이라기보다는 살아 있는 신체적 실존이 갖고 있는 기능하는 지향성이며, 이 기능하는 지향성은 오히려 의식 작용의 지향성을 정초시키고 있다. 이 기능하는 지향성은 "나의 탐구의 단계들과 사물들의 관점들을 그리고 위 둘을 서로 연결하는 지향성"으로서

---

31) 교차배어법이란 키아즘(chiasme)의 번역어이다. 키아즘은 그리스 문자 Chi(X)에서 나온 말로 교차를 뜻한다. 보통 optic chiasm에서 나온 말로서 그리스어 교차(Chi, 즉 X)와 광학 또는 봄(시각)이라는 οπτικόν(optikón)의 라틴어 표기로서, 여기서는 눈 신경의 시각교차를 뜻한다. 즉 눈의 구조에서 오른쪽과 왼쪽의 시각 정보는 뇌의 반대편으로 전달되는데 이는 시신경교차(optic chiasm)에서 일어나기 때문이다. 이런 교차 현상으로부터 교차배어라는 말이 나오게 됐다.
32) 후설이 『데카르트적 성찰』, 특히 §31에서 말하는 두 개의 극, 즉 체험의 극으로서 자아와 대상의 극이라는 표현에 주목할 필요가 있다.

"정신적인 주관의 연결하는 활동성도 아니고 사물(대상)의 단순한 연결에 의해 형성된 것도 아니다. '지향성'은 신체적 주관Sujet charnel으로서 내가 이행하고, 나에게 원칙적으로 항상 가능한 운동의 한 단계에서 다음 단계로 수행하는 하나의 이행이다. 왜냐면 나는 신체라고 불리는 지각하고 운동하는 생명체이기 때문이다".[33]

## 신체적 이성에 따른 애매성의 철학과 예술의 가능성: 후설을 넘어서

데카르트나 후설이 의식의 절대적 명증성을 추구하는 것과 달리 메를로퐁티가 '신체적 이성'을 주장하는 한, 그는 신체적 실존의 애매성에 주목한다. 이 애매성은 우선 앞에서 논구한 이중 감각에서 기원한 애매성이다. 즉 '봄'과 '보여짐'이 서로 얽혀짐으로써 형성된 신체적 이성은 절대적인 자기반성을 수행한다는 이성적 반성과 달리 세계를 인식하는 데에 애매성을 그 본질적인 특징으로 갖게 된다. 둘째로, 신체적 실존으로서 주관은 그 자체가 애매성과 불투명성일 수밖에 없다. 이는 드 밸런스de Waelhens가 메를로퐁티 철학을 해석하면서 언급했듯이,[34] 인간 존재가 대자와 즉자 중 하나만을 선택해야 된다면, 우리는 애매성으로부터 벗어날 수 있을 것이다. 그러니 문제는 우리의 신체적 실존은 더 이상 대자와 즉자의 선택지에 놓여 있지 않고, '세계-에로-존재'être au monde이기 때문에 신체적 실존으로서 인간은 애매성으로부

---

33) Merleau-Ponty, *Signes*, Paris, 1960, p.272.
34) Alphonse de Waelhens "Une Philosophie de L'Ambiguïté" in Merleau-Ponty, *La structure du compertement*, 2nd ed., 1949.

터 근본적으로 벗어날 수 없다는 것이다. 즉 애매성은 우리의 신체적 실존이 완전한 객관이나 자연 및 자연사물도 아니며, 완전한 주관이나 심리나 의식 또는 정신적 실체도 아닌 제3의 존재라는 메를로퐁티의 근본 통찰에 근거한다. 셋째로, 우리는 이것을 우리의 존재론적 이중성에서도 발견할 수 있다. 즉 생동적인 활동 속에 있는 현재의 존재는 근본적으로 과거의 것 그대로가 아니다. 생동적인 활동 속에서 우리는 끊임없이 변화하고 있기 때문에 어떤 이론적 도식에 의해서도 우리 자체의 고유한 명증적 본질이 드러날 수 없고, 오히려 애매함을 지닌 채로 드러날 뿐이다. 마지막으로 지각의 관점성에서도 애매성의 근본 구조가 나타난다. 지각은 그 특성인 관점성으로 인해서 소위 절대명증적 선험 이성이 갖는 투명성과는 달리 불투명성을 갖게 된다.

이런 관점성 때문에 후설은 지각의 한계를 벗어나기 위해서 불가피하게 선험현상학으로 넘어가는 계기를 갖게 된다. 즉 후설은 경험이 근본적으로 "침묵하는(벙어리) 경험"[35]으로서 관점성Perspektivität을 지니고 있기 때문에, 경험적 지각을 넘어서 경험이 갖는 상이한 단계들에서 보편적인 사유(의식) 대상을 가진 모든 개별적인 의식 체험들을 종합적으로 포괄하고 있는 코기토(의식)는 다양한 각각의 의식 대상들 속에 정초되어 있다"고 주장했다. 이는 후설이 궁극적으로 벙어리 경험의 관점성, 즉 경험이 모든 것을 밝혀 주지 못하는 불가피한 관점성을 넘어서 선험적 구성으로 넘어갔다는 것을 뜻한다. 후설은 의식이 근본적으

---

35) 이 표현은 후설로부터 기인한다. *Cartesianische Meditationen*(*Husserliana*, I), p.77 참조.

로 전체의식이며 종합적으로 통일되어 있다고 기술하고 있다.[36] 이렇게 해서 후설의 현상학은 보편적 의식 대상을 파악하는 선험 이성의 영역으로 넘어갈 수밖에 없게 된다. 여기서 후설은 선험현상학의 정당성을 찾아내고 있다.

반면에 메를로퐁티는 후설과 다른 현상학 길을 걷는데, 그는 후설도 말한 경험의 관점성과 음영구조Abschattungsstruktur에 근거해서 경험은 다의적이고 개방적인 것으로 된다는 사실에 주목한다. 이 점에서 그는 후설이 제시해 준 '경험은 근본적으로 벙어리 경험이다'라는 사실에서 출발해서, 우리가 모든 사건들을 완전히 규정하고 정의해 버리는 일련의 관계들로 이루어진 한 체계에서가 아니라, 어떤 전체성의 종합도 완결될 수 없는 채로 있는 그런 열린 전체성에서 하나의 세계에 대한 경험을 갖는다고 본다.[37] 따라서 우리의 경험도 절대적 주체성의 의미에서가 아니라, 시간의 흐름에 의해서 해체되고 재형성된다. 주관의 통일성도 대상의 통일성도 실재 통일성이 아니라, 오히려 경험의 지평에서 추정적인 통일성일 뿐이다. 따라서 우리는 메를로퐁티로부터 관념과 사물이 탄생하는 원초적 층을 발견해야 하는 현상학적 과제를 갖게 된다. 여기서 대상은 '태동하는 상태'에 있는 것이다. 이 점에서 메를로퐁티에서 논의되는 신체적 이성은 구조와 형태 속에 있는 사유로서, 현상들이 하나의 순수한 현전 속에서 자기현전 의식에 대해 그것의 최정점을 발견하는 이론과 거리를 둔다. 그렇기 때문에 '신체적 이성'의 현상

---

36) *Ibid.*, p.80
37) Merleau-Ponty, *Phénoménologie de la perception*, p.254.

학은 목적론적으로 전체 현전과 자기투명적 의식을 주장하는 이론에 반대한다.[38] 메를로퐁티는 결국 데카르트와 후설에서 발견되는 명증성 철학과 거리를 둘 수밖에 없게 된 것이다.[39]

　　메를로퐁티 현상학에서 애매성은 데카르트 철학에서와는 달리 더 이상 부정적인 의미가 아니라 신체적 존재로서 인간 실존의 본질적인 특징이다. 이 애매성은 우리가 어떤 엄밀한 인식에 의해서도 남김없이 모두 밝혀지는 구조를 갖고 있지 않다는 사실에 기원한다. 때문에 메를로퐁티와 데카르트는 '봄의 사유'la pensée de voir를 서로 다르게 이해하고 있다. 후자는 지각의 불확실성과 이 불확실성에 근거한 외부 세계의 존재에 대한 회의에 도달하고 따라서 순수자아의 코기토에 진리를 구성하는 유일한 권위를 부여하였다. 따라서 데카르트의 코기토는 의식의 내면적 세계 속에서의 자기구성이고, 그렇기 때문에 그는 자기투명한 현존의 의식을 추구했으며, 의식은 절대 진리를 구성하는 출발점이자 절대적인 사유가 된다. 이 절대적 사유는 궁극적으로 절대적 명증성을 확보하기 때문에 자기 자신에 대해 투명한 성찰과 완전하고 전체적인 자기 소유를 할 수 있는 절대 능력의 소유자로 나타난다. 이런 데카르트적 길은 후설에서도 발견된다.

　　반면에 지각의 탐구에서 의식의 다양성을 확보한 메를로퐁티는 의식의 절대성을 거부한다. 우리가 의식의 절대성을 인정하는 한, 타자로 가는 길도 닫힐 수밖에 없기 때문이다.

---

38) B. Waldenfels, *In den Netzen der Lebenswelt*, Frankfurt, 1985, p.72.
39) 이런 점에서 메를로퐁티가 데리다의 문자학을 선취하고 있음을 알 수 있다.

만약에 내가 나 자신에 대한 절대적 의식을 갖는다면, 의식의 다양성은 불가능하다. 내 생각의 절대성 뒤에 하나의 신적인 절대자를 가정하는 것도 불가능하다. 나의 생각이 자기 자신과의 접촉에서 완전하다면, 그 접촉은 나를 나 자신 위에 닫아 놓으며, 나 자신을 넘어선다는 것은 있을 수 없고, 세계 속에서의 자기 자신의 현존과 존재의 전체성을 구성하고 자기의 소유로서 정의되는 자아에 대하여 타자에로의 열림이나 갈망도 없게 된다.[40]

따라서 데카르트와 달리, 메를로퐁티는 '지각'과 '봄의 사유'를 분리시키지 않는다. 즉 보는 것은 스스로 도달되고 보여진 사물 속에서 다시 만난다. 그는 데카르트를 비판한다. "데카르트주의자는 거울 속에서 자기 자신을 보지 않는다. […] 그러므로 그 자신에 대해서나 다른 사람들에 대해서나 다름없이 살로 된 신체가 아닌 —— 허수아비, 곧 —— 자신의 껍데기를 볼 뿐이다."[41] 데카르트주의자들이 본 거울 속에 자신은 살로 된 신체가 아니라, 사고의 산물에 불과하다는 것이다. 여기서 우리는 '신체적 이성'으로서 암묵적 코기토를 말할 수 있다. 이 암묵적 코기토는 "말하여진 코기토 이전에, 즉 언표나 본질의 진리로 전환된 코기토 이전에 나의 원판인 코기토"를 말한다.[42] 이런 코기토는 근본적으로 지각에서 기원한 코기토로서 데카르트적 순수사유의 코기토와 구분된다.

40) Merleau-Ponty, *Phénoménologie de la perception*, p.428.
41) Merleau-Ponty, *L'Œil et l'esprit*, p.38 이하. 삽입구는 인용자 추가.
42) Merleau-Ponty, *Phénoménologie de la perception*, p.462.

## 합리론적 미학에서 메를로퐁티의 미학으로

이런 코기토에 기인하는 신체적 이성에 의한 미학은 2절에서 탐구한 바움가르텐의 합리주의적 미학과 분명히 거리를 둘 수밖에 없을 뿐만 아니라, 미학에서 새로운 지평을 열게 된다. 메를로퐁티가 전개시키고 있는 소위 회화의 철학은 단순히 회화론에만 국한된 논의가 아니라, 그가 자신의 저서 『의미와 무의미』의 서문에서 언급하는 것처럼 회화에 관한 그의 첫 논문 「세잔의 회의」의 의미를 이성과 비이성 사이의 경계에 대한 중요한 철학적 문제를 다루고 있다. 이는 그의 예술철학 특히 회화의 철학은 단순히 미학이나 예술철학의 영역에만 국한되는 것이 아니라, 철학 전반의 문제와 관계하고 있음을 뜻한다.

비이성의 새로운 위상을 찾는 메를로퐁티는 "비이성의 경험은 단순히 잊어버릴 수 없는 경험이며, 우리는 이성에 대한 새로운 개념을 이루어야만 한다"라고 말하고 있다.[43] 그는 논리학과 수학에 국한된 이성 개념을 넘어서 소설, 시 그리고 회화나 영화뿐만 아니라, 도덕 체계나 정치적 영역 더 나아가서 상호문화성의 영역에서조차도 표현된 의미를 이해하기 위해서 이성의 개념을 새롭게 보여 주고자 했다. 이 점에서 메를로퐁티를 통해서 우리가 도달하게 되는 이성 개념은 앞에서 이미 봤듯이 종전의 이성 개념과는 결코 동일한 것이 아니다.

이런 관점에서 볼 때, "표현과 의사소통이 얼마나 근거가 박약하게 이루어지고 있는가"를 보여 주는 예가 바로 세잔의 회화이다. "표현은

---

43) Merleau-Ponty, *Sens et non-sens*, p.8.

안개 속에서 걷는 발자국과 같다. 그 발자국이 어디로 가는가를 어떤 사람도 말할 수 없다." 세잔은 당대인의 거부와 비판 그리고 자신의 작품이 과연 사람들에게 이해될 수 있는가에 대한 자신의 회의에도 불구하고, "위험을 무릅쓰고 기회를 얻어 냈고 다른 사람들 역시 그들이 위험들과 임무들을 평가하고자 했다면 이길 수 있었다".[44] 이것은 회화에서 세잔의 기획뿐만 아니라, 철학에서 메를로퐁티의 기획이 원초적 경험과 표현 그리고 궁극적으로 원초적 세계를 발견하고 기술하는 데 성공했다는 것을 뜻한다. 여기서 원초적 경험과 원초적 세계란 현상학에서 말하는 ── 그것이 후설에서든, 아니면 메를로퐁티에서든 간에 ── 이론 이전의, 즉 선 이론적 경험과 세계를 말한다. 그렇기 때문에 "현상학이 갖는 미완성성과 그 행보의 기동성은 실패의 기호가 아니며 불가피한 것이다. 왜냐하면 현상학은 세계의 미스테리와 이성의 미스테리를 밝혀내는 것을 과제로 삼기 때문이다".[45]

메를로퐁티는 인간 경험에 대한 현상학적 기술의 의무를 발자크, 프루스트, 발레리 그리고 세잔 등 같은 작가와 화가의 작품들에 연결시키고 있다. 현상학과 예술[46] 특히 회화와 문학작품은 "동일한 종류의 관심과 놀라움, 의식에 대한 동일한 요구를 보여 주고 있다. 이 동일한 것

---

45) Merleau-Ponty, *Phénoménologie de la perception*, xvi.

46) 메를로퐁티는 음악을 통해서는 자신의 현상학적 과제가 이루어지기 어렵다고 생각했다. 그가 보기에 음악은 야생적 의미의 직물에 제대로 접근을 못하고 있기 때문이다. 특히 그는 "음악이 미술과는 반대로 세계와 지시 가능한 저 편에 너무 떨어져 있기 때문에 존재의 어떤 윤곽들(존재의 성쇠, 성장, 변동, 동요 등)만을 묘사할 수 있을 따름이다"라는 입장이다 (*Sens et non-sens*, p.14). 이 점에서 음악에 대한 그의 이해에 아쉬움을 가질 수 있다.

은 바로 새롭게 탄생하려는 의미로서 세계나 역사의 의미를 잡아내고 자 한다. 이런 방법으로 현상학과 예술은 현대 사유의 일반적인 노력으로 통합된다".[47] 이 점에서 화가 세잔은 정황상 현상학을 접할 수 없었어도 궁극적으로 현상학을 실천한 사람이라고 볼 수 있다.

## 인간의 상징적 행위: 예술의 가능 조건으로서

예술이 가능한 조건은 바로 인간 행위가 다른 하등동물(거미, 두꺼비, 개, 침팬지, 고릴라)의 행위 형태와 구분되는, 인간에서만 발견되는 상징적 행위에서 발견된다. 메를로퐁티는 『행동의 구조』*La structure du comportment*에서 세 가지 질서(차원)들, 즉 물리학적 질서, 생명적 질서 그리고 인간적 질서에서 적용된 형태 개념을 탐구하고 있다.[48]

가장 낮은 수준의 물리학적 질서도 형태 개념으로 설명되는데, 그 이유는 "물리 실험은 결코 서로 따로 분리된 인과적 사건들의 발견이 아니기" 때문이며, "물리학적 진리가 개별적으로 얻어진 법칙들에 발견되는 것이 아니라, 그것들의 결합 속에서 발견되는 것이기" 때문이다.[49] 따라서 물리학적 활동을 이해하는 것에 필수적인 것은 하나의 시스템이나 그것의 구조 속에서 있는 변증법이다. 그러므로 물리(학)적 형태는 그 자체에서 얻어진 자연 사실이 아니라, 오직 의식을 통해서 발견된다.

---

47) Merleau-Ponty, *Phénoménologie de la perception*, xvi.
48) 이 저서에서 그는 실험심리학과 행동주의를 비판하고, 독일의 형태이론(심리학)에서 전개된 형태 개념과 구조 개념에 의해서 얻어진 자료들을 갖고서 행위 구조를 탐구한다.
49) Merleau-Ponty, *La structure du comportment*, Paris: PUF, 1942, p.150.

두 번째 차원으로서 생명 질서는 동물의 행동에서 발견된다. 이 차원은 두 가지, 즉 통합<sup>syncrétique</sup>형태와 '움직일 수 없는'<sup>amovible</sup> 형태로 구분된다. 첫 번째 형태는 행동의 내용 자체에서 가라앉아 있는 대부분을 위한 구조를 가리킨다. 반면에 두 번째 형태는 하나의 상황의 요소들에 대한 자신의 요구들을 강요하는 경향이 있는 구조들을 기술하고 있다. 이 구분에 따라서 두 부류의 동물이 있다. 일반적으로 본능이라 불리는 것에 의해 행동하는 무척추동물과, '지성적인' 행동이라 표시하기 시작하는 척추동물이다. 예를 들어서 개미의 경우 사람들이 관찰한 것은 바로 개미 자신의 조건들에 얽매여 있는 행동이다. 다른 한편으로 '움직일 수 없는' 행동은 "종種의 본능 기구에 의해서 결정되지 않는 기호들"에 대한 하나의 응답이다. 이 수준에서는 사람들은 "그것 속에서 이것이 실현되는 바의 질료들로부터" 상대적으로 "독립되어 있는" 구조들을 관찰할 것이다. 예를 들어 참팬지는 단지 주어진 전반적인 상황에만 반응하지 않고 다른 것을 얻기 위해서 주어진 것을 '선택'한다. 참팬지의 선택을 통해서 그 동물의 행동 구조는 자연환경에 —— 자신의 생활을 위한 —— 의미를 부여한다. 그러므로 "물리적 시스템의 통일성은 '상응관계의 통일성'이며 유기체의 통일성은 '의미의 통일성'이다".[50]

메를로퐁티에서 세 번째 차원은 가장 높은 차원으로서 인간 질서를 말한다. 그것은 상징 차원이다. 인간 행동과 동물 행동의 차이는 동물의 경우에 기호는 기호로 끝나지, 상징이 결코 될 수 없다는 것이다.[51]

---

50) *Ibid.*, p.115, 168.
51) *Ibid.*, p.130.

그렇기 때문에 동물은 상징을 수단으로 자신의 방향을 잡을 수 있는 능력을 거의 갖고 있지 않다. 즉 동물에게는 대상을 다양한 관점에서 바라보면서 그 대상의 자연적인 상황이나 맥락으로부터 그것(대상)을 끄집어내는 능력이 없다.

반면에 인간 의식은 하나의 상징적 의식이다. 정말로 인간을 정의하는 것은 "생물학적인 자연을 넘어서 두 번째 ── 경제적·사회적·문화적 ── 자연을 만들어 내는 능력에 있다기보다는, 이미 만들어진 구조들로부터 다른 구조들을 만들어 내기 위해서 만들어진 구조들을 넘어서는 능력"에 있다.[52] 이런 인간의 창조 능력 덕분에 인류는 예술 활동을 할 수 있고 작품을 만들어 낼 수 있다. 창조적인 화가는 시대 창조자로서 나타난다. 예를 들어 화가 세잔은 기존에 있는 시각과 기술을 넘어서 새로운 시각과 기술을 개발시켰다.

## 시각과 운동이 얽혀 있는 몸: 주관으로서 그림 그리는 몸

메를로퐁티에 따르면, 세잔은 자신의 신체를 세계에 부여함으로써 세계를 회화로 바꾸었다. 이런 세잔의 시도는 "활동하고 현행적인 몸을 공간의 덩어리나 기능의 다발(묶음)로서 몸이 아니라 시각과 운동의 얽힘entrelacs인 몸"으로 전제하고 있다.[53] 메를로퐁티가 시각과 운동의 얽힘을 언급하기 전에, 그는 『지각의 현상학』에서 통일성, 조화, 몸

---

52) *Ibid.*, p.189.
53) 이 표현은 메를로퐁티가 흄의 경험론과 다름을 알 수 있다. *L'Œil et l'esprit*, p.16.

의 종합을 언급하고 있다. "내 몸의 여러 가지 기관들, 즉 시각기관, 촉각기관, 운동기관 등은 단순히 조화롭게 되는 것이 아니다. […] 내 몸의 기관들 사이의 연결, 나의 시각 경험과 촉각 경험 사이의 연결은 하나하나 모아서 만들어지는 것이 아니다. 오히려 이 전환과 통일은 내 안에서 한 번에 실행되는 것이다." 시각 경험과 촉각 경험의 통일은 단순히 두 성격 사이의 선형적인 연결만이 아니라, 얽힘의 형태론적 구조이며, 바로 꼴과 배경 구조이다. "여기서 시각적 소여들les données visuelles은 단지 촉각에 의해서 나타나고, 촉각적 소여들은 단지 시각에 의해서 나타난다. 각각의 국소적 운동은 전체 위치의 배경에서만 나타나고, 각각의 신체적 사건은 […] 그 사건의 가장 먼 영향들이 적어도 지시되고 상호감각적 일치의 가능성이 즉각적으로 현전하는 의미 배경에서만 나타난다."[54]

여기서 주목할 수 있는 것은 메를로퐁티가 '봄'과 '보여짐'의 얽힘을 말하는 것을 넘어서 시각과 운동(예를 들어 눈 운동) 사이의 얽힘 그리고 감각들 사이의 얽힘을 말하고 있다는 것이다. 시각과 운동의 이런 상호 융합이 바로 그림을 그리는 전제 조건이다. 왜냐하면 눈을 통해서 이루어지는 가동적 신체(무엇을 보기 위해서 하는 눈 운동)는 바로 가시적 세계에 들어가기 위한 필수 조건이기 때문이다. 따라서 (눈) 운동 없이 비전은 불가능하다. 즉 어떤 대상을 보기 위해서는 나의 눈은 움직여야 한다. 그렇지 않을 경우 눈은 볼 수 없다. 가시적인 세계와 나의 신경 운동 세계는 동일한 존재를 구성하고 있는 전체의 부분들이다. 그렇기 때문

54) Merleau-Ponty, *Phénoménologie de la perception*, p.175.

에 비전을 사고 ── 세계의 상, 혹은 표상 곧 내재성과 관념성의 세계를 마음 앞에 마련해 놓고 있는 사고 ── 의 조작인 것으로 생각해서는 안 된다. 그 자체가 가시적인 신체에 의해서 가시적인 세계에 잠겨 있기 때문에, "보는 사람은 자기가 본 것을 자기 마음대로 만들어 갖고 있는 것이 아니라, 바라봄으로써 단지 그것에 접근할 뿐이며, 자기 자신을 세계에 열어 놓고 있는 것"이다. 따라서 눈 운동은 사유에 의한 결정 이전에 내 비전의 자연스러운 결정이다.[55]

상호감각적 일치와 의미 표현에 관해서 신체는 예술작품과 비교될 수 있다. 예를 들어, 회화나 음악에서 관념은 지각 경험의 대상으로서 색깔이나 사운드를 제시해 보여 줌으로써만 의사소통될 수 있다. 즉 그림은 나에게 오로지 생존해 있는 세잔을 보여 주고 이것이 바로 신체적 표현을 이해하는 것과 같은 방법이다. "진술된 말은 개별적인 단어들에 의해서만 의미 있게 되는 것이 아니라, 악센트, 억양, 제스처 그리고 얼굴 표정에서 의미 있게 되는 것이다."[56] 신체적 표현을 통해서 화자의 생각들이 밝혀지는 것이 아니라, 그의 생각과 그의 기본적인 존재 방식의 기원에 의해서 그의 생각이 밝혀지는 것이다. 따라서 시詩 역시 본질적으로 실존의 다양한 모습일 뿐이며 시의 의미는 모든 질료적 도움에 의존해 있다. 그러므로 시의 의미는 자의적이고 이데아의 하늘에 존재하는 것이 아니라, 지각의 신체적 경험에 있는 것이다.

후설의 운동감각Kinästhesen[57]을 연상할 수 있듯이, 메를로퐁티에게

---

55) Merleau-Ponty, L'Œil et l'esprit, pp.17~18 참조.
56) Merleau-Ponty, Phénoménologie de la perception, p.176.
57) 에드문트 후설, 『데카르트적 성찰』, §53.

신체는 상호감각적 존재일 뿐만 아니라, 시각과 운동의 얽힘이다. 이런 신체적 얽힘은 세계를 회화로 전환시켜 주는 그림 그리기를 가능하게 만든다. 그러나 이런 얽힘은 행동주의나 인공주의의 형태로 나타나는 과학주의에 의해서는 제대로 설명될 수 없으며 신체 현상학적 접근에 의해서 가능하다. 이를 통해서 현상학과 예술이 밝혀내고자 하는 원초적 세계와 그것의 원초적 의미가 드러나게 된다.

## 현상학적인 미적 경험으로서 원초적 경험

세잔이 "원초적 세계를 그리기를 원했다"[58]는 사실은 현상학자 메를로퐁티가 주목할 수밖에 없는 일이었다. 왜냐하면 이 원초적 세계가 바로 메를로퐁티가 다루려는 세계였기 때문이다. 원초적 세계는 추상적이고 따라서 이론적인 지식에 앞서 존재하며 오히려 이론적 지식을 발견하는 세계이다. 특히 그의 현상학적 과제는 원초적 세계로 되돌아가는 것이었고 후설로부터 시작한 현상학의 유명한 구호인 "사태 그 자체로 되돌아가라!"[59]라는 명제는 적어도 메를로퐁티에게는 원초적 세계의 의미를 밝혀내는 것이었다.

사태 그 자체로 되돌아가는 것은 지식(인식)에 앞서 있는 그 원초적 세계로 돌아가는 것을 말하며 지식이 항상 그것에 대해서 '말하는' 바

---

58) Merleau-Ponty, *Sens et non-sens*, p.23.
59) E. Husserl, *Logische Untersuchungen*, II-2, 6th ed., Tübingen, 1980, p.7.

그 세계이다. 이 세계와 관련을 맺고 있는 모든 과학적 도식은 추상적이고 파생된 기호-언어일 뿐이다. 마치 우리가 어렸을 때 숲이 무엇이고 초원이 무엇이며, 강이 무엇인지를 그 속에서 배운 바의 그런 자연과 지리학과의 관계와 같다.[60]

그뿐만 아니라, 메를로퐁티가 보기에 세잔은 "지성, 이념, 과학(학문) 관점 그리고 전통들을 이것들이 포괄하고 있는 것이 틀림없는 자연의 세계와의 직접적인 접촉으로 되돌리는 것"을 원했다.[61] 즉, 이런 것들(지성, 관념, 과학, 관점, 전통 등)이 '기원하는' 그 자연과 과학을 대비시키기를 원했다.

따라서 회화에 대한 세잔의 노력에서 메를로퐁티는 원초적 세계뿐만 아니라, 원초적 세계를 인식하는 원초적 경험을 발견하고자 했다. 원초적 세계와 원초적 경험에 대한 설명은 현상학의 중요한 여러 목표 중 하나이다. 물론 그가 이성과 비이성, 이성과 감각, 정신과 육체의 전통적인 엄격한 구분을 거부하고 이를 극복하는 것과 마찬가지로 세잔에게는 "정신과 육체, 사유와 시각의 구분에 이의를 제기하는 것조차 의미가 없다". 그렇기 때문에 세잔은 오히려 우리가 지각하는 사물의 자발적인 조직(구성), 관념 그리고 과학에 대한 인간의 조직(구성)을 구분한다. 메를로퐁티는 "세잔이 정신과 육체, 사유와 시각이란 개념이 도출되고 이들이 분리되지 않는 저 원초적 경험으로 되돌아왔다"는 사실을 지

---

60) Merleau-Ponty, *Phénoménologie de la perception*, iii.
61) Merleau-Ponty, *Sens et non-sens*, p.23. 강조는 인용자.

적한다. 따라서 메를로퐁티는 다음과 같은 결론을 맺는다. "개념화하고 표현을 찾아내는 화가가 처음으로 자연 속에서 발견되는 인간 현상의 미스터리를 —이는 매 순간 새롭게 보게 되는 미스터리이다 — 놓친 다."[62]

바로 세잔에게 메를로퐁티는 자신의 현상학적 노력보다 앞선 하나의 탁월한 현상학적 예시를 발견한 것이다. 그가 서로 대립되는 경험론과 지성주의(합리론)의 한계를 변증법적으로 극복하는 과정에서 자신의 현상학을 발전시키는 것과 마찬가지로, 세잔 역시 회화의 두 개의 대립적인 개념들, 즉 자연주의 또는 현실주의와 다른 한편 당시의 인상주의와의 대립을 넘어서 새로운 장을 열고 있었다. 세잔이 인상주의, 특히 피사로Camille Pissarro로부터 배운 것은 "스튜디오 작업보다는 자연으로부터 작업을 진행하는 것이 현상에 대한 엄밀한 탐구"라는 것이다. 그러나 세잔은 인상파를 넘어선다. 인상파 회화에서는 실재 사물의 무게감, 단단함, 충만함이 결여되어 있기 때문이다. 따라서 세잔은 '감각 자료'를 그리려고 한 것이 아니라 대상 자체를 그것의 리얼리티와 현존 속에서 그리려고 했다. 그는 "대상을 재현하기를 원했으며 분위기 뒤에 다시 대상을 발견하고자" 했다.[63]

이 점에서 세잔은 창조적으로 인상파 미학을 수용했다. "세잔은 인상파 미학의 모델로서 자연을 취하는 인상파 미학을 버리지 않으면서 대상으로 되돌아오는 것을 원했다." 그는 그것의 현상에서 대상 자체를

---

62) *Ibid*., p.27.
63) *Ibid*., pp.19~20.

재발견하고 그것을 그리고자 했다. 이것이 바로 세잔 회화의 패러독스이다. 세잔은 표면의 감각을 포기하지 않으면서 리얼리티를 탐구하고 있었고, 자연의 즉각적인 인상 이외에 어떤 다른 안내를 받지 않았다.[64] 메를로퐁티에게 회화의 의미는 바로 자연에 대한 이런 분명한 이율배반으로 탈출하려는 세잔의 시도에서 요약될 수 있다. 즉 자연에 대한 주관적 인상에서 벗어나 그 자체로서 그리려 했고, 인상주의와 관념론, 감각과 판단, 보는 화가와 생각하는 화가 등의 대립으로부터 벗어나고자 했던 것이다.

그러나 세잔이 원시인처럼 그림을 그리고자 한 것은 결코 아니다.[65] 따라서 그의 회화는 자연주의나 원시주의가 아니다. 그의 회화는 리얼리티를 단순히 재생산하는 것이 문제가 아니라, 그것을 표현하는 것이 문제였다. 따라서 예술은 자연의 모방이 아니라 표현의 과정이다.[66] 회화는 자연을 표현하고 자연을 다시 살아 있도록 만드는 것이다. 그러므로 세잔의 회화는 우리에게 "우리 눈앞에서 대상을 나타나게 하고 구성(조직)하는 작용에서 대상의 태어나는 질서ordre naissant"에 대한 표현을 전달해 준다".[67] 메를로퐁티에게 원초적 지각으로서 미학적 지각은 단순히 기하학적 관점이 아니라 오히려 지각의 뒤틀림을 일으키게 하는 데에서 일어난다. 이것은 바로 세잔의 그림 「귀스타브 제프루아의 초

---

64) 베르나르(E. Bernard)는 리얼리티를 얻는 수단을 부정하면서 리얼리티를 추구했다는 사실에서 "세잔의 자살"이라 부른다. *Ibid.*, p.20 참조.
65) *Ibid.*, p.23.
66) *Ibid.*, p.30를 비교하라.
67) *Ibid.*, p.25.

폴 세잔, 「귀스타브 제프루아의 초상」, 1895

상」의 테이블에서 볼 수 있다. 원초적 세계에서는 대상을 둘러쌓는 선
으로서 이해되는 대상의 윤곽선이 존재하지 않는다. 한 대상의 윤곽은
기하학적 사유에 의해서 만들어지는 것이 아니라, 원초적 지각에 의해
서 보여질 따름이다.

그렇다면 이 윤곽이 어떻게 시야에 나타나는가? 기존 회화 테크닉

에서 사전에 그려 내는 윤곽선은 오히려 관념에 의해서 만들어진 인위적인 경계선에 불과하다. 오히려 "세계가 그것의 참된 밀도와 깊이에서 주어졌다면, 윤곽선은 색깔의 결과이어야 한다". 따라서 "색깔이 아주 풍부해지면 그 형태는 충실해질 수 있다"라고 세잔은 말하고 있다. 궁극적으로 원초적 지각에서 촉각과 시각 사이에는 구별이 있다기보다는 상호성이 더 강하게 존재한다. 그럼으로써 미학적 경험은 상호감각적이다. 인간의 지각의 다양한 구분(시각, 촉각, 미각, 청각, 후각)들은 단지 인간 육체 과학의 결과일 뿐이다. 이 점에서 "우리는 대상들의 깊이, 매끄러움, 부드러움, 딱딱함, 더 나아가서 그것의 냄새까지 본다"고 말할 수 있다. 세잔은 원초적 지각을 찾고 있으며, 그는 사람들이 그것을 실제로 보지 않으면서 참여하는 스펙터클을 잡아내고, 이것을 사람들 중에서 가장 사람다운 사람에게 이것을 볼 수 있게 만들어 준다. 따라서 세잔이 원했던 것은 이 세계가 어떻게 우리와 접촉하고 있는가를 볼 수 있도록 하는 것이었다.[68]

## 미학적 경험에서 창조성과 사유에 대한 작품 제작 활동의 우선성

예술작품으로서 회화가 물리적 사물이자 단순히 색깔 있는 캔버스라는 객관적인 공간에 머물러 있지 않은 이유는 미학적 지각이 하나의 새로운 공간을 열어 놓고 있기 때문이다.[69] 미학적 지각이 새로운 공간

---

68) *Ibid.*, p.25, 26, 31, 33.
69) Merleau-Ponty, *Phénoménologie de la perception*, p.333를 비교하라.

을 열어 놓는다는 것은 바로 미학적 지각의 창조성뿐만 아니라, 미학적 지각을 실행하는 예술가의 창조성을 말하고 있는 것이다. 예술가의 창조성은 "마치 한 인간의 자유 결정처럼 예술가들보다 앞서 존재하지 않았던 하나의 비유적 의미"를 부여하는 데에 있다. 그렇기 때문에 예술작품은 이미 지각된 세계를 넘어선다. 예술작품은 "자유롭게 자신을 해석한 삶의 모노그램과 상징으로서" 존재한다. 예술작품은 세계에로 실존을 표현하고 있으며, 이것은 사람들이 자신의 실존을 완전히 인지하는 첫 순간에 나타난다는 것을 뜻한다.[70]

현대 회화(세잔)의 탄생에 결정적인 역할을 하는 시각과 운동의 신체적 얽힘이 기하학적 원근법과 다른 '뒤틀린 원근법'에서 —— 기하학적 원근법에서 볼 때 —— 나오게 된다(「귀스타브 제프루아의 초상」참조). 시각과 운동(운동 감각)이 얽혀져 있는 원초적 지각은 새로운 예술가의 창조성을 출현시키는 계기가 된다. 한 예술가는 "흘러간 이념을 다른 방식으로 연결시키고 지금까지 보여졌던 형태들을 제시해 냄으로써 쾌감을 느끼게 하는 대상들을 만들어 낼 수 있다".[71] '미학적 경험'은 현존하는 예술 형식에서 머무르는 것이 아니라, '동화시키는' 것이다. 특히 신기원을 만드는 예술가에 있어서 더욱 그렇고, 문화를 바로 그 기초들에게 내려앉게 하고 그 문화에 하나의 '새로운' 구조를 부여하는 예술가에게 더욱 그렇다. 여기서 우리는 앞서 논구했듯이 전통과의 새로운 만남에서 작동하는 '신체적 이성'을 발견할 수 있다.

---

70) Merleau-Ponty, *Sens et non-sens*, p.34.
71) *Ibid.*, p.32. 강조는 인용자.

폴 세잔, 「안시 호수」, 1896

    따라서 세잔이나 발자크 같은 예술가는 "마치 첫 번째 인간이 말하
듯이 말하고 아직 어떤 사람도 그려 보지 못한 것처럼" 그림을 그린다.[72]
또한 예술가의 창조성은 그의 실존적 자유로부터 기원하는 것이다. 실
존적 자유는 에테르적 자유도 토대 없는 자유도 아니다. 그것은 조건 지
어진 자유이다. 그런 자유는 기존의 전통과 역사의 힘과 예술가의 현행
적인 활동의 자발적인 힘 사이의 역동적인 벡터로부터 탄생한다. 따라
서 예술가의 창조성은 조건 지어진 '창조성의 장'이다. 이 점에서 예술
가의 창조성은 '창조성의 장'이다.[73] 이런 창조적 장은 동시에 예술가의

72) *Ibid.*, p.32.
73) 메를로퐁티는 후설을 언급하면서 자유를 "자유의 장" 내지는 "조건 지어진 자유"라는 표
    현을 사용한다(*Phénoménologie de la perception*, p.518 참조). 이에 맞추어서 필자는 '창

실존적 작품(제작) 활동에 의해서 전개된다.

　그런데 미학적 경험은 예술가의 작품 활동으로부터 분리될 수 없다. 예술가가 그의 예술작품에서 표현하는 것은 명시적으로 정의된 사유의 번역일 수는 없다. 왜냐하면 명시적 사유는 이미 어떤 사람에 의해서 표현되었기 때문이다. 이런 상황은 어떤 지성주의에 의해서도 설명될 수 없다. 왜냐하면 화가가 그리고자 하는 지각된 세계는 개념화되기 이전, 즉 선 개념화된 원초적인 세계이기 때문이다. 회화 예술가의 활동은 더 이상 분명히 규정된 일련의 사유들로부터 도출된 개념의 활동이 아니고 오히려 개념을 규정한다. 따라서 회화의 예술가적 활동은 발생적으로 개념에 앞서 있다. 그렇기 때문에 "'개념'은 '작품 제작'에 선행될 수 없다".[74] 미학적 경험과 활동은 사유로 규정되기 전에 행해지고 있기 때문이다. 예술적 행위가 있기 전에는 다만 막연한 흥분이 있는 정도이다. 단지 작품이 완성된 후에 비로소 어떤 무엇인가를 발견했다는 사실을 우리는 알 수 있을 뿐이다. 그렇기 때문에 회화가 우리에게 제공해 주는 의미는 회화에 앞서서 존재하지 않는다. "예술가가 말하려고 하는 의미는 어떤 곳에서도 존재하지 않는다. 사물에서도 예술가 자신에서도 존재하지 않는다."[75] 여기서 우리는 예술가의 창조성이 무엇인지 그 답을 찾을 수 있다. 즉 예술가의 과제는 전통과의 '치열한 싸움' 속에서 아직 존재하지 않았던 하나의 새로운 의미를 우리에게 부여하는 데 있다.

---

조성의 장'이라는 표현을 사용한다.

74) Merleau-Ponty, *Sens et non-sens*, p.32. "La 'conception' ne peut pas précéder l' 'exécution'."

75) *Ibid.*, p.32.

## 이중 감각으로 회화의 실천적 조건과 미적 경험에서 '거울'

메를로퐁티는 『지각의 우선성』[76]에서 지각을 근원적인 의식 형태로 표현한다. 그러나 그는 '직관이 모든 인식의 권리 원천'이라고 주장하는 후설의 절대관념론[77]에서 전개되는 초합리주의[78]로 후설과 함께 가지는 않는다. 오히려 그는 신체 현상학을 전개시킴으로써 잘 알려졌듯이 후설의 지성주의와 거리를 둔다. 그에 따르면 신체적 존재로서 우리는 생리학이나 의학에 의해서 규정된 신체 대상에 앞서 근원적으로 '살아 있는' 현행적 신체이다. 우리 몸은 나의 실존의 차원이다. 환체현상이 증명해 보이는 것처럼,[79] 신체-주관의 실존은 세계와 밀접히 관계를 맺고 있다. 살아 있는 현상적 신체는 하나의 대상 자체로 또는 '정보 기계'machine à information 자체로 간주되어서는 안 된다. 오히려 그것은 나의 현행적 신체로서, "나의 말과 행동을 통제하면서 묵묵히 서 있는 파수꾼"으로서 간주돼야 한다.[80] 지각 의식은 지성 의식과 다르기 때문에 절대적 내재성이나 절대적 외재성으로 이해되어서는

---

76) Merleau-Ponty, *Le primat de la perception: Bulletin de la société française de philosophie*, Verdier, 1996[1947].

77) *Ideen zu einer reinen Phänomenologie und Phänomenologischen Philosophie I*. Buch, Den Haag, 1952. 이에 관해서는 한전숙, 『현상학』, 민음사, 1996, 184쪽 이하 참조.

78) 후설의 초합리주의는 "과거의 합리주의를 불충분한 것으로 여기고 이를 넘어서지만 과거의 합리주의의 가장 내적인 의도들을 정당화하는 초합리주의"를 말한다. "Überrationalismus, Brief an Lévy-Brühl"(1935), *Arbeit an den Phänomenen*, ed. B. Waldenfes, Frankfurt/M, 1993, p.211 참조.

79) Merleau-Ponty, *Phénoménologie de la perception*, p.90.

80) Merleau-Ponty, *L'Œil et l'esprit*, p.13.

안 되며, 오히려 세계에 대한 신체적 현전으로 이해되어야 한다. 지각 의식은 대자적 존재가 아니다. 체험된 신체는 즉자적 존재와 대자적 존재가 섞여 있으며 애매한 삶을 인도하는 장소이다. 이는 앞에서 밝힌 신체의 이중 감각, 즉 만짐과 만져짐의 교차배어법이 보여 주는 것처럼 신체는 완전한 주관도 완전한 대상(객관)도 아니다. 이는 양손의 애매한 연합을 선언하는 것이며 또한 하나의 가역적인 순환을 말하는 것이다. 그래서 신체적 반성은 이성적 반성과 다르다(이 글의 3절 참조).

후설은 '현상'을 의식의 내재성 안에서부터 출발한 것으로 전제했다. 따라서 그의 현상학은 현상학적 환원에 이어서 궁극적으로 본질 직관을 통해서 선험 현상학으로 들어간다. 여기서 의식은 자연에서 사물들의 존재와는 달리 하나의 절대적 존재를 갖는다. 즉 의식 없이는 세계가 존재하지 않게 된다. 궁극적으로 후설의 의식 개념은 지성적 의식으로 나타난다.

반면에 메를로퐁티는 '현상'을 애매성의 신체와 사이신체적 상황이라는 '세계적' 입장으로 이해했다. 그는 신체, 욕망, 의미의 장으로서 제스처, 말함, 표현 그리고 예술을 이해하는 노력 속에서 잠재적이고 기능하는 지향성, 즉 소위 지각 의식에 관심을 기울였다. 그러나 지각과 지성의 구별이 불분명하게나마 존재한다는 사실을 받아들임에도 불구하고 그는 이 둘 사이에 유기적인 결합이 있다는 것을 말하고 있다. 이 점에서 전통적인 이성적 진리 개념이 해체된다. 그는 과거 지성주의가 강조한 것처럼 사람들이 절대적인 영원한 진리를 갖고 있다는 사실을 받아들이지 않는다. 이는 그가 지각의 애매성을 강조할 때 이미 예견된 결론이라고 볼 수 있다. 지각과 사유가 시간 지평을 공통적으로 갖고 있고, 비록 같은 속도로 동일한 시간에 나타나지 않는다 해도 시간적으로 나타난다. 때문에 비록 예술 활동이 개념보다 먼저 일어나지만, 개념과 예술 활동, 즉 지성과 지각이 유기적으로 결합되어 있게 된다.

세잔이 하고 있었던 것은 자연으로부터 그림을 그리는 것이었다. 그는 고전 화가들이 한 것처럼 윤곽선과 구성 그리고 빛의 분산을 통해서 그림을 그리고자 하지 않았고, 자연의 한 부분을 그리고자 시도했다. 동시에 세잔은 캔버스에서 대상과 자연을 뒤틂으로써 선상 원근법과 윤곽선과 같은 회화의 고전 기술을 거부했다. 참다운 예술은 플라톤이나 예술실재론이 말하는 것처럼, 자연을 모방하는 것도 아니고, 예술가의 창조 역시 오로지 지적인 상상 작용에 의해서 이루어진다고 말하기 힘들다. 더욱이 예술지상주의자들의 입장처럼 예술의 본능적 욕구에 따라서 예술 활동이 이루어지는 것도 아니다. 그러기에 "예술은 모방도 아니고 본능적 욕구나 좋은 취미에 의해서 만들어지는 어떤 것이 아니다". 예술은 오히려 표현의 자발적인 과정이다.[81] 회화에서 나타나는 질서는 자발적인 조직을 통해서 이루어진 질서이다. 따라서 자연과 예술은 다르지 않다. 여기서 감성과 오성(이성) 사이에 엄격한 구별이 있다기보다는 오히려 우리가 지각하는 사물들의 자발적인 조직이 있을 뿐이고, 단지 이 구별은 이념과 과학들에 의한 인위적 구별일 뿐이다. 이것은 동시에 '신체적 이성'으로서 그 역할을 한다.

따라서 그림을 그리는 행위는 자발적으로 구성되는 것이고, 풍경

---

81) Merleau-Ponty, *Sens et non-sens*, p.31를 비교하라.

은 나와 분리되어 있지 않다. "풍경 자신이 내 속에서 생각하며, 나는 풍경의 의식이다"라는 세잔의 말을 메를로퐁티가 인용했다는 것은 바로 그가 예술가와 시각 세계 사이에 역할의 가역성을 암시하는 것이다. 이는 클레Paul Klee를 대변한 앙드레 마르샹André Marchand을 메를로퐁티가 인용하는 가운데에서 아주 잘 나타난다. "숲속에서 나는 많은 경우 숲을 보고 있는 자가 내가 아니라고 느꼈다. 어느 날엔가는 나는 나무가 나를 보고 있고, 나에게 말을 걸고 있고 […] 내가 거기에 있다는 것을 느꼈으며, 듣고 있다는 것을 느꼈다. 화가는 우주에로 침투되고 내가 우주로 침투하는 것을 원하지 않는다고 나는 생각한다."[82] 그러므로 그림을 그린다는 것은 인류와 자연, 인류와 문화, 인류와 세계의 가역성과 순환성을 보여 주고 가르쳐 준다. 이런 가역성과 순환성은 보는 신체와 보이는 신체로서 나의 신체를 통해서 가능하다. 그러므로 가시성은 '봄'과 '보여짐'으로부터 일어난다. 따라서 이중 감각은 세계를 보이게 만들어 준다. 이런 이중 감각으로 인해서 회화는 "평범한 시각(봄)이 보이지 않는다고 간주한 것을 보이는 존재로 되게 한다."[83]

바로 여기 이 순간에 세잔과 반 고흐 같은 많은 화가들이 '거울' 속에 비친 자신의 이미지로부터 자신의 자화상을 그린다. 화가들에 의한 자화상은 자신의 얼굴을 보지 않고는 그려질 수 없고 거울 속의 자신의 이미지로부터 그려진다. 그리고 이 거울은 단순한 거울이 아니라, 화가와 타자의 가역적인 이미지이다. 따라서 "사람들은 사람들의 거울이다.

---

82) Merleau-Ponty, *L'Œil et l'esprit*, p.31.
83) *Ibid.*, p.27.

거울 자체는 사물들을 스펙터클로, 스펙터클을 사물로, 나 자신을 다른 자신으로, 다른 자신을 나 자신으로 변화시켜 주는 보편적인 마술의 도구이다".[84] 화가들이 그리는 작업에서 자신을 그리는 것을 좋아하는 이유는 ── 거울에 비친 자신의 얼굴을 보면서 그려지는 자신의 자화상으로서 ── 이 사이세계[85]를 그리고paint 표현하는 시도였기 때문이다. 그리고 이 사이세계에서 우리의 삶과 화가의 직업, 그 둘을 정의하는 '봄'과 '보여짐'의 변환이 일어난다.

---

84) *Ibid.*, p.34.
85) 이 사이세계는 사이영역이기도 하다. 사이영역에 대한 논의는 최재식, 「구르비취, 후설, 메를로퐁티에 근거한 장(場) 현상학 ─ 현상학적 사회철학을 위한 하나의 시도」, 『인간의 조건과 실천철학』, 1996; 최재식, 「상호문화성의 현상학 ─ 문화중심주의를 넘어 상호문화성으로」, 『철학과 현상학 연구』, 제30집, 2006을 참조하라.

## 2장 / 세잔으로서의 메를로퐁티, 메를로퐁티로서의 세잔

주성호

### 세잔의 회화와 메를로퐁티의 철학

메를로퐁티는 문인이나 예술가의 작품에 많은 관심을 가졌다. 특히 프루스트와 발자크의 소설, 발레리의 시, 세잔의 그림에 관심이 많았는데, 메를로퐁티가 이들의 작품에 관심이 많은 것은 이들의 작업이 자신의 철학적 작업과 유사한 점이 있다고 생각했기 때문이다. 또 그러한 유사성 때문에 그들의 작품을 자신의 철학적 분석의 대상으로 삼고자 했다.[1]

ㄱ런데 이들 가운데 세잔은 메를루퐁티에게 특별한 위치에 있다 그것은 메를로퐁티가 세잔의 회화를 자신의 철학적 분석의 대상으로

---

[1] 예를 들어, 『보이는 것과 보이지 않은 것』의 마지막 장에서 프루스트의 『잃어버린 시간을 찾아서』 일부 내용을 분석하고, 역시 같은 곳에서 "모든 것은 언어다"라는 발레리의 언어관을 그대로 취하기도 한다. 또한 메를로퐁티는 자신의 가장 큰 관심사인 '깊이'의 현상을 세잔의 회화와 발레리의 시구를 모델로 삼아 분석하기도 했다.

삼는 것을 넘어서 자신의 철학과 일치시켰기 때문이다.[2] 앞으로 보겠지만 메를로퐁티는 세잔이 인상주의도 아니고 고전주의도 아닌 제3의 화풍을 추구한다고 말했는데, 사실 그것은 경험론과 지성론을 비판하며 제3의 철학을 추구했던 메를로퐁티 자신의 입장을 나타낸다.

그런데 이러한 메를로퐁티의 세잔 이해는 잘 알려져 있지만, 세잔의 자기 회화에 대한 이해와 메를로퐁티의 철학 자체를 직접 연결시켜 이들의 관계를 심도 있게 연구한 글은 사실상 거의 없다. 메를로퐁티는 세잔의 회화관을 자신의 철학과 비교하고 자신의 철학에 녹여 수용하지만, 이에 대한 연구는 별로 이뤄지지 않았다. 우리는 이 글에서 세잔의 회화를 자신의 철학과 일치시키는 메를로퐁티의 세잔 이해를, 세잔의 자기 작업에 대한 언급과 메를로퐁티의 철학을 바탕으로 재구성할 것이며 특히 세잔 회화에 나타난 자연, 원근법, 색, 선, 깊이의 문제가 구체적으로 어떻게 메를로퐁티의 철학과 연결되어 이해될 수 있는지 살펴볼 것이다.

## 세잔의 '자연'과 메를로퐁티의 '지각적 세계'

세잔은 자신의 그림으로 무엇을 표현하려 하는가? 세잔의 표현으로 말하자면, 그는 화폭 속에서 무엇을 구현하려réaliser 하는가?[3] 세잔은

---

2) 일설에 따르면, 메를로퐁티는 세잔의 화보를 '끼고 살았다'고 할 정도로 즐겨 보곤 했다.
3) 세잔은 자신이 포착한 것을 캔버스에 옮기는 작업을 "구현한다"(réaliser)라는 말로 표현했다. 세잔은 자신이 죽기 전에 제대로 '구현'할 수 있을지 종종 의심했다. "내게 부족한 것은 [...] 구현하는 것이에요. 아마도 거기에 도달하게 되겠지요. 그러나 나는 늙었고 그러한 최

말년에 화가, 조각가, 시인 등 여러 사람들의 방문을 받았다. 그리고 그
들은 세잔과 대화한 것을 잡지나 책에 기록으로 남겼다.[4] 이 기록 속의
세잔의 말을 통해 볼 때, 세잔이 구현하려 했던 것은 '자연'이었다는 것
을 어렵지 않게 알 수 있다. "화가는 자연의 탐구에 전적으로 헌신해야
한다",[5] "발전을 이루기 위해서는 자연만이 있다",[6] "나는 우리 시선 아
래에 놓인 채 우리에게 그림을 주는 자연의 이러한 일부를 고집스럽게
구현하기를 계속한다"[7] 등 세잔은 끊임없이 자연에 대해 말했다. 그런

---

고의 수준에 도달하지 못한 채 죽을지도 모르겠어요. 베네치아 화가들처럼 구현하는 것!"
(E. Bernard, *Souvenirs sur Paul Cézanne et lettres*, Paris: la Rénovation Esthétique, 1921,
pp.25~26). 메를로퐁티가 말하는 "세잔의 회의"는 바로 이러한 '구현의 회의'이다.
4) 세잔은 말년에 그의 이름이 널리 알려지게 되었고, 여러 사람들이 그가 머물던 그의 고향 엑
상프로방스로 찾아왔다. 고고학자 쥘 보렐리(J. Borély)의 방문(1902년 6월), 화가이며 미술
평론가인 에밀 베르나르(E. Bernard)의 방문(1904년 2~3월, 1905년 3월), 실내장식가인 프
랑시 주르댕(F. Jourdain)의 방문(1904년), 조각가인 리비에르(R. P. Rivière)와 슈네르브(J.
F. Schnerb)의 방문(1905년 1월), 화가인 모리스 드니(M. Denis)의 방문(1906년 1월), 폴크
방 박물관(Folkwang Museum)의 설립자인 칼 에른스트 오스트하우스(K. E. Osthaus)의 방
문(1906년 4월)이 그 예이고, 이들은 잡지나 책에 세잔의 생각과 자신들이 바라본 세잔을 글
로 남겼다(이들의 글 목록은 참고문헌에서 참조 바람). 이들 중에서 에밀 베르나르의 글이 세
잔 연구에서 가장 중요하다. 베르나르는 세잔과의 만남뿐만 아니라 세잔에 대한 자신의 생
각을 나타내는 많은 글을 썼다. 그리고 세잔을 방문한 것은 아니지만 기타 여러 기회로 세
잔과 만나 세잔의 생각이나 평가 등을 남긴 사람으로는, 세잔의 고향 사람이며 시인인 조아
킴 가스케(J. Gasquet), 엑상프로방스에서 군 복무 중 세잔을 만난 시인 레오 라르기에(Léo
Larguier), 모네(C. Monet)를 통해 세잔을 평론하게 된 미술평론가 기스타브 제프루아(C.
Geffroy), 세잔의 작품을 모아 전시를 기획한 화상 앙브루아즈 볼라르(A. Vollard)가 있다.
이들이 남긴 글 중에 가스케의 글은 세잔뿐 아니라 세잔에 대한 메를로퐁티의 입장을 이해
하는 데 중요하다. 메를로퐁티가 「세잔의 회의」에서 언급한 세잔의 생각이나 말은 인용 출
처가 없지만, 대부분 베르나르나 가스케가 쓴 글에서 인용한 것이다. 그 외 세잔이 베르나르
나 피사로 등에게 보낸 편지 속에서 세잔의 예술관 등을 살펴볼 수 있다.
5) Paul Cézanne, *Paul Cézanne, Correspondance*, ed. J. Rewald, Paris: Bernard Grasset
Editeur, 1937, p.262. 1904년 5월 26일 베르나르에게 보낸 편지.
6) *Ibid.*, p.265. 1904년 7월 25일 베르나르에게 보낸 편지.
7) *Ibid.*, p.276. 1905년 10월 23일 베르나르에게 보낸 편지.

데 세잔이 구현하려 했던 자연은 분명 이전 미술과는 다른 회화적 모티프를 가리키거나 새로운 예술관의 표현 대상일 것이다. 베르나르에게 보낸 한 편지에서 세잔은 전통적인 미술과는 다른 표현 방식으로 자연을 연구하고 자연의 내부에 도달하겠다고 말한다.

> 루브르는 우리가 읽는 것을 배우는 교재입니다. 그러나 우리는 우리들의 유명한 선배들의 아름다운 표현 방식formules을 간직하는 데 만족하지 말아야 합니다. 아름다운 자연을 연구하기 위해 그런 표현 방식에서 벗어납시다. 정신을 그런 표현 방식에서 해방시킵시다. 그리고 우리의 기질에 따라 우리를 표현하기를 추구합시다. […] 이러하면서도 무척 정확한 이론을, 비가 오는 요즘 날씨에는 야외에서 실천해 보는 것은 불가능합니다. 그러나 우리는 지속적인 노력으로 다른 모든 것과 마찬가지로 '자연의' 내부를 이해하게 됩니다. 오래된 찌꺼기만이 채찍질이 필요한 우리의 지성을 가로막습니다.[8]

잘 알려진 것처럼 1870년경 이후 세잔은 피사로Camille Pissarro를 통해 인상주의 화풍을 갖기 시작했다. 인상주의가 이전의 화풍과 달리 작업실이 아닌 야외에서 빛과 대기의 인상을 포착하는 것처럼, 세잔은 바깥 자연의 현상을 탐구하며 그것을 화폭에 옮겼다. 세잔은 1870년경 이전에 사용했던 바로크적인 표현 방식을 버리고, 인상주의자들처럼 밝은색, 점묘적인 붓질 등으로 감각적인 자연을 표현해 내려고 했다. 따라

---

8) *Ibid.*, pp. 275~276. 1905년 금요일(날짜 미상) 베르나르에게 보낸 편지.

서 세잔이 "아름다운 자연을 연구하기 위해 그러한(전통적인) 표현 방식에서 벗어납시다"라고 말할 때, 그는 분명 인상주의자들처럼 자연을 대상으로 하는 회화관을 갖고 있었다고 할 수 있다. 그러나 세잔은 이미 1880년경 인상주의와 다른 화풍의 그림을 그리기 시작했다. 주지하듯이 인상주의는 감각적인 빛의 인상이나 대기의 인상을 포착하는 데 몰두하기 때문에 사물들은 종종 불분명한 형태의 모습을 띠게 된다. 이 때문에 인상주의자들이 표현한 사물은 그것의 '대상성' 또는 '객관성'을 상실하게 된다. 그러나 앞으로 보겠지만, 세잔은 인상주의와 달리 빛과 대기 속에서 잃어버린 사물의 형태를, 즉 사물의 대상성 또는 객관성을 복원하려고 했다. 따라서 세잔이 추구한 자연은 인상주의의 감각적인 자연과 다르다고 할 수 있다. 베르나르의 말처럼 "세잔은 본질적으로 인상주의와 다르며, 그는 인상주의에서 나왔지만 자신의 자연을 인상주의 속에 가두어 놓을 수 없"었을 것이다.[9]

메를로퐁티는 바로 이와 같은 화풍을 개척하려는 세잔에 대해 "그는 자연을 모델로 삼는 인상주의 미학을 저버리지 않으면서 대상으로 되돌아가기를 원했다"라고 말했다.[10] 메를로퐁티는 세잔이 인상주의도 고전주의도 아닌, 혹은 인상주의도 아카데미 회화peinture d'école도 아닌 제3의 입장을 추구했다고 생각했다.[11] 또한 "세잔은 그에게 게시된 기존의 양자택일에서, 즉 감각과 지성, 보는 화가와 사유하는 화가, 자

9) E. Bernard, "Paul Cézanne", Conversations avec Cézanne, ed. P.-M. Doran, Pairs: Macula, 1978, p.37.
10) Maurice Merleau-Ponty, Sens et non-sens, Paris: Nagel, 1948, p.21.
11) Ibid., p.21, 24.

연과 구성, 원시주의와 전통이라는 양자택일에서 언제나 벗어나고자 시도했다"라고 말했다.[12] 그런데 세잔에 대한 메를로퐁티의 이와 같은 이해는 사실 메를로퐁티 자신의 철학적 입장을 세잔 회화에 그대로 적용한 것이다. 다시 말해 메를로퐁티는 세잔 회화 속에서 자신의 철학 자체를 보았으며, 자신의 철학적 작업을 세잔의 회화적 작업과 일치시키고 있는 것이다. 그가 세잔이 감각적이고 경험적인 인상주의 미학도 아니고, 지성적이고 합리적인 고전주의(또는 아카데미)의 미학도 아닌 제3의 입장을 추구한다고 말한 것은, 경험론(인상주의)도 아니고 지성론(고전주의)도 아닌 메를로퐁티 자신의 철학(세계관)을 세잔이 이미 갖고 있다고 생각한 것이다. 마찬가지로 세잔이 "기존의 양자택일에서 언제나 벗어나고자 시도했다"는 말도 기존의 모든 이원론(이분법)적 사유를 벗어나려는 메를로퐁티 자신의 태도를 세잔이 이미 지니고 있다고 생각한 것이다. 메를로퐁티가 인용한 세잔의 말들을 자세히 살펴보면, 세잔에 대한 그의 이해를 더욱 분명히 알 수 있다.

고전주의자들에게서 그림은 윤곽 드러내기, 구성, 빛의 분배가 있어야만 한다고 에밀 베르나르는 세잔에게 상기시켰다. 세잔은 "고전주의자들은 그림을 만들었지만, 우리는 자연의 일부를 '포착하려고(그리려고)' 시도해요"라고 대답했다. 세잔은 '고전주의' 거장들에 대해 "그들은 상상으로 그리고 상상에 동반되는 추상으로 실재를 대체했어요"라고 말하여 자연에 대해 "이 완벽한 작품에 순응해야만 해요.

---

12) *Ibid.*, p.22.

모든 것은 이 완벽한 작품에서 오고, 우리는 그것을 통해서 존재하고, 나머지는 잊어야만 해요"라고 말했다. 세잔은 인상주의를 "박물관의 예술(작품)처럼 견고한 어떤 것"으로 만들기를 원했다고 선언한다.[13]

우선 세잔이 생각한 고전주의자는 메를로퐁티 입장에서는 데카르트나 칸트 같은 지성론자처럼 합리성을 추구하는 사람들일 것이다. 잘 알려진 것처럼 메를로퐁티는 특히 칸트 같은 지성론자들이 세계를 지성에 의해 인위적으로 재구성했다고 생각했다. 따라서 "고전주의자들은 그림을 만들었"고 "그들은 상상으로 그리고 상상에 동반되는 추상으로 실재를 대체했다"는 세잔의 말은, 메를로퐁티 입장에서 철학적으로 보면 지성론자들이 지성적인 추상으로 세계를 만들고 그 세계로 실재를 대체했다는 말이 될 것이다. 그리고 세잔이 말하는 '실재', 즉 '자연'은 메를로퐁티에게는 바로 지각적 세계 또는 지각이 될 것이다. 왜냐하면 자연이라는 완벽한 작품에 순응해야만 하고, 모든 것은 이 완벽한 작품에서 오고, 우리는 그것을 통해 존재하고, 나머지는 잊어야만 한다는 세잔의 말은 정확히 지각 또는 지각적 세계에 대해 메를로퐁티의 규정과 일치하기 때문이다.

즉 메를로퐁티에게서 지각된 세계는 "모든 합리성, 모든 가치, 모든

---

13) *Ibid.*, p.21. 메를로퐁티가 인용한 따옴표 속의 세잔의 말은 순서대로 다음의 글에 있다. E. Bernard, "Une conversation avec Cézanne", *Mercure de France*(Paris, 1890), 1921-6-1(n.551), pp.374~375, p.376, 385; M. Denis, *Théories* (extrait) in *Conversations avec Cézanne*, ed. P.-M. Doran, Pairs: Macula, 1978, p.170.

존재가 언제나 전제하는 토대"[14]이고, 이 때문에 모든 지식은 이 지각적 세계에서 '오고', 우리는 지각적 세계를 '통해 존재하며', 그것을 파악하기 위해선 인위적인 지성적 세계가 아니라 지각적 세계에 '순응해야만' 한다. 그렇기 때문에 메를로퐁티는 세잔이 "자연의 일부를 '포착하려고'(그리려고) 시도"했듯이 지각적 세계 자체를 포착하려고 시도했다. 메를로퐁티가 이처럼 포착하고자 한 지각적 세계는 우리가 체험한 경험적 세계지만, 경험론의 세계는 아니다. 메를로퐁티는 경험론과 유사하게 지각적 경험에 충실하지만, 그가 말한 지각적 경험은 경험론과 달리 "발생하고 있는 상태의 지성성"l'intelligibilité à l'état naissant[15]이 있다. 세잔이 인상주의를 "박물관의 예술(작품)처럼 견고한 어떤 것"으로 만들고자 한 것처럼, 메를로퐁티는 지각적 경험을 "견고한 어떤 것"으로서 파악하며 합리성이라는 전통적인 철학적 가치를 포기하지 않았다.

따라서 세잔이 구현하려 한 자연은 메를로퐁티 입장에서는 경험론적인 세계도 지성론적인 세계도 아닌 지각적 세계라고 말할 수 있다. 메를로퐁티의 지각적 세계는 "인식(지식)이 언제나 말하는 인식 이전의 세계이고, 모든 과학적 규정이 그것에 대해서 추상적이고, 의미를 나타내고, 의존하는 인식 이전의 세계"이다.[16] 메를로퐁티는 자신이 지성이

14) Merleau-Ponty, *Le primat de la perception et ses conséquences philosophiques*, Cynara, 1989, p.43.
15) Merleau-Ponty, *La structure du comportement*, Paris: PUF, 1942, p.223.
16) Merleau-Ponty, *Phénoménologie de la perception*, Paris: Gallimard, 1945, iii. "가장 복잡한 인식의 형태가 규정해야만 하거나 해명해야만 하는 것을 가리키듯이(renvoient), 이 근본적인 경험(지각적 경험)을 가리킨다." Merleau-Ponty, *Le primat de la perception et ses conséquences philosophiques*, p.87.

나 과학에 대해 일차적인 지각적 경험으로 되돌아가는 것처럼, "세잔이 바로 일차적primordial 경험으로 되돌아간다"고 생각했다.[17] 그는 자신이 기술하기 위해 부단히 접근한 지각적 세계가 원초적인 세계인 것처럼, "세잔이 그리기를 원했던 것은 이런 일차적인(원초적인) 세계이다"라고 말한다.[18] 이런 말들에서 분명히 알 수 있듯이, 메를로퐁티는 세잔의 회화를 자신의 철학과 동일시하고 있었다. 그는 원초적인 지각적 세계로 되돌아가 발생하고 있는 상태의 의미나 합리성을 포착하여 경험론과 지성론을 극복하고자 했으며, 세잔 역시 마찬가지로 그와 같은 세계를 포착하여[19] 인상주의와 고전주의(또는 아카데미 회화)를 극복하고자 시도한다고 생각했다.

## 자연을 통한 고전주의: 게슈탈트적 지각 세계

앞서 본 것처럼 메를로퐁티 입장에서 세잔이 추구한 자연은, 자신의 철학의 출발점인 선객관적인 지각적 세계이다. 혹자는 세잔에 대한 이와 같은 메를로퐁티의 이해가 단지 메를로퐁티가 세잔 회화를 자신의 철학으로 파악하는 것이라고, 즉 세잔에 대한 메를로퐁티의 우호적 읽기에 불과하다고 말한 것이다. 그러나 세잔이 말까 그가 하고자 한 자

---

17) Merleau-Ponty, *Sens et non-sens*, p.27.

18) *Ibid.*, p.23.

19) "현상학은 발자크, 프루스트, 발레리, 세잔의 작업처럼 힘든 작업이다. [⋯] 그것은 발생하고 있는 상태의(à l'état naissant), 세계의 의미나 역사의 의미를 포착하려는 동일한 의지 때문이다." Merleau-Ponty, *Phénoménologie de la perception*, xvi. 강조는 인용자.

업을 살펴보면, 메를로퐁티의 세잔 이해를 단순한 우호적 읽기로만 볼 수 없을 만큼 그들의 작업에 많은 공통점이 있음을 알 수 있다. 그리고 이러한 공통점 속에서 우리는 세잔이 구현하려 한 자연이 구체적으로 무엇인지 더욱 분명히 파악할 수 있다.

세잔은 그림을 무척 더디게 그렸다. 그는 풍경 앞에서 오랫동안 생각하고 그려야 할 풍경의 모티프를 포착하기 위해 부단히 노력했다.[20] 이러한 세잔의 오랜 숙고는 자연에 뒤덮인 문명적인 또는 인위적인 사유 습관을 벗겨 내기 위한 작업이다. 세잔은 원초적인 자연을 포착하기 위해 그런 사유 습관을 "잊는다"고 말했는데, 그것은 마치 메를로퐁티가 원초적인 지각적 세계를 파악하기 위해 **판단을 중지**하는 작업을 하는 것과 유사하다.

**나(가스케)**: 당신은 모든 것을 잊어야 한다고 말했습니다. 왜 풍경 앞에서 이와 같은 준비와 숙고를 하십니까?

**세잔**: 아아! 내가 더 이상 아무것도 모르는innocent 것이 아니기 때문이에요. 우리는 문명화된 사람들이에요. […] 우리는 더 이상 아무것도 모르지 않아요. 우리는 '문명의' 편리한 방식을 갖고 태어나요. 그런 편리한 방식을 부수어야만 해요. 그런 방식은 예술의 죽음이에요.[21]

---

20) "세잔은 무척 천천히 작업을 진행했으며, 게다가 극도로 숙고한 후 작업하였다. 그는 오랫동안 사유하지 않았으면 결코 한 번의 붓질도 하지 않았다." E. Bernard, *Souvenirs sur Paul Cézanne et lettres*, p.90.

21) J. Gasquet, *Cézanne*, Encre marine, 2012, p.156. "폴 세잔은 모든 것을 잊는다는 결심과 함께 자연 앞에 서 있는 날부터, 이와 같은 발견들을 하기 시작했다. 그 발견들은 후에 피상적으로 모방되었지만, 동시대적인 이해 속에서는 혁명의 결정적인 것을 지니고 있었

세잔은 이처럼 판단 중지라고 할 수 있는 숙고 끝에 원초적인 자연에서 모티프를 발견한다. 그리고 그는 모티프에서 미세한 어떠한 것도 놓치지 않으려고 했다.

감정, 빛, 진리가 빠져나가는, 너무 느슨한 단 하나의 그물코와 구멍도 있어서는 안 돼요. 나는 내 그림을 한꺼번에 전체적으로 진척시킨다는 것을 좀 이해하세요. 나는 하나의 동일한 추진(리듬)과 신념으로 흩어져 있는 모든 것을 결합시켜요… 우리가 보는 모든 것은 흩어지고 사라지지요.[22]

이와 같이 세잔은 어떤 것도 빠져나가지 않도록, 즉 "너무 느슨한 단 하나의 그물코와 구멍이" 없도록 그가 포착하려는 현상의 전체적 모습을 파악하고자 노력했다. 메를로퐁티는 이러한 세잔의 모티프를 "전체성과 절대적 풍요성 속의 풍경"이라고 규정했다.[23] 이것은 메를로퐁티가 게슈탈트Gestalt 또는 형태forme라고 부르는 것을 가리킨다.[24] 게슈탈트는 어떠한 구조 속에서 나타나는 전체적 모습으로서의 현상인데, 매 순간의 현상은 그것의 전체적인 모습으로서의 형태가 어떠하냐에 따

다." E. Bernard, "Paul Cézanne", p.33.

22) J. Gasquet, *Cézanne*, pp.108~109.

23) Merleau-Ponty, *Sens et non-sens*, p.29. 세잔은 종종 자신의 그림의 대상이 되었던 생트빅투아르산(Sainte Victoire)을 '모티프'라고 말하지만, 여기서는 모티프라는 어휘의 본래적 의미를 가리킨다.

24) 여기서 게슈탈트(형태)의 의미를 자세히 다룰 수 없다. 다만 논의의 전개를 위해 그때마다의 게슈탈트라는 모습을 간략히 설명할 것이다. 좀 더 게슈탈트에 대한 이해를 위해서는 주성호, 「메를로퐁티의 게슈탈트와 창발론」, 『프랑스학연구』, 제85권, 2018. 8. 참조.

라 달리 나타난다. 비록 어떤 두 현상이 동일한 요소들로 되어 있다 해도, 어떠한 전체적 구조(모습) 속에 있느냐에 따라, 즉 어떤 형태로 있느냐에 따라 달리 보인다. 또한 두 현상의 모든 요소들이 서로 다르더라도, 그것들은 형태가 유사할 경우 서로 비슷하게 보일 수 있다.[25] 이 때문에 세잔은 그리고자 하는 현상의 전체적 모습을 포착하기 위해, "하나의 동일한 추진(리듬)과 신념으로" "모든 것을 결합시키려" 했다. 그래서 그는 다음과 같이 말했다. "만약 내가 조금이라도 방심한다면, 내가 조금이라도 실수한다면, […] 전날의 이론과 반대되는 이론에 오늘 내가 사로잡혀 있다면, 내가 그리면서 생각한다면, 내가 개입한다면, 와장창! 하고 모든 것은 달아난다."[26]

그런데 메를로퐁티가 주목했듯이, 세잔은 이런 전체적 현상을 포착하면서 "우리(모티프와 세잔)는 생겨난다germinons"라고 말했다.[27] 이것은 메를로퐁티가 말한, 주체와 대상이 '함께-태어난다'co-naissance

---

25) 푸른색이 가운데 있고 그것을 둘러싼 장미색이 있는 둥그런 원판을 볼 때, 무엇을 전경으로 또는 배경으로 바라보느냐에 따라 동일한 게시판은 달리 보인다. 장미색을 전경으로 바라보면서 가운데 있는 푸른색을 배경으로 볼 때와 푸른색을 전경으로 보면서 둘러싼 장미색을 배경으로 볼 때, 두 경우는 질적으로 달리 나타난다. 원판은 객관적으로 동일한 두 색으로 되어 있지만 각 경우에서 원판은 서로 다른 전체적 구조, 즉 형태로서 나타난다 (Merleau-Ponty, *La structure du comportement*, p.12). 또한 조옮김을 한 어떤 멜로디를 들을 때, 그 멜로디의 모든 음들이 조옮김 하기 전의 음들과 다른 것이지만 우리는 그 멜로디를 이전의 멜로디와 동일한 것으로 여긴다. 그러나 모든 음들 중 단 하나의 음만 바뀐 멜로디를 들을 경우 우리는 이전의 멜로디와 다른 멜로디로 여긴다. 단 하나의 음의 변화가 전체적 현상으로서의 형태를 바꾸었기 때문이다(Merleau-Ponty, *Sens et non-sens*, p.87).

26) J. Gasquet, *Cézanne*, p.154.

27) *Ibid.*, p.112. 이 대목에서 메를로퐁티는 "세잔은 풍경과 함께 '생겨났다'(germinait)"라고 하면서(Merleau-Ponty, *Sens et non-sens*, p.29), 잘 쓰이지 않는, 가스케가 쓴 "germiner"라는 단어를 그대로 인용한다(사실 현대 불어에서는 'germer'라는 단어가 쓰인다).

는 현상이다.[28] 메를로퐁티의 '지각적 세계'는 즉자적으로 존재하지 않고, 언제나 주체와 더불어 나타나고, 주체와 분리 불가능한 채로 공존한다.[29] 마찬가지로 세잔의 자연도 순수한 경험론적인 자연이 아니라 '보는 자'와 공존하는 자연이다.

> **세잔**: […] 무엇보다도 회화는 광학(시각)optique이에요. 우리 예술의 재료는 거기에, 즉 우리 눈이 사유하는 것 속에 있어요… 우리가 자연을 존중할 때, 자연은 언제나 스스로 정리되어 그것이 의미하는 것을 말하게 되지요.
>
> **나(가스케)**: 그러니까 자연이 선생님께 무엇인가를 말하듯이 의미합니까? 선생님이 자연 속에 그 의미를 두는 것이 아닙니까?
>
> **세잔**: 아마도… 당신 말이 맞지만, 결국 근본적으로 같은 것이에요.[30]

이처럼 세잔은 우리 "눈이 사유하는 것"과 자연이 "무엇인가를 '말하듯이' 의미하는" 것을 분리하지 않았다. 그렇기 때문에 세잔은 "풍경은 내 속에서 스스로를 반영하고, 스스로 인간화하고, 스스로 사유하고, […] 나는 이 풍경의 주관적 의식일 것이다"라고 말한다.[31] 이것은 정확

---

28) Merleau-Ponty, *Phénoménologie de la perception*, p.94.
29) 후기 메를로퐁티 철학에서 인간과 세계가 '함께-태어난다'는 입장은 수정된다. 그렇지만 즉자적인 세계가 인정되는 것은 아니다. 미완성된 후기 메를로퐁티 철학에서 나타난 이 문제는 복잡한 분석이 요구되고 또한 이 글의 관심사도 아니어서, 우리는 초기 메를로퐁티 철학에 나타난 '함께-태어난다'는 사실과 메를로퐁티가 언제나 주장하는 보는 자와 즉자적이지 않은 사물의 관계로 세잔의 자연을 이해할 것이다.
30) J. Gasquet, *Cézanne*, pp.163~164. 강조는 인용자.
31) *Ibid.*, p.150. 세잔의 이 말을 메를로퐁티는 인용부호 없이 다음과 같이 인용한다. "세잔

히 메를로퐁티가 '내가 푸른 하늘인지 푸른 하늘이 나인지' 구분하기 어려운 주객 관계를 기술하는 대목을 상기시킨다. "푸른 하늘을 응시하는 나는 푸른 하늘 앞에 있는 탈우주적인 주체가 아니고, […] 나는 나 자신을 푸른 하늘에 맡기고, 나는 이 신비 속에 빠져 있고, 푸른 하늘은 내 속에서 스스로 사유하며', 나는 […] 하늘 자체이다."[32] 그러므로 화가로서의 세잔은 메를로퐁티가 주장하는 주객공존(전기 철학)이나 살의 키아즘적 현상(후기 철학)으로 표현되는 '보는 자와 보이는 것의 관계'를 이미 알고 있었다. 그것은 '풍경이 내 속에서 스스로를 반영하고, 스스로 인간화하는 것'과 '나는 이 풍경의 의식'이라는 것이 결국 근본적으로 똑같다는 것이다.

따라서 세잔이 추구한 자연은 메를로퐁티의 지각적 세계, 즉 선객관적이고 게슈탈트적 전체 현상에서 보는 자와 보이는 것이 함께 태어나고 공존하는 세계이다. 베르나르가 말했듯 세잔의 자연은 자연주의의 자연 또는 인상주의의 자연이 아니다.[33] 앞서 보았듯이 세잔이 "인상

---

은 말하길, 풍경은 내 속에서 스스로 사유하고, 나는 이 풍경의 의식이다." Merleau-Ponty, *Sens et non-sens*, p.30

32) Merleau-Ponty, *Phénoménologie de la perception*, p.248. 메를로퐁티 문장 속의 인용 출처 없는 "내 속에서 스스로 사유하며"라는 세잔의 말을 인용한 것임을 알 수 있다.

33) "[…] 스스로 자연주의자라는 칭호를 과장되게 부여하는 졸라(Zola)가 개시한 한탄스러운 학파에 언제나 사람들이 세잔을 집어넣었다는 것은 틀린 것이다"(E. Bernard, "Paul Cézanne", *op. cit.*, p.38). 그러나 나중에 베르나르는 세잔에 대한 자신의 평가를 달리한다. "인상주의 미학과 세잔의 미학에 대해서, 우리는 어떤 차이도 인식할 수 없다. […] 그것은 자연주의이다" E. Bernard, "La methode de Paul Cézanne", *Mercure de France*(Paris, 1890), 1920-03-01, n.521, p.291 참조. 메를로퐁티는 "(세잔의) 이러한 직관적 앎보다 자연주의에서 멀리 떨어진 것은 없다"고 말한다(Merleau-Ponty, *Sens et non-sens*, p.30). 그리고 여기서 자세히 다룰 수 없지만, 메를로퐁티는 베르나르가 세잔을 합리성이 결여된 화가 또는 자연주의자로 평가하는 것에 동의하지 않는다.

주의를 박물관의 예술(작품)처럼 견고하고도 지속적인 어떤 것으로 만들기를 원했던" 것처럼, 그의 자연에는 메를로퐁티의 지각처럼 합리성이 있다.[34]

**세잔**: 하나의 광학(시각)optique이 만들어져야만 해요. 우리 이전의 어떤 사람도 보지 못했던 것처럼 자연을 보아야 해요. [...] 화가인 나는 본래적인 눈이어야만 해요.

**베르나르**: 그것은 다른 사람들에게 이해 불가능하고 너무도 개인적인 시각이 되지 않겠습니까? 왜냐하면, 결국 그린다는 것은 마치 말하는 것과 같지 않습니까? [...] 제가 새롭고 알려지지 않은 언어를 만든다면 선생님은 제 말을 이해하시겠습니까? [...]

**세잔**: 나는 광학이라는 말로 논리적 시각을, 즉 불합리성이 없는 것을 의미해요.

**베르나르**: 선생님은 선생님의 광학을 어디에 근거 두시고 있습니까?

**세잔**: 자연이에요.

**베르나르**: 이 말(자연)로 무엇을 의미하십니까? 우리의 자연입니까, 자연 자체입니까?

**세잔**: 두 가지 다예요.

**베르나르**: 선생님은 예술을 우주와 개인의 결합처럼 생각하십니까?

**세잔**: 나는 예술을 개인적 통각으로 생각해요. 나는 이 통각을 감각 속에

---

34) M. Denis, *Théories*, p.170; J. Gasquet, *Cézanne*, p.167.

두고, 지성으로 그 통각을 작품 속에 조직화할 것이에요.[35]

　자연에 근거한 세잔의 광학(시각)은 이처럼 불합리성이 없는 논리
적 시각이다. 세잔의 '시각'은 단순 감각 질료가 아니라 로고스가 있는
감각이다. 그 감각은 각 개인의 감각이라는 점에서 개별적이지만, 또
한 나름의 합리성과 보편성이 있다는 점에서 통각적이다. 이 때문에 세
잔은 '감각 속에 두어진 통각', '통각이 조직화된 작품'을 말하면서 예술
을 "개인적 통각"이라고 표현했다. 이러한 감각에 나타난 세잔의 자연
은 결국 메를로퐁티가 말한 '발생하고 있는 상태의 로고스'logos à l'état
naissant가 있는 세계이다.[36] 그것은 형식(형상)과 질료를 구별할 수 없고,
질료는 형식(형상)을 '잉태하고'prégnante[37] 있는 지각적 세계이다. 그것
은 전체적 현상(게슈탈트) 속에서 그 현상의 고유한 의미 또는 로고스가
발생하는 원초적인 세계이다.

　이로부터 "자연을 통해, 다시 말해 감각을 통해 다시 고전주의자가
되어야 한다"라는 세잔의 유명한 말을 어렵지 않게 이해할 수 있다.[38] 이

---

35) E. Bernard, "Une conversation avec Cézanne", *Mercure de France*(Paris, 1890),
　　p.372~373. 강조는 인용자 추가이고, 메를로퐁티가 또한 인용한 부분이다(Merleau-
　　Ponty, *Sens et non-sens*, p.22).

36) Merleau-Ponty, *Le primat de la perception et ses conséquences philosophiques*, p.67.

37) *Ibid.*, pp.41~42.

38) E. Bernard, *Souvenirs sur Paul Cézanne et lettres*, p.40, 93 ; E. Bernard, "Paul
　　Cézanne", p.37. 또한 세잔은 "자연을 토대로 푸생(Poussin)을 완전히 다시 만들기(재현
　　하기)"라는 유명한 말을 한다(E. Bernard, *Ibid.*, p. 93 ; E. Bernard, "Une conversation avec
　　Cézanne", p.388). 메를로퐁티 입장에서 세잔의 이 말들은 '지각적 세계에서 발생하는 로
　　고스 추구하기'로 이해되지만, 이와는 다소 다른 방식들로 이해되는 경우가 있다. 마순자,
　　「세잔의 신화, 그 의미와 진실」, 『현대미술사연구』, 제19집, 현대미술사학회, 2006 참조.

미 본 것처럼, 세잔은 인상주의와 함께 감각적인 자연을 모델로 삼아 그림을 그렸지만, 고전주의자들처럼 합리성을 추구했다. 메를로퐁티 입장에서 세잔이 포착한 자연은 인상주의의 감각적 자연과 고전주의의 합리적 세계 이전의 것이고, 그것은 세잔 개인이 지각한 자연이지만 보편성과 합리성이 있는 자연이다. 그러므로 자연(감각)을 통해서 다시 고전주의자가 되어야 한다는 것은, 메를로퐁티의 주장처럼 '원초적인 지각적 세계에서 발생하는 상태의 합리성을 추구해야 한다'는 것이다.

## 체험된 원근법

앞서 본 것처럼 메를로퐁티는 자신과 마찬가지로 세잔이 원초적인 지각적 세계를 추구한다고 생각했다. 그런데 그가 생각한 세잔의 자연은 통상적으로 이해된 외부 풍경만을 의미하지 않는다. 메를로퐁티가 세잔의 정물화나 인물화에 대해 언급한 내용에서 알 수 있듯이, 그는 세잔이 풍경화뿐만 아니라 정물화, 인물화에서도 지각적 현상으로서의 자연을 표현한다고 생각했다.

　　메를로퐁티는 세잔이 표현한 원근법에 큰 관심을 가졌다. 특히 세잔의 정물화에서 고전주의적인 또는 아카데미적인 그림과 다른 원근법이 자주 나타나는데, 메를로퐁티는 세잔이 객관적인 원근법과 다른 지각적 경험에서 나타나는 원근법을 포착했다고 생각했다. 다시 말해 세잔은 기하학적이거나 사진술적인 원근법이 아니라 "체험된 원근법 perspective vécue, 즉 우리 지각의 원근법"이라고 할 수 있는 원초적인 지각적 현상을 알고 있었다고 주장했다.[39] 사실, "세잔은 자신이 두 번이나 응시해 떨어진 보자르(예술학교)에서 가르치는, 사진과 같은 눈(시선)과 기계적인 엄밀한 데생을 무척이나 혐오"했다.[40] 그리고 그는 '모양-배경'figure-fond의 지각적 구조를 베르나르에게 말하기도 한다.

> 발전하기 위해서는 자연만이 있고, 눈은 자연과 접촉하면서 길들여집니다(초점 맞춰집니다). 눈은 바라보고 '시선적으로' 작업하면서, 중심으로 향하게 됩니다. 즉 하나의 오렌지 속에, 하나의 사과 속에, 하나의 공 속에, 하나의 얼굴 속에 하나의 정점(모여지는 점)이 있다는 뜻입니다. 그리고 이 정점은 빛, 그림자, 물들이는 감각과 같은 커다란 효과에도 우리 눈에서 가장 가깝습니다. 대상들의 가장자리는 우리의 지평에 놓여 있는 중심으로 사라집니다.[41]

세잔이 여기서 말하는 우리의 시선이 정점, 즉 중심으로 향한다는 것은, 메를로퐁티가 언급하는 '모양-배경'이라는 게슈탈트적 지각 구조의 '두드러진' 모양 쪽으로 향하는 것을 의미한다. 우리가 집을 지각할 때, 우리는 어떠한 관점 속에서 지각하고, 이 때문에 지각된 집은 집

---

39) Merleau-Ponty, *Sens et non-sens*, p.24. "원근법에서 세잔의 탐구는 현상에 충실하면서 최근 심리학(게슈탈트 심리학)이 표현했었을 것을 발견한다. 체험된 원근법, 즉 우리 지각의 원근법은 기하학적인 또는 사진술적인 원근법이 아니다."

40) R. P. Rivière and J. F. Schnerb, "L'atelier de Cézanne", *Conversations avec Cézanne*, ed. P.-M. Doran, Pairs: Macula, 1978, p.87. 강조는 인용자.

41) Paul Cézanne, *Paul Cézanne, Correspondance*, p.265(1904년 7월 25일 편지), 강조는 인용자. 그리고 세잔이 말하는 "물들이는 감각"(sensations colorantes)은 베르나르에 따르면, 보색 관계에서 볼 수 있는 것처럼 '다른 색 감각을 물들이는 감각'을 가리킨다.

의 앞면(모양)이 두드러진 채 나타난다. 그것은 두드러지지 않은 집의 뒷면이나 옆 건물을 '배경'으로 또는 '지평'으로 해서 나타나는 것이다. 대상들의 가장자리가 우리의 지평 쪽으로 사라진다는 세잔의 말은, 이러한 지각적 대상의 배경 또는 지평 쪽을 가리킨다. 우리가 시각장의 어떤 부분을 '중심이 되는' 모양(전경)으로 지각하면, 다른 부분은 언제나 '가라앉고' 숨겨진 배경(지평)이 되는 것이다. 그런데 하나의 지각적 현상은 모든 측면이 중심인 채로 전경으로서만 나타날 수 없다. 좀 전에 배경으로 나타난 집의 뒷면이나 옆집이 이제 전경으로 나타나면, 전경으로 나타났던 좀 전의 집의 앞면은 이제 배경으로 나타난다. 그러므로 지각의 필연적 구조인 "모양-배경 구조 또는 관점적 현상perspective은 [...] 대상들이 자신들을 숨기는 방식이라면, 그것은 또한 대상들이 자신을 드러내는 방식"이다.[42]

메를로퐁티가 말한 세잔의 '체험된 원근법'은 이처럼 모든 것이 동일한 모양이 되는 방식으로 드러나지 않는다. 그것은 모든 것이 모양-배경의 구별 없이 나타나는 객관적인 원근법과는 다른 우리의 지각적 현상이다. 태양이 수평선에 있을 때와 중천에 있을 때, 두 태양은 객관적으로 동일한 거리에 있지만 우리가 체험한 두 태양의 크기는 다르다. 뮐러리어Müller-Lyer 착시 현상에서 볼 수 있는 것처럼, 두 선분의 객관적 길이는 동일하지만 우리가 체험한 두 선분의 길이는 서로 다르다.[43] 마찬

---

42) Merleau-Ponty, *Phénoménologie de la perception*, p.82.
43) 두 선분의 길이가 같지만, 바깥쪽 꺾쇠가 붙은 선분(아래쪽)이 안쪽 꺾쇠가 붙은 선분보다 길어 보인다(*Ibid.*, p.12 참조).

가지로 지각에서 가까이 있는 대상들은 사진 속의 가까이 있는 대상들보다 더 작게 보이며, 멀리 있는 대상들은 사진 속의 멀리 있는 대상들보다 더 커 보인다. "이것은 영화 속의 기차가 동일한 상황 속의 실제 기차보다도 더 빨리 다가오고 더 빨리 커지는 것을 우리가 보는 것과 같다."[44]

우리가 체험한 세계는 과학이나 이성으로 파악한 세계가 아니다. 과학은 두 태양이 동일한 거리에 있는 만큼, 두 태양이 처해 있는 서로 다른 배경과 상황을 없애고 동일한 관점(원근법)에서 동일한 크기를 파악한다. 뮐러리어 착시에서도, 과학 또는 지성적 판단은 서로 다른 길이의 두 선분에서 그 배경이 되는 서로 다른 꺾쇠들을 제거하여 객관적인(동일한) 관점으로 동일한 길이의 두 선분을 파악한다. 과학이나 지성적 판단은 지각에서 배경을 제거하고 지각적 현상 전체를 '동일한 자격'으로 '평준화'한다. 그러나 우리가 체험한 지각적 대상은 매 순간 특정한 어떤 배경 또는 어떤 지평에 물들여진 채로 나타난다. 수평선에 있는 태양은 수평선 위의 대기, 수평선 근처의 집과 나무라는 배경 속에서 나타나기 때문에, 중천을 배경으로 나타나는 태양과 달리 크게 보인다. 또한 뮐러리어 착시에서 한 선분은 바깥쪽 꺾쇠를 '통해' 나타나고 다른 선분은 안쪽 꺾쇠를 '통해' 나타나기 때문에 그 길이가 달라 보인다.

그러나 아카데미 회화나 고전주의 같은 전통적 회화는 태양처럼 어떤 한 대상이 여러 다른 배경에서 나타난다 해도 그것이 동일한 거리에 있다면 동일한 크기로 그리는, 이른바 기하학적 원근법을 추구한다. 잘 알려진 것처럼 르네상스 시대의 선원근법linear perspective은 이런 기

---

44) Merleau-Ponty, *Sens et non-sens*, p.24.

폴 세잔, 「체리와 복숭아가 있는 정물」, 1883~1887

하학적 원근법을 잘 나타내고 있다. 특히 마사초의 「성 삼위일체」에서 볼 수 있는 것처럼, 그와 같은 원근법에는 하나의 소실점으로 여러 선들이 수렴되는 하나의 객관적 관점만이 있다.[45] 즉 체험된 맥락(배경)이 제거되어 지각적 현상 전체가 '평준화되는' 객관적 관점, 즉 객관적인 원근법만이 있다. 그러나 세잔이 보자르(예술학교)에 낙방한 이유를 설명하는 데서 알 수 있듯이, 그는 기이한 대상의 크기를 '눈에 보이는 대로' 그렸다. "나는 두 번이나 보자르에 응시했어요. 그러나 나는 (그림의) 전체 조화ensemble를 이루지 못했어요. 머리가 내 관심을 끌기에,

---

45) 마사초의 「성 삼위일체」의 원근법 도식은 R. L. Solso, 『시각심리학』, 신현정·유상욱 옮김, 시그마프레스, 2000, 225쪽 참조.

폴 세잔, 「노란 등받이의자에 앉은 세잔 부인의 초상」, 1888~1890

나는 머리를 너무 크게 그렸거든요." 세잔의 그림 「체리와 복숭아가 있는 정물」을 보면, 항아리의 배 부분과 입구 부분의 눈높이가 다르다. 아마도 항아리 입구가 세잔의 '관심을 끌어', 세잔은 항아리 입구 속이 조금 보이게끔 그렸을 것이다.[46] 또 체리 접시와 복숭아 접시의 기하학적 눈높이는 조금밖에 차이 나지 않지만, 체리 접시는 위에서 본 것처럼 둥글고 복숭아 접시는 수평에서 본 것처럼 타원형이다. 그리고 「노란 등받이의자에 앉은 세잔 부인의 초상」에서도 '평준화된' 기하학적인 원근법이 나타나지 않는다. "(세잔 부인의) 몸 양쪽의 벽지의 띠가 일직선

---

46) 이에 대한 더 좋은 예로, 「정물」(1890~1894)에 나타난 항아리 입구 모양을 보라.

폴 세잔, 「바구니가 있는 정물」, 1888~1890

을 이루고 있지 않다."[47] 앞서 보았듯이 우리의 지각 현상은 전체가 동일한 하나의 관점으로 '평준화되어' 있지 않다. 우리가 눈을 굴려 방 안을 죽 훑어볼 때, 매 순간 주어지는 여러 관점(시점)들은 동일하지 않다. 즉 "눈이 여러 관점(시점)에서 차례로 취한 이미지들과 표면은 뒤틀려" 있다.[48] 그렇기 때문에 세잔 부인 몸을 중심으로 왼쪽의 벽지와 오른쪽의 벽지가 하나의 시점일 수 없고 양쪽의 벽지 띠도 기하학적으로 일치하지 않는다. 우리가 훑어본 방 안이 매 순간 다른 시점에서 주어지듯이, 세잔의 그림에는 이와 같은 여러 시점들이 공존한다.

　「바구니가 있는 정물」은 세잔 회화에서 나타난 여러 시점의 공존을

---

47) Merleau-Ponty, *Sens et non-sens*, p.24. "기하학적인 원근법과 반대로 귀스타브 제프루와 초상화의 작업 테이블은 그림 밑바닥까지 내려와 있다"(*Ibid*., p.22).
48) *Ibid*., p.24

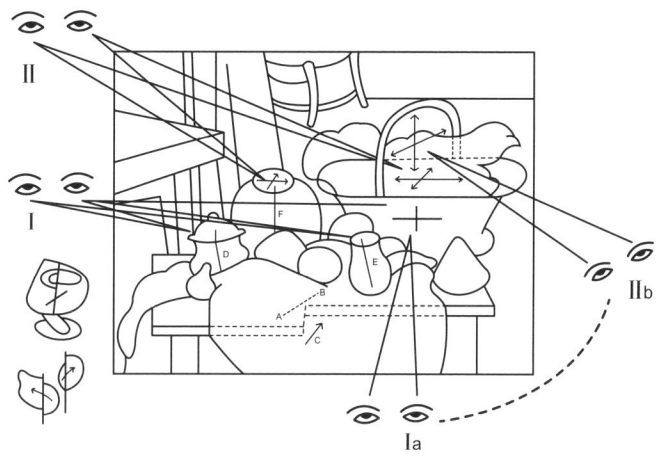

「바구니가 있는 정물」에 대한 로란의 도식

잘 보여 준다. 얼 로란은 「바구니가 있는 정물」의 다시점을 여러 경우로 설명한다.[49] 식탁보 왼쪽의 탁자선(A)은 오른쪽 탁자선(B)과 평행하지 않고 그보다 낮다. 그리고 I로 표시된 첫 번째 눈높이는 대체로 과일 바구니, 설탕 그릇, 작은 주전자의 앞면에 있으며(설탕 그릇과 작은 주전자는 살짝 조금 높은 눈높이에서 보인다), II로 표시되고 훨씬 위에 있는 두 번째 눈높이는 생강 항아리 입구와 바구니의 위쪽을 내려다본다.[50] 또한 시선이 왼쪽에서 오른쪽으로 이동하는 것처럼, 바구니 정면에 위치한 시선 Ia는 IIb로 이동하여 "바구니의 손잡이가 마치 오른쪽 멀리 떨

49) Erle Loran, *Cezanne's composition*, Berkeley, 3rd ed., Los Angeles, London : Univ. of California Press, 1963, p.77.
50) *Ibid.*, p.76.

어진 곳에서 본 것처럼" 돌려져 있다.[51] 그리고 D와 E로 표시된 설탕 그 릇과 주전자는 확실히 왼쪽으로 기울어져 있는 반면, F로 표시된 생강 항아리는 수직을 이루고 있다.[52]

그런데 세잔 회화에서 나타난 이러한 여러 시점들의 공존은 무엇을 의미하는가? 로란의 이러한 설명은 분명 탁월하지만, 메를로퐁티 입장에서 보면 아직 세잔의 원근법의 본질을 충분히 파악하지 못하고 있다. 메를로퐁티가 말한 '체험된 원근법'은 공간적인 의미만을 갖는 것이 아니다. 메를로퐁티가 언급한 'perspective'는 공간적인 원근법뿐만 아니라, 그보다 근원적이고 포괄적인 의미인 '관점적 현상'을 가리킨다. 우리가 앞서 본 것처럼 우리의 지각적 대상은 매 순간 특정한 어떤 배경 또는 어떤 지평을 통해 나타난다. 이 배경은 단순히 공간적인 것뿐만 아니라 문화적, 역사적, 시간적인 것 등 일체를 포함하는 맥락으로서의 지평을 가리킨다. 그리고 그런 배경 '속에서' 지각 대상의 고유한 모양figure이 나타나고, 배경은 모양과 더불어 하나의 전체적 지각 현상을 형성한다. 따라서 메를로퐁티가 말하는 세잔의 '체험된 원근법'은 공간적인 원근 현상이긴 하지만 또한 그런 공간적 현상에 '배어 있는', 또는 그것을 가능케 하는 '관점적 현상'이다. 세잔이 "머리가 관심 끌기에, 머

---

51) *Ibid.*, 로란은 이 부분을 피카소 회화에 나타난 다시점의 한 기원으로 본다. "하나의 머리 초상 속에 앞면과 옆면의 시각을 통합하는 피카소의 유명한 방법은 아마도 여기에까지 거슬러 올라가 그 기원들 중 하나로 추적된다."

52) *Ibid.*, p.77. 그리고 왼쪽 아래의 화살표가 대각선으로 있는 작은 도식들은 브라크(Braque) 의 그림으로부터 그려진 대상들이다. "그것들은 세잔의 테이블에 나타난 단면의 분할(불일 치, A와 B 사이의 C와 같은 분할)의 사유가 어떻게 추상예술까지 영향 미치는지 정확히 보여 준다."

리를 너무 크게 그렸다"는 것은 공간적인(또는 시각적인) '시점'視點을 넘어서는 일반적 의미의 '관점'과 관계한다.

앞서 본 것처럼 메를로퐁티가 생각한 세잔의 자연은 단순히 지각자의 '눈앞에' 있는 대상이 아니라, 지각자와 함께 태어나고 공존하는 선객관적인 지각적 세계이다. 그러나 로란의 세잔 회화 분석은 단지 공간적인 시점들에 대한 분석이다. 그것은 세잔의 원근법이 기하학적인 원근법이 아닌 것을 잘 보여 줄 뿐이다. 로란은 세잔 회화의 다시점을 보여 주지만, 그것은 단지 '눈앞에' 있는 사물의 시점에 대한 분석이고, 따라서 여전히 '대하여 있는' 사물(대상)의 공간 분석, 즉 대상적인(객관적인) 공간 분석이다. 그러므로 메를로퐁티 입장에서 세잔 회화에 대한 대상적인 공간 분석은 선객관적인 주객공존에 나타난 관점적 현상을 충분히 해명할 수 없을 것이다.[53]

게다가 대상적인 공간 분석은 세잔 회화의 다시점을 매 순간 나타난 시점들의 단순 연합으로 만들 위험이 있다. 앞서 본 것처럼 우리가 눈을 굴려 방 안을 훑어볼 때, 동일하지 않은 여러 관점들이 나타난다. 이런 지각적 현상을 단지 대상적인 공간으로 파악하면, 마치 경험론이 감각 경험들을 단순 연합하듯 여러 시점들을 외적으로 종합하게 될 것이다. 그러나 메를로퐁티는 세잔이 정물들 사이에 나타나는 유기적인 종

---

53) 그렇기 때문에 메를로퐁티 입장에서 세잔은 단순히 형식주의 관점에서 또는 입체주의 선구자로서 이해될 수 없다. 이미 보았듯이 메를로퐁티는 세잔의 모티프를 '전체성과 절대적 풍요성 속의 풍경'으로 생각하기 때문에, 그의 입장에서 세잔 회화를 단지 형식적인 것으로 파악하는 것은 피상적으로 이해하는 것이다. 형식주의 관점에서 세잔을 읽는 것, 특히 프라이(R. Fry)의 세잔 해석에 대해서는 마순자, 「세잔의 신화, 그 의미와 진실」, 『현대미술사연구』, 제19집, 3장 참조.

합, 즉 전체적인 조화를 표현한다고 생각했다. 우리가 방 안을 훑어볼 때 여러 관점들이 나타나지만, 우리는 여전히 '하나의' 방의 모습을 본다. 이와 비슷하게 우리는 세잔의 「과일 바구니가 있는 정물」에서 여러 관점들이 있는 줄 모를 정도로 '하나의' 테이블의 정물들을 본다.

> 우리가 그림을 전체적으로 볼 때, 원근법적 변형들은 그림의 전체 구성에 의해 그 자체로는 보이지 않고, 그 변형들은 마치 자연적인 시각에서 그러한 것처럼 단지 발생하는 질서의 인상, 우리 시선에 대상이 막 나타나고 <u>스스로</u> 조직되는 인상을 일으키게 만드는데, 여기에 세잔의 천재성이 있다.[54]

이처럼 세잔은 매 순간 감각 경험에 나타난 관점들에서 '발생하고 있는 상태의 로고스'logos à l'état naissant를 포착하고 있었다. 세잔은 기하학적인 원근법을 거부하지만 합리성을 포기하지 않는다. 그것은 '체험된' 선객관적인 지각에서 합리성을 포착하는 것이다. 우리가 객관적(대상적) 태도를 취할 때는 훑어본 방 안의 여러 관점들이 잘 구분된 채로 우리에게 주어지지만, 그와 같은 객관적 태도를 취하지 않고 지각할 때에는 여러 관점들은 잘 구분되지 않고 '하나의' 방의 모습이 나타난다. 세잔은 바로 이러한 선객관적인 지각 현상에서 개별 감각적 관점들이 각기 닫혀 있지 않고 '하나의' 유기적 관점을 형성하는 것을 포착했다. 세잔이 포착한 체험된 원근법은 결국 "자연(감각)을 통해서 다시 고전

---

54) Merleau-Ponty, *Sens et non-sens*, p.25. 강조는 인용자.

주의자가 되어야 한다"는 그의 입장을 다시 한 번 보여 준다. 세잔 회화
의 다관점은 감각 경험에 충실한 것이지만, 이 감각 경험에는 고전주의
가 추구한 합리성이 있기 때문이다.

## 대상성의 문제: 색, 선, 깊이

화가라면 누구나 색 사용에 커다란 주의를 기울일 것이다. 특히 인상
주의는 작업실 밖의 자연을 표현하기 위해 기존 회화와는 다르게 색을
사용한다. 인상주의는 빛과 대기 속의 사물을 표현하기 위해 어두운
색을 쓰지 않고 밝은색을 사용한다. 즉 "팔레트에서 흙색, 오커색ocres,
검은색을 배제하고 단지 프리즘의 7가지 색만을 두어" 사용한다.[55] 또
한 인상주의는 국부색, 즉 다른 대상과 구별되는 한 대상의 색에 만족
하지 않고 대비 현상을 고려한다. 특히 거의 맹목적이라고 말할 수 있
을 정도로 보색 이론을 적용한다. 예컨대 햇빛 속의 초록 풀잎을 생생
히 표현하기 위해 초록색의 보색인 빨간색을 대비적으로 사용한다. 그
리고 인상주의는 색을 더 이상 섞지 않고, 계산하여 쪼갠 순수 색들을
캔버스에 바른다. 즉 여러 색을 섞지 않고 순수한 색들을 점묘적으로
병치하여 하나의 국부 색을 표현한다. 이러한 색 사용으로 인상주의는

---

55) E. Bernard, "La méthode de Paul Cézanne", p.290; Merleau-Ponty, *Sens et non-sens*, p.19. 이와 같은 인상주의의 색 사용은 베르나르의 설명에 따른 것이다. 그것은 또한
메를로퐁티가 이해한 인상주의의 색 사용과 동일한 것이다. 아마도 메를로퐁티는 인상주
의의 색 사용에 대한 베르나르의 설명을 따른 것 같다. 또한 세잔의 색 사용에 대한 메를로
퐁티의 파악도 베르나르의 설명을 따른 것으로 보인다. 물론 세잔에 대한 메를로퐁티의 미
학적 해석은 베르나르 해석과 다소 차이가 있다.

빛과 대기 속에 있는 사물의 인상을 표현하지만, 그렇게 대기를 그리고 색조들을 쪼개는 것은 또한 대상을 (대기 속에) 빠트리고 대상의 고유한 무게감을 사라지게 한다. 다시 말해 인상주의가 표현한 대상들의 윤곽은 대기와 빛 속에서 불분명한 채로 있다.[56]

그러나 세잔은 인상주의와 다르게 색을 사용했다. 그의 팔레트에는 6가지 붉은색, 3가지 푸른색, 5가지 노란색, 3가지 초록색, 1가지 검은색 등 18가지 색이 있었다.[57] 세잔은 인상주의가 쓰지 않는 "(오커색과 같은) 따뜻한 색들뿐만 아니라 (어두운) 검정색을 사용하는데, 이것은 세잔이 대상을 재현하기를 원했고 대기 속에 있는 대상을 재발견하기를 원했다는 것을 보여 준다".[58] 그리고 세잔은 인상주의처럼 색을 쪼개지 않았다. 그렇다고 색을 혼합하여 작업하지도 않았고, "모든 단계의 색들이 있는 색 계열들gammes을 팔레트에 두고"[59] 작업하였다. 이렇게 단계적인 색들을 계열별로 모아 사용하는 것은 세잔이 한 대상의 미묘

---

56) E. Bernard, Ibid., p.290, 292 ; Merleau-Ponty, *Ibid.*, p.20 참조.

57) E. Bernard, Ibid., p.294 ; Merleau-Ponty, *Ibid.*, p.20. 베르나르가 본 세잔의 팔레트 구성은 구체적으로 다음과 같다. "노란색 계열: 밝은 노랑(Janune brillant), 네이플즈 옐로우(Janune de Naples), 크롬 옐로우(Janune de chrôme), 옐로우 오커(Ocre janune) ; 붉은색 계열: 주홍색(Vermillon), 레드 오커(Ocre rouge), 번트 시에나(Terre de Sienne brûlée), 라즈 매더(Laque de garance), 카민 케이그(Laque carminée fine), 빈드 래히그(Laque brûlée) ; 초록색 계열: 베로니즈 그린(Vert véronèse), 에메랄드 그린(Vert émeraude), 테르 베르트(Terre verte) ; 파란색 계열: 코발트 블루(Bleu de coblat), 울트라 마린(Bleu d'outremer), 프러시안 블루(Bleu de prusse), 검정(Noir de pêche)"(E. Bernard, *Souvenirs sur Paul Cézanne et lettres*, pp.63~64). 마지막 검정색은 분류상 독립적으로 두어야 할 것을 파란색 계열에 둔 것 같다. 그리고 베르나르는 세잔이 18가지가 아니라 최소한 20가지 이상의 색을 쓰는 것처럼 말하기도 한다. "세잔은 내가 전혀 사용하지 않는 색을 적어도 20가지는 요구했다"(Ibid., p.35).

58) Merleau-Ponty, *Sens et non-sens*, p.20.

59) E. Bernard, *Souvenirs sur Paul Cézanne et lettres*, p.35.

한 색 변화를 연속적으로 표현하기 위해서이다. 인상주의가 색들의 점 묘적인 병치로 한 대상의 색을 나타냈다면, 세잔은 한 대상이 형태에 따라 그리고 그 대상에 비친 빛에 따라 '변조'module되는 색 뉘앙스의 전개를 누진적으로 표현하였다.[60] 대상의 색을 쪼갠 인상주의자들이 빛과 대기에 관심을 가진 채 한 대상의 고유색(우리가 회화에서 국부성localité 또는 국부색이라 부른 한 대상의 고유색)을 인정하는 데 점점 동의하지 않는 반면, 세잔은 국부성의 색의 원리에 몰두하려고 점점 더 노력하였다.[61] 한마디로 세잔은 따뜻하고 어두운색으로 그리고, 연속적이고 누진적인 색으로 인상주의가 빛과 대기 속에서 잃어버린 대상을 복원하려고 했다.

이처럼 세잔은 감각적인 인상주의와는 달리 대상의 동일성을 추구했다. 그러나 그는 고전주의나 아카데미 회화와 같은 전통적인 회화와는 다른 방식으로 대상의 동일성을 표현했다. 전통적인 회화는 대상의 동일성을 대상의 윤곽선으로 표현한다. 그러나 세잔은 「석류와 배가 있는 정물」 속의 '배'처럼, 다른 정물들과 구별하기 위해 윤곽선으로 대상을 에워싸지 않았다.[62] 세잔은 인상주의와 마찬가지로 윤곽선을 긋지

---

60) E. Bernard, "La méthode de Paul Cézanne", p.293 ; Merleau-Ponty, *Sens et non-sens*, p.20 참조.

61) E. Bernard, Ibid., pp.295~296 참조.

62) "그는 하나의 선으로 형태들을 나타내고자 하지 않았다. 그에게서 윤곽은 한 형태가 끝나고 다른 형태가 시작하는 장소로서만 존재한다." 물론 세잔의 그림에는 사물들이 종종 검은색 테두리가 거칠게 그어져 있는 것을 볼 수 있다. 그러나 "에워싸는 검은 선들은 세잔에게서 (그 속을) 색으로 매워야 할 요소가 아니라, 색으로 모들레하기(modeler)에 앞서 윤곽으로 형태의 전체를 더욱 쉽게 포착하기 위한 방식에 불과하다"(R. P. Rivière and J. F. Schnerb, "L'atelier de Cézanne", p.87). 여기서 '모들레하다'(modeler)라는 말은 '그림 속의 대상에 부조감, 깊이감을 주다'라는 뜻이다.

폴 세잔, 「석류와 배가 있는 정물」(부분), 1885~1890

않았지만, 색의 변화를 통해 대상의 윤곽(동일성)을 나타내려고 했다. 앞서 언급한 것처럼 세잔은 형태와 빛에 따라 '변조되는' 색의 변화를 연속적으로 표현했는데, 그것은 대상의 두께 또는 깊이를 보여 주는 것이다. 그는 그림 속의 '배'처럼 변조된 색으로 대상을 두툼하게 하면서 대상의 동일성을 표현했다.[63] 색을 '통해서' 대상의 형태를 표현한 세잔은, "데생과 색은 구별되지 않는다. 색을 칠함에 따라 데생을 하게 된다. 색이 조화를 이루면 이룰수록, 그만큼 데생은 더 정확해진다. 색이 풍부할 때 형태는 충만해진다"라고 말한다.[64] 이처럼 세잔이 인상주의와 마찬가지로 데생(선)보다 색을 중요하게 여겼지만, 그것은 인상주의와는

63) "세잔은 변조된 색 속에서 대상의 불룩함을 좇는다." *Sens et non-sens*, p.25.
64) *Ibid.*, p.26; E. Bernard, *Souvenirs sur Paul Cézanne et lettres*, p.39; E. Bernard, "Paul Cézanne", p.36; L. Larguier, *Le dimanche de Paul Cézanne*, (extraits) in *Conversations avec Cézanne*, ed. P.-M. Doran, Pairs: Macula, 1978, p.16.

다른 것을 의미하고 실제로 다른 결과를 낳는다. 그리고 메를로퐁티는 그 결과를 다음과 같이 표현했다.

> 대상은 더 이상 빛으로 덮여 있지 않고, 대기와 다른 대상들과의 관계 속에서 없어지지 않는다. 대상은 마치 내부에서 은밀히 빛나는 것 같고, 그 결과 견고함과 물질성(물질적 대상성)의 인상이 나타난다.[65]

그런데 세잔이 색으로 사물의 '견고함과 물질적 대상성'을 표현하는 것은, 메를로퐁티 입장에선 경험론처럼 색 감각을 분석하는 것을 거부하는 것이다. 메를로퐁티 입장에서 대상의 색을 쪼개는 인상주의는 경험론이 한 대상을 원자적인 감각 인상들로 나누는 것과 같다. 대상의 색을 원자적인 감각 인상들로 분석하는 것은 우리의 색 지각을 객관화하여 왜곡하는 것이다.

실제로 인상주의 그림에서 볼 수 있듯이, 이러한 색 인상들(원자들)은 우리의 '견고한' 대상 경험을 보여 주지 못한다. 메를로퐁티는 "벌거숭이처럼 드러난 하나의 색은 […] 절대적으로 단단하고 나눌 수 없는 존재의 조각이 아니다", 다시 말해서 "하나의 원자가 아니다"라고 말한다. 또한 그는 "내 눈앞의 이 붉음은 […] 두께 없는 존재의 껍질이 아니다"라고, 즉 색에 두께가 있다고 말한다.[66] 메를로퐁티가 보기에 세잔은 이와 같은 우리의 색 경험을 정확히 포착하고 있었다. 세잔이 점묘적인

---

65) Merleau-Ponty, *Sens et non-sens*, p.21. 강조는 인용자.
66) Merleau-Ponty, *Le visible et l'invisible*, Paris: Gallimard, 1964, pp.174~175.

색의 병치가 아니라 연속적인 색을 사용할 때 원자론적인 감각 경험을 거부하고 있었고, 누진적이고 변조된 색으로 '두툼한' 사물을 표현할 때 색에 사물의 두께가 깊이가 있다는 것을 알고 있었기 때문이다.

실제로 세잔은 모든 사물이 공이나 원통처럼 굴곡 또는 깊이가 있다고 봤다. "그는 사과나 구 모양 혹은 원통 모양의 대상뿐만 아니라 벽이나 천장처럼 평평한 면 역시 '굴곡진 것으로' 제시한다."[67] 한때 세잔은 생트 빅투아르산을 그릴 수가 없었는데, 그 이유를 "그림자를 […] 오목하다고 생각했으나, 그와 달리 […] 그림자는 볼록하고 중심으로부터 소실되기 때문이다"라고 밝혔다.[68] 세잔은 이처럼 평면을 포함한 모든 사물에 굴곡이 있는 이유를, 평면이든 아니든 어떤 한 표면에서 온 빛 광선은 그 표면의 어떤 지점에서도 눈이 받아들이는 빛의 총량이 동일하지 않은 채로 있기 때문이라고 설명했다. 또한 모든 대상의 "모들레(부조감이나 입체감을 나타내기)는 색들의 엄밀한 관계에서 나온다"고 생각했다.[69] 이처럼 세잔은 대상의 색을 면밀히 관찰했는데, 그것은 인상주의처럼 '색을 분석하여' 사물의 견고함을 소멸시키는 것이 아니라 '체험된 색 속에서' 드러나는 사물의 굴곡이나 두께, 즉 사물의 대상성을 포착하는 것이다.

메를로퐁티는 인상주의뿐만 아니라 아카데미 회화나 고전주의 같은 전통 회화도 세잔이 색으로 표현한 대상의 두께나 깊이를 나타낼 수 없다고 생각했다. 전통 회화는 인상주의와 달리 윤곽선으로 대상의 동일

---

67) R. P. Rivière and J. F. Schnerb, "L'atelier de Cézanne", p.88.

68) J. Gasquet, *Cézanne*, p.154.

69) E. Bernard, "Paul Cézanne", p.36.

성을 나타내지만, 그것은 깊이 속에서 지각된 대상을 진정으로 드러내지는 못한다. 앞서 본 것처럼 세잔은 모양-배경 구조의 게슈탈트 현상을 포착하고 있었다. 전통 회화처럼 대상의 형태를 윤곽선으로 표현하면 이와 같은 게슈탈트 현상은 사라지게 된다. 윤곽선으로 나타낸 대상의 가장자리는 중앙 부분과 똑같이 우리에게 분명하게 다 드러나기 때문이다.

그러나 우리가 체험한(지각한) 사물은 중앙 쪽은 분명하지만 가장자리는 불명료한 채 배경 속으로 멀어져 간다. 앞서 본 세잔 그림 속의 '배'처럼 우리가 체험한 한 대상의 두드러진 '모양'(배의 중앙)은, 어두워지면서 깊이 속으로 물러나는 배경(배의 가장자리) 속에서만 나타난다. 그러나 전통 회화는 지각적 대상을 객관적으로 파악하고, 가장자리를 전경(모양)처럼 만들며, 결국 대상의 모든 측면을 '평준화'하여 우리가 체험한 대상의 두께나 깊이를 사라지게 한다.

메를로퐁티는 전통 회화가 윤곽선으로 나타낸 대상을, 우리가 체험한 것이 아니라 지성적으로 재구성한 것이라고 생각했다. "대상들을 에워싸는 하나의 선으로서 간주된 대상의 윤곽은 보이는 세계에 속하는 것이 아니라 기하학에 속한다."[70] 메를로퐁티 입장에서 이러한 전통 회화는 데카르트 철학과 같은 지성주의에 해당한다고 할 수 있다. 주지하듯이 데카르트는 물질을 연장적인 것res extensa, 즉 기하학적 공간으로 파악했다. 데카르트 입장에서 그림을 그린다는 것은 물질적 대상을 그리는 것이고, 물질적 대상은 기하학적인 공간이고, 데생(선)은 이런 물질적 대상의 공간을 표상하게 해주는 것이다. 따라서 "데카르트는 그

---

70) Merleau-Ponty, *Sens et non-sens*, p.25.

림에 대해 말하면서 (그림의) 전형을 데생으로 간주"한다.[71] "그에게서 색은 장식이고, (윤곽선 속의) 색칠한 것coloriage이며, [⋯] 회화의 힘은 데생의 힘에 근거한다." 또한 데카르트는 물질을 기하학적으로 사유했기 때문에, 물질-공간은 불투명한 곳이 없고 등질적인 것이 된다.

이런 공간은 결국 어떤 배경도 맥락도 없이 즉자적으로 존재하는 공간이고, 어떤 관점도 허용하지 않는 공간이다. 메를로퐁티는 데카르트가 생각한 공간을 "사유가 관점을 초월하여 고공비행한" 공간, 다시 말해 지성적 사유가 배경과 관점을 고공비행하듯 초월하여 포착한 공간이라고 규정했다.[72] 그러나 이러한 공간은 우리가 관점 속에서 체험한 공간에 나타나지 않는다. 우리가 체험한 공간은 언제나 불투명한 바탕에 두드러진 모양이 나타나는 공간이고, 바로 이런 공간에서 체험된 깊이가 나타난다. 전통 회화는 기하학에 속하는 윤곽선으로 세잔이 포착한 체험된 깊이를 표현하지 못한다.

따라서 메를로퐁티에게 전통 회화처럼 대상을 "단 하나의 선으로 표시하는 것은 깊이를 희생하는 것이 될 것이다. 즉 우리 앞에 펼쳐진 것이 아니라 감춰진 것들로 가득 찬 것으로서 그리고 고갈될 수 없는 실재로서 우리에게 사물을 주는 차원을 희생하는 것이 될 것이다"라고 말했다.[73] 그런데 앞서 논했듯 메를로퐁티가 말한 세잔이 체험된 깊이는 단순히 공간적인 의미만 지니는 것이 아니다. 세잔의 체험된 원근법이 공간적 현상보다 넓은 의미의 관점적 현상인 것처럼, 그의 체험된 깊이는

71) Merleau-Ponty, *L'Œil et l'esprit*, Paris: Gallimard, 1964, p.42.
72) *Ibid.*, p.43, 48.
73) Merleau-Ponty, *Sens et non-sens*, p.25.

공간적 의미를 넘어선 것으로서의 '차원'이다. 기하학적인 의미의 깊이는 사물의 모든 부분이 동질적이고 다 드러나는 3차원이지만, 세잔의 체험된 깊이는 "세 개의 차원도 없고 그보다 많은 수나 적은 수의 차원도 없는", "감춰진 것들로 가득 차고 고갈될 수 없는 실재"이다.[74] 기하학적인 깊이가 사물의 색, 냄새, 맛과 같은 감각 내용과 구분된 채로 있는 순수 공간으로서의 3차원이라면, 세잔의 깊이는 사물의 공간적 형태뿐 아니라 여러 감각 내용들이 그로부터 퍼져 나오는 터전으로서의 차원이다. 그것은 지각된 대상을 그러한 대상이게 해주는 것이고, 나눌 수 없는 전체Tout indivisible이고,[75] 감각 내용들이 독립적으로 있지 않는 공감각적 현상이다.[76]

이 때문에 세잔은 캔버스에 붓을 옮기기 전에 오랫동안 숙고하고, "주어진 각 붓질이 대기, 빛, 대상, 면, 특성, 선, 스타일을, 한마디로 그림이 갖고 있는 모든 것을 포함하도록" 노력했다.[77] 그의 붓질 하나하나는 이 '나눌 수 없는 전체' 속에서 드러나는 대상을 표현해야 했기 때문이다.[78]

---

74) Merleau-Ponty, *L'Œil et l'esprit*, p.48.

75) Merleau-Ponty, *Sens et non-sens*, p.26. 강조는 인용자.

76) 세잔은 "소나무의 파란 냄새는 […] 생트 빅투아르산의 돌의 냄새와 저 멀리 대리석의 향기와 함께, 아침마다 싱그러운 초원의 **초록** 냄새와 결합되어야만 한다"라고 말한다(J. Gasquet, *Cézanne*, p.151. 강조는 인용자). 또 "내가 「묵주를 든 늙은 여인」을 그렸을 때, 나는 플로베르의 색조, 어떤 분위기, 뭐라 말할 수 없는 어떤 것, '마담 보바리'에서 풍겨 나오는 푸르스름한 적갈색을 보았다"라고도 말한다(*Ibid.*, p.152).

77) E. Bernard, "La méthode de Paul Cézanne", p.298; Merleau-Ponty, *Sens et non-sens*, p.26.

78) 이 때문에 메를로퐁티는 "세잔이 깊이를 찾을 때, 그가 찾는 것은 이와 같은 존재의 파열(déflagration de l'Etre)이다"라고 말한다. Merleau-Ponty, *L'Œil et l'esprit*, p.65.

앞에서 우리는 세잔이 전체적 현상(게슈탈트)의 어떠한 측면도 놓치지 않고 표현하려 했다는 것을 보았다. 이제 우리는 세잔이 표현하고자 한 이 전체적 현상은 다름 아닌, '무궁무진한 전체'로서 나타나는 현상, 즉 체험된 깊이에서 나타나는 현상이라는 것을 알 수 있다. 그리고 그가 나타내고자 한 대상은 바로 이런 현상 속에서 드러난다. 연속적이고 누진적인 색의 변조로 깊이 속에서 드러나는 대상을 표현할 때, 진정으로 "대상의 견고함과 물질적 대상성"을 나타낼 수 있다.

이처럼 세잔은 우리가 여러 번 확인하였듯 메를로퐁티가 말한 선객관적 영역으로 되돌아간다. 세잔은 감각적인 인상주의처럼 대상의 색을 객관화하여 나누지도 않았고, 전통 회화처럼 대상을 객관화하여 색과 분리된 윤곽선과 기하학적인 공간을 귀속시키지도 않았다. 그는 우리가 체험한 깊이 속에서 발생하는 대상의 합리성을 보고 있었다.

## 메를로퐁티의 세잔 이해와 그 의미

메를로퐁티가 세잔의 회화를 인상주의도 아니고 고전주의 또는 아카데미 회화도 아닌 제3의 화풍을 추구한다고 규정할 때, 우리는 이런 규정 속에서 메를로퐁티의 철학 자체를 보았다. 우리가 본 것처럼 세잔의 자연은 메를로퐁티의 지각적 세계로서, 우리와 사물이 '함께-태어나는' 현상이고, 또한 막 발생하는 상태의 합리성이 있는 세계이다. 세잔 회화에 나타난 원근법도 메를로퐁티가 말한 모양-배경 구조의 관점적 현상이고, 세잔이 색으로 표현한 대상성이나 깊이 현상도 메를로퐁티의 게슈탈트적 깊이 또는 차원의 현상이다. 그래서 "자연(감각)을 통해서 다시 고전주의자가 되어야 한다"는 세잔의 말은 '지각적 경험에 충실하지만 발생하는 상태의 합리성을 추구해야 한다'는 메를로퐁티의 철학적 입장을 나타낸다.

따라서 메를로퐁티가 이해한 세잔은 결국 메를로퐁티 자신이라고 할 수 있다. 그렇기 때문에 이러한 메를로퐁티의 세잔 이해는 그 어떤 세잔 이해보다도 '독특하다'고 할 수 있을 뿐만 아니라 '탁월하다'고 할 수 있다.[79] 세잔이 '눈에 보이는 대로' 사물을 관찰하고 자연에 '순응해야만 한다'고 생각한 것처럼, 메를로퐁티는 지각적 세계 자체에 부단히 밀착했다. 이처럼 지각적 세계 자체를 포착하려 한 메를로퐁티는 자연을 눈에 보이는 대로 관찰한 세잔에 누구보다도 가까이 다가갈 수 있었다. 자신의 철학과 세잔의 회화를 동일시할 수 있는 이 '독특한' 메를로퐁티의 입장은 그만큼 세잔을 '탁월하게' 파악할 수 있는 것이다. 사실 메를로퐁티의 철학만큼 세잔이 말하는 '자연', 그의 그림에 나타난 '원근법', 색으로 표현한 '깊이' 등을 잘 설명하는 입장은 아마 없을 것이다.

---

79) 여기서 다루지 않았지만, 세잔을 해석하는 입장은 크게 두 가지로 나눌 수 있다. 20세기 초·중반에 널리 공유된 입장, 즉 형식주의 관점에서 해석하는 입장과 20세기 중·후반에 형식주의에서 탈피해서 해석하는 입장이다. 메를로퐁티의 세잔 이해는 비형식적인 해석이라는 점에서 후자에 해당한다고 할 수 있다. 그러나 어떤 해석도 메를로퐁티의 해석만큼 깊이 있고 설득력 있어 보이지 않는다. 사실 세잔이 말한 자연이 '선객관적인' 지각적 세계이고, 세잔의 원근법이 '체험된' 원근법이고, 세잔이 색으로 표현한 깊이는 '두께를 갖는' 색이 나타낸 '체험된' 깊이라고 말할 정도의 해석을 찾아볼 수 있을까?

# 3장 / 모던 아트의 거장들에 대한 메를로퐁티의 해석

전영백

## 메를로퐁티 철학의 미술사적 의의

미술에서 철학 개념과 그 시각을 가져오는 경우가 종종 있다. 작품의 창작에 영감을 주는 것은 물론이거니와, 비언어적 표상인 미술작품을 언표화해야 하는 이론의 영역에서 중요하게 참고하는 대표적 철학자들이 몇몇 있는데, 그중 모리스 메를로퐁티는 현대미술과 연관하여 가장 많이 연구되는 철학자들 중 하나다. 철학자 갈렌 존슨이 말했듯, "미술에 있어서 메를로퐁티는 모던에서 포스트모던 철학으로의 변화에서의 중요한 전이적 인물"이다.[1] 메를로퐁티는 모던 시기를 살았지만, 미술 영역에 포스트모던의 철학적 영감을 주었던 몇 안 되는 사상가들 중 하나다. 1961년의 때 아닌 죽음 이후, 우리는 그가 볼 수 없던 현대

---

1) Galen A. Johnson, "Preface", *The Merleau-Ponty Aesthetics Reader: Philosophy and Painting*, ed. Galen A. Johnson, Northwestern Univ. Press, 1993, p.14.

작업에 미친 이론적 영향력이 지대하다는 점에 주목하지 않을 수 없다. 메를로퐁티 사후 미술의 아방가르드에서는 시각을 넘어서는 미적 체험을 구현하는 작업이 부상했고, 이렇듯 눈의 미학을 넘어서는 시각 구조를 제시하는 메를로퐁티의 이론은 지금까지도 미술의 영역에서 중요한 영향력을 발휘하고 있다.

구체적으로, 메를로퐁티의 현상학은 1960년대 후반 포스트모더니즘을 본격적으로 실천한 미니멀리즘에게 더없이 필요한 이론이었다. 그의 현상학은 당시 미술 작가들이 추구했던 추상 경험에 대한 적절한 제시로 받아들여졌다. 이때 이들은 시각적 추상이 아닌 '추상' 그 자체의 경험을 찾았다. 미니멀리즘은 미술의 자율성을 주장했던 시각중심주의ocularcentrism의 모더니즘에 도전하여 부상한 움직임이었다. 대표적인 포스트모던 예술로서 미니멀리즘은 눈의 경험에만 갇혀 있을 수 없었는데, 메를로퐁티는 그들이 찾던 주체의 공간에 대한 자각과 시각의 공감각에 대한 이론을 제공했던 것이다.

미술 작업과 이론은 여러 방식으로 연계되지만, 특히 1960년대 미국 뉴욕에서의 미니멀리즘과 메를로퐁티의 조우는 시의적절했다. 그의 『지각의 현상학』(1945)이 1962년 영어로 번역되었을 때, 추상의 필요성에서 확신에 찬 미학적 지평이 재구성되었다 할 수 있다. 미니멀리스트 세대는 '전前대상적 경험'을 중시하는 분위기였는데, 그 이유는 현상학적 관심이 추상을 지각하는 것과 연관되기 때문이었다. 추상에 대한 그들의 새로운 모색은 메를로퐁티의 책에서 제시한 '사물 없는 공간성'

의 설명에서 적합한 이론적 지지를 찾은 것이다.[2]

보는 것에 대한 현상학적 시각이 구체적으로 볼 수 없는 것, 즉 추상 작업에 근본적 규명을 제공해 준다는 점은 아이러니가 아닐 수 없다. 메를로퐁티의 현상학 이론이 눈에 근거를 두고 동시에 눈을 넘어서는 미술에 관심을 둔 것은 무척 난해하지만, 그의 가장 핵심적인 사고의 구조를 보여 준다. 이렇듯 메를로퐁티의 이론적 시각과 미술과의 연관성은 밀접한데 그 근거는 무엇보다 그가 미술의 근본 메커니즘인 주체의 지각에 대한 테제에 집중하며 사유를 풀어 간다는 점이다. 본 글은 그의 저서와 논문을 통해 이를 추적해 가고자 하며, 후반부에서는 그의 저술에서 직접 언급하고 설명한 미술작가들을 구체적으로 들어 논하고자 한다.

## 미술에 연관된 메를로퐁티의 이론: '본다'는 것은 무엇인가

메를로퐁티만큼 '본다'라는 지각 현상을 중요시 여긴 철학자도 드물다. 보는 것에 대한 그의 집요한 관심은 그의 첫 저작 『행동의 구조』에서 비롯, 마지막 저서 『보이는 것과 보이지 않는 것』까지 대부분의 저

---

2) Maurice Merleau-Ponty, *Phenomenology of Perception*, trans. Colin Smith, London : Routledge & Kegan Paul, 1962, p.283. 원문에서 메를로퐁티를 인용한다. "공간성의 경험이 세계에서의 우리의 주입(implantation)에 관계되는 한, 이러한 주입에 해당하는 각각의 형식을 위한 일차적인 공간성(primary spatiality)이 언제나 있을 것이다. 예를 들어, 명백하고 조성된 오브제들의 세계가 철폐된다면, 우리의 지각적 존재는 이 세계로부터 떨어져 나와 사물 없는 공간성(a spatiality without things)과 연관된다. 이것이 밤에 일어나는 일이다. 밤은 윤곽선을 갖지 않는다. 그것은 그 자체로 나와 접촉한다."

서에서 확인할 수 있다.[3] 그의 현상학에서 지각은 사유보다 우선시된다. 그런데 이 지각의 일차성은 지각의 확실성에 대해 기존 철학에의 도전을 기반으로 한다.

그는 데카르트 이래 사유의 한 형태로 당연하게 여겨 온 지각의 확실성에 대해 의문을 제기했다. 데카르트는 '본다는 지각 행위'가 사유의 형태로서 절대적 확실성을 갖는다고 보았다. 이는 '보여진 존재'와 확실히 구별하여, 그리고 설사 보여진 존재에 의심이 가더라도 주체가 '본다'는 지각 행위는 결코 의심할 수 없다는 생각이다. 그런데, 메를로퐁티는 이와 같은 존재의 확실성과 지각의 그것은 서로 분리될 수 없다고 반박한다. 즉, 만약 존재의 확실성이 문제가 되면, 지각의 확실성 또한 문제 될 수밖에 없다고 보았기 때문이다.[4]

메를로퐁티가 주장한 것은 사유와 구분되는 지각이다. 지각은 대상에 내재할 수 있지만 사유는 대상에 몰입할 수 없다. 그는 『지각의 현상학』에서 세계에 개입하는 것이 지각이라면, 자아에만 현존하는 것이 사유라고 구별하였다.[5] 다시 말해, 지각의 주체는 세계 속에 개입하며 세계와 거리를 두고 조망하는 관조자가 아니라는 것이다. 대상을 '본다'는 것은, 그에 따르면 존재의 세계로 들어가 뿌리를 내리고 정착한다는

---

3) 김홍우는 메를로퐁티의 지각에 대한 관심을 강조하며 "아마도 메를로퐁티만큼 '본다'는 지각현상을 철저하게 그리고 집요하게 문제 삼았던 철학자도, 근대 서구에서 데카르트 이후 오늘에 이르기까지 버클리(George Berkeley)를 제외한다면, 아무도 없을 것이다"라고 논술하였다. 김홍우, 『현상학과 정치철학』, 문학과지성사, 1999, 107쪽.
4) 앞의 책, 112쪽.
5) 김홍우는 메를로퐁티를 인용하며 지각과 사유의 차이를 다음과 같이 정리한다. "정확하게 말하면 지각은 '세계에 있음'(a presence to the world) 또는 '세계 속에 개입'(initiation into the world)인 반면 사유는 '자아에의 있음'(presence to self)이다." 앞의 책, 120쪽.

것이다. 보는 이가 보이는 것과 연합하는 것이고, 이 과정이 바로 그가 말하는 예술 행위와 연결된다.

이 역동적인 시각의 메커니즘은 그 논리상 이분법에 대한 도전이다. 이는 주체와 대상을 분리하는 데카르트적 서구 철학의 전통을 근본적으로 뒤집는다. 지각의 대상이 이미 만들어져 있는 존재가 아니라, 전前개인적인 신체 경험으로 인해 존재하는 것이라 여기는 사고이다. 이에 따르면, 주체가 보는 대상의 외관과 그 리얼리티 사이의 전통적 구분은 모호해진다.

따라서 보여지는 사물의 실제적 현전을 그것을 보는 의식으로부터 분리해 내는 데카르트적 입장은 더 이상 유지될 수 없는 것이다. 데카르트에게 '사고 없는 시각'은 없고, 메를로퐁티에게 '보기 위해 생각하는 것'은 충분하지 않다. 그가 말하는 시각의 수수께끼는 '보는 것의 사고'로부터 '행위의 시각'으로 옮겨지는 데 있다고 할 수 있다.[6] 이제 미술과 연관된 메를로퐁티의 주요 개념을 살피면서 이 행위의 시각이 갖는 의미를 고찰하고자 한다.

## 미술과 연관된 메를로퐁티의 주요 개념

그의 첫 번째 저서인 『행동의 구조』와 『지각의 현상학』에서 메를로퐁티는 구체화된 지식의 심리적 연구에 광범위한 관심을 펼친다. 지각된

---

6) Merleau-Ponty, "Eye and Mind", *The Merleau-Ponty Aesthetics Reader: Philosophy and Painting*, ed. Galen A. Johnson, Northwestern Univ. Press, 1993, p.136. (이후 나오는 해당 서지사항의 경우 간략히 "Eye and Mind"로 표기한다.)

세계에 대한 그의 논의에서 중요한 점은 신체와 세계가 서로를 요구하는 양자의 상호성에서 상호주체성이 부상한다는 것이다.

미술과 연관된 주요 개념으로 무엇보다 가시계와 비가시계의 관계를 들 수 있다. 메를로퐁티는 『보이는 것과 보이지 않는 것』의 제목에서 두 번째 부분인 비가시계에 주목한다. 그에 따르면, 비가시계는 단순히 가시계의 반대가 아니다. 이는 가시성을 가능하게 만드는 것인데, 그 암시적이고 감춰진 방식에도 불구하고 어느 지각에나 존재한다. 비가시계는 보여지는 것에 대해 보다 큰 구조의 지평인 셈이다. 이는 그가 설명했듯, "감지할 수 있는 구체적인 사물의 반대가 아니고 그것의 안감을 대는 것 혹은 깊이"라고 봐야 한다.[7]

비가시계는 신체적으로 가시계 배후에 놓여 있는 것도, 가시계 너머 존재하는 것도 아니다. 이는 차라리 가시계를 지탱하는 내적인 가능성이라 봐야 한다.[8] 이 이분법에 대한 도전은 화가와 가시계 사이의 교환의 논리로 연결된다. 메를로퐁티가 제시하는 것은 예술가와 가시계 사이의 교환이다. 이는 몇몇 화가들이 경험하기를, 그리려는 대상이 오히려 자신을 바라본다고 말한 것과 통한다. 예컨대, 화가 앙드레 마르샹이 파울 클레를 인용하여 말한 부분은 이를 잘 나타낸다.

나는 숲에서, 숲을 보았던 것이 내가 아니라고 여러 번 느꼈다. 어느

---

7) Merleau-Ponty, *The Visible and the Invisible*, ed. Claude Lefort, trans. Alphonso Lingis, Evanston: Northwestern Univ. Press, 1968, p.149.
8) Guy A. M. Widdershoven, "Truth and Meaning in Art: Merleau-Ponty's Ambiguity", *Journal of the British Society for Phenomenology*, vol.30, no.2, May 1999, p.235.

날 나는 나무들이 나를 보고 있고 나에게 말을 걸고 있다고 느꼈다. [⋯] 나는 들으면서 거기에 있었다. [⋯] 나는 내적으로 침잠되기를, 또 묻히기를 기대한다. 아마도 나는 이를 깨뜨리고 나오기 위해 그리는가 보다.[9]

주체와 숲(객체)의 전복에 대한 클레의 말은 시각 구조의 상호반영성을 가리키는 것이고, 이는 자연스럽게 거울 구조와 연관된다. 메를로퐁티는 거울이 사물을 광경으로, 광경을 사물로, 나 자신을 타자로, 또 타자를 나 자신으로 바꾸는 우주적인 마술의 기재라고 설명한다.[10] 미술 작가들이 거울에 대해 종종 탐구하는 이유는, 그들이 거울의 기계적 기교에서 보는 것에서 보여지는 것으로의 전이를 인식한다는 것이다. 메를로퐁티는 이 점이 "우리의 살flesh과 화가의 직업을 규명한다"라고 강조했다.[11]

메를로퐁티가 가시계에 대해 서술한 부분은 그의 공간 개념과 연관하여 이해해야 마땅하다.『지각의 현상학』의 '공간'에 관한 장에서 다

---

9) G. Charbonnier, *Le Monologue du Peintre*, Paris, 1959, pp.143~145 ; Merleau-Ponty, "Eye and Mind", p.129 재인용.

10) 메를로퐁티에게 거울 구조는 주체와 세계의 관계를 보이는 데 활용되는 적합한 메커니즘이지만, 데카르트의 경우는 전혀 다르다. 메를로퐁티는 이를『눈과 정신』에서 지적하고 있다. 데카르트적 사고에서 주체는 "그 자신을 거울에서 보지 않는다". "그는 인형(puppet)을, 하나의 외부(outside)를 본다. 살로 된 하나의 신체. 거울에 나타난 그의 이미지는 사물의 기계적 효과다. 만약 그가 그 자신을 거기에서 인식한다고 하면, 만약 그가 그것을 자신과 비슷하다고 생각한다면 그것은 이 연결을 짜는 그의 사고인 것이다." 데카르트 사고에서 거울 이미지는 어떤 의미에서든지 주체의 부분이 될 수 없다는 것이다. Merleau-Ponty, "Eye and Mind", p.131.

11) Ibid., p.130.

론 문제의 공간은 신체의 구성과 그 자체의 방향을 결정하는 방식에 함축되어 있는 것으로 묘사된다. 다시 말해, 이 공간은 평면적으로 마주치는, 무언가 '저기 밖에' 있는 것이 아니다. 이는 "주체로 하여금 공간의 근원인 그 자신의 세계로 유도하는 것"이라고 서술한다.[12] 흥미롭게도 이는 '매개'라든지 '중간'이라는 의미를 나타낸다. 그는 말한다. "나는 세계를 내부로부터 산다. 나는 그것에 침잠되어 있다. 세계는 내 주위를 모두 둘러싸고 있지 내 앞에 있는 것이 아니다."[13] 이는 '한 중간'milieu이라는 의미로 파악할 수 있는바, 매개적 위상에서 모든 것을 통제하며 연계하는 성격을 지닌다.[14]

메를로퐁티는 1950년대에 헤겔을 참조하며 매개라는 개념에 관심을 가졌다. 그는 매개하는 기능에 집중하면서 주체와 대상 사이 대립을 극복했는데, 이는 그의 저술에 중요한 전환을 의미하는 것이었다. 그의 「간접적 언어와 침묵의 목소리」는 헤겔적인 내용과 함께 언어의 매개에 대한 그의 통찰을 보여 준다. 그리고 사후 출판된 『보이는 것과 보이지 않는 것』에서 메를로퐁티는 특히 공간성을 규명한다. 그에 의하면, 공간성은 지각자와 지각되는 것 사이의 적극적인 '간間관여'inter-involvement라는 것이다. 메를로퐁티의 공간성을 설명하기 위한 많은 시

---

12) Merleau-Ponty, *Phenomenology of Perception*, p.251.

13) Merleau-Ponty, "Eye and Mind", trans. Carleton Dallery, *The Primacy of Perception and Other Essays*, ed. J. Edie, Northwestern Univ. Press, 1964, p.178. 여기서 브렌던 프렌데빌은 메를로퐁티가 'interworld'를 설명하기 위해 'fabric'이나 'stuff'와 같은 용어를 자주 사용한 것에 주목한다. 이를테면, 'the fabric of the world', 'tissu du monde' 등을 드는 것인데, 이는 참고할 만하다.

14) Brendan Prendeville, "Merleau-Ponty, Realism and Painting : psychophysical space and the space of exchange", *Art History*, vol.22, no.3, Sept. 1999, p.378.

도중, 미술사가 브렌던 프렌데빌의 '교환의 공간'이라는 개념이 도움이 된다.[15] 이는 메를로퐁티의 사고에 두 종류의 공간 설정이 있다고 보고, 그 공간의 이중성을 인식하며 두 공간 사이의 상호작용을 설명하는 시도이다. 다시 말해, 강압과 이완, 경쟁과 상호성, 결정된 지위와 그 공백 사이에 공간의 유출과 흐름이 있다는 것이다. 이러한 구조는 폴 세잔을 위시하여 현대 작가들의 작품을 읽는 그의 해석 방식에서도 일관성 있게 나타난다.[16] 이제부터 살펴볼 그의 교차chiasme의 개념에서 그런 이중 구조를 본격적으로 확인할 수 있다.

사회의 시장경제에서 개인은 자본 기반의 정보 체계가 가치를 결정하는 교환의 소통 구조에 잡혀 있다. 그러나 메를로퐁티는 예술에 대해 설명하면서 다른 종류의 교환 체계를 제시한다. 그것은 '존재의 분열 혹은 열개裂開로서의 신체'가 생성해 낸 것이다. 보는 것과 보여지는 것

---

15) '교환의 공간'이라는 용어를 제시한 프랜데빌은 이렇듯 '교환'의 개념에 주목한다. 그에 따르면, 교환에 관한 사고는 메를로퐁티가 마르크스에게서 받은 영향을 보이는 부분이다. 『자본론』의 "Fetishism of the Commodity"에서 교환가치는 인간 영역에서 사회적인 것을 대치하고 나서, 단순히 사람들 사이에 사물(thing)의 관계를 남겨 두었다는 것이다. 흥미롭게도, 마르크스는 상품의 형태에 대해 '망막에 맺힌 인상'과 눈 밖의 사물이 가진 객관적 형태'로의 지각적 변형과 비교하며 고려하며 이가 '물리적 사물들 사이의 신체적 관계'를 대치한다고 말한다(Karl Marx, *Capital*[Hamburg, 1067], trans. Ben Fowkes, London : Penguin Books, 1976 and reprinted 1990, p.165). 메를로퐁티는 교환에 대한 마르크스의 개념을 지각 자체에 적용한다. 즉, '사물들'(things) 사이에 시각(vision)을 위치시켜 시각이 그들 사이에서 "일어나도록 한다". Prendeville, "Merleau-Ponty, Realism and Painting : psychophysical space and the space of exchange", p.387, note 49에서 재인용.

16) Ibid., p.381. 메를로퐁티는 자신의 초기 저술에서 영화를 그러한 공간의 유동으로 해석하였으며 카메라가 이중적 공간을 조성하는 점을 강조한다. 그는 1945년에 행했던 강의에서, 영화는 마음-세계, 정신-신체 사이의 밀접한 연관으로 되어 있어, 하나를 다른 하나에서 표현한다고 피력하였다.

사이에, 만지고 만져지는 것 사이, 하나의 눈과 다른 쪽 사이, 손과 손 사이에 신체가 있는 것인데, 여기에 일종의 '섞임'이 일어난다고 설명한다. 메를로퐁티는 이러한 구조를 염두에 두고 그림을 본다는 것, 특히 세잔 회화를 보는 것에 대해 말했다. 나의 응시는 존재의 후광에 있는 것처럼 그 안에서 방황한다. 내가 그것을 본다는 것보다 그것에 따라, 그것으로 더불어 본다고 말하는 것이 더 정확할 것이다.[17]

이는 메를로퐁티가 '교환의 체계'를 설명하는 맥락에서 언급한다. "이상한" 교환 체계라고도 말한 이 수수께끼 같은 시각 구조를 그는 '교차'라고 이름 붙였다. 이는 그리스의 수사에서 나오는 개념으로, 처음에서 나중으로 또 나중에서 처음으로 바뀌는 순서의 의미 구조를 명명한다.[18] 사물들과 나의 신체가 동일한 물질로 이뤄져 있기에 시각은 그 사이에서 일어나게 되는데, 교차가 바로 그 작용을 가리킨다고 메를로퐁티는 설명한다.[19]

후기 저작에서 메를로퐁티는 신체를 통해 가시계, 자연 그리고 언어를 연계하는 교차적인 간間주체적 직조를 설명한다. 그는 『눈과 정신』에서 세잔의 생트 빅투아르산의 수채화를 들어, 보는 것과 보이는 것 사이의 교차, 즉 키아즘을 설명한다. "저기에 있는 것은 산인데, 화가에 의해 그것 자체를 보이도록 하는 산인 것이다; 그것은 그(세잔)가 그의 응

---

17) Merleau-Ponty, "Eye and Mind", p.126.
18) 구체적으로, 그리스 문자 'chi'(X)에서 오는 것으로, '겹친다'(overlapping), '교차한다'(criss-crossing), '기운다'(inclining), '기대다'(reclining) 등을 뜻한다.
19) Merleau-Ponty, "Eye and Mind", p.125.

시로 탐구하는 산이다."[20]

이러한 맥락에서 나오는 개념인 가역성[21]은 메를로퐁티가 세잔의 회화에서 처음 접한 이래로 그를 사로잡았던 개념이다. 그리고 이렇듯 화가가 경험하는 주체와 객체의 가역성은 우리의 신체에서 존재의 근본적인 표명으로 구체화된다. 내 오른손이 왼손을 치면 오른손은 그 답변으로 쳐지게 되고, 동시에 그 관계는 역전된다. 이 가역성이 바로 교차인 셈이다. 메를로퐁티는 보는 것과 비가시계, 만지는 것과 만져지는 것 사이의 가역성을 말한다.

메를로퐁티가 제시한 지각의 가역성은 대면하는 양자, 즉 주체와 객체가 서로 바뀔 수 있다는 것을 보인다. 이 메커니즘에 살이 중요하게 개입된다.[22] 그런데 여기에 딜레마가 있다. 살은 그 자체를 지각하는데, 총체적인 부합을 이루는 것이 아니고 언제나 간극이 있다는 것이다. 위에서 언급했듯, 나의 왼손이 나의 오른손을 건드린다고 했을 때, 오른손은 완전히 지각되지 않는다.[23] 다시 말해, 가역성은 결코 제대로 실현되

---

20) Merleau-Ponty, "Eye and Mind", *The Primacy of Perception and Other Essays*, p.166 ; Brendan Prendeville, "Merleau-Ponty, Realism and Painting : psychophysical space and the space of exchange", p.377에서 재인용.

21) 메를로퐁티에 의해 야기된 가역성(reversibility)은 자크 라캉과 개념상의 연관성이 크다. 라캉이 제기한 응시의 스크린의 모델에서 이 개념은 비분화(nondifferentiation)로 특징화 된다. 즉, 라캉 초기 이론인 거울단계이론(the mirror phase theory)에서 후기의 응시의 이론(the theory of gaze)로 전개되면서 시각 구조의 이해에 변화가 생긴다. 즉, 라캉은 시각의 구조를 전기의 가역성에서 후기의 비분화성 혹은 산재성으로 전개시켜 나간다. 라캉과 메를로퐁티는 두터운 개인적 친분 관계를 토대로, 특히 시각의 가역성을 둘러싼 논의에 있어 상호영향을 미쳤음은 각각의 이론에서 역력하다. 이에 대한 보다 자세한 연구를 추진 중에 있다.

22) 메를로퐁티가 '살'의 개념을 본격적으로 제시한 글은 『보이는 것과 보이지 않는 것』 본문 마지막 장인 "The Intertwining-The Chiasm"(얽힘-교차)이다.

23) Merleau-Ponty, *The Visible and the Invisible*, pp.147~148. 여기서 '간극'이라 표현한

지 못하는 것이다.

소위 총체적 지각이란, 사물이 하나의 대상으로 취급되어진다면 그러한 시각은 애초부터 이뤄지지 않는다는 뜻이다. 그리고 이때 나의 오른손은 대상화를 피하게 된다. 여기서 알 수 있는 것은, 살이란 그 자체를 대상화할 수 없고 따라서 스스로를 완전히 볼 수 없다는 점이다. (이 점은 자크 라캉이 제시한 시각 구조의 본유적 결여와 상당한 유사성을 보인다.) 메를로퐁티가 강조했듯이, 모두 포괄하는 지각이 불가능하다는 것은 결코 실패가 아니다. 반대로 '지각의 전제조건'이라고 보는 것이다.[24]

가역성은 언제나 절박하나 사실상 절대로 실현되지 않는다. 나의 왼손은 (사물을 건드리는) 오른손에 닿으려는 찰나에 있으나, 결코 나는 그러한 합치에 이르지 못한다. 합치는 실현되려는 순간에 무산되며, 언제나 둘 중 하나만이 발생한다.[25]

메를로퐁티가 시각은 자신과 세계 사이에 역전 가능하다고 했을 때 이는 무엇을 의미하는가? 이는 보는 이가 가시계의 중간에서 포착된다는 점, 그리고 보기 위해서 보는 이는 거꾸로 보여진다(보여질 수 있어

---

부분은 불어를 영문으로 번역하는 역자에 따라 조금씩 다를 수 있다. 알폰소 링기스가 번역한 이 책에서는 'shift'와 'spread' 그리고 'hiatus'라는 말로 명명하였다.

24) Guy A. M. Widdershoven, "Truth and Meaning in Art : Merleau-Ponty's Ambiguity", p.235 ; Merleau-Ponty, *The Visible and the Invisible*, p.148.

25) *Ibid.*, pp.147~148. 괄호는 인용자 추가.

야 한다)는 의미이다. 그는 이것을 일종의 '능력'이라고 암시한다. 체험된 몸이 발휘하는 숙련된 총합적 경험으로 가시계를 통해 비가시계를 볼 수 있어야 한다는 것이다. 요컨대, '가역성', '교차', '살' 그리고 '체험된 신체'는 공통적으로 주체와 세계 사이의 관계성에서 일어나는 상호작용으로 인식된다.

미술에서 가장 중요한 과제는 '대상을 주체가 어떻게 표상하는가의 문제'라고 말할 수 있다. 그렇기 때문에 이렇듯 주체와 세계 사이 지각의 메커니즘에 집중하는 메를로퐁티의 현상학은 미술의 영역에서 더없이 중요하고 유용하다. 이는 그가 세잔, 클레, 마티스, 자코메티, 로댕 그리고 리쉬어의 작업을 보는 사고의 프리즘으로 작용한다.

이론의 전체적 흐름에서 볼 때, 메를로퐁티의 초기 저작『지각의 현상학』에서 강조한 몸에 대한 이론화는 후기의『보이는 것과 보이지 않는 것』에서 살에 대한 강조로 진전되었다. 이 과정은 미술작품에 대한 언어적 서술과 실제 작업 사이의 거리를 현격히 좁히는 과정이라 생각된다. 물론 거리의 소멸은 의미의 부재를 뜻한다는 메를로퐁티의 제시를 떠올릴 때, 이러한 거리 좁히기의 전제는 당연히 의미를 지우지 않는 최소한의 설정을 담보로 한다. 이러한 최소한의 거리를 두고 메를로퐁티는 마티스와 자코메티의 드로잉에서 객관적 공간에 머무르지 않는 신체를, 로댕과 리쉬어의 조각에서 시간의 변형을 나타내는 과정적 표현을, 클레의 그림에서 미적 체험이 유도하는 가역성을, 그리고 세잔 회화에서 '거리감 있는 근접성'의 역설을 본 것이다. 그의 현상학이 강조한 몸을 통해 체험하는 지각 경험은 미술작품에 대한 메를로퐁티 자신의 해석에서 구체적으로 확인할 수 있다.

## 메를로퐁티와 미술

메를로퐁티는 '그림의 철학자'라고 일컬어져 왔다.[26] 그리고 그를 논한 여러 학자들 중, 장 폴 사르트르는 회화에 대한 글인 『눈과 정신』이야말로 메를로퐁티의 사고를 가장 완전하고 중요하게 제시한다고 강조했다.[27] 메를로퐁티의 이론에서 지각을 설명하는 과정에 회화를 가져오는 것은 익숙하다. 철학자 마조리 그린은 그런 의미에서 "지각하는 것은 예술작품을 제작하는 것이나 마찬가지이다"라고 말했다.[28] 그러나 예술가(화가)와 지각자 사이의 구분은 있다. 메를로퐁티는 화가의 시각을 차별화하여 설명했는데, 이는 인간의 지각 관습을 벗어나 대상이 가시적으로 드러나기 이전의 '전前사물'을 찾으려는 노력이라는 것이다. 즉, 사물들의 '비밀스러운 탄생'을 포착하려는 시도라 할 수 있으며 그는 "이렇듯 사물을 전前인간적으로 보는 방식이 화가의 방식이다"라고 말한 바 있다.[29]

메를로퐁티를 따를 때 화가의 시각은 일상의 시각이 간과하고 당연히 여기는 사물을 꿰뚫어 탐구한다. 여기서 주목할 점은, 이렇게 화가

---

26) A. de Waehlens, "Merleau-Ponty, philosphe de la peinture", *Revue de metaphysique et de morale*, IV, 4, 1962, pp.431~449; Harrison Hall, "Painting and Perceiving", *Journal of Aesthetics and Art Criticism*, vol.39, no.3, Spring 1981, p.291 재인용.

27) J.-P. Sartre, "Merleau-Ponty vivant", *Les temps modernes*, 1961, p.372; Harrison Hall, "Painting and Perceiving", p.291에서 재인용.

28) Marjorie Grene, "The Sense of Things", *Journal of Aesthetics and Art Criticism*, vol.37, Summer 1980, p.379.

29) Merleau-Ponty, "Eye and Mind", p.219.

가 보고 캔버스에 구현하는 사물의 탄생은 신체의 논리와 직결되어 있다는 것이다. 철학자 해리슨 홀에 따르면 메를로퐁티의 이론에서 화가의 '독창성'은 근본적으로 지각과 신체적 활동의 독창성이다. 그가 말하는 '체험된 신체'는 개방되고 규정되지 않은 체계인데, 사물의 감각은 이 체계를 활용함으로써 드러나게 된다.[30] 일종의 '번역 작업'이라 할 수 있는데, 이미 존재하는 것을 신체의 언어로 번역한다고 할 수 있겠다.

메를로퐁티는 회화야말로 가시성과 비가시성 양자로 들어가는 하나의 중요한 길이라고 강조했다. 『눈과 정신』 등 그의 저술은, 화가가 어떻게 '사물의 피부'를 뚫고 들어가 사물이 어떻게 사물로 되고, 세계가 어떻게 세계로 되는지를 보여 준다.[31] 회화에 있어서 우리는 가시계의 감각뿐 아니라 비가시적 저변의 감각도 발견하는 것이다. 예컨대 그는 세잔과 같은 예술가는 의미가 정신적 행위에 의해 구성되는 게 아니고 체험된 신체에서 발생한다는 것을 드러냈다고 봤다. 세잔이 빵이 놓여 있는 탁자를 그리고자 했을 때, 탁자와 빵이 그 스스로를 제시하는 것으로 그릴 때만이 제대로 성취할 수 있다는 직관을 가졌다는 것이다. 메를로퐁티가 『지각의 현상학』에서 밝혔듯이, 그림이 이루고자 하는 것은 지적인 행위라기보다 대상의 신체적인 지각으로부터 촉발되는 것을 표현하는 일이다.[32] 따라서 화가의 시각은 외부에의 조망이나, 세계와의 육체적-시각적 관계에 그치지 않는다. 더 이상 세계는 화가 앞에 재현의 대상으로 존재하지 않는다. 세계의 사물들에 생명을 불어넣어 주는

30) Harrison Hall, "Painting and Perceiving", p. 294.
31) Merleau-Ponty, "Eye and Mind", p. 219.
32) Merleau-Ponty, *Phenomenology of Perception*, p. 230.

것이 화가라고 해야 적합할 것이다.


## 미술에 관한 메를로퐁티의 대표 저술

메를로퐁티의 미술에 대한 연구는 그의 일반적인 철학적 작업보다 덜 알려져 있는 편이다. 그러나 이 분야 특히, 회화에 대한 그의 현상학적 시각이 미술의 영역에 큰 영향을 준 것은 주지의 사실이다. 메를로퐁티에게 있어 눈의 의미는 각별하다. 그가 오감 중에서 특히 시각에 대해 강조를 한 이론적 근거를 이해해야 한다. 그의 이론에서 '살'은 다양한 형태를 가지며 '다원자성'이기에 감각은 그 자체로 복수화를 취한다. 『눈과 정신』에서 메를로퐁티는 가시적인 것은 청각적이나 촉각적인 것으로도 말할 수 있다고 했는데, 왜냐하면 촉발시키는 특성을 가진 시각은 다른 감각과 연관돼 있기 때문이다. 그러나 메를로퐁티는 그중에서도 시각계에 근본적인 특권을 부여했다.[33]

그는 회화에 대한 세 편의 글을 저술했다. 「세잔의 회의」, 「간접적 언어와 침묵의 목소리」 그리고 『눈과 정신』이다. 이 글들은 그의 작업 중에서 가장 독창적이며 정교하다고 평가된다. 그가 1961년 53세로 갑작스러운 죽음을 맞기 전에 마무리된 영역이 미술 영역이라는 점 또한 의미심장하다. 이 글들은 시기적으로 각각 1945년, 1952년, 1960년에 걸쳐 쓰였기에 그의 철학이 시기적으로 어떻게 발전하는가를 보여 주는 것이기도 하다. 먼저, 「세잔의 회의」에서 보는 실존적 현상학은 에드

---

33) Mikel Dufrenne, "Eye and Mind" in *The Merleau-Ponty Aesthetics Reader: Philosophy and Painting*, p.261.

문트 후설의 영향을 보이고, 「간접적 언어와 침묵의 목소리」에서의 구조주의는 사르트르 및 앙드레 말로와의 논의를 잘 드러내고, 『눈과 정신』에서의 창의적 존재론의 형성은 마르틴 하이데거와의 은밀한 대화를 내포한다.[34]

여기서 중간 논문인 「간접적 언어와 침묵의 목소리」는 말로의 『침묵의 목소리』와 사르트르의 『문학이란 무엇인가?』에 대한 메를로퐁티의 비평적 응수이다.[35] 체제, 양식, 상상 그리고 기호 등을 고려할 때, 회화에 대한 그의 철학을 간접적으로 발전시킨 연구라 할 수 있다. 현상학의 영향이 상당히 뚜렷하나, 이는 그의 연구 중반기에 표현, 언어, 역사 그리고 진리에 대한 담론을 형성하기 위해 구조주의와의 연관에서 철학적인 실험을 시도한 부분이라 평가된다. 이에 비해 「세잔의 회의」나 『눈과 정신』은 회화에 대한 직접적인 철학적 해석이 두드러진다. 따라서 본 글에서는 이 두 편의 저술에 집중하고자 한다.

## 세잔의 회의

1945년에 출판된 이 글은 월간 리뷰지 『퐁텐』*Fontaine* 12월 호에 출판되었다. 그리고 이후 1948년 『감각과 비감각』*Sens et non-sens*의 첫 장에 그대로 출판되었다. 이 책은 1945년~1948년 사이 그의 글을 모은 책

---

34) 메를로퐁티의 「눈과 정신」은 하이데거와의 연계를 잘 보이는 글이라 평가된다. 그는 콜레주드프랑스 'Philosophy and Non-Philosophy Since Hegel'이라는 수업에서 하이데거를 공부하였다.
35) Galen A. Johnson, "Structures and Painting: 'Indirect Language and the Voices of Silence'", *The Merleau-Ponty Aesthetics Reader: Philosophy and Painting*, p.14.

이다.『지각의 현상학』이 출판된 같은 해에 「세잔의 회의」가 출판됐다는 점은 이 글이 전자의 실존주의 현상학을 토대로 한다는 근거를 제공한다. 메를로퐁티가 이해한 세잔은 우리로 하여금 이성의 세계에서 벗어나 지각 형성의 영역으로 향하게 한다. 이 글은 회화에 대한 그의 관심을 처음으로 표명했던 연구로서 의미가 크다. 지각에 대한 그의 현상학적 연구가 그림에 대한 관심으로 이어진 것으로, 회화에서 존재가 구체화되는 양상을 지적으로 추적하는 시도라 할 수 있다.

세잔의 예술과 이 예술가의 '회의'에 대해 다양한 해석이 있을 수 있다. 우선 그의 시대에는 작가의 삶과 개인 심리로 세잔 작품의 의미를 설명하는 정도에 그칠 수밖에 없었는데, 그 이유는 기록자들이 작가의 삶과 너무 가까웠기 때문이었다. 메를로퐁티는 세잔 미술의 의미를 작가의 전기적 내용으로 파악하는 이러한 양상에 대해 반대의 목소리를 높였다. 그에 따르면, 작가의 작품을 작가 심리의 단순한 사실로 설명하려 드는 것만큼 의미를 축소시키는 일이 없는 것이다.[36]

이렇듯 세잔의 '회의'에 대해, 이를 개인의 심리적 증상을 넘어 작가 주체의 지각 과정에 관한 탐색으로 본 메를로퐁티의 기여는 강조해도 부족할 정도다. 그렇기에 그의 「세잔의 회의」는 그 내용뿐 아니라, 작가와 작품의 관계에 대한 미술사적 방법론에 기여한 가치를 인정받는 것이다. 그는 세잔의 회의가 가진 진정한 의미는 그의 작품에서 찾아야 한다는 것을 강조하였다.[37]

---

36) Theodore A. Toadvine, Jr., "The Art of Doubting : Merleau-Ponty and Cezanne", *Philosophy Today*, vol.41, no.4, Winter 1997, p.546.
37) Ibid.

눈과 정신

『눈과 정신』은 1961년 메를로퐁티가 작고하기 전 집필하고 출간한, 사실상 마지막 완결 저작이라는 점에서 특히 주목된다. 후기 현상학 시기에 메를로퐁티가 회화(세잔의 회화)와 지각, 신체, 세계의 관계를 철학적으로 사유한 중요한 텍스트라 할 수 있다. 이에 대해 언급한 여러 학자들 중 사르트르는 앞서 말했듯 "메를로퐁티 사유의 가장 중요하고 완전한 제시"라 극찬한 바 있다. 이 글은 1961년 『프랑스의 미술』 *Art de France* 창간호에 처음 실렸고, 이후 1964년 갈리마르 출판사에서 단행본으로 출판되었다. 이 글과 시기적으로 연관되는 글은 『기호』 *Signs*, 1960의 머릿글과 『보이는 것과 보이지 않는 것』[38]이다. 여기서 후자의 저서가 특히 중요하다. 『눈과 정신』은 이 책을 쓰는 중간에 집필했는데, 책은 1959년부터 시작한 후, 중간 6개월을 공백 기간으로 갖고 1960년에 다시 썼다고 알려져 있다. 이때 가장 중요한 4번째 장을 저술하였는데, 바로 이가 「얽힘-교차」The Intertwining-Chiasm이다. 『눈과 정신』을 1960년 7, 8월에 저술하였는데 이는 그가 『보이는 것과 보이지 않는 것』을 다시 시작했던 것에 바로 앞서는 시기로 추정된다. 이는 『눈과 정신』에서 다룬 모던 회화에 대한 메를로퐁티의 철학적 사고가 그의 후기 존재론과 깊은 연관성을 갖는다는 점을 보여 준다.

　　『보이는 것과 보이지 않는 것』의 4장은 그의 회화에 대한 현상학적 사색이 존재론의 새로운 발전을 위해 기여한 바를 보여 준다. 그는 가시

---

38) 클로드 르포르(Claude Lefort)가 편집하여 메를로퐁티 사후 1964년 출판된 책이 『보이는 것과 보이지 않는 것』인데, 이는 진행 중이던 200쪽의 원고와 제목과 날짜가 명기된 110쪽의 작업 노트를 포함한다.

계와 비가시계의 신비로운 융합에 대한 탐구를 모색하며, 색채 안에 각인돼 있는 감춰진 깊이를 설명하면서 논의를 시작한다. 그는 회화를 시각성과 비시각성으로 진입해 들어가는 하나의 방식이자 세계를 드러내 보이는 형식으로 인식했다. 가시적인 것은 우리의 시각을 멈추는 존재 덩어리가 아니고, "상상적 세계의 심연에서부터 들어 올려지는 화석"이라고 메를로퐁티는 말한다.[39] 우리의 시각은 비시각적 가능성과 잠재력 가운데 부상된 가시계의 결정結晶인 셈이다.

『눈과 정신』에서 다룬 작품들은 앞서 언급했듯, 『프랑스의 미술』(1961) 1권 및 갈리마르 판에 포함시켰던 작품들이다. 이는 파울 클레와 니콜라 드 스탈의 유화, 알베르토 자코메티와 앙리 마티스의 드로잉, 폴 세잔의 수채화, 오귀스트 로댕과 제르맨 리쉬어의 조각 등이다. 이러한 작품들의 설명에서 메를로퐁티의 색채, 선 그리고 조형에 대한 철학적 관심이 드러난다. 또한 그가 형성한 미술에 관한 철학은 모던 추상에의 심화된 이해를 향해 발전되는 양상을 보여 준다. 회화가 가장 핵심적으로 다뤄지고, 다음으로 드로잉과 조각 그리고 영화, 사진, 음악도 매우 간단히 언급된다. 이제 대표적 작가들에 대한 메를로퐁티의 현상학적 시각을 구체적으로 분석해 보고자 한다.


## 메를로퐁티 저술에서 다룬 미술 작가들

강조할 필요 없이, 메를로퐁티의 이론은 미술작품에 대한 그의 해석의

---

39) Galen A. Johnson, "Ontology and Painting: "Eye and Mind"", p.38에서 재인용

기반이 된다. 『지각의 현상학』에서 드러내듯, 후설이 제시한 추상적인 선험적 자아와 보편적 본질을 거부하는 한편, 후설이 생활세계의 중심이라 명명했던 지각에 강조점을 둔다. 메를로퐁티에게 있어, 지각은 개방된 지평과도 같은 것으로 모든 인식이 일어나는 영역이다. 그리고 그가 제시하는 지각자는 순수한 사유자가 아니고 '신체-주체'body-subject임을 기억해야 한다. 철학자 모니카 랭어Monika Langer가 강조했듯이, 현상학은 신체 속에 육화된 의식 그리고 세계의 내존하는 의식에 대한 앎을 우리에게 일깨워 준다. '육화된 주체성'은 메를로퐁티 현상학의 중심이 된다.[40]

메를로퐁티의 초기 현상학은 대상과 그것을 둘러싼 지평과의 관계를 구체적으로 밝히는 작업이라 할 수 있다. 지각이 지닌 대상-지평의 구조를 제시하면서, 메를로퐁티는 대상을 본다는 것은 단순히 대상의 외면을 시각적으로 보는 게 아니라 대상에 몰두하는 것이며, 거기에 '거주하는 것'임을 주장했다. 그러한 견지를 갖고 분석한 세잔의 회화에 관한 그의 연구는 오늘날에도 여전히 중요성을 발휘하고 있다. 세잔 회화에서 탐구된 심오한 지각의 문제는 모더니즘이 지닌 시각의 우월성을 넘어선다는 점에서 포스트모던 이론이 계속 주목해 왔다. 특히, 세잔 미학의 '간가이 논리'는 세잔 연구사에서 로렌스 고잉Lawrence Gowing을 비롯한 미술사학자뿐 아니라 포스트모던 사상가 질 들뢰즈에 의해 부각되었다. 감각과 이성(논리)의 역설적 관계를 시각적으로 탐색한 세잔의

---

40) 모니카 M. 랭어, 『메를로퐁티의 지각의 현상학』, 서우석·임양혁 옮김, 청하, 1992, 23~24쪽.

회화가 메를로퐁티의 지각 연구에 가장 적합한 작품이란 것엔 의심의 여지가 없다.

## 회화 전반: 세잔과 클레

메를로퐁티의 사상 전반에 걸쳐 가장 중요한 위치를 차지하는 예술가는 세잔이다. 우선 앞에서 언급했듯이, 『지각의 현상학』의 출판 시기가 「세잔의 회의」와 같다는 점을 다시 들어 그 중요성을 확인할 수 있으며, 이 글에서 세잔 작품에 대한 그의 심도 깊은 현상학적 시각이 드러난다. 그가 철학자로서 세잔에게 지대한 관심을 보인 이유는 아무래도 세잔 회화가 가진 독특성에 있다. 그는 말하기를, "만약 세잔의 그림을 본 후에 다른 화가들의 작품을 본다면, 긴장을 풀고 편안함을 느낄 것이다".[41] 불편하고 긴장감 어린 세잔 회화의 수수께끼 같은 시각 구조를 예리하게 포착했음을 알 수 있다.

또 다른 이유로, 세잔의 회화는 그가 후설로부터 발전시킨 현상학적 언어를 사용하여 해석하기에 적합했다는 점이다. 세잔은 언제나 눈의 시지각에 예민했던 작가였고 '자연으로부터 그린다'는 지침을 전 작업에서 실천하고자 하였다. 다시 말해, 인상주의와 고전주의의 매개를 이룬 그의 미술은 그 근본 구조에서, 주체와 객체 사이의 균형을 놓지 않는 시각적 리얼리즘의 견지를 유지했다고 볼 수 있다. 즉 작가 주체에만 침잠하는 것이 아니고, 대상 및 객체를 지각하는 주체가 문제인 것이다.

---

41) Merleau-Ponty, "Cézanne's Doubt", *The Merleau-Ponty Aesthetics Reader: Philosophy and Painting*, ed. Galen A. Johnson, Evanston: Northwestern Univ. Press, 1993. p.66.

덧붙여, 「세잔의 회의」라는 제목이 나타내듯, 세잔이라는 예술가 스스로의 자각적 회의 및 자기의문 그리고 작업을 통한 미적 투쟁이 그와 유사하게 철학에서 분투하는 메를로퐁티 자신의 철학적 회의와 병행된 것이라 할 수 있다.

'회의'와 연관하여 메를로퐁티가 수복한 세잔의 지각을 살펴볼 필요가 있다. 지각적 경험으로 복귀하는 것은 우리가 오브제를 바라보는 일상의 방식을 멈춤으로써 가능해진다. 이것은 전통적인 과학과 회화로부터 오는 관습적 이론의 보류를 의미하기도 한다. 이렇듯 보류나 멈춤을 통해 지향해야 하는 시각은 그의 용어로 '체험된 시각'lived perspective이라 할 수 있다. 이는 그가 세잔 회화를 보는 현상학적 시각을 집약하는 용어다. 메를로퐁티는 우리가 실제로 지각하는 이 체험된 시각은 르네상스의 기하학적 체계나 카메라를 통한 사진적 지각과는 차별되는 것이라 설명한다.[42]

그의 체험된 시각은 세잔 회화가 갖는 특이성과 연관하여 설명할 수 있다. 그의 그림이 보여 준 낯선 표현은 세잔 당대에 많은 비난과 공격을 불러왔는데, 비평가들은 "병 걸린 눈을 가진 작가"라든가[43] "통탄할 실패"[44]라는 원색적 비난을 했고, 어린 시절 막역한 친구 에밀 졸라는 "불안정, 나약함 그리고 우유부단"하다고 폄하했다. 국립미술관 수장을

---

42) Ibid., p.64.
43) J. K. Huysmans, "Cézanne", *Cézanne in Perspective*, ed. Judith Weschler, Englewood Cliffs, NJ: Prentice-Hall, 1975, p.31에서 재인용.
44) *La Lanterne* 익명의 리뷰. ed. Judith Weschler, *Cézanne in Perspective*, p.38에서 재인용.

142  1부_현대 미술사의 해시태그, 메를로퐁티

반대했던 정부 관계자들은 "프랑스 미술을 모욕하는 쓰레기"라는 극단적 비난으로 세잔 작품을 공격하였다.[45] 세잔 그림이 보여 주었던 새로운 표현은 대중에게는 분개를 일으켰지만, 메를로퐁티는 자신이 추구한 현상학적 시각을 구현한 작품을 찾았다고 할 수 있다.

세계를 경험한 대로 근본적으로 그리려는 시도는 화가의 순수한 보기와 통하는 자세다. 이는 근본적으로 보는 것 자체에 대한 해석인데, 우리에게 낯설게 들릴 수 있다. 예컨대, "풍경이 내 안에서 그 자체를 생각하고 나는 그것의 의식이다"라는 메를로퐁티의 말은 생경하게 들리지만,[46] 세잔 회화의 표현에 빗대어 본다면 이를 이해할 수 있다. 세잔의 시각에서 인간은 사물들의 진리를 포착하기 위해 일상성을 멈출 수 있다는 가정을 갖는다. 단지 인간적 사색만이 근본적 지각으로 돌아갈 수 있다는 것이며, 자연은 인간 정신의 사유를 통해서만 그 자의식에 도달할 수 있다는 것이다.[47]

세잔의 회의에 대한 진정한 근거는 메를로퐁티에 따를 때, '표현'으로서의 예술의 기능에서 찾을 수 있다.[48] 우연성 혹은 불확실성을 지닌 메를로퐁티의 '표현'이라는 개념은 우리를 타인과의 접촉으로 유도하

---

45) Sabine Cotté, *Cézanne*, trans. Carol Martin-Sperry, Paris: Henri Screpel, p.20.
46) Merleau-Ponty, "Cézanne's Doubt", p.67에서 인용.
47) Theodore A. Toadvine, Jr., "The Art of Doubting: Merleau-Ponty and Cézanne", p.547.
48) 메를로퐁티는 말한다. "세잔은 자신의 말로, '이제껏 그려지지 않았던 것을 그림에 쓰고, 그것을 단번에 그림으로 바꾼다.' 우리는 유사한 외양을 모두 잊고 그 외양을 통해 사물 그 자체로 다가간다. 화가는 대상들을 재포착하여 그가 아니면 각 의식의 분리된 삶에 갇혀 있었을 가시적 대상들로 전환해 낸다: 외양의 떨림은 사물이 생겨나는 발상이다." Merleau-Ponty, "Cézanne's Doubt", p.68.

고, 우리로 하여금 인간 의식의 구성을 초월하는 의미를 즉흥적으로 조성하게 하는 것이다. 이 과정에 '원초적인 상황'이라는 것은 간과되거나 절망으로 치부되지 않고, 표현의 활동을 통해 공유되는 의미의 세계 안에 공존하는 것이다.[49] 세잔의 진정한 분투는 본유적으로 침묵의 영역에 속하나 말하고자 애쓰는 것에서 의미를 추출해 내려는 것이다. 그래서 역설적이다. 달리 표현하면, 투명하여 보이지 않지만 정작 '시각의 전달자'인 것을 눈에 보이게 하려는 것이라 말할 수 있다. 세잔 구성의 불일치하는 시각들에 대해 메를로퐁티는 "우리 눈앞에 하나의 오브제가 나타나는 양상, 그 자체로 조성되는 행위를 보여 주며 표면으로 부상하는 하나의 질서"를 제공한다고 서술한다.[50] 이것을 위해 세잔은 단순하게 모양들을 오브제로 변형하는 단일한 윤곽선을 거부했다. 그럼으로 그는 깊이를 회복했다.

그의 회화에서 보는 대상을 묘사하는 여러 개의 윤곽선[51]은 관객이

---

49) Theodore A. Toadvine, Jr., "The Art of Doubting: Merleau-Ponty and Cezanne", p.550. 이러한 표현을 위한 분투는 메를로퐁티가 존재(existence)에 대해 갖는 생각과 연관된다. 즉, 그에게 존재의 분투는 타자에의 의존성과 가변적, 우연적 세계로 인해 궁극적으로 우리의 통제를 넘어서는 것이다. 세잔의 작업이 하나의 분투로 남았던 것은, 하나의 특정 경험으로부터 우주적인 의미를 구축해 내는 것이 성공적인가 아닌가는 단지 나중에 회고적으로 측정될 수 있기 때문이다. 그 필내적인 환영은 무한이 연기된나.

50) Merleau-Ponty, "Cézanne's Doubt", p.65.

51) 메를로퐁티의 말대로, 윤곽선을 포기함으로써 세잔은 그 자신을 감각의 혼란에 맡겨 버렸는데, 이것이 대상들을 혼란케 하고 끊임없이 환영들을 제시하게 되었던 것이다. 때문에 세잔의 그림은 그가 강조한 대로 역설적이다. 이는 세잔의 미학적 목표와도 직결된다. 그는 인상주의를 견고하고 지속적인 것으로, 즉 박물관의 미술처럼 만들기를 원했다고 말했다. 이 역설로 인해 에밀 베르나르는 세잔 회화는 자살적이라 불렀다. 그는 감각적 표면을 포기함이 없이, 자연의 즉각적인 인상 말고는 다른 지침 없이, 윤곽을 따르지 않고, 색채를 담는 윤곽선 없이, 원근법적이나 회화적 배열 없이, 리얼리티를 추구했던 것이다. 요컨대, 리얼리티를 목적하나 그것에 도달하는 방법을 스스로에게 부인했던 것이다. Merleau-

폴 세잔, 「멜론이 있는 정물」, 1902~1906

보는 과정에서 점차 집결되면서 시각의 영역에 포착되는 것이다. 따라서 묘사된 대상은 깊이를 담고 있는데, 그 깊이에 대한 메를로퐁티의 설명을 참고하면 "사물이 우리 앞에 퍼져 있는 것으로 제시되지 않고, 충만한 보고寶庫의 소모되지 않는 리얼리티로서 제시되는 영역"이다. 이것은 메를로퐁티가 설명했듯 "왜 세잔이 흔들리는 색채로 대상을 부풀게하고 여러 겹의 푸른색 윤곽선으로 묘사했는가"의 이유가 된다.[52] 깊이를 위해 단일한 윤곽선의 확신을 포기한 것이다. 세잔의 회의는 단순한 확실성보다는 지각적 진리의 모호성을 추구하는 과정에 발생한 것이다.

　메를로퐁티는 인간 경험에 대해 새로운 철학적 사고를 시도하면서 스스로의 분투를 표현한 적이 없다. 따라서 글의 제목 「세잔의 회의」가

---

Ponty, "Cézanne's Doubt", p.63 참조.
52) *Ibid*.

반영하듯, 시지각에 대한 화가의 회의와 불확실성은 사실 "철학자의 회의이기도 하다"며 테오도르 토드빈은 결론 내렸는데, 이는 설득력을 갖는다.[53]

특히, 세잔 후기 그림의 색면 구성과 특히 그의 수채화에 대한 심미안의 탐구는 회화에 대한 메를로퐁티 철학의 방향을 보여 주는 것이었다. 그가 『눈과 정신』에서 주목한 세잔의 작품은 1900년부터의 「생트빅투아르산」의 수채화다.

세잔의 수채화에서는 흔들리는 다수의 면들이 서로 겹쳐 있는데, 이들은 깊이가 다른 수위로 하나의 평면에 공존한다. 이는 유화보다 수채화에서 훨씬 두드러져 보이게 된다. 각각의 투명한 색면으로부터 우러나오는 조화로운 구성은 지극히 정교한데, 푸른색, 녹색, 분홍의 색조는 끊임없이 흔들린다. 더구나 흰 종이의 빈 공간은 채워져 있지 않고 색채에 둘러싸여 있다. 세잔의 그림은 시각적인 것과 비시각적인 것이 통합되면서 다소 밝은 하이라이트의 장면으로 연합된다.

『눈과 정신』에서 메를로퐁티가 세잔 후기의 수채화에 대해 언급하기를, 공간이 "어느 지점에 할당되지 않는 면들 주위에서 빛난다"고 하였다.[54] 세잔 수채화에 나타난 이러한 특징은 후기작의 전면 구성과 직결된다. 이것은 덩이리, 기대성, 견고성의 특징이라기보다 숭고성, 정신성으로 이끈다고 볼 수 있다.[55] 우리는 세잔의 그림에서 외양이 아닌, 모

53) Theodore A. Toadvine, Jr., "The Art of Doubting: Merleau-Ponty and Cezanne", p.551.
54) Merleau-Ponty, "Eye and Mind", p.141.
55) Galen A. Johnson, "Ontology and Painting: "Eye and Mind"", p.40. 메를로퐁티

폴 세잔, 「생트 빅투아르산」, 1902~1906

양이 생성되어 나타나는 것을 본다. 그는 기존의 것을 해체하는 것이 아니고, 근본적으로 선先구축한다. 다시 말해, 그는 과일 그릇을 해체하는 것이 아니고, 우리에게 그것의 원초적인 생성을 보여 준다. 이는 과일 그릇이 하나의 결과로서의 생산물로 제시되는 게 아니라, 가시계로 들어오는 과정을 보인다는 것이다. 그리고 감각계의 구조는 이 가시계에 따라 질서 잡힌다고 말할 수 있다.[56]

가시계로 진입하는 과정을 보이는 세잔 회화에 대해 메를로퐁티는 깊이와 색채로 분석해 들어갔다. 우선, 세잔 작품에서 구축의 내적 논리

가 세잔의 유화보다 수채와의 선택을 논의했던 거의 유일한 논평자는 카르바로(John M. Carvalho)라 말할 수 있다. 그의 논문 "The Visible and the Invisible in Merleau-Ponty and Foucault"(*International Studies in Philosophy*) 참조.

56) Mikel Dufrenne, "Eye and Mind", *The Merleau-Ponty Aesthetics Reader: Philosophy and Painting*, p.260.

에 의한 순수 형태는 깊이의 요소 없이 생각될 수 없다.[57] 그리고 이 깊이는 색채가 작용하는 영역이자 효과인 셈이다. 메를로퐁티는 세잔 회화의 색채를 공간성, 내용성, 다양성 그리고 역동성으로 규명한다. 그는 세잔이야말로 견고함과 공간으로 직접 파고들었고 그 공간의 내부에서 존재의 견고성과 더불어 그 다양성을 찾게 되었다고 강조했으며, 거기서 색채가 색채에 대하여 요동하고, '불안정성'으로 변조한다고 묘사했다.[58] 20세기 전반까지만 해도 미술사에서 세잔의 중요성은 역시 그의 형태에 있었다. 세잔 회화가 가진 색채의 특성을 부각시킨 미술사가들이 몇몇 있었으나 세잔을 '색채 화가'로 재조명한 것은 역시 1960년대 이후라 할 수 있다. 메를로퐁티는 미술사가는 아니었다 하더라도 이같이 세잔의 색채를 재조명하는 데 큰 역할을 했으며 이론적으로 중요한 의미를 부여했다고 인식된다. 그는 「세잔의 회의」에서 세잔의 팔레트는 7가지 스펙트럼의 색채 대신에 18가지 색채가 있다고 강조한다.[59]

---

57) 자코메티가 말하기를, "내가 믿기에 세잔은 그의 일생 내내 깊이를 추구하고 있었다"고 하였다. G. Charbonnier, *Le Monologue du peintre*, p.176; Merleau-Ponty, "Eye and Mind", p.140에서 재인용. "깊이는 영역들의 전복의 경험(the reversibility of dimensions)이고, 모든 것이 같은 장소에서 같은 시간에 있는 세계인 지역성이다. [···] 깊이를 추구하면서 동시에 세잔이 추구한 것은 존재(Being)의 이러한 폭연(갑자기 타오름)이고 그것은 공간의 방식과 형태에 모두 있는 것이다." Merleau-Ponty, "Eye and Mind", p.140.

58) 메를로퐁티는 여기서 독일 미술사학자 노보트니의 견해를 수용하고 있다. F. Novotny, *Cezanne und das Ende der wissenschaftlichen Perspective*, Vienna, 1938; Merleau-Ponty, "Eye and Mind", p.140.

59) 메를로퐁티가 말한 18개의 색채란 여섯 개의 빨강, 다섯 개의 노랑, 세 개의 파랑, 세 개의 녹색과 검정을 말한다. 온색과 검은색의 사용은 세잔이 사물을 대기 뒤에서 대상을 표현하고 다시 찾기를 원했음을 보여 준다. 대상은 더 이상 대기에의 그리고 다른 대상들에의 관계에서 상실되지 않고, 그것은 내부로부터 은밀하게 밝아지는 듯하며 빛은 그것으로부터 우러나며, 그 결과는 견고성과 물질적 내용의 인상이다. 더군다나 세잔은 온색들을 흔들리게 하는 것을 포기하지 않고 이 색채적 감각을 파랑의 사용을 통해 이룬다.

따라서 대상을 중시하는 고전주의를 놓지 않으면서도, 자연을 모델로 삼아 망막에 맺히는 색채와 빛의 조합을 강조하는 인상주의 미학을 포기하지 않았음을 확인할 수 있다.

한편, 파울 클레는 메를로퐁티의 '회화 철학'에서 세잔의 권위에 접근하는 가장 중요한 인물임에 틀림없다. 메를로퐁티는 4권으로 된 클레의 교육적인 책, 『저널』*Journal*이 1959년 불어로 번역, 출판된 것을 언급한다. 이 책은 그가 『눈과 정신』을 썼던 1960년보다 한 해 앞서는 것이었다. 그중 첫 번째 제목이 '생각하는 눈'인데, 메를로퐁티의 글과 상당히 유사함을 알 수 있다.[60] 메를로퐁티는 『눈과 정신』에서 클레의 색채에 대해 시인이자 화가인 앙리 미쇼의 묘사를 인용하는데, 미쇼는 클레의 색채에 대해 "'정확한 순간에 숨을 발산하는', 캔버스 위에서 천천히 태어나는 듯 보이고, 원초적인 기반으로부터 배어 나온 듯하다"라고 했다.[61] 철학자로서 그가 주목한 것은 시각계에서 색채의 영역이다. 색채야말로 '사물의 심장'이라고 명명한 클레의 말은 메를로퐁티에게 강한 인상을 남겼고,[62] 클레의 색채는 그의 지대한 관심을 모았다.

그런데 그는 클레의 회화에서 색채뿐 아니라, 자신이 '선의 로고스'

---

60) 『눈과 정신』에서 메를로퐁티가 언급하는 클레의 『저널』은 1959년 클로소프스키(Pierre Klossowski)에 의해 번역된 것이다. 영어판은 1961년에 출판되었다. Paul Klee, *The Thinking Eye*, New York : Geroge Wittenborn, 1961.

61) Henri Michaux, *Aventures de lignes*; Merleau-Ponty, "Eye and Mind", p.141에서 재인용.

62) 메를로퐁티는 "색채로 귀환하는 것은 '사물의 심장'으로 근접하는 가치를 갖는다"라고 말한다. '사물의 심장'(the heart of things)이라는 말은 그가 클레의 말을 강조한 것이다. Klee, *Journal*, trans. P. Klossowski, 1959에서 인용; Merleau-Ponty, "Eye and Mind", p.141.

파울 클레, 「아름다운 정원사」, 1939

logos of lines라고 부른 부분에도 동시에 흥미를 느꼈다. 클레의 그림은 그 비재현적인 성격에 부과되어, 가라앉은 색채 배경에 선의 기호 체계나 상형문자를 창조하면서 구성의 뚜렷한 요소로서 선의 사용을 강조한다.[63]

그런데, 메를로퐁티가 자신의 새로운 존재론을 설명하기 위해 회화의 대변인으로서 클레를 선택한 것이 과연 적합한가에 대한 의문이 있다. 사실, 클레는 색채 관계에서 형식주의적 흥미를 가졌었다. 그

---

63) Galen A. Johnson, "Ontology and Painting : "Eye and Mind"", p.40.

파울 클레, 「루의 공원」, 1938

의 바우하우스 강의노트에서 보이듯, '색채 총체성의 정통'The Canon of Colour Totality이라는 제목을 만든 것만 보아도 메를로퐁티의 관점과는 거리가 있음을 알 수 있다.[64] 그는 이를 위해 원, 삼각형, 비례를 사용하면서 산술적으로 색채 관계들을 형태화하였다. 클레가 이와 같이 미술의 의미를 전체화시키는 경향에 대하여 메를로퐁티가 반대했을 것은 거의 틀림없다. "시각계에 하나의 마스터 열쇠는 없다"라고 한 그의 말

---

64) Paul Klee, *The Thinking Eye*, part 4; Andres Kagan, *Paul Klee / Art and Music*, Ithaca : Cornell Univ. Press, 1983, pp.46~47.

을 떠올릴 수 있기 때문이다.[65]

그럼에도 불구하고, 회화에 관한 클레의 사고는 메를로퐁티의 『눈과 정신』에서 가장 영감을 주는 것으로 꼽힌다. 특히 앞서 언급했듯, 마르샹이 클레를 대변하며 한 말을 예시하며 메를로퐁티가 제시한 개념인 '가역성'이 중요하다. 이는 메를로퐁티가 세잔 작품에서 처음 접하게 된 후 계속 그를 사로잡았던 것이다. 돌이켜, 세잔은 "풍경은 내 안에서 그것 자체를 생각하고 나는 그것의 의식이다"라고 말했다.[66] 여기서 이미 인용했던 마르샹의 말을 짧게 비교할 필요가 있다. "숲에서 나는, 숲을 보는 것이 내가 아니라는 것을 여러 번 느낀다. 어떤 날은 나무들이 나를 보고 있고 내게 말을 하고 있다는 것을 감지한다."[67] 메를로퐁티가 설명하는 '회화의 존재론적 형식'은 개념적으로 클레와 연관성이 큰데, 그 말 자체가 이 화가로부터 오기 때문이다. 회화의 존재론을 전개하는 데 있어, 그가 클레를 참조한 또 하나의 개념은 '내재성'immanence이다.[68] 메를로퐁티는 초월성transcendence에 대비되는 개념으로 내재성을 상정한 것인데, 가시계와 비가시계의 상호의존적인 대비 관계와 유사한 구조를 보인다고 할 수 있다.[69]

클레의 경우, 시각계의 생성의 원칙에 충실했던 화가이면서, 그림의 근본적인 원리에 격렬히 집착한 작가였다. 그의 목표는 회화가 순수

---

65) Galen A. Johnson, "Ontology and Painting: "Eye and Mind"", p.43.
66) Merleau-Ponty, "Cézanne's Doubt", p.67.
67) Merleau-Ponty, "Eye and Mind", p.129.
68) 메를로퐁티는 말한다. "나는 내재성에 잡힐 수가 없다." 이 표현은 화가 클레가 자신의 비석을 위해 선택한 글이기도 하다.
69) Galen A. Johnson, "Ontology and Painting: "Eye and Mind"", p.44.

하게 기능하도록 자유롭게 만드는 것이었다. 클레는 구성적 배치와 자신만의 언어를 통해 스스로의 경험을 표현하는 데에 추상의 기재를 사용한다고 밝혔다. 점차적으로 풍경은 더 이상 그가 예술가로서의 감각을 발전시킬 수 있는 방식이 아니었다. 후기로 갈수록, 자연으로부터의 엄격한 드로잉은 거의 없다. 풍경은 내면화되었고, 예술가의 자아와 동일시된다.[70] 말하자면, 그의 풍경은 클레 자신의 신체가 확장된 것으로 기능하는 셈이다.[71] 객체(풍경)와 주체(작가) 사이의 상호연계성은 메를로퐁티가 섬세하게 감지하는 응시에서 일어나는 주체와 객체 사이의 소통이다.

## 드로잉: 마티스와 자코메티

메를로퐁티가 예시한 앙리 마티스의 드로잉은 「긴 머리의 수욕녀」이다. 이 작품은 색채와 독립되어 있는 선의 기능을 세련되게 보여 준다. 마티스의 선적 아라베스크는 단순하게 처리되어 있는데, 하나의 유기적 선이 장면의 핵심을 힘 있게 드러낸다. 『눈과 정신』에서 메를로퐁티는 르네상스 원근법 그림의 기계적이고 진부한 선의 비평을 철회하지 않으면서, 구성의 동력으로서의 유동적인 선에 대한 새로운 인식을 표명한다.[72] 하나의 선이 지각과 창조를 위한 축을 만드는데, 메를로퐁

---

70) Margaret R. Polson, "Paul Klee: Landscape as Extension of Body", *Southeastern College Art Conference Review*, vol.9, no.4, Spring 1979, p.162.

71) Ibid., p.163.

72) 메를로퐁티가 '르네상스 원근법 그림'을 말할 때 이는 데카르트를 의식하고 언급한 내용이라 생각된다. 참고로, 데카르트에게 드로잉의 힘은 그것과 원근법적 투영에 의해 세워진 객관적인 공간 사이의 질서화된 관계에 놓여 있다. Merleau-Ponty, "Eye and Mind",

앙리 마티스, 「긴 머리의 수욕녀」, 1942

티에게 선이란, 표면의 공간 안에 어떠한 '불평형'disequilibrium을 작용하게 한다는 것이다.[73] 그는 클레와 마티스를 들면서 이들이 찾은 것은 "선이 명상하는 방법"이라 설명한다. 그는 『보이는 것과 보이지 않는 것』에서 선의 가치에 대해 언급하였던바, "선은 세계의 광선이고 그것

---

　　p.133.

73) Galen A. Johnson, "Ontology and Painting : "Eye and Mind"", p.41.

앙리 마티스, 「삶의 기쁨」, 1905~1906

이 시각에 영향을 주며 시각에 공간의 만곡curvature에 대한 가치를 부여한다."[74]

　　마티스에게 재현적이든 비재현적이든, 선은 더 이상 하나의 사물이나 사물의 모방이 아니다. 그것은 백지의 무관심 안에 고안된 일종의 불평형인 셈이다. "가장된 사물의 실체성positivity을 지탱해 주는 공허"인데 메를로퐁티는 이를 '구성적 공허'constitutive emptiness라고 명명했다. 마티스의 여인들은 즉각적으로 여인들이 아니다. 그들은 그의 그림에서 여인이 된다고 말해야 할 것이다. 그의 모양은 '육체적–시각적' 방식으로가 아니라, 구조적 직조로 보게 한다. 다시 말해, '능동성과 수동성의 육체적 체계의 축'으로 보게 한다.[75] 메를로퐁티가 마티스의 드로

---

74) Merleau-Ponty, *The Visible and the Invisible*, p.247.
75) Merleau-Ponty, "Eye and Mind", p.144.

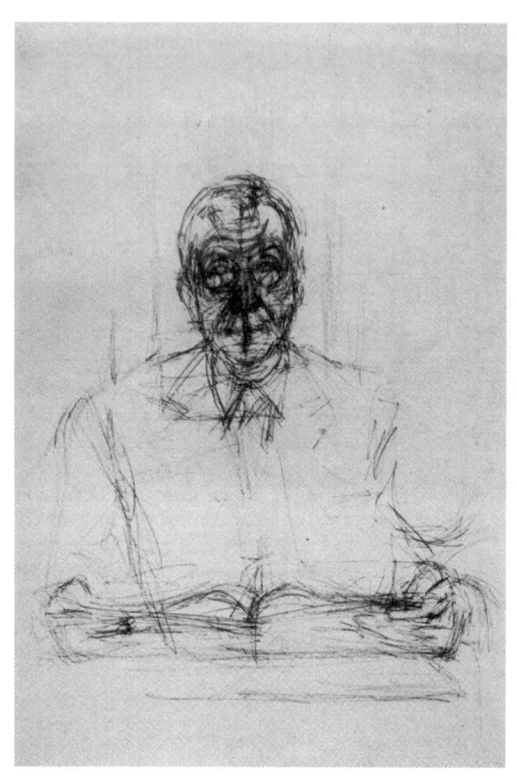

알베르토 자코메티, 「에메 마그의 초상」, 1960

잉에서 포착한 것은 요컨대, 이중적 양상이 공존하는 구조이다. 그는 마
티스의 그림이 하나의 선에 실체를 산문적으로 규명하는 특성과 동시
에, 숨겨진 무기력함과 나태함의 작용을 종합하여 싣는다고 보았다.

　다른 한편, 메를로퐁티가 선택한 알베르토 자코메티의 드로잉 「에
메 마그의 초상」Portrait of Aimé Maeght은 자코메티 드로잉의 정수를 잘 드
러낸다. 이 이미지는 복잡성을 향해 움직인다. 다양한 위치와 영역들이

복합되면서 드리워진 선들의 묶음으로부터 얼굴이 드러난다.[76] 1935
년 이후 자코메티는 손에 잡힐 듯한 리얼리티와의 직접적 해후로 돌아
온다. 그 이전, 즉 1930년에서 1934년 사이 초현실주의에의 심취로 인
한 무의식 세계의 어두운 시상은 경험적 의식의 완전한 조명 아래 드러
나게 되었다. 메를로퐁티와 연관되는 자코메티의 현상학적 미학은 이
시기부터 해당하며 특히 1945년에서 1950년 중반 사이의 드로잉에 집
중된다고 볼 수 있다. 초현실주의 대부 앙드레 브르통André Breton에게는
진부하게 생각될 정도로, 이 시기 자코메티의 작업은 경험 자체에서 오
는 일상적인 내용을 다룬다.[77]

　　자코메티와 메를로퐁티 사이의 중요한 미학적 유사성이 존재함에
도 불구하고, 이에 대해 몇몇 저자들의 단편적인 언급 외에는 전문적으
로 파고든 연구가 거의 없다. 그 유사성이 '가시계의 현상학'이라고 말
할 때, 메를로퐁티의 미학적 사고는 자코메티의 작품에서 구체적으로
예시될 수 있다. 그리고 그것은 역시 지각 자체의 문제이다. 지각의 우
위성은 메를로퐁티에 의해 제시되었다. 그가 지각을 인식론의 차원에
서 보아, 우리가 어떻게 세계를 '아는가'의 철학적 문제로서 제시하였다
는 점은 중요하다. 그는 지각을 기존의 고전적, 과학적 설명과 달리 표현
하여, 지각이 수동적인 감각의 수용이나 기하학과 같은 순수지성의 논

---

76) 자코메티는 드로잉과 연관하여 다음과 같이 열정적으로 말한다. "모든 회화에서 내게 흥미
　　를 주는 것은 유사성(likeness)이다. 즉, 내게 유사성이 무엇인가 하는 문제이다. 그것은 나
　　로 하여금 외부세계를 조금씩 발견하게, 들추어 보게 하는 것이다." G. Charbonnier, *Le
　　Monologue du peintre*, p.172 ; Merleau-Ponty, "Eye and Mind", p.126에서 재인용.
77) Ed Hill, "The Inherent Phenomenology of Alberto Giacometti's Drawing",
　　*Drawing*, vol.3, no.5, Jan.~Fab. 1982, p.97.

리적 구조의 조성도 아니라는 점을 강조하였다. 메를로퐁티에 따르면 지각은 하나의 행위이다. 우리 자신과 '세계'라고 부르는 '사물들'의 전체 사이의 교류이고, 체험된 지각은 표현(표상)의 영역에서 말할 수 있는 것이다. 데카르트의 정신과 물질의 이분법은 신체에서 용해되고 통합되었다. 메를로퐁티는 "지각하는 것은 스스로를 신체를 통해 제시하는 것"이라고 말했다.[78] 동일한 맥락에서 "지각적 경험은 체험된 신체를 통해서 가능하다"라는 말도 이해할 수 있다.[79]

『지각의 현상학』의 머리글에서 그는 현상학을 한다는 것은 설명도, 분석도 아닌 묘사하는 일이라고 말했다. "외양의 드러남을 '단순히' 묘사하는 것"이라 할 때, 이 말의 뜻을 되새길 필요가 있다.[80] 드로잉이 제시하는 것은 제작의 과정이라 볼 수 있다. 그런데 일반적으로 드로잉은 객관적 실체로 취급된다. 즉, 본래의 행위-경험이 배제된 채 하나의 드러난 대상으로서 말이다. 따라서 메를로퐁티는 미술작품을 존재하게 만드는 살아 있는 경험을 재구성하거나 되찾아야 한다고 주장한 것이다. 자코메티의 드로잉은 그가 추구했던 인간 두상의 경험된 리얼리티

---

78) Ibid., p.97; Merleau-Ponty, "The Primacy of Perception and its Philosophical Consequences", trans. James Edie, *The Primacy of Perception*, p.42 재인용.

79) Ed Hill, "The Inherent Phenomenology of Alberto Giacometti's Drawing", p.90. 힐은 여기서 '체험된 신체' 혹은 '신체-주체'의 개념은 초월적 현상학자와 실존적 현상학자 사이의 원리적인 논쟁점이라고 강조한다. 다시 말해, 후설의 추종자들과 메를로퐁티의 추종자들 사이의 논의를 대표하는 것으로, 육체적 몸이 우리의 지각적 이해뿐 아니라 철학적 이해에도 핵심적이라는 것이다.

80) 에드 힐은 이를 설명한다. "현상학은 눈에 보이는 외양에 대한 우리의 신뢰를 강화시킨다. 왜냐하면, 보이는 것은 우리에게 나타나는 리얼리티를 포함한다. 우리의 확신을 깎아내리는 기만은 어딘가 다른 곳에 놓여 있다." ("The Inherent Phenomenology of Alberto Giacometti's Drawing", p.99. 힐은 여기서 코학을 참조한다. Erazim Kohák, *Idea & Experience*, Chicago: Univ. of Chicago Press, 1978, pp.175~176.)

알베르토 자코메티, 「캐롤라인」, 1962

를 잘 드러낸다. "머리의 총체성을 볼륨으로 에워싸는" 자코메티의 드로잉은 절대로 멈추거나 쉼 없이 보이는 것이다.[81]

이러한 자코메티 드로잉에 대한 제대로 된 이해는 메를로퐁티가 『보이는 것과 보이지 않는 것』에서 행위의 촉발자와 수혜자 사이의 '간격', 혹은 촉각적 삶의 순간과 후속 순간 사이의 '단절'이 결코 존재론적 공허 또는 비존재가 아니라고 강조한 것을 이해해야 한다.[82] 그의 주장

---

81) Ed Hill, "The Inherent Phenomenology of Alberto Giacometti's Drawing", p.101.
82) "하지만 만져진 나의 오른손과 만지는 나의 오른손 사이의, 들려진 나의 목소리와 발음된 나의 목소리 사이의, 나의 촉각적 삶의 순간과 후속 순간 사이의 단절은 존재론적 공허, 비존

을 따를 때, 이러한 단절은 실상 주체 몸의 전체적 존재에 의해, 그리고 세계의 존재 전체에 의해 이어져 있다는 것이다. 두상을 둘러싸는 자코메티 드로잉의 선의 연속성은 덩어리 실체로서의 두상(가시계)과 그 두상 주위의 보이지 않는 공간(비가시계)을 시각적으로 연관 짓는다. 이는 메를로퐁티의 후기 존재론에서 주목되는 감각되는 것과 관념 사이의 관계로 확장시켜 생각할 수 있는 부분이다. 즉, 그는 이 양자를 분리하지 않고, 관념이 감각되는 것의 '안감'이며 깊이라고 하여 그 연계성을 강조하였다. 요컨대, 이러한 메를로퐁티의 시각으로 자코메티의 드로잉을 볼 때 그의 작업은 두상 자체에 대한 규명보다는 두상과 이를 둘러싼 보이지 않는 공간과의 관계를 드러낸 것이다.

## 조각: 로댕과 리쉬어

오귀스트 로댕에 대하여 메를로퐁티가 주목한 것은 동세에 대한 표현이다. 로댕은 돌, 브론즈, 나무 등으로 인체의 부분들을 다른 순간들에 묘사함으로써 동작을 제시했다. 이는 신체를 표현하는 데 있어 어떠한 특정 순간을 동결시키듯 포착한 게 아니다. 어느 한순간이 아닌, 움직임의 과정에 있는 신체를 제시하는 로댕의 조각에서 메를로퐁티는 가시계에서 비가시계로의 전이를 본 것이다.

이러한 실재와 가상의 혼합은 로댕의 돌이나 브론즈 조각에서 시각적으로 전이와 지속을 경험하는 과정에서 일어난다. 이러한 방식으로 로댕 작업을 이해하는 것은 사실 조각 자체의 문제라기보다 '본다'는

---

재가 아니다." 『보이는 것과 보이지 않는 것』, 남수인 · 최의영 옮김, 동문선, 2004, 212쪽.

것에 대해 보다 심도 있는 경험을 촉구하는 것이다. 메를로퐁티가 로댕을 통해 부각하고자 한 시각은 사고의 방식을 나타내거나 주체의 현전을 드러내는 게 아니다. 그는 시각이란 "나 자신으로부터 부재하기에 내게 주어진 수단"이라고 서술했는데, 이 말의 뜻은 시각은 주체(존재)에 속하지 않고 이를 벗어나 있는 작용이라는 것이다. 여기서 시각은 인간의 눈과 동일하지 않다는 것을 알 수 있는데, 그는 시각이란 "눈에서 비롯되기도 하면서 그 자체를 눈에 발신한다"라고 적었다.[83]

　　여기서 반대적인 두 속성, 즉 보이는 것과 보이지 않는 것을 동시에 설명하기에 의미가 모순적으로 읽힐지 모르나 메를로퐁티의 논지는 이를 넘어선다. 다시 말해, 두 극단이 만나는 게 시각이고, 예술가는 이 두 극단을 함께 다룬다는 것이다. 시각은 "존재의 모든 측면들이 교차로에서 만나는 그 만남the meeting이라는 것"이다.[84] 메를로퐁티는 로댕과 함께 제르맨 리쉬어Germaine Richier의 작업을 논한다. 프랑스 태생 작가인 리쉬어는 박쥐, 두꺼비, 메뚜기, 거미와 같은 곤충들의 기괴한 동물 조각들을 의인화하거나, 어둡고 거친 자연의 세력을 상징적으로 의인화시킨 작가로 알려져 있다. 메를로퐁티는 로댕의 「웅크린 여인」과 리쉬어의 「뛰는 사람」을 비교하며 예시한다. 두 조각은 비록 60년 이상의 시간 간격이 있지만, 특히 자세에서 그 유사성이 확연하다. 메를로퐁티는 양자를 비교하며 로댕 조각의 파편은 리쉬어 작업에서 거의 하나의 조각상statue인 셈이라고 비유했다. 로댕에서 보는 부드럽고 완전한 모

---

83) Merleau-Ponty, "Eye and Mind" p.146에서 인용.
84) *ibid.*, p.147에서 인용.

오귀스트 로댕, 「웅크린 여인」, 1880~1882

양에 비해, 리쉬어는 파기, 구멍 내기, 마모 등을 선호하였음을 알 수 있다.[85] 메를로퐁티는 전체적으로 로댕과 리쉬어의 동세의 과정적 표현을 높이 평가한다. 그는 특히 로댕이 사진이 나타낼 수 없는 시간의 '변형' metamorphosis을 조각하려 했다고 강조하였다.

이렇듯 로댕과 리쉬어의 조각에 대한 메를로퐁티의 조망은 그가 사고하는 몸과 공간과의 관계에 기반한다. 그는 몸이 공간 속에 있는 것

---

85) 메를로퐁티가 로댕과 리쉬어 사이의 미적 연관성을 보는 것에 대해 실제적 근거를 찾을 수 있다. 이는 리쉬어의 첫 스승인 기그(Guigues)가 로댕 작업실의 조수였다는 사실이다. Robert Maillard(ed.), *New Dictionary of Sculpture*, New York : Tudor Publishing Company, 1971, p.262.

제르맹 리쉬어, 「뛰는 사람」, 1945

이 아니라, 공간에 거주한다거나 혹은 공간으로 향해 있다고 설명한다.
내 몸이 체험적으로 살아 내는 공간성을 강조하는 것으로, 몸이 객관적
공간, 즉 피부를 경계로 하여 제한되는 부피의 공간에 결코 머물지 않
음을 뜻한다. 이는 본 글의 '미술과 연관된 메를로퐁티의 주요 개념'에
서 이미 언급한 공간성에 대한 메를로퐁티의 이해와 직결된다. 공간성
이 가진 '간間관여'inter-involvement나 '교환의 공간'이 여기에 연관되는 그
의 개념들이다.[86) 메를로퐁티가 제시한 개념 '세계에의 존재'는 몸이 세
계에 거하며, 세계와 하나를 이루려 세계를 향해 존재하는 양상을 뜻한

---

86) 이는 이 글의 3절 중 '매개'(mediation)를 설명하는 부분에서 이미 자세히 설명하였다.

다.[87] 로댕과 리쉬어 작업에서 메를로퐁티가 강조한 것은 동세 한 중간의 순간 포착이 아니다. 그것은 어느 한순간이 아닌 움직임의 과정에 있는 신체인 것인데, 그의 '세계에의 존재'가 보여 주는 진행 과정상의 몸과 개념적 연관을 지닌다고 할 수 있다.

## 말 없는 사유와 말하는 사유

메를로퐁티가 『눈과 정신』에서 표현했듯, 회화는 '말 없는 사유'이고 철학은 '말하는 사유'이다. 요컨대, 존재의 창조에 고심할 것인가, 존재를 사유하는 데 관심을 둘 것인가의 문제다. 침묵으로 말하는 회화는 눈과 정신에 집중하여 이를 시각 언어로 풀어낸다는 점이 특색이다. 그러나 회화와 철학 모두 존재를 탈은폐한다는 점에서는 공통적이다. 물론 미술과 철학을 이와 같이 이해한다는 것은 존재론에 근거한 발언이다. 그래서 하이데거를 기반으로 한 메를로퐁티의 현상학을 우리는 '존재론적 회화론'이라고 부른다. 메를로퐁티는 데카르트식의 주지주의와 버클리 계열의 경험주의가 가진 한계를 극복하고자 했다. 그러한 배경에서 오는 이분법의 탈피는 그가 시종일관 보이는 논리적 특성이다. 그의 모든 개념들에 이 구조가 보인다. 보는 주체이면서 보이는 대

---

87) '세계에의-존재'(l'être-au-monde)는 세계 속에 있으면서 세계를 향해 나아가는 몸의 존재론적 성격을 나타낸다. 이 개념은 하이데거의 '세계-내-존재'(In-der-Welt-sein)를 참조한 것이지만, 메를로퐁티의 개념은 '세계에로의 존재'(Zur-Welt-sein)라는 의미도 담는다고 볼 수 있어, 양자의 뜻을 포괄하는 개념으로 보는 게 적절하다. 조광제, 『몸의 세계, 세계의 몸』, 이학사, 2004, 94쪽 참조.

상이 되고, 가시성과 비가시성이 넘나들며, 눈과 정신이 섞인다. 이것이 혼돈이라면, 사유의 혼돈이라 말할 수 있다. 하지만 시각계와 몸의 영역에서는 혁명이고 해방이다.

언어중심적인 사유에서 보면 모호할 수밖에 없는 그의 현상학적 시각은 당연히 '모호성의 철학'philosophy of ambiguity이라는 이름을 얻었다. 그런데 그의 모호성은 다분히 의도적이다. 그 모호함의 한 중간에 그가 전달하고자 한 개념이 충분히 들어 있기 때문이다. 거기에 '교차'와 '가역성' 그리고 후기 철학에서 발전시킨 '살'의 개념이 있다.

이 글은 이러한 이론적 개념들을 짚으면서 메를로퐁티의 현상학적 시각을 미술작품에서 구체적으로 확인하고자 하였다. 그의 현상학 이론은 철학의 영역에서는 많이 논의되나 미술 분야에서는 지나치게 추상적으로 활용돼 온 게 사실이다. 미술계에서 필요한 것은, 시각계와 연관된 그의 개념과 이론에 대한 적절한 이해와 더불어, 그것이 미술작품에 어떻게 접목될 수 있는가를 모색하는 일이다. 이를 위해 본 글은 메를로퐁티가 저술한 미술에 관한 텍스트를 논의의 기반으로 삼았다. 메를로퐁티 자신이 현상학적 시각으로 선정한 예술가들이 누구였으며, 그가 이론적 개념을 갖고 어떻게 이들의 작품을 읽어 갔는가를 조명하고자 했다. 막연하고 추상적인 철학적 개념이 아닌, 구체적으로 눈에 보이는 작업들에서 어떻게 그의 이론이 작용하는가를 메를로퐁티 자신의 글에서 읽어 내고자 했다. 그러나 이를 위해 애초부터 명확하고 정확한 언어적 서술이 가능하리라 기대하진 않았다. 언어를 넘어서는 예술적 체험을 언어의 제한된 의미 체계로 논술하는 것이 과연 가능한가에 대한 회의를 갖고 시작됐기 때문이다.

이 글을 통해, '말하는 사유'를 갖고 '말 없는 사유'를 '말한다'는 것이 얼마나 어려운가를 다시 확인했다고 할 수 있다. 이는 양자 사이의 접점을 찾고 얼마나 가깝게 견인할 것인가의 문제라 봐야 할 것이다. 그런 맥락에서 본 연구는 침묵의 표현과 언어적 사고를 가능하면 근접하게 만들고자 한 작은 시도라고 할 수 있다.

# 2부
# 20세기의 혁명적 작가들과 메를로퐁티

# 4장 / 프랜시스 베이컨의 삼면화와 메를로퐁티의 표현의 존재론

한의정

## 프랜시스 베이컨의 「십자가형을 위한 세 개의 습작」

여기 세 폭의 그림이 있다. 먼저 관객을 사로잡는 것은 작품을 지배하는 강렬한 색채다. 빨강, 주황, 검정의 조화로운 배치가 세 패널에 통일감을 부여하므로, 관객은 이것이 '하나의' 작품이라고 가정하게 된다.

그림을 자세히 들여다보면, 왼쪽 패널과 오른쪽 패널에 놓여 있는 고깃덩어리가 관객을 당황스럽게 할 것이다. 그가 비록 렘브란트나 수틴의 푸줏간 고기 습작을 잘 알고 있다 할지라도 사람과 함께 버젓이 전시되어 있는 고깃덩어리, 이빨이 보이는 입을 가진 고깃덩어리는 그의 눈살을 찌푸리게 한다. 가운데 패널의 침대 위에 뿌려진 핏자국과 뭉개진 형상은 이미 생명이 사라진 고깃덩어리에 불과한 것인가? 상대적으로 멀쩡한 왼쪽 패널의 두 인물은 무엇을 하고 있는가? 그 인물들은 만약 문을 열고 나가더라도 밝은 세상은커녕, 가운데 패널의 더 끔찍한 현실을 목도할 것이다. 그것을 알기 때문에 주저하고 있는 것일까? 오른

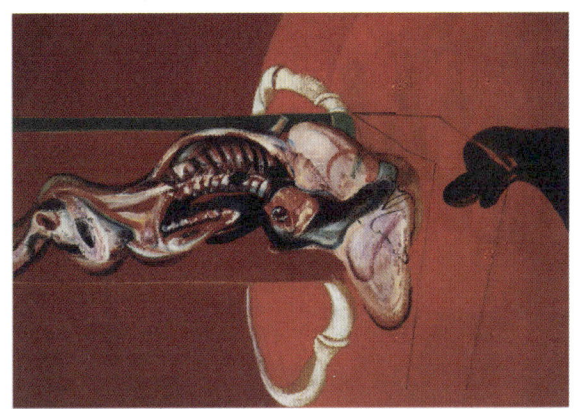

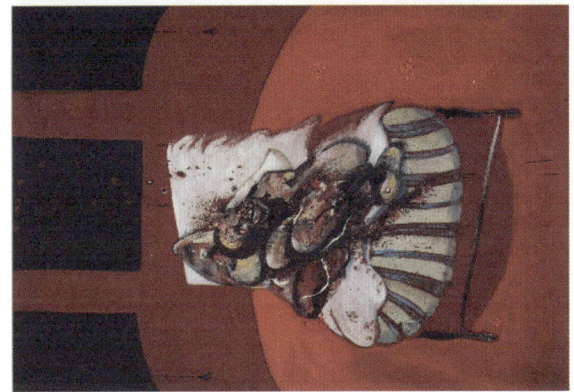

프랜시스 베이컨, 「십자가형을 위한 세 개의 습작」, 1962
Three Studies for a Crucifixion [CR 62-04]

쪽 패널 아래쪽의 검은 그림자는 무엇인가? 죽음의 사자 또는 이 모든 것을 바라보고 있는 관찰자의 그림자인가? 이 모든 상황을 만들어 낸 자의 그림자인가?

「십자가형을 위한 세 개의 습작」이라는 제목조차 이 질문들에 답이 되지 않는다. 십자가라고 칭할 것이라고는 오른쪽 패널에 보이는 나무판뿐이다. 작가는 고깃덩어리에게 십자가형을 내린 것인가? 아니면, 전통적으로 삼면화의 가운데 패널에 예수가 등장한다는 점을 감안해서 침대 위의 형상이 십자가형을 받고 있다고 봐야 하는가? 그렇다면 왼쪽 패널의 인물들은 예수의 죽음을 슬퍼하는 성모 마리아나 막달라 마리아, 또는 예수와 함께 십자가에 걸린 두 강도의 역할을 하고 있는가? 이도 아니면, 이 삼면화를 살아 있는 인간이 피 흘리는 고통을 겪고 십자가 위에서 죽음을 맞이하는 순서로, 왼쪽에서 오른쪽으로 읽어야 하는가? 이 그림에 대한 감상에서 나타나듯이 베이컨의 작품이 불러일으키는 많은 의문들은 베이컨에 관한 수많은 연구들을 쏟아 냈다. 여기서 우리는 기존의 많은 베이컨 작품의 연구 방법론 중 세 가지(미술사적 접근, 철학적 접근, 심리학적 접근)를 골라 이 작품에 적용해 보는 것으로 시작해 보려 한다.

첫째, 미술사학자들의 다양한 접근 방식들을 살펴보자. 민지 존 모텐슈타인John Rotenstein, 로렌자 트루치Lorenza Trucchi, 미셸 레리스Michel Leiris, 로렌스 고윙Lawrence Gowing, 샘 헌터Sam Hunter, 휴 데이비스Hugh Davies 같은 학자들은 실존주의의 영향 아래에서 베이컨의 왜곡된 인간 형상을 전후 세대의 비관적인 관점으로 해석한다. 이들의 해석에 의하면, 당시 자코메티, 발튀스, 뒤뷔페의 고통받고 비탄에 잠긴 고독한 인

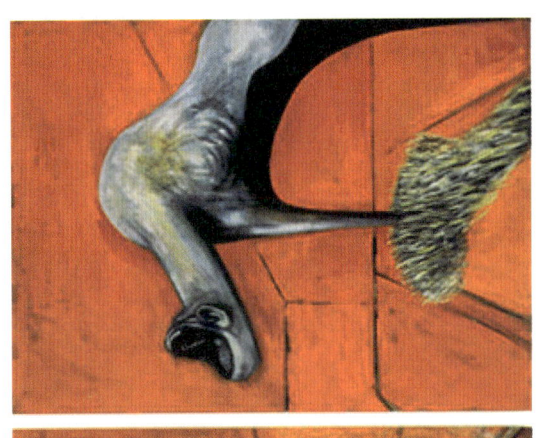

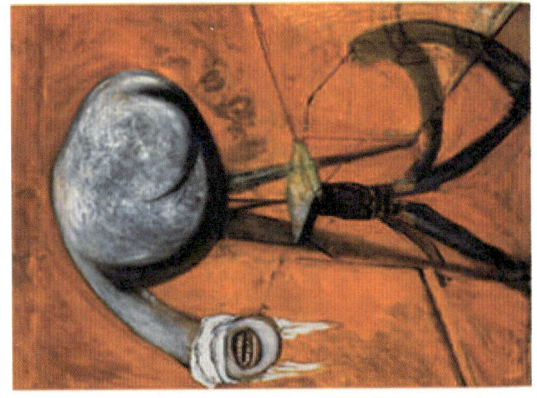

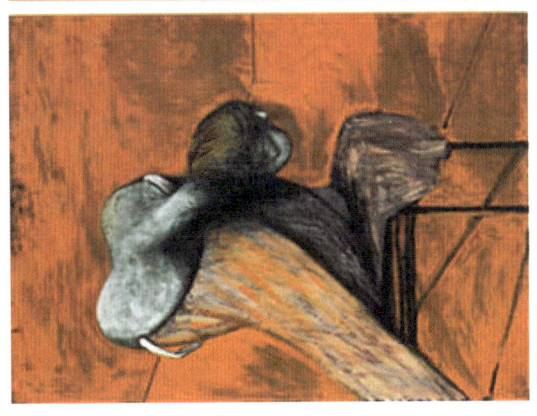

프랜시스 베이컨, 「십자가 아래의 형상들에 대한 세 개의 습작」, 1944
Three Studies for Figures at the Base of a Crucifixion [CR 44–01]

4장 _ 프랜시스 베이컨의 삼면화와 메를로퐁티의 표현의 존재론 171

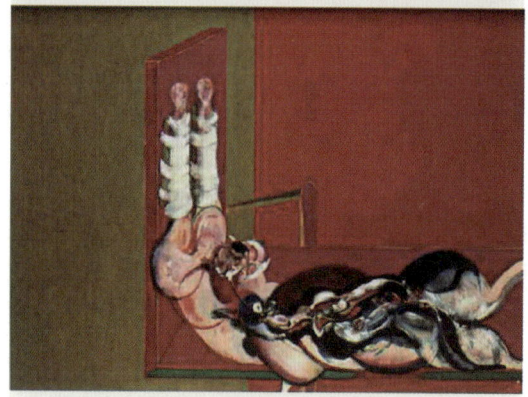

프랜시스 베이컨, 「십자가형」, 1965

Crucifixion [CR 65-01]

물들처럼 베이컨의 형상도 시대적 격분의 산물인 동시에, 인간에게 내재되어 있던 폭력 성향의 발현이다. 베이컨은 고통이 특별하거나 전쟁에 국한된 것이 아니라, 영속적이며 치유 불가능한 것이라 생각했다. 베이컨의 작품 세계를 이처럼 인간이라는 존재의 고뇌, 폭력, 공포를 그린 것이라 한다면, 「십자가형을 위한 세 개의 습작」도 인간 본능의 잔혹성으로 해석될 수 있다. 작가가 직접 인터뷰에서 밝혔듯, 무신론자인 그에게 십자가형은 종교적 의미보다는 인간의 극한 행위에 관한 이미지이며, 여기서 고통의 표현이 특히 더 진실되고 비통할 수 있기 때문이다.[1]

이러한 해석과 달리, 작품의 내용보다는 형식에 집중하는 데이비드 실베스터David Sylvester를 필두로 하는 학자들은 작가와 인터뷰에 기대어 베이컨의 형상이 우연의 도입과 사진 이미지의 변형에서 나왔음을 강조한다. 「십자가형을 위한 세 개의 습작」은 1962년 테이트 갤러리에서 열린 베이컨의 첫 회고전 바로 전날에서야 완성된 작품이다. 베이컨은 여러 인터뷰에서 그가 이 작품을 그릴 때 완전히 취한 상태였으며, 무엇을 하는지도 모르는 상태에서 그렸다고 증언했다.[2] 실베스터에 따르면, 이 작품은 베이컨의 화풍 변화에서 과도기적 특징을 잘 보여 준다. 이 작품은 1944년 「십자가 아래의 형상들에 대한 세 개의 습작」의 조각적 특징과 1965년 「십자가형」의 보다 균형 잡힌 회화적 특징 사이에 위

---

1) 베이컨은 말한다. "유럽 미술에는 십자가형에 관한 위대한 작품이 너무 많습니다. 십자가형은 모든 감각과 감정을 걸 수 있는 훌륭한 뼈대입니다. 나는 지금까지 인간의 행위와 감정을 결합하는 데 이처럼 훌륭한 소재를 찾지 못했습니다. 그래서 수많은 사람이 이 특별한 주제를 그리고 또 그렸나 봅니다. 이 뼈대에 모든 종류의 감성을 작동시킬 수 있거든요." David Sylvester, *Entretiens avec Francis Bacon*, Genève : Skira, 2005, p.51.
2) *Ibid.*, pp.22~23, 61.

치하므로, 세 패널의 결합이 다소 우연적으로 보인다는 것이다.[3]

또한 마이클 페피아트처럼 전기적 해석도 가능하다. X선 촬영에 의하면, 「십자가형을 위한 세 개의 습작」 왼쪽 패널의 더 젊어 보이는 오른쪽 인물에게는 여자 속옷을 입었던 흔적이 있는데, 이는 베이컨이 어머니의 속옷을 입고 있는 광경을 아버지에게 들켜 집에서 쫓겨났다는 실제 일화를 생각나게 한다. 가운데 패널의 침대도 베이컨이 그의 연인 피터 레이시와 마조히즘 관계를 맺던 줄무늬 있는 매트리스를 떠오르게 한다.[4]

둘째, 수많은 베이컨 연구에 있어서 질 들뢰즈Gilles Deleuze의 1981년 『프랜시스 베이컨: 감각의 논리』 발간은 전환점이 되었는데, 이후 등장하는 베이컨 연구에서는 들뢰즈가 제시한 '형상'Figure, '동물-되기'devenir-animal, '히스테리', '돌발흔적'diagramme과 같은 용어들이 자연스럽게 등장한다. 들뢰즈는 이 책에서 베이컨 회화의 세 가지 요소(구조, 윤곽, 형상)를 제시하고, 이들 사이의 힘의 작용을 파악한다. 첫 번째 힘은 구조가 형상을 고립시키는 힘이다. 「십자가형을 위한 세 개의 습작」에서 형상이 둥근 침대에 혹은 나무판에 고립되어 있는 것이 그 예가 될 수 있다. 두 번째는 형상에서 구조로 향하는 변형의 힘이다. 이때, 가운데 패널의 형상과 같은 '기관 없는 신체'가 나타나며, 이는 '동물-되기'로도 해석할 수 있다. 베이컨이 그린 인간의 '동물-되기'는 단순한 형태

---

3) David Sylvester, *Looking back at Francis Bacon*, London: Thames & Hudson, 2000, p.107; John Russell, *Francis Bacon*, New York: Thames & Hudson, 2001, p.174.

4) Michael Peppiatt, *Francis Bacon: Anatomie d'une énigme*. trans. Jeanne Bouniort, Paris: Flammarion, 2004, pp.207~208.

들의 결합이란 뜻이 아니라, 인간과 동물의 공통 사실에 기인한다. 십자가에서 흘러 내려오는 머리가 있는 고기는 "고통받는 모든 인간은 고기"라는 베이컨의 생각의 표현에 다름 아니다.[5] 이 고기의 벌려진 입으로 형상은 자기 자신에게서 빠져나와 아플라 구조와 다시 만나며 사라진다. 이것이 세 번째 힘, 흩어짐이다.

이러한 일차적인 힘 외에 형상들 자체 내의 움직임으로 짝짓기와 분리의 힘이 존재하는데, 삼면화라는 형식은 분리의 힘을 갖는다. 그리고 이런 움직임들의 공존을 들뢰즈는 '리듬'이라고 한다. 삼면화는 보통 세 개의 리듬을 갖고 있는데, 첫째는 증가적 변화나 팽창을 가진 적극적인 것, 둘째는 감소적 변화 혹은 제거를 가져오는 수동적인 것, 마지막은 증인이다. 「십자가형을 위한 세 개의 습작」에서 적극적인 리듬은 오른쪽 패널에서 보인다. 들뢰즈에게 추락은 감각의 통로로서 적극적인 리듬에 해당하기 때문이다. 가운데 패널의 형상은 피범벅이 되어 누워 있다는 점에서 수동적 리듬에 해당할 것이다. 표면적으로 왼쪽 패널의 두 인물은 관람객 또는 관찰자의 역할을 하므로 증인 리듬에 해당한다.

그러나 증인 기능은 표면적 증인이 보고 있는 형상으로 교환될 수 있다. 침대 위의 인물은 볼 수 있는 능력을 상실한 형상적 증인이다. 그의 수평성, 변하지 않는 상태가 그를 증인으로 규정해 준다. 왼쪽 패널의 인물들은 증인 역을 그만두면서, 다른 리듬으로 들어간다. 그중 왼쪽 인물은 수동적이기 때문에 넘어지지 않으려고 허리를 붙잡고 있으며, 오

---

5) Gilles Deleuze, *Francis Bacon: Logique de la sensation*, Paris: Seuil, 2002[1981], pp. 29~30[『감각의 논리』, 하태환 옮김, 민음사, 1996, 46쪽].

른쪽 인물은 능동적으로 달아나려 하고 있다. 이렇게 순환하는 리듬을 따르는 형상들은 보편적 빛과 보편적 색 속에서 분리되며, 영원한 시간의 힘을 보여 준다. 회화가 파울 클레의 말처럼 "가시적인 것의 재현이 아니라 비가시적인 것을 가시화"하는 것이라면, 들뢰즈가 생각한 가시화해야 할 비가시적인 것은 힘인 것이다.

셋째, 베이컨의 회화를 정신분석의 영역으로 끌고 온 디디에 앙지외Didier Anzieu의 경우를 보자. 찢기고 뭉개진 베이컨의 형상들에서 앙지외는 고통을 보고, 이것을 그의 '피부자아'moi-peau 개념으로 설명한다. 앙지외에게 피부는 안과 밖을 구별해 주는 싸개처럼 기능하며, 유아의 환상, 욕구 충족, 자아 형성에 중요 역할을 한다. 베이컨의 회화는 정신의 내부도 외부도 아닌 경계면, 즉 피부자아의 경험을 보여 준다고 앙지외는 설명한다.[6] 특히 십자가형에서 처참하게 찢기고 손상된 피부 이미지는 피부자아가 정상적으로 기능하지 못함을 보여 주는 것이다. 가운데 패널의 침대 위의 형상의 피부는 짓이겨졌으며, 수직성이 상실된 채 무너져 내렸다. 이것은 피부-자아의 기능 중 지지 기능의 이상을 의미한다. 찢기고 갈라진 피부 사이로 피와 체액과 신체 장기들이 흘러나오거나, 이미 소실되어 텅 빈 속을 드러내고 있는 신체 이미지는 보유 기능의 이상을 의미한다.

오른쪽 패널의 거꾸로 매달린 신체는 인위적으로 부여된 수직성, 그러나 거꾸로 뒤집어진 수직성과 함께 갈라진 피부 사이로 텅 빈 내부

---

6) Didier Anzieu, "Bacon, Beckett, Bion : pour un renouveau empiriste", *Francis Bacon ou le portrait de l'homme désespécé*, Paris : Seuil, 1993, pp.80~81.

와 흘러나오는 장기를 보여 준다.[7] 이러한 해석이 앙지외에게 필요했던 이유는 뭉개진 얼굴, 흘러내린 살, 뒤틀린 신체 뒤에 숨겨진 심리적 배경 때문이다. 아이가 엄마와 공동의 피부에서 분리되어 타인을 생각할 줄 아는 사유하는 자아로 나아가려면, 분리 불안이 극복될 수 있을 만큼 충분한 모성적 환경이 제공되어야 하는데, 베이컨의 인물들은 그러한 환경을 제공받지 못하고 있다. 형상들은 철저히 고립되어 있으며, 인물들 간 소통 또한 거의 차단되어 있다는 것이다.

그러나 이러한 다양한 베이컨 연구의 접근들은 각각 한계를 지니고 있다. 우선 미술사학자들 대부분은 작가의 말에 상당 부분 의존하고 있는데, 우리는 그 진위 여부에 의심을 가지지 않을 수 없다. 베이컨은 많은 인터뷰를 통해 자신의 작품 해석을 교묘하게 조종했으며, 원치 않은 질문에서 빠져나갈 줄 알았고, 감추고 싶은 것은 반대로 말하곤 했다. 동시대 작가들과 유사성은 극구 부인하면서, 회화 전통의 거장들과 어깨를 나란히 하고자 자신을 천재처럼 소개했다. 예를 들어, 그는 수없이 사전 데생을 하지 않는다고 말했는데,[8] 최근 그의 종이 위에 그린 데생들이 계속 소개되고 있다. 베이컨이 만약 사전 작업을 했다고 인정했더라면, 그의 작품이 우연적으로 그려진다는 신화는 지지될 수 없었을 것이다. 그렇다면 베이컨 작품의 해석에서 문제가 되는 것은 그의 말을 어디까지 인정하고 받아들여야 하는가에 관한 것이다.

들뢰즈의 경우, 베이컨 작품을 그의 철학 세계를 위해 끌어왔다는

---

7) Didier Anzieu, "Douleur et création chez Francis Bacon", p.18.
8) Sylvester, *Entretiens avec Francis Bacon*, p.28.

느낌을 지울 수 없다. 들뢰즈의 철학의 구조나 개념을 완전히 알지 못한 다면, 그의 『감각의 논리』를 완전히 이해할 수 없다. 들뢰즈의 『프루스 트와 기호들』(1964)과 『시네마』(1983, 1985)에 이르기까지 그가 예술 작품을 해석한 목적은 늘 자신의 사상을 뒷받침하는 재료로 사용하는 것이었다.[9] 앙지외의 분석도 들뢰즈의 경우와 크게 다르지 않다. 출발 점이 베이컨 작품이 아니라, 그의 피부자아 개념이라 느껴진다.

또 다른 한계점은 위의 세 접근 방식 모두가 작품을 만드는 주체로 서 작가, 그 대상으로서 작품, 작품의 수용자로서 관객 이 세 가지를 한 꺼번에 설명하지 못한다는 점이다. 미술사적 접근과 들뢰즈의 접근은 작품을 바라보는 관객의 시선을 고려하지 않는다. 정신분석학적 접근 은 작품 속 형상이 가진 폭력적 감정들이 관객에게 전이되기까지 과정 을 언급하지만, 지나치게 정서적 측면만 강조한다. 과연 표현하는 주체 와 표현되는 대상, 작품의 표현과 그 수용을 함께 이해할 수 있는 방법은 없는가? 오랫동안 논의되어 왔던 주체와 대상이라는 이원론은 이 글이 뛰어넘으려고 하는 출발점이 될 것이다.

---

9) 들뢰즈는 『감각의 논리』 곳곳에서 우리가 앞으로 살펴볼 메를로퐁티의 의견에 동조하는 것 처럼 말한다. 그러나 실상 들뢰즈는 메를로퐁티가 전개한 '살의 미학'을 거부하며, 다른 노 선을 걷는다. 들뢰즈와 메를로퐁티 미학의 유사점과 차이점에 관해서는 필자의 책을 참고 하라. Eui-Jung Han, *Expression et ambiguïté: regard merleau-pontyen sur l'œuvre de Francis Bacon*, Villleneuve d'ascq: ANRT, 2013, pp.30~33.

## 메를로퐁티의 '표현' 개념

우리는 메를로퐁티의 세잔 해석에서 같은 문제제기를 발견할 수 있다.[10] 메를로퐁티는 세잔을 이해하기 위해서 세잔이 작가로서 그의 능력을 회의했다는 점을 알아야 한다거나, 그의 성격 때문에 다른 예술가들과 친밀한 관계를 맺지 못했다는 것을 알아야 한다는 의견에 동의하지 않았다. 다시 말해 전기적 접근이나 심리학적 접근을 거부했다. 그렇다고 메를로퐁티가 이미 그 시절 출현했던 형식주의적 해석[11]에 손을 들어 준 것도 아니다. 세잔을 전후 화가들과 맺은 관계로 이야기하는 미술사가들의 시대적 고려에도 무관심했다. 비록 세잔이 인상주의자들의 영향 아래 자연으로 회귀했다고 메를로퐁티가 언급하는 부분이 있긴 하지만, 그보다 세잔이 인상주의 미학과 연을 끊고, 자연의 새로운 표현을 창조하기 위해 노력했다는 점을 더욱 강조했다. 무엇보다 메를로퐁티가 생각한 한 작가의 예술적 세계는 작가의 비전과 세계가 맺는 접촉의 문제이며, 이 접촉을 화폭 위에 표현하는 방법의 문제이다. 그렇다면 메를로퐁티가 말한 '표현'이란 과연 무엇인가?

메를로퐁티는 아동심리학에 대한 소르본 대학 강연 중에 그가 생각하는 '표현' 개념에 대한 간결한 설명을 한 바 있다.[12] 여기에서 그는

---

10) Maurice Merleau-Ponty, "Le doute de Cézanne", *Sens et non-sens*, Paris: Gallimard, 1995.

11) 예를 들어, 로저 프라이(Roger Fry), 클라이브 벨(Clive Bell), 데스몬드 맥카티(Desmond McCarthy)의 세잔에 관한 형식주의적 해석이 등장했다.

12) Merleau-Ponty, *Merleau-Ponty à la Sorbonne: résumé de cours 1949-1952*, Grenoble: Cynara, 1988, pp.513~522; 메를로퐁티는 『세계의 산문』(*La prose du*

특히 어린이의 데생과 성인의 데생 그리고 이탈리아 고전 회화와 현대 회화를 대조하는데, 그 대조의 기준이 바로 '표현'이다. 이탈리아 회화는 그려진 사물을 실제 사물의 대체물로 여겼다. 앙드레 말로의 말대로 "회화가 자연과 경쟁"하는 시대였다. 회화의 완성도라든지 명작이 되는 기준은 전적으로 기술technique에 달려 있었다. 그린다는 것은 기술들을 적용시키는 것이었으므로, 한 화폭에 여러 사람이 작업하는 것도 가능했다. 당시 회화의 이상은 자연을 대신하는 것이었다. 무엇보다도 고전 회화는 관객이 거의 유사한 의미sens로 받아들이기를 기대했다. 그러므로 여기에는 어떤 개인적인 작용, 또는 회화의 주관성이라 부를 만한 것이 없었다.

그러나 메를로퐁티에 따르면 마네의 회화부터 표현이라는 회화의 다른 요소가 나타난다.[13] 여기서 표현은 재현처럼 완성될 수 있는 것이 아니다. 대상의 세세한 부분까지 그림으로 똑같이 재현해 내는 것이 아니라 몇 개의 선과 움직임만으로 대상의 보이는 외관과 내부의 동세를 그려 내도 더 높은 표현적 가치를 가질 수 있다. 이제 화가는 그림에서 사물 그 자체를 나타내려는 목표를 갖지 않고, 사물과 자신과의 접촉을 표현하려 한다.

---

*monde*)의 마지막 장 「표현과 어린이의 데생」에서도 같은 맥락의 설명을 한다.

13) 인상주의, 특히 마네에서부터 현대미술이 시작되었다고 보는 시각은 다른 미술평론가나 미술사학자에게서도 발견된다. 예를 들어 클레멘트 그린버그(Clement Greenberg)는 「모더니스트 페인팅」("Modernist Painting", 1960)에서 마네를 최초의 모더니스트로 평가하는데, 이는 마네에서부터 공간감이 사라진 평면성이라는 회화 매체의 특성이 나타나기 때문이다. 주관적 회화의 시작으로 마네를 평가했던 메를로퐁티와 전혀 다른 이유에서이긴 하지만, 인상주의를 현대미술의 시작으로 보고 있는 점은 동일하다.

이러한 관점에서 메를로퐁티는 재현보다 표현을 강조했으며, 표현적 회화의 예로 어린이의 데생을 들었다. 어린이는 원근법적 시각으로 그리는 성인과 달리, 대상에게서 받은 인상을 그대로 표현한다. 길거리의 개를 본 아이는 자신이 받은 인상 그대로, 코 위에 눈이 달려 있다든지, 꼬리가 머리에 달린 개를 그려 낸다. 이는 시각적 외관에 충실한 재현이라기보다 동물에 대한 정서적 충격, 실제 경험에 대한 흔적을 담아낸 것이다. 어린이의 데생은 대상과 만남의 순간을 기록한다. 단순한 원근법적 시각으로 그리는 성인의 데생은 더 많은 객관성을 가질지 몰라도 체험된 상황을 그리는 것이 아니요, 대상의 실재에 다가가는 것도 아니다. 이렇게 데생을 사물의 등가물이나 투영물이 아니라, 우리와 사물 간의 의사소통 흔적으로 간주한다면 더 많은 표현적 가치를 갖는 것은 어린이의 데생이다.

메를로퐁티에게 어린이의 데생은 회화 본연의 임무를 수행하는 것으로 보였다. 회화의 임무는 사물을 화폭 위에 모방하는 것이 아니라 사물과 접촉, 사물이 그에게 일으키는 메아리를 기록하는 것이다. 이러한 관점에서 메를로퐁티는 재현보다는 표현 개념을 강조하는 주관적 회화를 옹호했다. 그러므로 작가의 서명은 단어 이상의 상징적인 의미를 갖는다. 그가 사물과 살아가는 관계 방식에, 대상이 그 안에 불러일으키는 메아리의 기록에 서명하는 것이기 때문이다. 회화를 재현이나 모방의 범주를 넘어선 표현의 측면에서 바라본 메를로퐁티의 시선은 베이컨 작품을 해석하는 새로운 방법론이 될 수 있다. 메를로퐁티의 표현 개념에 비추어 본다면, 그의 작품을 작가, 작품, 관객 이 세 가지 측면에서 동시에 바라볼 수 있을 것으로 기대되기 때문이다. 표현하는 주체, 표현된 대상, 표현된 주체, 표현하는 대상 등으로 살펴볼 수 있는 표현 개념은 주체-객체 이원론을 뛰어넘기 위한 초석이 된다.

## 「십자가형을 위한 세 개의 습작」의 의미 분석

앞에서 살펴본 대로 메를로퐁티가 어린이의 데생 표현에서 높이 평가한 것은 주관성, 타인과 세계와의 의사소통 흔적이다. 우리는 이 순서에 따라 베이컨의 「십자가형을 위한 세 개의 습작」을 생각해 보려 한다. 즉 주관성과 관련해 자화상, 타인과 의사소통으로서 초상화, 세계와 의사소통으로서 삼면화라는 세 가지 방향에서 이 작품을 분석해 보고자 한다. 표현과 관련해서, 자화상이 '나의 무엇을 표현하는가?'라는 질문과 관계된다면, 초상화에서는 '작품은 무엇을 표현하는가?'라는 질문을 던진다. 또한 세 개의 화폭을 연결한 삼면화에서는 '다양한 표현들을 가능하게 하는 힘은 무엇인가?'라는 질문이 가능하다.

### 자화상: 나와 타인의 살을 그리다

서구문화에서 "Ogni pittore dipinge sè"(모든 화가는 자기 자신을 그린다)라는 널리 알려진 구절이 있다. 화가는 꼭 자화상이 아니더라도 자신의 작품 속에 의식적이든 무의식적이든 자기 자신을 드러낸다는 뜻이다.[14] 이 구절에 기댄다면, 모든 그림은 작가 자신의 표현으로서

---

14) 예술 창작의 긍정적인 뜻에서 이해되던 이 구절은 레오나르도 다빈치가 '자기 모방' (automimesis)의 의미로 사용하면서 부정적인 뜻도 담게 되었다.

자화상적 요소를 갖고 있다고 할 수 있다. 그렇다면 베이컨의 「십자가형을 위한 세 개의 습작」에서는 과연 작가의 무엇이 표현되고 있다고 말할 수 있는가? 우리는 앞서 본 페피아트의 해석처럼 작가의 경험이나 일화가 표현되고 있다고 말하지 않을 것이다. 또는 재현적인 측면에서 외관의 유사성을 찾아 작가 자신을 그린 작품이라고 말하지도 않을 것이다. 메를로퐁티에 의하면, 화폭 위에 표현된 작가의 것은 다름 아닌 작가의 스타일이다.[15]

　베이컨은 작품을 제작할 때, 어떤 이야기에 기대거나 실재하는 사물을 묘사하는 데서 시작하는 것이 아니라, 작은 자국 같은 우연적 요소에서 출발했다. 몇 개의 선들이 변형을 거듭해 이미지를 만들어 나가기를 기다리면서 처음 의도와 전혀 다른 그림으로 완성되는 경우도 많았다. 베이컨은 "신경 시스템에 직접 닿는 이미지"[16]를 얻기 위해 물감을 던지고, 긁고, 지우고, 천으로 문지르는 등 우연적인 효과를 사용했다. 그러나 그는 액션 페인팅처럼 무질서가 지배하는 화면은 원하지 않았으므로, 우연을 조절했다. 즉, 우연의 산물을 그대로 둘 것인지, 지울 것인지, 다시 손 볼 것인지를 결정하는 것이다.

　이러한 우연과 조절은 모두 화가의 몸에서 나온다. 「십자가형을 위한 세 개의 습작」의 가운데 패널에 붓을 세게 털어 만든 수직의 핏방울은 작가의 몸에 체득된 스타일의 산물이다. 만약 베이컨이 다른 누군가에게 붓을 털어야 할 순간과 장소, 색과 농도를 알려 준다 해도, 손목

---

15) "화가가 그림 안에 넣으려 해야 할 것은 즉각적인 자아도 아니요, 감각의 미묘함도 아니고, 그의 스타일이다." Merleau-Ponty, *La prose du monde*, Paris: Gallimard, 1969, p.79.
16) Sylvester, *Entretiens avec Francis Bacon*, p.26.

을 꺾는 각도와 힘 조절의 문제로 그와 똑같이 행할 수는 없을 것이다. 이 행위는 작가 고유의 몸이 반복적인 경험과 기대하는 바에 의한 것이지, 단순한 기계적인 움직임이 아니기 때문이다. 이것은 작가의 지향성에 맞춰 움직이는 표현 행위의 비밀을 담고 있다. 작가 자신도 어떤 근육과 어떤 신경이 쓰이고, 몸 전체가 어떻게 움직이는지 정확하게 인지하지 못한다 할지라도, 그의 몸은 정확히 그 목표를 알고 해야 할 것을 해낸다. 그래서 화폭 위에 물감이 떨어질 지점을 아는 것은 화가의 정신이 아니라 몸이다. 화가는 시선으로, 손으로, 신체로, 세상과 접촉을 맺으며, 메를로퐁티의 용어로 말한다면, 화폭 위에 그의 '내적 도식'schéma intérieur, '등가물의 체계'système d'équivalence를 표현하는 것이다.

베이컨의 스타일은 '우연과 조절'이라는 특성 외에, 형상 표현에 있어 '추상과 구상' 사이에서 '내재적 변형'이라는 특성을 갖는다. 베이컨이 형상의 외관을 변형시키며 왜곡한 것은 그가 '재현' 개념에서 멀어지기를 원했기 때문이다. 이러한 변형은 구상적 형상의 단순한 파괴에 머무르는 것이 아니며, 추상 미술이 추구하던 순수한 형태로의 환원이라든지 내적 정신의 표현과도 거리가 멀다. 베이컨에게 '변형'은 순간순간 변하는 외관보다는 사물의 '사실'fait에 다가가는 방법에 해당한다. 그가 보니 구러 랬던 '사실'은 갈치려입고 서 있는 인물(왼쪽 패널)이나, 죽음의 문턱에서 고통받고 있는 육체(가운데 패널)나, 고깃덩어리(왼쪽과 오른쪽 패널)나 다 같은 '살'chair로 되어 있다는 것이다. 베이컨의 스타일로 그려진 형상들은 나의 살은 나의 것일 뿐만 아니라 또 누군가의 것이 될 수 있다는 것, 나와 타인이 같은 조직, 같은 살에서 비롯되었다는 사실을 밝혀 준다. 메를로퐁티의 '살' 개념도 비구별의 상징이며, 본질을 확인

마르셀 뒤상, 「계단을 내려오는 나부 No. 2」, 1912

할 수 있는 가능성인 것이다.

메를로퐁티는 그의 후기 철학에서 보는 자와 보이는 것 사이의 가역성을 설명하기 위해 이 양자가 같은 직물로 되어 있음을 강조하고, 그의 '살' 개념을 펼친다. 예를 들어, 『보이는 것과 보이지 않는 것』에서 살을 가진 존재는 "여러 면들이나 여러 얼굴을 가진 깊이들의 존재"로 설명된다. 살은 보이면서 보이지 않으며, 현상적이면서 잠재적이며, 외관이면서 본질이다. 살로 된 우리의 몸은 "감각되는 감각하는 자"로 주체-

에드워드 마이브리지, 「레슬링」, 1887

객체의 양면을 가지고 있다.[17] 나의 살, 타인의 살, 사물의 살은 개별적으로 나타나는 동시에 보편적으로 '세계의 살'을 이룬다. 이것은 나의 살과 다른 존재들의 살이 같은 구조를 가지며, 이들 사이에는 익명적인 가시성이 거주하기 때문이다. 이렇듯 살은 주체와 객체가 애매하게 교차하는 그런 중간지대로서 '사이 세계'에 속한다. 보는 자와 보이는 것 사이의 관계는 더 이상 주체-객체라는 용어로 설명되지 않고, '가역성' réversibilité, '키아즘'chiasme으로 정의된다. 보는 주체와 보는 세계는 마주 본 거울과 같다.[18] 보는 자와 보이는 것뿐만 아니라 '애매성'ambiguïté을 가진 모든 것들, 보이는 것과 보이지 않는 것, 나와 세계, 수동성과 능동성, 내면성과 외면성 등 모두가 존재의 영역에 속하며, 존재는 늘 이러한 애매한 상태에 처해 있다.

## 초상화: '세계-에로-존재'가 표현되다

비록 작품이 작가의 스타일, 그가 세상을 바라보는 비전을 표현한다 할지라도, 작품이 표현하는 것에는 작가 외에 다른 것이 있다. 베이컨의 작품은 거의 대다수가 인간 형상을 표현한다. 베이컨의 인간 형상은 항상 어떤 공간에 제한되어 있다. 새장 또는 투명한 감옥과 같은 가상의 공간에, 방 안에, 원형경기장이나 무대와 같은 곳에 인간 형상은

---

17) Merleau-Ponty, *Le visible et l'invisible*, Paris : Gallimard, 2001〔1964〕, p.121〔『보이는 것과 보이지 않는 것』, 남수인·최의영 옮김, 동문선, 2004, 195쪽〕.
18) 이런 의미에서 베이컨 작품에 자주 등장하는 거울 속 이미지를 해석해 보는 것도 흥미로울 것이다. 베이컨 작품에서 거울 속 이미지는 반영, 복사의 기능뿐만 아니라, 파괴, 왜곡의 기능도 가진다. Eui-Jung HAN, *Expression et ambiguïté*, pp.109~119 참조.

고립된 채 갇혀 있는 듯하다. 「십자가형을 위한 세 개의 습작」에는 문과 창문이 등장하지만, 그것을 통해 인물이 나갈 수 있을 것 같지 않다. 그 너머에는 암흑만이 존재할 뿐이다. 존재들은 비밀스러운 방에 갇혀 있을 뿐 아니라, 또다시 침대에 또는 나무판 위에 묶여 있다. 베이컨은 에드워드 마이브리지Eadweard Muybridge의 연속 사진을 참고하고, 빠르고 갑작스러운 붓질로 형상들에 강한 운동감을 부여했음에도 불구하고, 그의 형상은 침대나 나무판 같은 한 지점에 뿌리박혀 있다. 이러한 '중지된 움직임'이 미래파나 뒤샹의 「계단을 내려오는 나부 No. 2」와 같은 작품과 베이컨을 구분해 주는 지점이다.

여기에서 메를로퐁티가 뒤샹의 작품이 움직임을 갖고 있지 않다고 비판한 것을 상기해 보자. 메를로퐁티에 의하면, 뒤샹의 작품이나 연속 사진이 보여 주는 움직임은 제논의 역설처럼 진정한 것이 아니다. 정지된 형상들을 연속적으로 붙여 놓는다 해서 움직임이 만들어지지 않기 때문이다. 메를로퐁티는 오히려 '이동 없는 움직임'을 보여 주는 회화, 실제로 몸이 취할 수 없는 자세를 보여 주는 형상이 움직임을 표현하고 있다고 말한다. 그런 의미에서 사진은 시간의 흐름을 중지시키지만, 회화는 진정으로 움직임 중에 있는 몸을 보여 준다고 하겠다.[19] 베이컨 형상의 '중지된 움직임'은 메를로퐁티가 말한 '이동 없는 움직임'의 좋은 예가 된다.

그렇다고 해서, 베이컨 작품의 배경(공간)이 형상을 고립시키기 위

---

19) Merleau-Ponty, *L'Œil et l'esprit*, Paris: Gallimard, 1964, pp.78~81 [『눈과 마음』, 김정아 옮김, 마음산책, 2008, 129~134쪽].

해 또는 형상을 강조하기 위해서 존재한다고 할 수 있을까? 물론 베이컨은 형상과 배경을 기법 면에서 확연히 구분되게 그렸다. 형상은 혼합 색조와 거친 붓질로 운동, 동요, 힘, 긴장, 경련을 보여 주고, 배경은 단색조로 매끈하고 가벼운 붓질로 표현된다. 우리가 무엇을 지각한다는 것은 배경 위의 형상을 읽어 내는 과정이라는 게슈탈트 이론에 따르면, 베이컨의 확실히 구분되는 형상-배경은 작품 전체의 지각을 쉽게 만든다. 메를로퐁티는 게슈탈트 이론을 지지하고 있는 듯하나, 구별되는 점이 있다. 게슈탈트 이론가들은 형상이 배경 안에서 자신이 아닌 것들을 거부하면서 형성된다고 하는 데 반해, 메를로퐁티는 형상은 배경에 기대어서만 구성된다고 말했다.

「십자가형을 위한 세 개의 습작」의 형상과 배경을 보자. 자세히 보면, 왼쪽 패널에서 문은 그것과 닿아 있는 손과 합쳐지고 있고, 왼쪽 인물은 다리에서부터 바닥인지 테이블인지 색이 형상을 잠식하고 있다. 가운데 패널에서는 살과 피가 침대 위에 흩뿌려져 살과 이불을 구별할 수 없다. 오른쪽 패널에서는 나무판의 받침 부분 또한 고깃덩어리와 바닥 속으로 사라졌다. 다시 말하자면 베이컨의 회화에서 공간은 몸의 피부의 연장prolongement épidermique처럼 표현되고 있다.[20] 형상과 배경은 정확히 구별되지 않으며, 그들의 의미는 함께 찾아야만 한다. 몸은 그가 닿아 있는 공간과 분리될 수 없다. 인간은 더 이상 공간을 지배하지 않는다. 몸은 그보다 먼저 존재했던 공간에 나타나는 것이 아니며, 몸과 공간

---

20) 베이컨의 「세 초상화: 조지 다이어의 사후 초상, 자화상, 루시앙 프로이드의 초상」(1973), 「삼면화, 1973년 5월-6월」에 나타난 그림자의 표현을 보면, 이러한 공간과 몸의 '함께-태어남'을 발견할 수 있다.

은 동시에 생성된다.

　이러한 몸의 공간과 움직임의 문제는 시간의 문제와 맞닿아 있다. 공간과 시간, 움직임은 서로 얽혀 있어 어느 하나는 다른 둘과 연결되지 않고는 변경될 수 없다. 예를 들어 공간이 협소하면 협소할수록, 움직임은 제약을 받게 되고, 이때 몸이 경험하는 시간은 길게 느껴진다. 시간은 인간을 사물과 구별해 주는 특징이다. 사물은 있는 그대로 머물 수 있지만, 인간은 끊임없는 변화에 종속되어 있다. 엄밀히 말해 사물에는 시간이 없다.[21] 시간은 사물과 나의 관계에서 태어난다.

　그러나 시간을 구성하는 것은 의식이 아니며, 의식은 의식 없이는 나타나지 않는 시간 안에 잡혀 있다. 즉 시간은 주체에서 나오는 것도, 객체에서 나오는 것도 아니다. 그렇다고 주체와 객체를 떠나 스스로 존재할 수도 없다. 우리는 시간 밖에서 시간 경험을 할 수 없다. 시간 안에서 시간 경험을 하는 것은 몸 자신이 '이미 상황에 처해 있음'il y a préalable을 발견하는 것이다. '이미'라는 말은 필연적으로 미래를 떠오르게 한다. 왼쪽 패널에서 인물들이 이 공간에 이미 처해 있는 상황은 미래도 함께 끌고 온다. 그래서 고깃덩어리, 시체와 같은 모습, 검은 그림자와 같은 형상으로 죽음의 전조가 모든 패널에서 등장한다. 현재는 영원한 열림이며, 과거와 미래와 동시적으로 현존하고 있다. 과거나 미래는 각자 자신을 현재에 기투하여 거기서 서로 얽힌다. 현재는 내가 더 이상 체

---

21) "객관적 세계는 너무 차 있어서 시간이 없다." Merleau-Ponty, *Phénoménologie de la perception*, Paris: Gallimard, 1945, p.471[『지각의 현상학』, 류의근 옮김, 문학과지성사, 2002, 615쪽].

험하지 않는 과거로, 아직 체험하지 않은 미래로 열려 있다.[22] 마찬가지로 내가 체험하지 않은 타인의 시간성으로도 열려져, 나의 세계가 타인과의 만남으로 확대될 수 있다.

베이컨의 작품에서는 이렇게 타인이 나에게, 나에게서 타인에게로 상호투입Ineinander의 관계가 표현된다.[23] 여기서 베이컨이 삼면화라는 전통적 종교화의 형식을 주로 사용한 것은 특별한 의미를 갖는다.[24] 주로 한 화폭에 하나의 형상만을 그리는 베이컨의 방식은 세 개의 패널을 함께 놓음으로써, 형상들을 공존하게 하는 방식이 되는 것이다. 나와 타인이 만나고, 타인과 타인이 섞이고, 인간과 세계가 서로 감싸 안는다. 각 패널에 분리된 존재들은 고독을 누리는 듯 보이지만, 이 고독마저 인접하는 패널들에 타인이 존재하므로 가능한 것이다. 존재한다는 것은 '세상에 있음'être au monde이다. 예를 들어 왼쪽 패널의 인물들에게는 가운데 패널의 몸이 포함되면서 배제되는 타인으로 기능한다. 그들이 문을 연다면, 그들의 지각장에 타인의 살이 등장할 것이다. 문이 닫혀 있는 현재에도, 타인의 살은 모든 존재가 같은 살에서 나왔다는 사실을 알려주는 전제처럼 기능한다. 타인의 몸을 지각한다는 것은 타인의 몸에서 나의 의도들의 연장prolongement을 보는 것이요, 세계를 보는 방식을 발

---

22) Merleau-Ponty, *Phénoménologie de la perception*, p.408[『지각의 현상학』, 529쪽].

23) Merleau-Ponty, *Le visible et l'invisible*, p.231[『보이는 것과 보이지 않는 것』, 263쪽].

24) 1944년 「십자가 아래의 형상들에 대한 세 개의 습작」부터 작가의 마지막 해 1992년까지 그는 28점의 198x147.5cm 크기의 삼면화를 남겼다. 이 크기의 삼면화에서는 주로 극적인 사건이나 행위를 그리거나, 전신 초상화를 그렸으나, 40여 점의 35.5x30.5cm 크기의 작은 삼면화에서는 주변 사람들의 얼굴 초상을 그렸다. 베이컨 본인은 삼면화 형식을 자주 그리는 이유에 대해 때에 따라 다르게 설명했다. 때로는 영화와 같은 연속성을 주기 위함이라고 했고, 때로는 전통적으로 기독교 삼면화가 갖는 아우라를 주기 위함이라고 밝혔다.

견하는 것이다. 타인의 몸과 나의 몸은 하나의 전체를 이루며, 하나의 현상의 안팎으로 기능한다.[25] 왼쪽 패널과 오른쪽 패널의 고깃덩어리의 반복은 타인의 살이 가능체possible로, 분신dédoublement으로, 또는 복사체multiplication로, 나의 영역에 공존한다는 점을 보여 준다. 타인은 나의 밖에 있으면서, 나의 세계 안에 있다. 이런 의미에서 베이컨의 형상 표현은 상호몸성intercorporéité, 상호주관성intersubjectivité의 영역에 위치한다. 그러므로 절대 고독이란 가능하지 않다. 고독하다는 감정마저 타인에 대한 반응의 종류일 뿐이다. 나의 몸, 나의 표현, 나의 의도는 타인을 상정하지 않고는 존재할 수 없다. 즉 고독이란 혼자 있음을 의식하는 것이 아니라, 타인으로부터 멀리 있으려 함, 의사소통의 부정적 표현일 뿐이다.[26] 자기 자신을 표현한다는 것은 그래서 타인과 만나려 하는 것이며, 동시에 타인을 표현한다는 것은 그 안에서 나를 표현하려는 것이다. 메를로퐁티의 표현대로, "존재한다는 것은 세계에 속하면서 세계를 향한다는 것"이다.[27]

## 삼면화: 표현성을 찾아내다

지금까지 「십자가형을 위한 세 개의 습작」을 작가의 관점에서 자화상, 작품이 측면에서 초상하라 칭하고 살펴보았다. 이를 요약하자면 베이

---

25) Merleau-Ponty, *Phénoménologie de la perception*, p.408[『지각의 현상학』, 529쪽].
26) "고독과 의사소통은 양자택일의 두 항이 아니라, 단 하나의 현상의 두 계기들이어야 한다. 왜냐하면 사실상 타인의 나에 대하여 존재하기 때문이다." *Ibid.*, p.412[『지각의 현상학』, 538쪽].
27) *Ibid.*, pp.414~415[『지각의 현상학』, 541쪽].

컨의 작품은 한편으로는 작가가 세계를 바라보는 스타일을 표현하며, 다른 한편으로는 작품 속에 표현된 몸이 세계와 맺는 관계를 표현한다고 할 수 있다. 그러나 베이컨 작품의 다양한 표현 양상을 획일화시켜 이처럼 간단하게 설명할 수는 없다. 베이컨 작품들에서는 추상과 구상 사이의 절묘한 줄타기, 우연의 요소와 조절의 힘, 형상과 배경의 동시성, 동動과 부동不動 사이에서 다양한 표현들이 나타난다. 이러한 표현의 다양성을 가능케 하는 것은 무엇일까? 가능케 하는 것이 힘이라면, 그 힘은 어디에 존재하는가? 일단 우리는 표현의 다양성을 가능케 하는 힘을 표현성expressivité이라 칭할 것이다. '표현'이 작가에 의해 화폭 위에 실현되고 구체화된 것임에 반해, '표현성'은 모든 가능한 표현의 이면에, 그리고 경계에 있는 힘이라 하겠다. 암묵적이든 명시적이든, 주어진 것이든 앞으로 올 것이든 모든 표현을 길러 내는 것이 표현성이다. 그러므로 표현성은 원초적originaire이다.[28] 한 작가의 여러 작품을 바라보면서 숨어 있는 표현성을 발견하는 것은 바로 관객의 몫이다. 관객의 역할과 관련하여 베이컨의 삼면화에서 드러나는 서술적 표현성, 주제적 표현성, 역사적 표현성에 대해 살펴보자.

주로 한 화폭에 한 인물을 그리는 베이컨의 경우, 삼면화가 존재들 사이의 관계, 타인과 세계에 거주하는 존재를 표현하는 형식이 된다. 연속적인 삼면화의 형식에서 관객은 서술적 표현성에 대해 질문하게 된다. 기독교 삼면화에 익숙한 관객이라면 세 패널들 사이에 시간성을 부

---

28) 표현과 표현성의 관계에 대해서는 Jean-Yves Mercury, *L'expressivité chez Merleau-Ponty: du corps à la peinture*, Paris: L'Harmattan, 2000, p.215를 참고하라.

치마부에, 「십자가형」(뒤집은 사진), 1288

여하면서 내러티브를 찾으려 할 것이기 때문이다. 그러나 베이컨 삼면
화에서 서술적 표현성이란 왼쪽에서 오른쪽 또는 오른쪽에서 왼쪽으
로 읽는 식의 연속성이 아니다. 제목에서 직접 엘리엇T. S. Eliot의 시나 그
리스 신화를 참조했음을 밝히는 경우에도 베이컨은 이야기의 인물이나
사건을 표현하는 것이 아니라, 그 작품이 주는 분위기, 강렬한 감정을 표
현하고자 했다.[29] 베이컨 삼면화에서 내러티브에 해당하는 것은 지각의
반응들에 관한 것이다. 몸이 감각의 자극을 받으면서 변형되고 왜곡됨
이 화폭에 표현된다. 베이컨 형상들에서 특히 감각의 통합, 예를 들어 시
각과 촉각의 비분화가 자주 발견된다. 여기서 지각은 데카르트와 과학

---

29) 예를 들자면 「T. S. 엘리엇의 〈스위니 아고니스테스〉 시에서 영감을 얻은 삼면화」(1967),
「아이스킬로스의 〈오레스테스〉에서 영감을 얻은 삼면화」(1981) 등이 있다.

의 시대가 강조했듯이 눈에만 한정되는 것이 아니라, 모든 감각의 기능이다. 예를 들어 왼쪽 패널의 손잡이를 잡는 사람이라든지, 가운데 패널의 피부에 흩뿌려진 피, 오른쪽 패널의 고깃덩어리 내부까지 침투한 검은 그림자 등은 시각과 촉각의 통합 또는 비분화를 보여 주고 있다. 관객이 이렇게 서술성을 찾는 경험은 작품에 의미를 부여하는 과정이다. 작품의 의미는 하나의 의미$^{un\ sens}$도 아니며, 의미가 없는 것$^{non-sens}$도 아니며, 의미들$^{du\ sens}$이다.

그러므로 우리가 베이컨 작품에서 발견하는 의미들은 '애매하다'. 그것은 베이컨의 인물들이 삶과 죽음, 쾌락과 고통, 성聖과 속俗과 같은 대립하는 용어들을 동시에 드러내기 때문이다. 앞에서 살펴보았듯이 이미 죽어 있는 고깃덩어리나 기어들어 오고 있는 그림자는 죽음을 상징한다. 검은 옷을 입은 인물들이나 피로 물든 신체, 외부로 굳게 닫힌 창문도 마찬가지이다. 인간은 이미 죽음과 함께 살아가고 있다. 안락 또는 쾌락의 장소인 침대도 고통으로 점철되어 있다. 성性은 원래 신체의 수많은 지향성 중 하나이며, 인간관계의 필수적인 기초이다. 그런데 베이컨 작품에서 성은 고통과 연결되어 있다. 삶과 죽음처럼 쾌락과 고통은 공존하는 것이며 불가분의 것이다. 한편으로 「십자가형을 위한 세 개의 습작」 제목은 이것이 십자가형에 관한 것임을 말하고 있지만, 침대 신$^{scene}$의 등장으로 인해 거룩한 십자가형은 세속적인 것으로 동물화되었다. 이 작품에서 십자가에 걸린 것은 다름 아닌 고기인 것이다. 이것은 인간이 이미 예수처럼 신성과 죽어야 할 운명 둘 다를 가지고 있다는 것을 의미한다. 성과 속 사이의 거리는 하늘과 땅만큼 멀지 않다. 이 두 속성은 이미 인간 존재에 현존하고 있다.

또한, 관객은 이 작품에서 역사적 표현성을 지각할 수 있다. 작가가 직접 오른쪽 패널에 대해 설명하기를, 치마부에의 「십자가형」처럼 물결치는 이미지를 그리고 싶었다고 했다. 한 관객이 베이컨의 작품을 본 후에 바라보는 치마부에의 「십자가형」은 그 이전과 다르게 지각될 것이다. 베이컨의 십자가 위 형상의 여파가 남아 치마부에의 십자가에서 무엇보다 먼저 떨어지는 예수의 몸의 움직임을 보게 되는 것이다. 메를로퐁티가 역사의 진보 개념을 거부하고, 시간은 수평이 아닌 수직으로 흐른다고 이야기한 것도 이러한 맥락에서 이해될 수 있다. 다시 말해 관객의 시선을 통해, 시간적으로 이후에 존재하는 작품이 이전 작품을 재창조해 낼 수 있다는 것이다. 이것은 관객이 베이컨에게서 그가 세상을 바라보는 방식을 빌려 올 때 발생하는 일이다. 그러므로 화가와 세계의 관계는 화가와 관객의 관계, 작품과 관객의 관계까지 확장된다. 이러한 이유에서 스타일은 상호주관적인 특징을 가지는 것으로, 소통의 욕구로 정의될 수 있다.

**애매한 스타일의 함께-태어남**

지금까지 우리는 메를로퐁티의 표현 개념에 기대어 베이컨의 「십자가형을 위한 세 개의 습작」을 해석해 보았다. 표현하는 주체이자 표현되는 대상으로서 작가라는 관점에서 이 작품을 자화상이라 본다면, 우연과 조절의 균형, 추상과 구상의 긴장이라는 작가의 스타일이 표현되고 있음이 중요하다. 작가의 몸에서 비롯된 스타일의 결과는 형상들의 왜곡과 변형, 나와 타인의 다르지 않은 살뿐이다.

이러한 살들도 무엇인가를 표현한다는 관점에서, 즉 이 작품을 인물 형상을 그린 초상화라는 관점에서 본다면, 형상과 배경의 동시성, 움직임과 정지의 공존을 읽을 수 있었다. 베이컨의 인물들은 한 화폭에 한 명씩 표현되는 것이 일반적이므로, 베이컨의 다양한 표현들 저변에 숨어 있는 표현성을 찾아내려면, 삼면화라는 형식으로 접근함이 유용했다. 삼면화라는 형식에서, 의미와 무의미 사이에서 지각의 반응이라는 내러티브가 탄생함을 보고, 삶과 죽음, 쾌락과 고통, 성과 속 같은 대립적인 주제들을 찾고, 전통과 현대 사이의 전복된 역사성을 발견하는 것은 관객의 역할이다. 이때, 관객은 표현들을 수용하는 수동적인 역할에서 표현성을 찾아 작가의 비전을 공유하는 적극적인 역할로 이동하는 것이다.

이렇게 메를로퐁티를 통한 베이컨 작품 해석에서 우리는 양극을 구성하는 요소들이 공존함을 확인하였다. 메를로퐁티는 대립항들의 결합을 '애매성'ambiguïté, équivoque이라는 용어로 설명한다. 우리가 살아가거나 사고하는 모든 것은 언제나 여러 의미를 가지므로, 애매성은 인간 존재에 본질적인 것이다.[30] 애매성은 존재에 내재하고 있으며 세상 속 우리 삶과 분리할 수 없다. 메를로퐁티에게 '애매한 삶'이란 모든 경험과 모든 지식의 기초가 되는 것이다. 메를로퐁티의 철학에서는 몸, 시간적 삶, 역사, 철학, 존재의 사고 등 모든 것이 애매하다. 이것들은 절대 그 자체로 닫혀 있지 않고, 그 어떤 것도 하나의 의미만을 갖는 것이 아니기 때문이다.

---

30) Merleau-Ponty, *Phénoménologie de la perception*, p.197 [『지각의 현상학』, 266쪽].

메를로퐁티는 멜라니 클라인Melanie Klein이 했던 구분을 따라 애매성을 양의성ambivalence과 구분한다. 양의성은 한 개의 어떤 것에서 두 개의 이미지가 교대로 나타나는데, 이 사실을 정확히 인지하지 못할 때 쓰이는 용어이다. 즉, 한쪽 면이 전면에 나타나면서, 다른 쪽 면을 감추는 것이다. 예를 들어 어떤 사람이 어떤 때는 선하고 어떤 때는 악하지만, 그가 선과 악을 다 지니고 있다는 사실을 충분히 인지하지 못하고 있을 때, 양의성을 지닌다고 말한다. 이와 다르게, 애매성이란 용어는 양의성에서 만날 수 있는 차이들이 한 존재와 관련된다는 사실을 인지하고 있을 때 쓰인다. 애매성을 알아볼 수 있는 능력은 보다 더 세심하게 뉘앙스와 모순들, 변이의 현상들을 인정하면서, 사물들과 관계할 줄 안다는 뜻이다.[31]

그러므로 애매성은 변증법적 사고와 관련된다. 메를로퐁티는 '좋은 변증법'과 '나쁜 변증법'을 구분했다. 좋은 변증법은 '초변증법' hyperdialectique이라 불리며, 자기 자신을 비판하고, 뛰어넘는다. 좋은 변증법은 끊임없이 관계들의 복수성과 애매성을 고찰하므로 진실의 능력이 있다. 나쁜 변증법은 종국에는 통합으로 향하는 데 반해, 좋은 변증법은 애매성들의 순환을 인정하며, 때때로 그것들을 뛰어넘는다. 그러나이 초월은 새로운 긍정이 아니라, 보이지 않는 부정의 요소를 내부에 품고 있는 것이다.

우리가 여기서 실현해 보려 했던 베이컨과 메를로퐁티의 만남은

---

31) Merleau-Ponty, "Les relations avec autrui chez l'enfant", *Parcours 1935-1951*, Lagrasse : Verdier, 1997, p.156.

좋은 변증법을 작동해 보려는 방법론에서 시작된 것이다. 베이컨의 표현들의 애매성은 그 스스로 순환하며, 서로에게 작용하고, 자기 안에 부정을 포함하며, 뛰어넘고, 공존한다. 그래서 자화상, 초상화, 삼면화의 구분이 정-반-합의 도식을 따르지 않는 것이다. 각 순간이 다른 순간을 포함하며, 스스로를 초월한다. 삶과 죽음과 같은 주제들이 삶이 아니라면 죽음이라는 식의 흑백논리가 아니며, 삶은 죽음을 포함하고 있고, 죽음은 삶을 표현한다. 나와 타인은 분리된 두 존재가 아니라, 세계에 함께 섞여 있으며, 하나는 다른 하나의 보충물이다. 이제 우리는 애매성의 자리를 확보해 주고, 좋은 변증법을 사용하는 유일한 사람이 철학자만은 아니라고 말할 수 있다.[32] 베이컨과 같은 화가도 이러한 계획을 실현한 것이다.

이제 우리는 베이컨 작품 표현에서 모순되는 요소들의 결합을 '애매한 스타일'이라 명명할 수 있을 것이다. 애매한 스타일은 작품과 작가 사이에서, 지각되는 그림과 지각하는 자 사이에서 동시에 탄생한다. 베이컨의 작품은 우리에게 끊임없이 이러한 함께 태어남co-enfanter의 경험을 상기시킨다.

---

32) 메를로퐁티에 의하면, 사물의 애매성을 속이거나 사라지지 않게 하면서 설명할 수 있는 자는 철학자이다. Merleau-Ponty, *Eloge de la philosophie et autres essais*, Paris: Gallimard, 1995[1953], p.14.

# 5장 / 메를로퐁티와 파울 클레 :
## 그림은 보이지 않는 것을 보이게 한다

한정선

## 그림이란 무엇인가?

메를로퐁티의 미술 이론은 서양미술사에 등장하는 특정한 미술사조를 해설하기보다는, '그림을 그린다는 것은 무엇인가?', '본다는 것은 무엇인가?', '그림이란 무엇인가?' 등의 근본적인 미술철학의 문제를 추적하고 있다. 그는 이미 『지각의 현상학』의 시기에 세잔에게 관심을 가졌었는데, 그 까닭은 세잔에게서 '눈으로 본다'를 중심으로, 다시 말해서 가시성과 신체성을 중심으로 미술철학의 제 문제들이 문제로서 드러나고 있기 때문이다. 필자가 이 글을 쓰게 된 동기이자 이 글 전체에 깔려 있는 관심은 '왜 말년의 메를로퐁티는 다른 모든 화가들을 제쳐 놓고 클레에게 관심을 가졌는가?'이다. 이 글의 일차적인 관심은 메를로퐁티와 클레의 미술 이론을 비교하는 것도 아니고, 차이점을 밝혀내는 것도 아니다. 메를로퐁티가 남긴 불과 몇 쪽 분량에 달하는 클레에 대한 언급을 실마리로 삼아, 메를로퐁티가 클레의 어떤 면에 공감하면서 현상학적 미술 이론을 구축하고 있는가를 추적하는 것이다.

필자가 메를로퐁티의 눈으로 클레를 바라보자면, 클레가 그림을 창작하는 근원적인 장소는 원초적인 지각의 상황에서 드러나는 가시성과 신체성의 문제를 밑바닥부터 노출시키고 있다는 점에서, 화가와 세계가 만나 얽혀 세계경험이 일어나는 사이영역이다. 또한 예술은 "보이지 않는 것을 보이게 한다"는 클레의 말은, 보이는 것을 떠받치고 있는 보이지 않는 것을 의미의 차원으로 열어 보여 주는 예술(미술)의 본질을 잘 표현하고 있다.

## 화가: 보이지 않는 것을 보이게 하는 자

메를로퐁티는 『눈과 정신』을 쓰는 동안 클레에게 매우 관심을 보였으며, 1959년에 불어로 번역된 클레의 『일기』를 읽었고, 이것은 말년의 메를로퐁티의 그림 이론과 자연 개념에 영향을 미쳤다.[1] 그는 "예술은 보이는 것을 다시 제시하는 것이 아니라, 보이지 않는 것을 보이게 한다"[2]와 "비밀스럽게 통찰한 것을 보이게 한다"라는 클레의 말에 크게

---

1) Mauro Carbone, "Sichtbar machen: Merleau-Ponty und Paul Klee", eds. Hans Sepp and Jürgen Trinks, *Phänomenalität des Kunstwerks*, Wien: Turia & Kant, 2006, p.58, 66.

2) Paul Klee, "Schöpferische Konfession", *Kunst-Lehre*, ed. Günther Regel, Leipzig: Reclam, 1995, p.60; Paul Klee, *Tagebücher 1898-1918*, Stuttgart: Hatje Cantz Verlag, 1988, p.471 참조. 클레의 이 말은 콘라트 피들러의 말 "조형예술은 사물의 있는 모습 그대로를 제시하는 것이 아니라, 사물이 보여진 바를 제시하는 것이다"를 수용한 것이다. Bernhard Marx, *Balancieren im Zwischen: Zwischenreiche bei Paul Klee*, Würzburg: Königshausen u. Neumann, 2007, p.37.

공감하며, "보이지 않는 것을 보이게 한다"는 문제를 탐구했다.[3]

화가는 보이지 않는 것을 그림들 통해서 보이게 하는 자이다. 어떻게 화가는 보이지 않는 것을 보이게 할 수 있는가? 화가가 사물을 볼 때, (a)화가의 신체적 실존과 사물 사이에 서로 열리고 여는 세계경험이 발생하며 이것이 신체적 실존을 통해 전해 오고, (b)이때에 전해져 온 것에 대한 대답을 화가는 특정한 예술적 표현 형식을 통하여 그림으로 옮겨 놓기 때문이다.[4] 세계경험의 의미적 차원은 그림이 표현하고 있는 내용으로서 그림에 현전하게 된다. (a)의 세계는 화가의 신체적 실존의 세계이고, (b)의 세계는 (a)에서의 세계경험이 변형된 그림의 세계이다.

화가가 살고 작업하는 곳은 그의 삶의 세계, 문화와 역사의 세계이다. 화가의 몸이 역사적이듯, 그림을 그리며 의미를 산출하는 행위도, 예술작품도 역사적이다. 화가가 그림을 그리는 행위는 그의 신체적 실존이 세계로 나아가 세계를 열며, 또한 세계에 의해 열리는 생생한 경험이 이루어지는 신체적 행위에 깊이 뿌리를 내리고 있다. 화가는 신체적 실존으로서 체험한 세계경험과 세계 해석을 그림으로 옮겨 놓는다.[5] 메를로퐁티가 인용하는 클레의 표현을 빌리자면, 화가는 눈에 보이는 세계의 껍질을 그대로 그림으로 옮겨 놓는 것이 아니라, 세계의 내면에서

3) Paul Klee, "Über die moderne Kunst", 1924; *Kunst-Lehre*, p.84; Maurice Merleau-Ponty, *Die Prosa der Welt*, München: Wilhelm Fink, 1993, p.94; Merleau-Ponty, *Das Auge und der Geist*, Hamburg: Felix Meiner, 2003, p.313 이하 참조.
4) Merleau-Ponty, *Die Prosa der Welt*, p.95.
5) *Ibid.*, p.95, 101; Merleau-Ponty, *Das Sichtbare und das Unsichtbare*, München: Wilhelm Fink, 2004, p.196.

'비밀스럽게 통찰한 것'을 그림으로 옮겨 놓는다.

화가의 세계경험이 그림으로 창작될 때에는 세 가지 형태 변형이 일어난다. 과거가 현재를 통해서 변형되고, 세계가 그림의 차원으로 변형되며, 화가의 과거가 그의 현재를 통해서 변형된다. 화가의 경험세계의 질서는 이러한 변형을 통하여 의미세계의 질서가 된다.[6]

메를로퐁티가 이해한 화가의 창작 행위와 클레가 염두에 둔 작품 창조 행위에는 기본적으로 상호친화적인 요소들이 있다. 그중 하나는 화가가 세계로 나아가서 세계를 열고, 동시에 세계에 의해서 열리는 경험, 즉 후기 메를로퐁티의 언어로 말하자면 화가의 몸과 세계가 교차되는 키아즘적 경험이고, 클레의 언어로 말하자면 화가와 세계가 만나는 사이영역에서의 경험이다. 이 사이영역은 어느 한쪽의 전유물이 아니라, 두 극 모두에게 속하는 애매한 영역이며, 두 극이 서로 융합되는 접촉점이다.[7] 클레에게 작품을 창조한다는 것은 화가가 자신의 경험세계에서 일어나는 '삶의 현실성'을 예술적으로 형상화하여 보이게 하는 것이다. 이 삶의 현실성은 주관과 객관, 내면과 외면, 무의식과 의식, 보이는 것과 보이지 않는 것, 인간과 자연, 인간과 신, 하늘과 땅, 삶과 죽음, 어제와 내일, 이미 구축되어 있는 것과 새로이 구축되어 나아갈 것, 질서와 혼돈, 능동과 수동, 유한과 무한, 지상적인 것과 우주적인 것 같은 양극들이 역동적으로 교차되는 사이영역에서 발생한다.[8] 이 사이영역이

---

6) '형태변형'(Metamorphose)은 Merleau-Ponty, *Die Prosa der Welt*, p.98; '의미세계의 질서'는 p.101 참조.

7) Bernhard Marx, *Balancieren im Zwischen: Zwischenreiche bei Paul Klee*, p.17, 57.

8) *Ibid.*, p.40, 57, 102.

야말로 화가의 세계경험과 작품 창조가 일어나는 근원적인 장소이고, 근원적인 그림이 솟아나는 곳이다. 메를로퐁티의 언어로 표현하자면, 이 근원적인 장소가 화가의 세계경험이 살의 차원에서 일어나는 장소이다. 클레의 두 극들은 서로를 이분법적으로 배제하는 것들이 아니라, 힘의 장에서 팽팽하게 긴장 관계를 유지하며, 역동적으로 얽히고, 상호 침투하고, 갈등하고, 상호보완하면서 하나의 현실성 전체를 이룬다. 특히 화가와 세계 사이에 일어나는 상호침투적 교차는 메를로퐁티의 언어로 표현하자면 키아즘적인 것이다.[9]

클레에게 화가는 삶의 현실성에 대한 수수께끼를 모두 풀 수 있는 열쇠를 가지고 있지 않다. 그러므로 그림이 열어 놓는 의미세계도 아직 끝나지 않은 이야기로서 열려 있다. 화가는, 곡예사가 아슬아슬하게 줄타기를 하면서 균형을 유지하듯이, 삶의 현실성을 산출하는 양 극들 '사이에서' 균형을 잡아 가는 사람이다. 예술가가 처해 있는 이런 상황은 클레의 그림 「줄 타는 사람」에 상징적으로 구현되어 있다.[10]

전체적으로 볼 때, 고대 그리스의 자연철학과, 분명하게 드러나지

---

9) 후기 메를로퐁티가 폴 발레리의 시선(regard)의 키아즘을 가지고 와서, 신체적 실존과 세계가 빚어내는 원호적인 X자형 교차 그리고 주제회되는 데 대해서는 James Schmidt, *Maurice Merleau-Ponty: Between Phenomenology and Structuralism*, London: Palgrave Macmillan, 1985, p.91 이하 참조.

10) Paul Klee, "Beiträge zur bildnerischen Formlehre", *Kunst-Lehre*, Leipzig: Reclam, 1995, p.221 참조. 이 그림에 대한 해설은 Bernhard Marx, *Balancieren im Zwischen: Zwischenreiche bei Paul Klee*, p.21, 151 참조. 윌 그로만에게 1940년 1월 2일에 보낸 편지에서 클레는 "옳은 것은 중간에 위치하고 있다는 생각으로" 아이스킬로스의 오레스테스를 읽었다고 쓰고 있다. Tilman Osterwold, "Zeichnung nach Innen", ed. Tilman Osterwold, *Paul Klee: Kein Tag ohne Linie*, Bern: Hatje Cantz, 2005, p.22. 이 말은 사이영역에서 균형을 잡으려는 클레의 삶의 자세를 암시해 주고 있다.

파울 클레, 「줄 타는 사람」, 1923

는 않지만 범신론과[11] 기독교를 종합한 듯한 클레의 존재론적 사유와

메를로퐁티의 살의 존재론이[12] 서로 다른 사유 체계임에도 불구하고, 우

---

11) Bernhard Marx, *Balancieren im Zwischen: Zwischenreiche bei Paul Klee*, p.43 이하.

12) 살 일원론은 물질일원론도 아니고, 정신일원론도 아니고, 데카르트적인 몸과 정신의 이원
론도 아닌, 지금까지 철학사에서 명칭도 유래도 없었던 존재론이라고 메를로퐁티는 생각
하였다. 살은 물질과 정신이 분화되기 이전에 이미 근원적으로 세계의 현존을 가능하게 해
주고 있는 (대문자 Ê) 존재(Être)이고, 모든 개별 존재자들을 공속시켜 주고 있는 일종의 공
동육화의 원리이다. 살은 실체도 물질도 정신도 아니고, 물질과 정신이 통합된 것도 아니
며, 고대 그리스의 자연철학이 언급하는 존재의 근원원소(Element)처럼 이해해야 된다
는 메를로퐁티의 주장을 우리가 어떻게 이해해야 할지에 대해서는 많은 논의가 필요하다.

리는 메를로퐁티가 클레에게 매혹될 수 있었음을 어렵지 않게 추측할 수 있다. 그것은 클레가 말하는 근원적인 세계경험의 장소인 '사이영역' 및 '상호침투성' 같은 사유 틀이 메를로퐁티가 말하는 화가의 세계경험 및 키아즘과 일맥상통하고, 결국 예술(그림)은 "보이지 않는 것을 보이게 한다"는 클레의 과제가 곧 메를로퐁티의 담구 과제이며, 이것은 가시성과 신체성을 토대로 대답될 수 있었기 때문이다.

## 보이는 것과 보이지 않는 것

예술은 보이지 않는 것을 보이게 한다. 보이는 것은 무엇이며, 보이지 않는 것은 무엇인가? 메를로퐁티에 따르면, 보이는 사물들은 깊이와 밀도를 가지고 있다. 보이는 것들의 외적 표면이나 껍질은 그 자신들의 깊이와 밀도의 표면이다. 사물의 깊이와 밀도는 살로 이루어진 존재의 차원이다. 보이는 세계도 자신의 깊이와 밀도를 가지고 있고, 그 깊이와 밀도는 세계의 살의 차원에 속한다. 보는 자의 몸의 깊이도 살이다. 화가가 세계를 경험하는 경지는 세계의 보이는 표면보다 더 내려가 이 살의 차원까지 들어가고, 여기에서 세계의 비밀스러운 깊이와 밀두를 통찰하는 경지이다. 화가의 삶과 세계의 살이 얽히는 이런 경

---

이 글에서는 살의 차원에서 모든 존재자가 같은 재질로 공동육화되어 있기 때문에, 신체적 실존이 세계와 만나 얽힐 수 있고, 보편적 가시성과 감각성이 가능하다는 사실에 주목하는 것으로 만족하기로 한다. 살의 개념에 대해서는 신인섭, 「메를로퐁티의 살의 공동체와 제3의 정신의학 토대」, 『철학』, 제93집, 한국철학회편, 2007년 가을호; James Schmidt, *Maurice Merleau-Ponty: Between Phenomenology and Structuralism*, p.100 참조.

험을 통해서 비로소 보이게 되는 것은 지금까지의 피상적인 눈에는 감추어져 보이지 않던 것이었다. 화가가 그림을 통해 비로소 보이게 하는 것도 바로 화가가 통찰한 바의 사물의 깊이와 밀도와 살 그리고 더 나아가서 세계의 살 전체이다. 그림은 사물과 세계의 껍질이 아니라 살을 보이게 하는 것이다. 화가가 그것을 보이게 하는 방식은 인식이나 개념적 설명의 방식이 아니라, 예술적 등가물로 압축하여 형상화하는 것이다. 그림으로 형상화함으로써 화가는 이제 그림의 형상적 표면을 넘어 그림의 의미세계를 열어 놓는다. 이제 보이지 않던 살이 보이게 되는 방식은 그림이 열어 놓는 의미세계이자, 그림의 진리로서 보이고 있다.[13] 클레의 말로 표현하자면, 이제 보이게 되는 것은 화가가 자신의 몸과 세계의 사이영역에서 펼쳐지는 삶의 현실에서 '비밀스럽게 통찰'하고 '감동적으로 느낀 것'을 그림으로 형상화하여 열어 놓는 의미세계이다. 그리고 이 의미세계는 보이는 세계에 숨어 있는 깊이이자 진리를 부분적으로만 드러내 보여 줄 수 있다.

보이지 않는 것은 전혀 없는 것이 아니라, 부재의 방식으로 보이는 세계에 현전하고 있으며, 보이는 세계에서 축출될 수 있는 것도 아니다. 보이지 않는 것은 보이는 것에 의해서 열려지는 또 다른 차원성이다.[14] "보이지 않는 것은 보이는 것의 고양됨이자 깊이이다."[15] 보이지 않는 것은

---

13) Merleau-Ponty, *Das Sichtbare und das Unsichtbare*, p.278 및 *Das Auge und der Geist*, p.82 그리고 *Die Prosa der Welt*, p.86 참조.

14) Merleau-Ponty, *Das Auge und der Geist*, p.313; *Das Sichtbare und das Unsichtbare*, p.289. Bernhard Marx, *Balancieren im Zwischen: Zwischenreiche bei Paul Klee*, p.54.

15) Merleau-Ponty, *Das Sichtbare und das Unsichtbare*, p.289; *Signes*, Paris: NRF,

세계가 발산하는 빛줄기이자 살의 차원에 속하고 있는 것이다. 그림이 열어 놓는 의미세계 역시 부재의 방식으로 있다.[16]

우리는 여기에서 보이는 것과 보이지 않는 것의 용어가 다의적으로 쓰이고 있음에 주목할 필요가 있다. (a)그림으로 형상화되기 이전의 보이는 것(보이는 사물과 세계, 그 껍질)과 보이지 않는 것(사물과 세계의 내면과 밀도와 깊이, 이들의 살의 차원), (b)그림으로 형상화된 이후의 보이는 것(보이는 그림의 표면)과 보이지 않는 것(그림의 내면, 또는 그림이 열어 놓은 의미세계와 진리). 메를로퐁티는 프루스트가 보이는 것과 보이지 않는 것의 관계를 가장 잘 설명했다고 칭찬했는데, 그 까닭은 프루스트가 '보이지 않는 것'과 '보이는 것'을 반대 개념으로서가 아니라, 보이는 것의 깊이로 이해하였기 때문이다. 클레에게도 보이지 않는 것은 보이는 것 이면에 숨어 있는 깊이이다.[17] 메를로퐁티는 「세잔의 회의」(1945)에서도 그림은 "보이게 한다"는 말을 했었는데, 말년의 메를로퐁티는 보이지 않는 것을 보이게 하는 것이야말로 예술의 본질이라고 하는 클레나 프루스트와 같은 동시대 예술가들의 입장에 공감하면서, 이 것을 본격적으로 자신의 미술(예술) 이론의 화두로 삼고 있다. 클레는 이런 메를로퐁티의 과제에 풍요로운 답을 제시해 주는 화가이자 미술(예술) 이론가이다.

---

1960, p.29 참조. 필자는 Mauro Carbone, "Sichtbar machen : Merleau-Ponty und Paul Klee", p.58으로부터 재인용하였다.

16) Merleau-Ponty, *Das Sichtbare und das Unsichtbare*, p.312 ; *Die Prosa der Welt*, p.99.

17) Merleau-Ponty, *Das Sichtbare und das Unsichtbare*, p.312 ; Paul Klee, *Tagebücher 1898-1918*, p.362, 440.

## 봄의 수수께끼

### 봄의 나르시시즘

본다는 것은 무엇인가? 눈이 보는가? 정신이 보는가? 보는 자와 사물 사이에 어떤 일이 일어나고 있는가? 메를로퐁티의 대답을 간단하게 정리하자면, 본다는 것은 정신(의식)이 육화되어 있는 눈(몸)이 보는 것이다. 우리가 볼 수 있는 까닭은 우리 살이 사물의 살과 얽힐 수 있기 때문이다. 살의 차원에서 가시성과 신체성은 서로 맞물려 있다.[18] 보는 자는 사물의 껍질을 보는 차원을 넘어서, 사물의 깊이 속으로 들어가 사물의 살에서 끊임없이 태어나면서, 보이지 않는 것까지 보게 된다.

　　메를로퐁티는 '봄'을 지성의 작업실로부터 해방시켜, 그 무게 중심을 신체적 실존의 눈(몸)으로 옮겨 놓았다. 그는 플라톤이나 데카르트적인 지성주의적인 봄의 이론을 뒤집고, 감각적인 것의 존재론적 지위를 다시 복원하면서, 감각적인 것과 지성적인 것의 관계를 새로 기술하고, "보이지 않는 것을 보이게 한다"를 몸철학적으로 해명하고, 살의 존재론에 바탕을 둔 봄의 이론을 제시하고자 하였다. 죽기 전 몇 년 동안 메를로퐁티는 이 문제와 깊이 씨름하였고,[19] 철학자들에게서가 아니라 클레, 세잔, 들로네, 랭보, 발레리, 프루스트, 말라르메, 릴케 같은 현대예술가들에게서 이 문제를 풀 수 있는 실마리를 발견하였다.[20]

---

18) Merleau-Ponty, *Das Sichtbare und das Unsichtbare*, p.178, 181.

19) Mauro Carbone, "Sichtbar machen : Merleau-Ponty und Paul Klee", p.56.

20) Merleau-Ponty, *Das Auge und der Geist*, p.278, 281, 312 ; *Das Sichtbare und das Unsichtbare*, p.195 참조.

플라톤적인 봄의 이론은 무엇이 잘못되었는가? 플라톤은 가시적 사물을 보는 것과 비가시적 사물을 보는 것을 이분법적으로 구별하였다. 비가시적 이데아를 보는 것은 높은 차원의 영혼(즉 지성)이 보는 것으로서, 보이는 사물을 매개로 이데아를 통찰하는 것, 즉 가시적 사물과 분리되어 있는, 가시적 사물이 참여하고 있는 이데아를 통찰하는 것이다. 본다는 것은 지성이 주도권을 쥐고 있는 일종의 '탈육화된 본질 통찰'이다. 그러나 메를로퐁티의 경우에, 보이지 않는 것을 보는 주체는 신체주체이며, 본다는 것은 일종의 '신체적인 본질 통찰', '살로 이루어진 본질을 통찰하는 것'이다.[21]

데카르트의 경우에는, 눈의 망막에 비친 상이나 세계에 대한 표상이 우리의 '정신 앞에' 떠오르게 되고, 정신이 이것을 해석하고 사유하고 판단할 때 우리는 볼 수 있다. 데카르트에게 '본다'는 결국 '사유한다'의 차원에서 일어난다. 즉 눈이 보는 것이 아니라, 정신이 본다.[22] 메를로퐁티에 따르면, 보는 것은 정신이 아니라 눈(몸)이다.

눈은 영혼에게 영혼이 아닌 것을 열어 보여 주는 놀라운 일을 수행한다. 어떻게 그런 일이 가능한가? 그 까닭은 보는 자와 사물이 동일한

---

21) Merleau-Ponty, *Das Auge und der Geist*, p.288 ; *Vorlesungen I*, Berlin/New York : De Gruyter, 1972, p.234. 살로 이루어진 본질(sinnliches Wesen, essence charnelle)을 통찰하는 것에 대해서는 Mauro Carbone, "Sichtbar machen : Merleau-Ponty und Paul Klee", p.62, 66 참조. 눈(몸)이 보는 것에 대해서는 Gottfried Boehm, "Die Wiederkehr der Bilder", *Was ist ein Bild?*, München : Wilhelm Fink, 1994, p.18 참조.
22) 본다는 것은 지성적 통찰도 아니고, 지성적 사유도 아니고, 사물이 단순히 의미 없는 질료로서 우리에게 주어졌을 때 이 질료에 우리의 창조적인 형식과 의미를 부여하는 것도 아니다. 메를로퐁티는 각종 지성주의적인 봄의 이론과 결별하였다. Mauro Carbone, "Sichtbar machen : Merleau-Ponty und Paul Klee", p.59 ; James Schmidt, *Maurice Merleau-Ponty: Between phenomenology and structuralism*, p.97 이하.

세계의 살로 이루어졌고, 이것에 공속되어 있기 때문이며, 우리 살이 사물의 살과 교차적으로 얽힐 수 있기 때문이다. '본다'는 것은 오직 보는 자의 사건만도 아니고, 보이는 사물의 사건만도 아니고, 이 둘이 애매하게 융합되는 살의 사건에 속하는 것이다.[23] 보는 자는 사물을 보고 있다. 그런데 사물도 보는 자를 보고 있다. 보는 자는 보는 자를 보고 있는 사물을 본다. 보는 자는 그런 봄의 봄을 본다. 이런 근원적인 봄의 경지는 봄의 나르시시즘적인 경지이다. 세잔, 클레를 비롯한 많은 예술가들은 그들이 사물을 보는 것이 아니라, 사물이 그들을 본다고 고백하였다.

  이런 근원적인 봄의 경지에 도달하면, 보는 자는 이미 사물의 '깊이 안에서' 태어나고 있고, 사물도 보는 자 속에 침투하여 보는 자의 몸 안에서 메아리친다. "'자연은 내면 안에 있다'고 세잔은 말하였다. 자연의 성질, 빛, 색, 깊이는 우리 앞 거기에 있는데, 그것들이 거기 있을 수 있는 까닭은 그것들이 우리의 몸속에서 메아리를 치게 하기 때문이고, 우리의 몸이 그것들을 받아들이기 때문이다."[24] "세계는 우리의 살 속의 한 가운데에 있다고 [⋯] 우리는 말할 수 있다. 몸과 세계 사이의 관계를 인정하면, 내 몸이 가지를 치고 나가고, 세계도 가지를 치고 나오며, 그래서 세계의 내면과 나의 외면, 나의 내면과 세계의 외면은 서로 부응하게 된다."[25] 보는 자와 사물이 상호침투하여 얽히고, 상호의존하고, 능동성

---

23) Merleau-Ponty, *Das Auge und der Geist*, p.281 ; *Das Sichtbare und das Unsichtbare*, p.181. James Schmidt, *Maurice Merleau-Ponty: Between Phenomenology and Structuralism*, p.96, 98, 100.

24) Merleau-Ponty, *Das Auge und der Geist*, p.281.

25) Merleau-Ponty, *Das Sichtbare und das Unsichtbare*, p.179.

과 수동성의 상호역전이 일어나고, 서로 융합된다.[26] "여기에는 타자의 문제가 없다. 왜냐하면 내가 보는 것도 아니고, 그가 보는 것도 아니고, 오히려 우리 둘 속에 하나의 익명적 가시성과 보편적 봄이 내재하고 있기 때문이다. 다시 말해서 살의 이러한 근원적 본성, 즉 지금 여기에 있으면서도 모든 시간과 공간으로 빛을 발하며, 개별자이면서도 동시에 차원이자 우주적인 것인 살의 본성 덕분에 그렇다."[27] 그래서 보는 자는 어떤 특정한 개별자를 보면서도 모든 보이는 것들 전체를, 보는 자를 보고 있는 전체를 보고 있는 것이다.[28]

사물의 깊이에 닿았을 때, 보는 자는 혼자서 보는 것을 장악하는 것이 아니라 사물로 하여금 스스로를 내보이게 내맡김으로써 사물의 깊이 속에서 끊임없이 태어나게 된다. "시선은 […] 보는 자가 보이는 것 안으로 스스로 육화되어 들어가는 것이고, […] 보이는 것의 안에서 자기 자신을 찾는 것이다."[29] 사물은 깊이와 밀도를 가지고 있고, 이 깊이와 밀도는 개별적인 것이면서도 이미 언제나 세계의 살에 연결되어 있다. 사물의 깊이와 밀도는 무엇인가를 충만하게 간직하고 있고, 보는 자의 방황하는 시선은 사물의 깊이를 다 찾아낼 수 없다.[30]

---

26) 이러한 사유는 괴테와 쉘링에게까지 거슬러 올라간다. Bernhard Marx, *Balancieren im Zwischen: Zwischenreiche bei Paul Klee*, p.18 이하.

27) Merleau-Ponty, *Das Sichtbare und das Unsichtbare*, p.187.

28) *Ibid.*, p.182 참조. 보는 자의 봄을 통해 정작 사물이 그리고 전 우주가 제 스스로를 보는 측면에 대해서는 조광제, 「메를로-퐁티의 후기 철학에서의 살과 색」, 『예술의 현상학』, 철학과현실사, 2001, 127쪽 이하 참조.

29) *Ibid.*, p.173.

30) Merleau-Ponty, *Das Auge und der Geist*, p.287, 305 ; *Das Sichtbare und das Unsichtbare*, p.137 ; *Die Prosa der Welt*, p.109 참조.

클레에게서도 **본다는 것**은 보이는 것을 외면적으로 보는 것을 넘어서, 사물 속으로 깊이 침투해 들어가는 시선으로 사물의 내면의 비밀스러움을 '내적으로 통찰하는 것'이다. 사물의 내면으로 깊이 들어갈 때, 땅에서 태어난 자 화가는 만물을 창조하는 자연의 근원적인 바탕에 맞닿아 공명한다.[31] "우리의 뛰는 가슴은 […] 우리를 (창조하는 자연의; 인용자 보충) 근원적인 바탕으로 깊이 끌고 내려간다."[32] 이것은 메를로퐁티의 언어로 말하자면, 보는 자와 사물이 살의 차원에서 맞닿아 **상호교차**chiasmus하고 메아리치는 것과 유사한 경지이다.

필자의 입장에 따르면, 사물을 '대상적 모습으로 재현하는 일'과 결별한 현대미술의 다양한 사조들에서, 메를로퐁티와 클레가 말하는 원초적인 봄을 통해 사물과 세계의 깊이가 저마다 어떻게 체험되고 어떤 표현 형식으로 형상화되는지를 해설해 보는 것은 현상학적 미술이론가들에게 남겨진 흥미 있는 과제이다.

## 봄의 자발성, 동시성, 편재성, 원시성

실존적인 공간에서 움직이면서 빙 둘러 있는 자신의 시야에 흩어져 있는 사물들을 이리저리 바라보는 자에게는, 사물들이 만화경 속의 형상

---

31) Paul Klee, *Kunst-Lehre*, pp.68~69; Bernhard Marx, *Balancieren im Zwischen: Zwischenreiche bei Paul Klee*, p.138. 클레의 그림 「독수리와 함께」(1918)에는 동물과 나무와 돌을 바라보고 있는 거대한 눈이 그려져 있다. 이와 같은 눈은 유한한 사물들을 이리저리 보고 있는 우주의 눈, 아니면 화가의 우주적인 시선을 상징할지도 모른다. 클레는 "나는 […] 우주적인 거점(Anhaltspunkt)이다. 나의 세상적 눈은 많은 순간에 아주 명하게 있다. 나는 가장 아름다운 사물들을 통하여 본다"라고 일기에 쓰고 있다. Paul Klee, *Tagebücher 1898-1918*, p.400.
32) Paul Klee, "Über die moderne Kunst", p.83.

들처럼 변화무쌍하게 모습을 바꾸고 멀어지고 가까워지며 혼잡을 떤다. 높은 산에서 많은 세부적인 모습들을 갖고 있는 큰 도시를 내려다볼 때, 우리는 이런 것을 경험할 수 있다. 보는 자의 자발적인 시선이 이것을 감싸면 저것이 끼어들어 밀쳐 낸다. 사물들은 다른 사물들과 경쟁하며 다투어 자신을 내보이고, 빠져나가며, 보는 자에게 말을 걸고 유혹해 오며 도전을 걸어온다.[33] 봄은 보는 자가 한 곳에 있으면서도, 어디에나 자유로이 가서 볼 수 있을 수 있는 **편재성**과 원격 시각의 특성을 갖고 있다. "봄이 우리에게 태양과 별을 만지게 해준다는 사실, 우리가 마치 가까운 사물 곁에 있는 듯이 가장 먼 사물 곁에도 가까이 있으며 동시에 모든 곳에 있다는 사실, 더 나아가 우리 자신을 다른 어떤 곳에라도 가 있도록 상상하는 능력이 언제나 봄에서 솟아 나온다는 […] 사실을 가르쳐 준다." "봄이야말로 우리에게 서로 다르고 […] 낯선 존재들이 서로 다름에도 불구하고 **서로 곁에 있다**는 사실을 우리에게 가르쳐 주며, 봄은 **동시성을** […] 가르쳐 준다."[34] 지성과 기성 문화에 의해 길들여지지 않은 야생적이고 육화된 정신이 그린 그림에서는, 다시 말해 어린이, 원시인, 정신병자의 그림에서는 주사위의 여섯 면이 모두 이차원 평면에 펼쳐져 있고, 눈알이 얼굴 밖으로 튀어나와 있고, 관뚜껑 밑에 있는 시체가 보이기도 하는데, 이런 것들은 봄의 드라마틱한 특성들, 즉흥적인 자발성, 양립할 수 없는 것들의 동시성, 편재성, 원시성, 전반성적 코기토가 서툴고 거칠고 극단적으로 표현되고

---

33) Merleau-Ponty, *Das Auge und der Geist*, p.28; Bernhard Waldenfels, *Deutsch-Französische Gedankengänge*, Frankfurt a. M: Suhrkamp, 1995, p.146.
34) Merleau-Ponty, *Das Auge und der Geist*, pp.312~312. 강조는 인용자.

있는 것이다.[35] 메를로퐁티는 이처럼 '거친 감각'의 바다야말로 미술이 시작되는 가장 원초적인 장소라고 생각했다. 클레도 이런 근원적인 감각적 체험을 예술의 시원들로 여겼다.[36] 실제로 클레는 많은 그림에서, 마치 어린이의 그림처럼, 몽상적이고 원시적이고 거칠고 단순한 표현 형식을 선호했고, 이것은 현대미술에 중대한 영향을 미쳤다.[37] 특히 뒤뷔페의 그림에서 이런 부류의 거친 감각들이 극단적으로 표현된다. 한편 르네상스 중앙원근법과 결별한 세잔에 영향을 받은 현대미술, 특히 들로네를 비롯한 입체파가 구현하는 공간의 깊이 및 '다중 시점'도 봄의 드라마틱한 자발성, 동시성, 편재성을 노출시키고 있다.[38]

넘치는 의미

봄에는 보는 자의 지각 작용에 더하여 이미 언제나 창조적인 의미 작용까지 통합되어 있다. 사물들이 변화무쌍하게 보여 주는 다양한 모습과 다의성 자체가 이미 보는 자에게 많은 말을 걸어오고, 창의적인 대답을 요구하고 있다.[39] 현재 보이는 것에는 이미 보여진 것이, 앞으로

---

35) Merleau-Ponty, *Die Prosa der Welt*, p.74, 165 ; *Das Auge und der Geist*, p.312 이하 ; *Das Sichtbare und das Unsichtbare*, p.179 참조.

36) Merleau-Ponty, *Das Auge und der Geist*, p.277 ; Paul Klee, *Tagebücher 1898-1918*, p.230, 282.

37) Christine Hopfengart, "Theater-Wohin man sieht", ed. Christine Hopfengart, *Paul Klee: Überall Theater*, Bern : Hatje Cantz, 2007, p.10.

38) 발덴펠스가 쓴 메를로퐁티의 『세계의 산문』 독일판 서문 p.10 이하 ; Bernhard Waldenfels, *Deutsch-Französische Gedankengänge*, p.147, 151. 메를로퐁티의 동시성 이론은 Robert Delaunay, *Du cubisme à l'art abstrait*, 1957에 많은 신세를 지고 있다. Bernhard Waldenfels, "Ordnung des Sichtbaren", ed. G. Boehm, *Was ist ein Bild?*, p.247.

39) Merleau-Ponty, *Die Prosa der Welt*, p.69, 167 및 *Das Sichtbare und das Unsichtbare*,

보여질 수도 있는 것이, 결코 보여질 수도 없는 것이, 낯설은 것이 언제나 그림자처럼 따라다닌다. 때로는 친숙한 사물과 세계가 갑자기 낯설어지면서 보는 자를 응시하고 있기도 한다.[40] '세계와 세계의 시선이 발산하는 빛줄기'[41]는 보는 자의 시선이 찾아올 수 있는 것보다 더 많은 것을 머금고 다가온다. 이러한 다양한 상황에 부응하면서 보는 자는 이미 언제나 창의적으로 해석하고 대답하기 때문에, 시각적으로 보는 것보다 더 많은 것을 본다. 즉 넘치는 의미sur-sens 현상이 일어난다.[42] 보는 자의 무의식, 전前반성적 코기토,[43] 감정, 직관, 상상력 등등은 넘치는 의미 현상에 기여하고 있으며, "상상적인 것이 세계 속에 거주하고 있다".[44] 특히 예술적 영감과 감정과 상상력이 충만한 예술가들의 경우에는 보통 사람들보다 더 깊이 사물 속으로 침잠하기 때문에, 더 창조적인 의미의 넘침 현상을 맛볼 수 있다.

클레의 자연 연구도 어떻게 보는 자와 자연과의 관계가 단순히 시각적인 봄의 차원을 넘어서 내·외적으로 더욱 깊어지고, 풍요로워지고, 영혼 전체의 의미 사건으로까지 상승하는지를 탐구하고 있다.[45]

---

p.161, 173 ; Bernhard Waldenfels, *Deutsch-Französische Gedankengänge*, p.146, 156.

40) Merleau-Ponty, *Phänomenologie der Wahrnehmung*, Berlin : De Gruyter, 1966, p.373, 413 ; Bernhard Waldenfels, *Deutsch-Französische Gedankengänge*, p.144.

41) Merleau-Ponty, *Das Sichtbare und das Unsichtbare*, p.305, 312.

42) Merleau-Ponty, *Die Prosa der Welt*, p.155, 159, 163 및 *Das Sichtbare und das Unsichtbare*, p.311 참조. Bernhard Waldenfels, *Deutsch-Französische Gedankengänge*, p.157 이하.

43) 메를로퐁티나 클레에게서 반성적 코기토는 언제나 육화된(inkaniertes) 사유, 전반성적 코기토에 의해 떠받혀지고 있다.

44) Merleau-Ponty, *Die Prosa der Welt*, p.69.

45) Paul Klee, *Kunst-Lehre*, p.67 ; Günther Regel, "Der Maler und Kunsttheoretiker Paul

## 그림의 표현 형식

보이지 않는 것이 예술적으로 형상화될 때에는 그에 합당한 표현 형식을 취하게 된다. 선, 색, 빛, 운동, 깊이, 추상, 양식 등등은 서로 유기적으로 융합되어 그림의 내적 생명성과 표현력을 형성한다. 현대미술은 사물을 사실적으로 재현하는 집착으로부터 벗어났기 때문에, 이러한 표현 형식에 의존해서 그림의 의미를 구현하는 등가체계를 다양화하고 있다. 표현 형식은 그림이 가지고 있는 구조적인 언어이다. 표현 형식을 통해서 세계의 살의 차원이 개념 없이 구현된다.[46] 클레의 형상화 이론과 형식 이론[47]은 그림의 표현 형식에 관한 많은 주제들을 논의하고 있으나, 나는 메를로퐁티도 언급하는 기본적인 몇 가지만, 즉 추상, 선, 운동, 색에 대해서만 언급하고자 한다.

### 추상

메를로퐁티는 화가의 추상화 작용을 그물 안에 있는 물고기를 버리고, 그물만 간직하는 것에 비유하였다. 그물만 간직하는 방법은 사실적으로 대상을 재현하는 일을 그만두고, 즉 물고기를 버리고, 예술적 형상화를 성취하는 것이다. 예술적 형상화는 순전히 그림의 언어, 표현 형식 및 양식으로 짜여진 그물망과 같다. 추상은 화가가, 마치 시인이 일상적 언어를 불태워 버리고 시적 언어를 만들어 내듯이, 사실적 대상

---

Klee als Lehrer" in Paul Klee, *Kunst-Lehre*, p.324.

46) Merleau-Ponty, *Das Auge und der Geist*, p.281, 306.

47) Paul Klee, "Beiträge zur bildnerischen Formlehre", pp.91~314.

재현을 희생시키는 일을 감행하면서 일상적인 세계의 질서를 예술적 형상화의 질서로 형태 변형시키는 곳에서 발생한다. 극도로 간결한 평면과 기하학적 도형일지라도 '아직 희미하게나마' 절망적인 삶을 구현할 수 있다. 왜냐하면 화가가 자신의 세계경험에 흩어져 있는 의미들을 모아, 이것에 '정합적인' 예술적 표현 형식을 부여했기 때문이며, 세계경험에서의 지각 자체가 이미 양식화하는 특성이 있기 때문이다.[48]

추상에 대한 메를로퐁티의 생각은 클레의 생각과 본질적으로 다르지 않다. 클레에게서 추상은 '일차적으로' 대상의 사실적인 모습을 어느 정도 재현하고 있느냐 또는 아니냐의 문제가 아니라, 화가가 '미술적으로 순수한 관계들'을 자유로이 형상화해 내는 차원의 문제이다. 이를 통해서 그림의 추상적 세계가 생성된다. 예를 들어 '앞'과 '뒤'의 관계를 추상적으로 다룬다는 것은 '노란색을 앞에, 푸른색을 뒤에 배치하는 것'이다.[49] 더 나아가 추상은 일방적으로 대상이 주관화된 것도 아니고, 일방적으로 주관이 대상화된 것도 아니다. 메를로퐁티와 마찬가지로, 클레에게서도 추상은 주관과 대상의 사이영역에서 솟아난다.[50] 추상은 세계가 발산하는 빛줄기와 보는 자의 내면적 투사가 융합되는 사이영역에서 솟아난다. 나아가 추상은 보이는 것과 보이지 않는 것, 대상성과 비대상성, 사실성과 예술적 이념, 외면과 내면, 있지와 무있지, 현실과 비

---

48) Merleau-Ponty, *Die Prosa der Welt*, p.80, 82.

49) Paul Klee, *Kunst-Lehre*, p.70; Günther Regel, "Das Phänomen Paul Klee" in Paul Klee, *Kunst-Lehre*, p.29, 354 note 100.

50) Merleau-Ponty, *Die Prosa der Welt*, p.69, 84; Bernhard Marx, *Balancieren im Zwischen: Zwischenreiche bei Paul Klee*, p.34, 40, 44.

현실, 이성과 비이성 (및 본능), 이성과 직관, 오성과 감정의 사이영역에서 솟아난다. "음악과 시의 추상성이 이론적인 구성에 자리 잡고 있는 것이 아니라 그 자체로서 있는 것이고, 감지되는 것이듯이, 미술의 추상성도 이와 유사하다. […] 추상이 일어났어도 사실성(사이영역에서 일어난 체험의 사실성; 인용자 보충)은 보존된다."[51]

추상화 작업은 대상세계가 발산하는 것에 의해 수동적으로도 사로잡혀지는 근본적인 경험의 영역에서, 화가의 비개념적인 미술적 사유가 개입하는 것이므로[52] 우리는 클레의 추상화 작업을 대상을 지배하고 조작하는 이성주의나 인간중심주의로 단언할 수 없다.[53] 물론 지성이 배제되어 있는 것은 아니지만, 이 지성은 직관, 감정, 감각적인 것 등등이 마구 침투되고 있는, 육화된 의식에 의해 떠받쳐지고 있는 의식의 일부분일 뿐이다. 클레의 그림 「이성의 한계」는 기하학적적인 도형과 선과 원으로 구성되어 있지만, 그 내용은 우주적인 차원에 도달하지 못하는 이성의 한계 경험을 상징한다.[54] 이것은 기하학적 도형도 아직 희미

---

51) Paul Klee, *Das bildnerische Denken*, ed. Jürg Spiller, Basel : Schwabe, 1990, p.463. 강조는 인용자. 나는 Bernhard Marx, *Balancieren im Zwischen: Zwischenreiche bei Paul Klee*, p.33 이하에서 재인용하였다.

52) 이 점에서 클레는 노발리스의 영향을 받고 있다. Bernhard Marx, *Balancieren im Zwischen: Zwischenreiche bei Paul Klee*, p.37.

53) 추상미술을 둘러싼 인간중심주의 논쟁에 대해서는 조정옥, 「현대미술문화에서 미적 기준의 문제─칸딘스키의 예술론을 중심으로」, 『철학과 현상학 연구』, 제30집, 2006년 가을, 156쪽 이하 참조. 피카소의 큐비즘과 몬드리안의 추상미술에서 기술공학적 주체를 읽어내는 하이데거적 해석과 또 다른 하이데거적 해석의 가능성에 대해서는 이종관, 「그림에 떠오르는 현대 문화─하이데거와 그 후계자들을 통해 보는 큐비즘과 추상 미술」, 『예술과 현상학』, 철학과현실사, 2001, 35쪽 이하 참조.

54) 클레는 이미 훨씬 이전부터 "지성과의 전쟁"을 언급하였으며, 후기로 갈수록 조화와 안정보다는 직관과 예술가적인 본능에 의존한다. 특히 어린이의 그림처럼 원시적이고 거친 표현 형식을 취하는 말년의 그림들도 본능, 감정, 직관, 영감의 고삐를 풀어 놓는다. 그리고

파울 클레, 「이성의 한계」, 1927

하게나마 절망적인 삶을 구현할 수 있다는 메를로퐁티의 입장과 통한
다. 메를로퐁티와 클레에 충실하자면, 우리는 화가와 세계의 사이영역
에서 발생하는 체험 차원의 추상과 그림의 표현 형식으로서의 추상을
구별해야 한다. 물론 후자는 전자를 표현하는 수단으로서 전자를 잘 구
현하고 있는 것이다. 그리고 후자의 의미에서, 우리는 추상의 정도를 대
상의 외형적 재현에 가까운 정도부터 시작해서, 대상성이 완전히 실종
된 추상성에 이르기까지, 그리고 상징과 메타포와 상상이 더 많이 함축

---

비이성, 비확실성, 동시대의 위험과 위기를 암시하면서 이성의 한계를 보여 준다.

되어 있는 추상성의 정도도 구별할 수 있을 것이다.

## 선

메를로퐁티는 '선을 꿈꾸게 했던', 선의 대가로 일컬어지는[55] 클레에게 크게 공감했다. 세잔 이후로 '윤곽선'을 사용함으로써 대상을 사실적으로 모방하는 일을 포기한 현대미술에서는,[56] 이제 선의 운동도 보이지 않는 것을 보이게 하는, 미술적 형상화 과정에 참여한다. 구성적 차원에서 볼 때, "그것(선; 인용자 보충)은 이제 더 이상 대상을 모방하지도 않고, 사물 자체도 아니다. 선은 […] 균형을 특정하게 깨는 것이고, […] 무어Moore의 조각이 분명히 보여 주듯이, 선은 사물의 실증성을 담지하고 있기나 한 것처럼 자신을 내보이고 있는, 특정한 구성적 빔konstitutive Leere이다. […] 선은 현재의 공간성을 제약하고, 분리하고, 가변적으로 조절하는 것이다." 그리고 선을 만들어 낼 때, 화가는 의도적으로 형태를 만들고자 애쓰는 것이 아니라, 몸(손)의 감각적인 능동성과 수동성에 내맡기면서, 선 자체가 모험하는 것을 따라다닌다.

「황홀경에 빠져 있는 작은 바보 3」와 같은 클레의 그림에서는 선과 형태Gestalt가 생성되는 본성에 대해서 많은 것을 시사해 준다. 여기에서

---

55) Merleau-Ponty, *Das Auge und der Geist*, p.308; Tilman Osterwold, *Paul Klee: Kein Tag ohne Linie*, Bern: Hatje Cantz, 2005, p.44, 184. 말년에 클레는 고통스런 경피증(硬皮症, Sklerodermie)에 시달리면서도 1939년에 1200장을 그리는 등 엄청나게 많은 그림을 그렸다.

56) Merleau-Ponty, "Der Zweifel Cézannes"(1945), *Das Auge und der Geist*, Hamberg: Felix Meiner, 2003, p.11. 및 *Das Auge und der Geist*, p.307, 309; Paul Klee, *Tagebücher 1898-1918*, p.282; Nicola Nonhoff, *Paul Cézanne*, Königswinter: Krönemann, 2005, p.88 참조.

파울 클레, 「황홀경에 빠져 있는 작은 바보 3」, 1927

선이 이어져 나가는 운동이 바보의 형태와 상징을 탄생시킨다. 내용적
으로는 '황홀경'이라는 제목이 상징하고 있듯이, 의식과 무의식을 넘나
드는 사이영역에 있는 자, 이 두 경계를 넘나들며 창작하는 자가 선에 의
해 표현(상징)되고 있다. 클레 자신이 해설에 따르면, "거기에는 수평선,
수직선, 대각선이 모여든다. 이들은 대립자들이다. 그림의 바탕은 다소
조용한 듯이 보이지만, 수직선과 대각선은 어떤 행위적인 요소를 함축
하고 있다. 서 있는 자세는, 능동적인 행위의 측면에서 볼 때에는, 더 많
은 것을 의미한다." "황홀경에 빠져 있는 바보는 순간적으로 포착된 운
동들이 연이어 겹쳐지는 것을 보여 주는 예이다." "그 이외에도 선이 되

어질 수 있는 것들이 얼마나 많은가! 멀리 흘러가는 강물, 생각, 기찻길, 공격, 칼, 찌름, 화살, 빛줄기, 칼의 날카로움, 구조물의 뼈대, 모든 형태의 대장장이라고 할 수 있는 수직선."[57] 클레의 그림에는 우주자연에 있는 사물과 생명체를 해부학적으로 탐구하여 형상화시킨 것이 구현되어 있다.

필자가 보는 바에 따르면, 클레에게서는 곧바로 가다가 천천히 또는 확 돌아 버리는 곡선이, 힘찬 선이, 가녀린 선이, 춤추며 아득히 사라지는 선이, 특별한 목적이나 의도도 없이 방황하는 선이, 기하학적 도형으로 차분해지는 선이, 부드럽게 화면을 가르는 선이, 힘들게 운명과 투쟁하는 듯한 선이 우리의 사유가 가지고 있는 애매성과 비결정성을, 삶의 현실로부터 도망치지도 못하면서도 도망칠 수 있을 것 같은 소망을, 나도 모르는 무의식의 끄나풀과 나른해지는 몽상을, 어른 속에 숨어 있는 어린아이의 길들여지지 않는 생명성 등등 각양각색의 사태들을 드러나 보이게 한다. 선은 운동과 형태와 상징을 생성해 내면서, 결국 우리의 삶의 현실이 어떤 모습이건 간에 모두 보이게 할 수 있기라도 하듯이, 결코 다 보이게 할 수도 없으면서, 놀라운 모험을 수행한다. 각양각색으로 출현하는 선의 운동과 역동성, 표현력, 지각심리적 효과와 더불어, 우리의 삶의 현실을 팽팽하게 양쪽 끝에서 끌어당기고 있는, 클레가 언급한 각종 양극들이 과도기적인 힘의 균형을 이루면서 우리에게 말 걸

---

57) Paul Klee, *Das bildnerische Denken*, p.176, 130 ; *Unendliche Naturgeschichte*, ed. Jürg Spiller, Basel/Stuttgart : Schwabe, 1970, p.301. 필자는 Bernhard Marx, *Balancieren im Zwischen: Zwischenreiche bei Paul Klee*, p.148 이하에서 재인용하였다.

어 오고 있다.

그리고 말년에 유화를 그리지 못할 정도로 병이 악화되었을 때, 선만으로 그린 소묘들을 포함하여 수많은 클레의 그림들은 불과 몇 개의 선만으로도 얼마나 많은 모험이 일어날 수 있는지,[58] 그리고 의도적인 통제를 벗어난 자발적인 손놀림 자체가 "마치 그림이기라도 한 듯이",[59] 즉 손놀림과 선 사이의 경계도 무너진 경지에서 클레의 손이 어떻게 선의 자유로운 모험을 따라다녔는지를 보여 준다.

## 운동

이차원 평면에 정지되어 있는 사물들이 어떻게 운동 효과를 일으키는가? 메를로퐁티에 따르면, 분석적 입체파의 그림들 그리고 뒤샹 Duchamp의 「신부」에서는 정지하고 있는 사물들이 운동하고 있는 듯한 환상을 유발시킨다.

제리코Géricault가 그린 말도 계속 달리고 있는 듯이 보인다. 눈이 개별 운동의 한순간을 마주하고 있을 뿐인데 운동 전체가 드러나 보이는 것이다.[60] 왜 이런 효과가 일어나는가? 메를로퐁티의 설명을 요약해 보자면 첫째, 제논의 화살처럼 시간은 멈추지 않고, 흐르는 것이다. 그림

---

58) 대책 없는 삶과 바닥없는 그리움. 해변을 뒹구는 아이들을 종이와 금박지 위에 선만으로 그린 이중섭의 그림들도 마찬가지이다.

59) 이 표현은 클레가 1939년 4월 25일 부인 릴리(Lily)에게 보낸 편지에 나온다. 후기로 갈수록 클레의 선은 점점 더 지성적인 통제를 벗어난 자발적인 손놀림에서 생성된다. 클레가 평생 경탄했던 피카소의 자발적 직접성과 충동성의 측면은 후기 클레의 충동적인 선에서 강하게 그 모습을 드러낸다. Jürgen Glaesemer, "nulla dies sine linea", ed. Tilman Osterwold, *Paul Klee: Kein Tag ohne Linie*, Bern: Hatje Cantz, 2005, p.75, 78.

60) Merleau-Ponty, *Das Auge und der Geist*, p.310 이하.

데오도르 제리코, 「1821년 엡솜에서의 더비」, 1821

에서 말이 취하고 있는 자세는 그림 속에서 흐르고 있는 내적 시간의 t1과 t2의 어느 순간에도 속하지 않는 어정쩡한 자세이다. 이 어정쩡한 불일치가 보는 자에게는 말이 t1에서 t2로 계속 이행하고 있는 효과를 일으킨다. 로댕이 잘 말했듯이, 그림은 이 내적인 어정쩡한 불일치를 통하여 운동 효과를 일으킨다. 둘째, 그림은 운동의 객관적-외적 요소를 그리는 것이 아니라, 운동에 '숨어 있는 암호'를 구현하고 있기 때문이며, 운동할 수 있는 우리의 몸이 '시간적 편재성'의 특성을 보이며, 이 암호를 향해 열리기 때문이다. 셋째, 그림이 구현하고 있는 세계의 살이 스스로 자신의 빛을 발산하기 때문이다. 그림은 이미 언제나 시간 속에 있다. 왜냐하면 그림이 이미 시간을 머금고 있는 살을 구현하고 있기 때문이다.[61] 넷째, 시간의 운동은 언제나 공간의 운동을 머금고 있고, 그 반대도 마찬가지이기 때문이다.[62]

메를로퐁티가 예를 드는 운동들보다 더 나아가서, 클레는 미술동역학이라고 할 정도로 광범위하게 운동을 연구하고 이것을 그림으로 형상화시켰다.[63] 클레에게서 근원 운동은 생성과 소멸을 거치는 우주와 그 안에 있는 생명체와 사물과 모든 관계성에 내재하고 있다. 그리고 모든 운동은 시간을 머금고 있다. 선이 운동하여 면과 공간을 생성해 내는 데에도 이미 시간은 깃들어 있다. 표현 형식에 관한 한, 선의 운동, 리듬의 운동, 색의 운동도 있다. 클레는 운동성에다가 상징까지 첨가하였다. 클레에게서 화살표와 추는 시-공간적 운동 형식을 보여 주는 중요한 상징들이다.[64] 「시간과 식물」Zeit und Pflanze, 1927에 대한 클레 자신의 해설에 따르면, 안쪽 방향으로 맴돌아 들어가는 화살표는 사그러드는 운동 효과를 일으키고 죽음을 상징하며, 반면에 바깥으로 소용돌이치며 나가는 화살표는 소생하는 운동 효과를 일으키며 삶을 상징한다. 탄력 있게 운동하는 추는 정체성과 역동성, 무게와 진동, 고요와 운동 '사이'의 균형을 상징한다. 추가 궤도에서 이탈하는 것은 이 땅의 제약에서 탈피하여 우주의 운동으로 편입되는 것을 상징하기도 한다. 클레가 이집트

61) *Ibid.*, pp.310~311.
62) Merleau-Ponty, *Das Sichtbare und das Unsichtbare*, p.299.
63) 클레가 자연의 운동과 동력을 탐구한 것을 그림으로 변형시키는 것을 논의한 형상화 이론과 형식 이론에 대해서는 Günther Regel, "Der Maler und Kunsttheoretiker Paul Klee als Lehrer", p.3, 26, 370 참조.
64) Paul Klee, "Beiträge zur bildnerischen Formlehre", p.165, 167, 171, 198, 221 이하, p.229 이하, p.248, 292 참조.

여행 이후로 그리는 뱀도 이미 시-공간적 운동성을 머금고 있다. 「부활절을 향해 가는 사이 시간」Zwischenzeit gegen Ostern, 1938에서, 구불구불한 선 하나로 추상화된 뱀은 앞으로 도래할 운동에 대해 침묵하고 있다.[65] 어떤 운동인가? 죽음에서 부활에 이르는 대지의 순환 운동? 오늘 죽을 자에도 꽃잎을 흩날리며 오는 봄? 그림의 침묵은 우리가 붙잡고 싶은 답을 흩어 버린다.

　　오케스트라에서 연주할 정도의 바이올린 연주자이자, 시도 썼고, 오페라, 춤, 연극, 인형극, 서커스 등등의 예술 전반에 관심이 많았던 클레는 원시성과 야생적 생동성과 파토스적인 몸의 언어를 함축하고 있는 춤 동작은 물론, 춤추는 글자, 생성의 운동, 진행 중인 운동, 리듬의 운동, 균형을 잡는 몸 운동뿐만 아니라 우주자연의 생성소멸에 내재하는 운동 형식들을 광범위하게 형상화시킴으로써, 고전적 현대미술에 운동의 중요성을 부각시켰다.[66] 클레의 그림이 구현하고 있는 근원적이고 원시적인 운동의 모티브는 사실성에 가까운 것도 있지만 대개는 매우 추상적으로 형태변형되어 있다. 그럼에도 불구하고, 메를로퐁티가 말하는 바대로 그림이 운동에 숨겨져 있는 내적 시간의 암호를 구현하고 있으며, 운동 능력이 있는 우리의 몸이 이 암호를 향해 열리기 때문에 그림의 사물이 운동하는 듯이 보이게 된다는 말을 우리는 클레에게도 적용시킬 수 있다. 단 메를로퐁티는, 그림의 운동 형식을 말하는 클레보다 한 걸음 더 나아가서 우리 몸이 이 암호를 향해 열리는 것을 강조했다.

---

65) Bernhard Marx, *Balancieren im Zwischen: Zwischenreiche bei Paul Klee*, p.130.
66) Reto Sorg, "Der Tanz und das 'Gesetz der Bewegung' bei Paul Klee", ed. Christine Hopfengart, *Paul Klee: Überall Theater*, Bern : Hatje Cantz, 2007, pp.222~224.

색

메를로퐁티가 본 클레에 따르면, 색은 더 이상 보이는 것을 모방하는 것이 아니라, 보이게 하는 것이다. 그렇게 할 수 있는 색의 매혹적인 힘은 어디에서 나오는가? 메를로퐁티는 다음과 같이 적어도 다섯 가지 답을 제시하고 있다. 첫째, 색은 단순히 우리 시지각이 색 정보를 처리한 결과 우리가 체험하는 감각질quale도 아니고, 사물의 껍질도 아니다. 원초적인 지각 상황에서는 사물의 색이 사물의 표면에 퍼져 있는 것이 아니고, 사물의 주위를 감싸고 어른거리며 '특정한 분위기를 발산하는 색'으로 보인다. 둘째, 색은 다양하게 변화하는 다른 차원들과 함께 노는 일종의 차원의 놀이이다. 이를테면 이 붉은 색이 어떤 색을 만나느냐에 따라서, 이 색들은 서로를 끌어당기거나 밀쳐 내는 놀이를 하면서 보이는 것을 구체화시킨다. 클레의 시각으로 색의 운동을 살펴보자면,[67] 예를 들어 빨강과 녹색, 청색과 오렌지색이 어떻게 조합되고 배열되느냐에 따라서, 또는 명도와 채도의 변화, 따뜻함과 차가움, 달콤함, 딱딱함과 부드러움, 강약 등등에 따라서 색들은 영향을 주고받으며, 저마다 다른 구성적인 표현력을 갖는다. 대립되는 빨강과 초록이 만나면, 이들은 우리의 눈앞에서 서로 영향을 미치고, 이 두 색의 사이 영역은 회색으로 기가된다.[68]

셋째, 색을 체험하는 데에는 보는 자의 상상력도 스며들고, 심리적-문화적 요소도 작용하기 때문에, 색의 가치는 상황에 따라 상대적

67) Paul Klee, *Kunst-Lehre*, p.75, 80, 266.
68) *Ibid*., p.210, 259, 277.

으로 체험된다.[69] 필자의 예로 표현하자면, 차라투스트라적인 동트는 아침의 붉은 노을과 저녁 하늘에 무겁게 떨어지는 붉은 노을은 보는 자에게 같은 붉음일 수 없다. 넷째, 색은 외부 지평들과 내부 지평들이 서로 가까워지도록 끌어모으는 일을 하며, "색의 세계와 보이는 세계의 다양한 영역들을 부드럽게 만지면서, 이들 영역들이 멀리서부터 울려 나오도록" 한다. 다섯째, "소위 겉으로 드러나 보이는 색들과 겉으로 드러나 보이는 것 사이에서, […] 이들을 밑에서 떠받치고, 이들을 실어나르며, 이들을 먹여 살리는 짜임새가" 사물의 살이다.[70] 메를로퐁티가 말하는 색의 체험에는 이처럼 신체적 실존의 내부–외부 지평과 색을 가진 사물의 내부–외부 지평이 함께 얽히는 키아즘이 작용하고, 살의 차원에서 열리는 그 근원적인 곳으로부터 색이 드러난다.[71] 이러한 경지는 "색이 나를 붙잡았다. 나는 색을 붙잡으려고 애쓸 필요가 없다. 색이 나를 영원히 붙잡았다는 사실을 나는 안다. 내가 행복한 순간은, 나와 색이 하나가 됐을 때이다"라고 말하는 클레의 경지와 같다.[72] 메를로퐁티는 클레의 색을 사물의 근원적인 깊이 내지 심장에서 비롯된 것으로 해설한다. 근원적인 깊이는 클레의 말로 표현하면, 화가와 색을 가진 대상이 상호침투하는 사이영역으로부터 솟아 나올 수 있는 것이고, 창조하는 우주자연의 심장에서 솟아 나올 수 있는 것이다. 클레는 화가가 색과 외적–객

---

69) 클레는 괴테, 들라크루아, 칸딘스키, 특히 룽게의 색에 대한 입장에 동조하고 있다. Günther Regel, "Der Maler und Kunsttheoretiker Paul Klee als Lehrer", p.25, 352.
70) Merleau-Ponty, *Das Sichtbare und das Unsichtbare*, p.175.
71) *Ibid.*, p.312. 이런 측면에서 살과 색을 자세히 해설하는 데에 대해서는 조광제, 「메를로-퐁티의 후기 철학에서의 살과 색」, 135쪽 이하 참조.
72) Paul Klee, *Tagebücher 1898-1918*, p.350.

관적 관계를 맺고 있는 것이 아니라, 눈의 지각 능력을 통해 내적으로 맞닿아 있음을 말하고 있다.[73]

결국 메를로퐁티의 언어로 요약하자면, 미술에서 색은 객관적 학문이 말하는 색이 아니라 보는 자에게 살의 차원에서 체험되는 색이다. 화가에게 색은 자연적 사물의 껍질로서의 색을 그대로 모방하는 수단이 아니라, 화가가 경험한 사물의 깊이를 보이게 하는 것이다. 그러므로 색의 문제는 키아즘적 체험의 문제이고, 사물의 살을 드러내는 (색의) 차원의 문제이다.


## 그림: 아직 소리쳐지지 않은 외침

클레에게서 그림은, 신이 우주를 창조하듯이, 예술가가 창조하는 생명체이다. 그림은 자기 밖에 있는 어떤 의미를 대변하는 단순한 기호가 아니라, 자신 속에 의미를 체현하고 있으며, 뼈와 근육과 피부를 가진 살아 있는 생명체이다.[74] 메를로퐁티에 따르면, 그림은 살로 이루어진 본질essence charnelle을 드러내는 것이며, 아직 소리쳐지지 않은 외침이다. 침묵하고 있는 그림이 소리쳐 외치고자 하는 것은 살에 대한 것이며, 살로 이루어진 본질에 대한 것이다. 일단 소리쳐지면, 이 외침은 일

---

73) Paul Klee, *Kunst-Lehre*, p.302.

74) Paul Klee, *Tagebücher 1898-1918*, p.280 및 *Kunst-Lehre*, p.52, 260. 그리스인들은 그림이 질료적인 차원을 넘어 생동하는 의미를 내적으로 간직하고 있기 때문에, 그림을 살아 있는 생명체(Zoon)로 여겼다. 현대미술에 있어서 그림의 본질은 그림이 반영하는 내용에 자리 잡고 있으며, 내용을 대변하는 것이 아니라 체현하는(verkörpern) 데 있다. Gottfried Boehm, "Die Bilderfrage", *Was ist ein Bild?*, p.332.

상적인 봄에 잠들어 있는 능력을 일깨워서, 그림을 보는 자를 이끌어 가며, 의미를 생기시키는 사건을 일으킨다. 그림은 그림의 세계를 가지고 있고, 그림을 보는 자에게 그림의 세계를 열어 놓는다. 그림의 세계는 '의미의 장'이고 '의미의 우주'이고 그림이 열어 놓는 승화된 차원의 열려 있는 진리이다. 그림의 의미와 진리의 원천은 살이다. 그림이 질료적으로는 이차원 평면에 갇혀 있으면서도, 의미적으로는 보는 자에게 끊임없이 의미를 생기시킬 수 있는 까닭은, 우리가 메를로퐁티에 충실하게 해설하자면 보는 자의 신체적 실존이 그 의미를 향해 열리기 때문이다. 그림의 의미가 생기하는 장은 결코 완결될 수 없는 생기의 장이다. 그림을 보는 자는 그림의 의미세계를 모두 해독할 수 있는 열쇠를 갖고 있지 않기 때문에, 그것의 의미를 다 파악할 수도 없고 자신의 것으로 만들 수도 없다. 그림은 번개의 섬광처럼 보는 자를 스쳐 가며, 무한히 계속 열려지는, 아직 끝나지 않은 의미 생기의 장을 열어 놓는다.[75] 클레의 말로 표현하자면, 열려 있다는 것은 아직 말해질 것이 그곳에 침묵하고 있다는 것이다.[76] 그림이 침묵으로 말하고 있는 것은 화가가 세계의 깊이 속에서 통찰해 온 한 조각의 진리이자, 높은 형태의 무한히 열려 있는 진리이다.[77] 메를로퐁티와 클레에게 그림은 세계의 살과 깊이가 드러나는 사건이며, 무한히 더 말해질 것이 있는 침묵의 사건이다.

75) Merleau-Ponty, *Die Prosa der Welt*, p.109.
76) Bernhard Marx, *Balancieren im Zwischen: Zwischenreiche bei Paul Klee*, p.130; Paul Klee, *Das bildnerische Denken*, p.294 참조.
77) Paul Klee, *Tagebücher 1898-1918*, p.440.

파울 클레는 20세기 초 미술의 거의 모든 사조들과 연관을 맺고 있으면서도, 어느 하나의 사조에도 묶이지 않았다. 그는 어떤 사조도 창출하지 않았지만, 그의 혁신적인 '그림 언어'는 여러 사조들에게 영향을 주었다.[78] 클레는 화가의 길을 선택했지만, 오케스트라에서 정식으로 연주도 했던 바이올린 연주자였고, 또한 시집도 남겼다. 이처럼 시각·청각·언어의 예술을 가로지르며 다재다능했던 클레는 또한 연극, 오페라, 춤, 서커스 등등 당시의 여러 예술에 열정을 쏟았던 관람자였다. 클레의 그림의 세계는 그의 폭넓은 예술적 역량을 함축하고 있다. 더 나아가 그는 바우하우스와 뒤셀도르프 아카데미에서 강의하였고 예술(미술) 이론을 남겼다.

이제 우리는 왜 후기 메를로퐁티가, 현상학적 미술 이론을 구축하는 데 있어서 하필 클레에게 관심을 가졌었는지를 어느 정도 이해할 수 있게 되었다. 클레가 그림을 창조하는 근원적인 장소는 원초적인 지각의 상황에서 드러나는 신체성과 가시성의 문제를 밑바닥부터 노출시키고 있으며, 그 근원적인 장소는 화가와 세계가 키아즘적으로 얽혀 세계 경험이 일어나는 사이영역이다. 또한 서두에서 미리 말했듯, 예술은 "보이지 않는 것을 보이게 한다"는 클레의 말은 보이는 것을 떠받치고 있는 보이지 않는 것을 의미의 차원으로 보여 주는 예술(미술)의 본질을 잘 표현하고 있다. 메를로퐁티는 초기부터 공감각$^{Synästhesia}$을 탐구하였는데, 클레가 시각·청각·언어의 예술을 가로지르며, 자신의 그림 속에 음악과 문학의 언어도 통합시킨 것은 메를로퐁티에게 더욱 흥미롭게 다

---

78) Günther Regel, "Das Phänomen Paul Klee", p.32 이하.

가왔을 것이다. 더 나아가 클레의 예술적 형상화 작업은 원초적인 지각에 의해 떠받쳐지고 있으며, 지성의 끈을 잡고 있으면서도 결코 지성의 한계에 갇히지 않는다. 그리고 클레는 세잔보다 더 깊이 현대미술의 강물에 들어와 있었으며, 현대미술이 다양하게 실험하는 표현 형식, 추상, 색, 선, 운동, 넘치는 의미 등등의 문제를 탐구하고 있었다.

클레에게서 가시성, 신체성, 키아즘, 예술의 본질에 대한 자신의 입장과 맥락이 닿는 단서들을 발견하고, 신체와 살의 현상학으로 "보이지 않는 것을 보이게 한다"를 논의하고 있었던 메를로퐁티의 많은 논의들이 그의 갑작스러운 죽음으로 다 꽃을 피우지는 못하였지만, 현대미술의 여러 문제와 사조들을 현상학적으로 조명할 수 있는 미술 이론의 한 장을 연 것은 분명하다. 메를로퐁티가 언급하는 현대미술의 사조들 특히 추상미술, 큐비즘, 초현실주의는 물론, 개념 미술Concept Art 및 여타의 현대미술들도 그의 미술 이론에 의한 해설을 기다리며 침묵하고 있다.

# 6장 / 앙드레 말로와 메를로퐁티의 예술철학
## : 표상과 표현 사이의 긴장

신인섭

## '표현' 현상으로서 예술과 언어, 앙드레 말로와 메를로퐁티의 대조

1961년 심장병으로 갑작스러운 죽음을 맞기 바로 1년 전, 메를로퐁티
는 그의 논문집 『기호』*Signes*에 실린 「간접적 언어와 침묵의 목소리들」[1]
이라는 유명한 미학 에세이를 출간하면서 앙드레 말로André Malraux가
『침묵의 목소리들』[2]에서 해명한 예술 이념과 자신의 예술 이념을 명
확히 구분했다. 그런데 거기서 메를로퐁티는 왜 말로의 생각을 그토록
집요하게 비판하였던 것일까?

### 메를로퐁티와 앙드레 말로: 영향과 비판

메를로퐁티는 1951년에 출간된 말로의 예술철학에서 큰 영향을 받았

---

1) Maurice Merleau-Ponty, "Le langage indirect et les voix du silence", *Signes*, Paris : Gallimard Folio, 2001〔1960〕.
2) André Malraux, *Les voix du silence*, Gallimard La Pléiade, 1951.

는데, 말하자면 말로의 글을 통해 자신이 막연하게 가지고 있던 몇 가지 직관들을 구체적으로 확인할 수 있었다.

첫째, 예술은 단순한 모방이 아니라 '창조적 작업'이라는 개념이다. 메를로퐁티는 회화와 언어가 오랫동안 서로의 유사성을 인지하지 못했음에도 "동일한 예술적 '모험'을 공유하고 있음을 인식했다".[3]

둘째, 예술가의 '스타일'은 현실을 '정합적으로 왜곡'하는 창조적 행위라는 개념이다. 이는 곧 '지각 그 자체가 이미 양식화되어 있다'라는 그의 생각을 뒷받침하는 것이었다.

이러한 내용들은 메를로퐁티가 말로에게서 영향을 받으면서도, 동시에 그 한계를 비판하게 된 배경이 된다.

하지만 말로는 메를로퐁티가 결코 수용할 수 없었던 이데올로기, 곧 역사를 초월하는 정신으로 파악된 '창조적 주체', 소위 메타예술가surartiste를 제시했다. 철학자 메를로퐁티는 예술비평가 말로의 거대 프레스코fresque[4]에서 과도한 이상주의를 간파하게 되는데, 그것은 창조적 태도를 지나치게 절대화하고 거대하게 그려 낸 관념론적 구상이었다. 이로써 말로의 입장은 고전주의의 고결한 형식부터 현대 예술의 자유분방한 환상에 이르기까지, 모든 표현 양식을 압도하며 군림하는 형국을 띠게 된다.

---

3) Merleau-Ponty, *Signes*, p.76. 왜냐하면 성스러운 것(le sacré)으로 운명이 결정된 언어 및 회화가 자신들이 줄곧 이상화해 온 자연을 재현하는 '고전주의 시대'를 만났으며, 마침내 메를로퐁티가 아니라 말로에 의해 모더니즘 문예(文藝)에서 '주관성의 승리'로 해석된, '객관주의적 편견'에 대한 '재고'가 드러났기 때문이다.
4) 원래는 큰 벽화를 지칭하나 여기서는 광대한 묘사를 의미한다.

나아가 말로는 이러한 초월적 정신의 여정을 고대의 성스러움에서 부터 모더니즘 예술을 특징짓는 개성적 표현에 이르기까지 일련의 변모métamorphose로 서술한다. 그의 관점에 따르자면, 모더니즘 예술은 표본이나 모델에 기대지 않은 독창적 표현으로 환원되면서 결국 '작가의 독창성' 쪽으로 굴절된 것으로 이해된다. 이는 곧 객관적인 것에서 주관적인 것으로의 전환을 의미한다. 이런 맥락에서라면 예술가란 "자기 자신에 대한 집요한 쾌락, 즉 인간 속에서 인간을 파멸로 몰아가는 모든 것인 악마의 희열 같은 것에 이미 운명이 정해진" 채 모종의 "야심가나 약물중독 무리"[5]에 속하는 존재로 여겨지지 않겠는가? 앙드레 말로 자신도 한 명의 중독자로서 무엇을 말하고 있는지를 잘 알고 있었을 것이다.

그러나 메를로퐁티는 관념론과 맞물려 언제나 이원론을 갈망하는 이러한 예술가와 세계 사이의 '분리'를 거부한다. 인간의 창조적 몸짓과 그가 속한 세계 사이를 이율배반적으로 분리하는 사고는 메를로퐁티가 예술가를 "운명을 거스르는 자"나 "세계를 정정하는 자"[6] 혹은 인간 조건을 벗어나려는 의지로 격상하는 왜곡된 이데올로기를 폭로함으로써, 결국 허구로 드러난다. 반면 말로에게서는 이러한 의지가 인간이 스스로의 운명을 발견하고 "우주적 이질감을 극복"[7]하도록 이끄는 세계 창조의 '의지'로 규정된다. 말로는 예술가를 세계에 저항하는 데미우르고스로 보는 것을 선호했는데, 이러한 구도는 현대 예술가들이 그러하듯 독창적이고 기발하며 새로운 것으로 드러난다. 그의 구상은 특히 다음

5) Merleau-Ponty, *Signes*, p.82. 강조는 인용자.

6) André Malraux, *Les noyers de l'Altenburg*, O.C. II, La Pléiade Gallimard, 1996, p.680.

7) François de Saint-Cheron, *L'esthétique de Malraux*, SEDES, 1996, p.19.

과 같은 요소들로 작동하고 있다.

첫째, 종교를 매개로 예술가가 스스로에게 부여하면서 탁월하게 표상한 신

둘째, 운명과 혼돈을 이겨낸 인류 공통의 고전적인 미적 질서[8]

셋째, 개성적 세계를 보편적 익명성인 무색무취한 현실 위에 덧씌우는, 작가의 총체적 작품 구상

## 앙드레 말로: 시간 및 죽음과의 투쟁으로서 예술

말로는 예술을 일종의 '전투'로, 그리고 인간이 자신의 세계 속에서 직면하는 제한된 조건들에 대한 비극적인 '승리'로 파악한다. 그의 관점에서 모든 예술 작품은 일종의 데미우르고스démiurgie[9]적 산물인 초월적인 창작물이다. 이는 감각적인 것 너머에서, 곧 감각을 초월하고 지배하는 차원에서 이루어지는 창조이며, 예술을 감각적 세계에 비해 우위에 두는 사유를 전제한다. 그의 저술 『침묵의 목소리들』의 가장 빼어난 부분으로 꼽히는 마지막 장,[10] 특히 결말부의 몇 쪽은 통찰과 영감으로 가득 차 있으며 인간의 창조 행위를 규정하기 위해 전투적 은

---

8) 말로에게 예술가란 마치 마키아벨리가 말한 비르투(Virtù)를 지닌 군주처럼, 자신을 압도하는 운명의 여신 포르투나(Fortuna)에 맞서 자신만의 예술적 질서를 구축하는 존재와도 같다.

9) '그림의 영'인 데미우르고스와 더불어 선재하는 이념이 재현되는 현장이 예술작품이고, 그래서 이 창작은 표상적 크티시스(창조의 그리스어)가 된다. 이에 반해 메를로퐁티의 창작은 비표상적이므로 표현적 포에시스(시학의 라틴어)가 된다고 하겠다.

10) André Malraux, *Les voix du silence* in *Ecrits sur l'art I*, *O.C.* IV, La Pléiade Gallimard, 2004, p.886.

유들을 대거 동원한다. 가령 '승리, 정복, 탈환, 제압, 권력, 능력, 개선凱旋, 도약, 복수,[11] 모험, 반운명anti-destin,[12] 고양,[13] 신성, 문명을 밝히는 햇불, 초월과 확대, 고귀함, 지성, 풍요,[14] 영원의 집착, 생존, 거부, 부활, 힘, 명예'와 같은 표현들이 그것이다.

헤겔 철학의 맥락에서 앙드레 말로는 절대적 가치의 경험 즉 '걸작'에 대한 '심미적 경험'과, 이 경험을 불러일으키는 작품들의 놀라운 '역사적 다양성'이라는 두 가지 문제 사이에서 화해를 모색한다. 이러한 다양성은 선사시대의 소묘에서부터 피카소의 작품까지 그리고 그리스 조각상의 조화로움에서부터 현대 미술의 대담함에 이르기까지를 아우른다. 『상상의 박물관』[15]의 기획은 모든 시간과 모든 죽음에 대한 절대정신Esprit의 승리와 같이 예술작품들에 공통되는 '현전의 모드'로 전개되고 있다. 헤겔의 '지양'Aufhebung이라는 통합적인 극복의 개념은 말로에게서 '해방'의 범주로 이어진다. 이는 예술 작품들이 시간 속에 존재하지만, 시간에 종속되지 않는다는 의미이다. 말로에 따르면, "작품은 자신의 시간 속에서 나오고 자신의 시간으로부터 탄생하지만, 시간을 초월하는 것을 통해 비로소 예술 작품이 된다".[16] 헤겔의 '상기'Erinnerung[17]

---

11) 예술을 통해 인간이 운명·죽음·역사에 맞서 행사하는 징징적 반격, 곧 예술에 대한 인간의 지배력을 '복수'라 부른다.
12) 말로는 "예술은 운명을 거부하노라"라고 예술의 자신감 넘치는 위상을 밝히고 있다.
13) '가장 탁월한 인간의 영역'을 예술로 본다.
14) 말로에게 '풍요'란 죽음과 허무가 남긴 빈자리를 인간의 창조적 유산으로 채워 넣는 정신적 충만함을 의미한다.
15) 이것은 『침묵의 목소리』 제1부의 제목이다.
16) André Malraux, *La métamorphose des dieux. Le Surnaturel in Ecrits sur l'art II, O.C. V*, La Pléiade Gallimard, 2004, p.34.
17) 상기(Erinnerung)는 내면적 회상(ressouvenir intériorisant), 사유하는 기억(mémoire

이념이 사유를 통해 기억을 내면화하고 정신 속으로 거두어들이는 것처럼, 말로의 '상상의 박물관' 역시 각각의 작품을 협소한 현실적 맥락으로부터 해방한다. 이 맥락은 로마네스크 예술의 그리스도교 신앙이나 힌두교 사원의 신화처럼 우리에게 부분적으로 낯설고 이질적인 것일 수 있다. 그런 과정을 통해 작품은 단순히 크로노스Kronos가 집어삼킨 자식, 곧 역사의 산물이 아닌, 유일무이한 정신의 발현으로서 예술의 지위를 되찾는다. 예술의 시간은 '의미를 생성하는 과정'devenir sensé 으로서의 크로노스Chronos 즉 사건으로서의 역사Geschichte가 된다. 이는 의미를 창출하는 거대한 이야기로서의 '역사'를 뜻하며, 연대기적 기록에 불과한 'Historie'와는 대립하는 개념이다. 이렇듯 예술이란 정신적인 의미에서 그 자신의 '변모'métamorphoses의 역사이며 이는 엄밀히 객관적인 관계만으로 작품의 형태들이 출현하는 것을 나열하는 '미술사'와는 구별되는, 환원 불가능한 생성의 역사이다.[18]

더욱이 우리 시대가 박물관의 시대인 데다, 이 시대가 '초시간성'을 사고하는 동시에 연속되는 걸작에 '철학적 의미'를 부여해 왔기 때문에 말로의 『상상의 박물관』이 가능하게 된 것이다. 그런데 이 걸작들 중 상당수는 정작 자신들이 '예술'로서 존재하고 있다는 사실이 인식되지 못한 채 제작된 것들이었다.

영원성, 불멸성, 초시간성이라는 개념들은 예술이라는 이념이 존재하

---

pensante), 절대정신에 몰입(recueillement dans l'Esprit)으로 이해될 수 있는 개념이다.
18) 일반적인 미술사가 단지 예술 양식들의 연대기적 연쇄만을 기술하는 것과 대비하여 이해하라.

지 않았던 문명들에서조차 예술가들에게는 '정감'의 형태로 작용했다. 우리는 13세기 조각가가 그리스도교적 영원성을 어떻게 느꼈는지 결코 알 수 없지만, 브르타뉴의 공동묘지는 그러한 영원성이 당시의 삶에 어떤 색조를 부여했는지 우리에게 암시한다. 마치 모든 불교 의식이 우리에게 무상함을 일깨워 주듯이 말이다.[19]

말로가 "예술심리학"이라 명명한 이 기획은, 체계적 철학을 표방하지 않으면서도 그 문제설정과 범위에서 예술철학적인 성격을 지닌다. 이는 "오랫동안 늘 다양성이라는 얼굴만을 보여 주던 바를 통일적으로 이해하려는 시도"를 의미한다. 즉 말로에게 "창조의 욕망은 모든 시각적인 현상spectacle에 선행한다"[20]라는 것이다. 결국 예술은 자신이 "자연이 아닌 예술로부터 탄생한다"[21]라는 것을 깨닫는다. 예술은 자신이 종속될 현실을 모방하거나 재현하지 않는다. 신성한 제의나 향락적 유희 등 다양한 형식을 통해 걸작을 창조하는 한, 예술은 그 자체로 고유하고 자율적인 '표현 언어'가 된다. 우리 시대의 예술은 오직 자기 자신만을 참조하는 '늘 처음'인 예술이다. 그러므로 예술 이론은 이 새로운 생각을 마치 형식주의, 곧 '형식을 위한 형식'에 대한 차원인 것처럼 해석해서는 안 된다. 오히려 그 안에서, 예술이 수많은 변모의 과정을 거쳐

---

19) André Malraux, *La métamorphose des dieux. L'Intemporel* in *Écrits sur l'art II*, O.C. V, La Pléiade Gallimard, 2004, p.781. 괄호는 인용자 추가.

20) Jean-Pierre Zarader, *André Malraux ou la pensée de l'art*, Ellipses, 1998, pp.29~30.

21) 말로의 격렬한 비판자인 곰브리치(1909~2001)도 말로와 유사한 이 표현 양식을 보여 주고 있다. Ernst H. Gombrich, *L'Art et l'illusion*, Gallimard, 1971 참조.

자신의 초시간적 진리에 도달하게 되었음을 인식해야 한다. 그리고 그 진리는, 특정 시대를 넘어 반복적으로 현재화되는 형식의 초시간성으로서 파악되어야 한다.

앙드레 말로는 예술이 스스로의 내적 통일성으로 형성한 자기-반성적 구조를 철학적 사유의 전면으로 가져오고자 한다. 즉 창조 행위는 단순한 제작에 머무르지 않고, 에릭 베유Eric Weil, 1904-1977가 말한 '재개' reprise[22)]의 운동을 통해 마침내 스스로를 하나의 사유 범주로 되돌아보게 된다. 창작의 한가운데에는 '시간과의 투쟁'이 자리하며, 이것이 말로 예술철학의 시간적 범주들을 형성한다. 실제로 이 투쟁은 역사 속에서 여러 형태로 전개되어 왔고, 마침내 말로가 '예술의 초시간성'이라 부르는 사유 지평에서 예술이 자신의 통일성을 의식하게 된 것이다.

말로는 예술을 '초시간적인 것'에 대한 경험으로 규정한다. 이는 '시간 거부의 진리'에 이르는 길을 가리키는데, 그 전개 과정은 이러하다. 먼저, 12세기의 그리스도상像이나 아프리카의 주물·물신fétiches과 같이 오직 성스러움이나 의례의 경험만이 존재하던 시기에는 초시간성이 '영원성'과 동일시되었다. 이어진 르네상스기에 예술 작품이 자기 정체성을 위해 하나의 초超세계surmonde로 요구되었을 때는 '불멸성'과 동일시되었다. 이때 '천재'의 불멸성과 '아름다움'이 연결되었고, 예술은 감각성이 우리에게 그 길을 열어 주는 이상적 비실재[23)]로서 이해되었다. 그러나 신성 혹은 초자연의 '영원성' 그리고 아름다움의 '불멸성'은 덧

---

22) Zarader, *André Malraux ou la pensée de l'art*, pp.59~69 참조.
23) 비존재가 아니라 변증법적인 의미에서 존재라 하겠다.

없는 것이었다. 『상상의 박물관』은 바로 이러한 덧없음을 넘어서는 하나의 초월적 형식, 곧 예술의식의 차원을 통해 그것들을 태생적 한계인 무상함être éphémère으로부터 해방한다. 거기에서는 모든 작품을 아우르는 '초시간적 의식', 곧 예술 작품이 자신의 변모 속에서 시간과 역사를 초월한다는 의식이 지배하고 있다.

## 메를로퐁티: 투쟁적 대립이나 고공비행 정신의 승리가 아닌 예술 창작

메를로퐁티는 예술 이념을 '미메시스'mimesis와 같은 표상적 관념에 반대되는, '표현'expression의 개념으로 재정의한다. "예술 이전의 예술"이란 없으며, "우리의 언어가 번역이 되거나 암호화된 버전이 될 수 있는 원본 텍스트"도 존재하지 않는다. "모든 언어는 간접적이거나 암시적이며, 원한다면 침묵[24] 그 자체이다."[25] 메를로퐁티에게 언어란 세계를 직접적으로 재현하지 않는다.[26] 말이란 화자의 의도를 완전히 전달할 수 없으며 항상 생략 · 과장 · 왜곡이 동반되는 것이다. 언어는 세계와 주체 사이의 간극을 드러내는 도구이자 청자에게 해석을 요구하는 열린 구조이다. 그러나 메를로퐁티에게는 언어와 예술을 통해 자신을 표현하는 주체에 앞서 세계의 선행 구조가 작동하고 있다. 예술과 언어는 단순히 주체의 발명품이 아니라, 이 선행 구조 안에서 주체와 세계

---

24) 언어의 한계는 어쩌면 침묵으로 귀결될 수 있다. 침묵은 말로 표현되지 않을 감정과 분위기 같은 것을 전달하는 또 다른 "표현" 방식이다. 메를로퐁티는 침묵도 언어와 동등한 의사소통 수단으로 본다.

25) Merleau-Ponty, *Signes*, p.70.

26) 시에서 은유는 직접적 설명을 거부하면서 오히려 더 풍부한 의미를 암시한다.

폴 세잔, 세잔의 번뇌가 잉태한 의미의 중층결정으로서 「생트 빅투아르산」, 1902~1906

가 얽히며 비로소 발현되는 형식들이다. 그리하여 주체로부터 비롯한 것은 세계로부터 유래한 것과 더 이상 분리되지 않은 채 하나의 통합된 표현으로 나타난다.

　모든 창조는 후설이 '짝지음'Paarung이라는 개념으로 주제화했던, 인간과 타인 및 인간과 세계 사이의 유사성과 이질성 속에서 이루어진다.[27] 이는 타인을 나와 공통된 어떤 것이라고 유비적으로 파악하지만 그럼에도 그가 나에게 근본적으로 낯선 존재로 남는다는 것을 의미한다. 언어 작용은 이중의 구조로 되어 있는데, 먼저 이차적 표현인 '발화된'

---

27) 후설의 '짝지음'(Paarung)은 주체가 타자의 신체를 자신과 유사한 존재로 지각하며 관계 맺는 상호주관적 형식이다. 메를로퐁티는 이 개념을 지각과 언어의 차원으로 확장하여, 전통적 유사성을 상속하는 동시에 새로운 이질적 마주침을 통해 세계와 얽히는 창조의 원리로 재해석한다.

언어는 기호와 의미로 구성된 인간의 문화적 유산을 매개로 한다. 다음으로, 일차적 표현인 '발화 중인' 언어는 창조 행위로서의 언어요, 그래서 이것은 의미의 '살아 있는 편집'이라 할 수 있는데, 이 지점이 바로 사고의 토대를 구축하는 순간이자 의미를 위한 진정한 온상이며, 사태 형성의 진원지가 된다. 따라서 미학적 창조 안에는 맥락에 따라 의미가 규정되면서 여러 계기가 동시에 개입되는 '다원-결정체'로서 의미[28]가 존재하는데, 이것은 「세잔의 회의」라는 글에서 메를로퐁티가 의미의 중층결정surdétermination이라고 이름 붙인 바이다.[29] 화가 세잔은 주체와 이 주체에게 말을 건네는 낯선 세계 사이의 상호작용으로부터 분리될 수 없는 경험을 끊임없이 설명하고자 했다. 그래서 그는 자연에 대한 기하학적 단순화의 작업을 통해 그러한 욕구를 계속 손질하고 있었던 것이다.

이러한 상호작용은 바로 지각의 관계 그 자체이다. 물론 이 관계는 지성과 문화 그리고 역사가 스며든 것이지만 동시에 근원l'originaire이나 근본적인 것fondamental에 닿아 있는 뿌리이기도 하다. 제2의 자연인 문화를 통해 친숙해진 관계일지라도 이 근원은 우리를 유혹하면서도 거부하기에 심층에서는 여전히 낯설게 남아 있다. 이와 같은 원초적 존재être에 대한 천착은 메를로퐁티를 하이데거와 이어 준다. 예술은 원초적

---

28) 메를로퐁티가 말하는 "다원-결정체"는 작품의 의미가 작가의 의도 같은 단일 계기로 고정되지 않고, 맥락 · 지각 · 역사 · 해석 등 여러 요소가 중첩되어 결정된다는 것이다. 이는 불교의 연기론에서 모든 현상이 무수한 조건의 상호의존 작용-[因緣]을 통해 일시적으로 드러난다는 관점과 흡사하다. 중층결정 개념도 '의미의 연기적(緣起的) 성격'을 함의한다고 볼 수 있지만, 이는 불교의 철학적 체계에서 직접 차용했다기보다는 의미가 상호 의존적으로 생성함을 해명함이다.
29) 미학적 세계에 대한 메를로퐁티와 세잔 사이의 현상학적 공유는 신인섭, 「메를로-퐁티의 미술론(세잔)」, 『미술은 철학의 눈이다』, 문학과지성사, 2014, 111~141쪽을 참조하라.

존재의 진리와 관계하는 것이지만, 이 진리는 궁극적으로 객관화할 수 없는 것이며, 세계의 비인간적 실재로서 신비와 낯섦으로 남아 있다. 세잔의 회화가 메를로퐁티의 관심을 사로잡은 이유는 바로 그것이 "인간이 자리 잡은 비인간적 자연의 토대"[30]를 드러내는 것처럼 보였기 때문이다. 즉 '문화적으로 구성된 인간적인 것' 이전의 세계, 인간의 의미 부여가 닿지 않는 '친숙함 없는 어떤 세계'가 바로 이 살아 있는 자연으로서의 비인간적 실재인 것이다.

그렇다면 우리는 말로처럼 예술을, '저항적이고 낯선 세계'에 대한 초역사적 '천재'Genius의 지배 곧 유한한 인간 조건의 비극을 자유의 투쟁으로 정복하는 행위로 이해해야 할까? 결코 아니리라. 메를로퐁티에게는 예술과 세계 그리고 천재와 일상이 단절이 아닌 연속의 관계이다. 예술의 철학은 원천적으로 '지각의 미학'이며 느낌sentir의 차원에 정박한다. 그것은 감성론적인 뿌리에까지 닿는 시각으로서, 화가가 지각의 근원지가 흐리는 유혹 속에 살아가는 방식이자 세계와의 간극écart을 드러내는 존재론적인 실천이다. 감각과 예술은 융합되기보다는 차이를 가로질러, 동일한 토대인 '원초 존재'Être를 향한 소명을 공유한다. 또 소통을 통해 서로 연루됨으로써, 이 '야생적 존재'Être로부터 함께 호출되는 존재론적 운명을 지닌다. 이는 하이데거의 철학적 의미로 '비인간적 실재'와의 대면이자, 문화적으로 구성되기 전의 '살아 있는 자연'에 대한 응답이다.

---

30) Merleau-Ponty, "Le doute de Cézanne", *Sens et non sens*, Paris: Gallimard, 1995 [Paris: Nagel, 1948], p. 22.

## 예술가 개성의 주관주의적-신비주의적 확대를 비판하는 메를로퐁티

양식style, 곧 규범에 비추어 의도적으로 빚어진 편차écart 또는 세공된 변형différence travaillée의 개념은 메를로퐁티의 본격 미학 논문인 「간접적 언어와 침묵의 목소리들」에서 중요한 비중을 차지한다. 그런데 말로는 관념론적·주관주의적 이데올로기의 변치 않는 특징인 이원론 속에 여전히 갇혀 있었으며, 예술과 자연을 왜곡된 대립의 관계로 묶어 두었다. 물론 메를로퐁티도 모든 예술은 하나의 언어이며 "일관성 있는 변형"[31]을 수행한다는 말로의 생각, 그리고 그것이 흔히 "양식"이라 불린다는 점에 동의했다. 하지만 말로는 이 양식을 예술가 개성의 주관적 투사로 해석했다. 그는 더 나아가, 이 주관주의와는 겉보기에 상반되어 보이는 형이상학적·신비주의적 접근으로도 양식을 이해했는데, 이는 마치 양식이 특정 학파나 예술 사조의 분류(예: 공식파style pompier[32], 소박파style naïf, 고전파style classique, 구상파style figuratif)를 넘어 '회화의 정신'이 구현되는 어떤 '메타예술가surartiste적' 보편 정신의 표현인 것처럼 여기는 해석이었다.

메를로퐁티에 따르면, 말로가 이처럼 양식, 곧 아트 스타일style을 이해했기 때문에 비딜리아 르네상스 회화의 객관성과 예술기기 독창성을 추구하는 현대의 주관성 사이에 단절이 있다고 믿을 수 있었던 것이다. 반면, 메를로퐁티는 양식을 단절적 차원에서 개별 대상을 포착하는

---

31) Merleau-Ponty, *Signes*, p.87, 101.
32) 미술과 문학에서 화가와 작가가 낡은 기법과 고루한 주제에 집착하는 기풍을 말한다.

점적點摘의 시선voir ceci[33])이 아니라, 세계의 결을 따르는 연속적 차원에서 일련一連의 시선voir selon[34])으로 파악했다. 그는 이러한 시선의 변화를 지각의 근본적인 원리로 이해했다.[35])

메를로퐁티는 회화와 언어가 그동안 겪어 온 공동의 운명에 대해 말로가 내린 진단에 동의한다. 예술은 처음에 신성한 것과 신들, 그리고 공동체에 봉헌되어 있었기에, "자신의 고유한 기적이 탄생하는 순간을 외부의 힘이라는 거울 속에서만 발견할 수 있었다".[36]) 이윽고 고전 시대에 세속화되면서 예술은 자연의 표상으로 변하고 말았는데, 이는 언어가 이미 주어진 사유와 의미를 전달하기 위한 단순한 수단으로 전락한 것과 마찬가지였다. 말로는 근대 예술과 근대 문학이 언어를 단순히 수단으로만 사용하지 않음으로써 이러한 "객관주의적" 편견에 의문을 제기했다는 것을 잘 이해했다. 하지만 메를로퐁티에 따르면, 말로는 이 편견을 잘 분석했음에도 불구하고 근대 예술을 세계 밖에서 독립된 삶을 사는 '미증유의 괴물', 즉 순수한 주체로의 회귀라고 오판했다. 앙드레 말로는, 이 귀환을 예술가가 저마다 자신만의 세계를 통치하는 고립된 주체로 상정한 나머지, 모더니즘의 성취를 단지 '개성적 주체로의 복귀'로 과도하게 평가한 것이다.

앙드레 말로는 미술사에서 원근법의 발견에 큰 중요성을 부여한다. 그는 원근법을, 모든 존재가 혼돈 속에 범람하던 이전 시기로부터 벗

---

33) 따로 떼어진 상태에서 '이것을 보라'는 관점이다.
34) 연이은 하나의 장면으로 그 무엇을 보다 곧 '~을 따라 보라'는 입장이다.
35) 신인섭, 「메를로-퐁티의 미술론(세잔)」, 『미술은 철학의 눈이다』, 124쪽 참조.
36) Merleau-Ponty, Signes, p. 76.

어나 사물이 더 이상 화가의 시선을 압도하거나 침범하지 못하도록 세계를 통제하고 이성의 질서 아래 두려는 시각으로 우리를 이끈 하나의 인위적인 장치로 보았다. 원근법은 인간의 이성으로 통제되고 조직된, 확신에 찬 세계를 만들어 냈다. 하지만 말로에 따르면, 다행히도 위대한 화가들은 원근법으로 고착된 세계에 생기를 불어넣으며, 도식화된 질서 너머의 역동성을 드러낸 것이다. 근대 예술은 주관적인 것으로의 전환을 의미하는데, 이는 그림의 유일한 주제가 화가 자신이라는 것을 뜻한다. 이제 사람들은 샤르댕Siméon Chardin이 묘사한 복숭아의 실제적 질감이 아니라, 브라크Georges Braque의 작업에서 보듯 화가의 고유한 양식이 창조해 낸 '그림 자체'의 벨벳 같은 질감에 매료되는 것이다.[37]

　　메를로퐁티를 따라 고전주의 화가들도 주관적이었다면, 그것은 그들조차 인지하지 못한 것인데, 이는 그들이 독창성 곧 개별적인 차이의 표현을 추구하지 않았기 때문이다. 메를로퐁티는 원근법 같은 인위적 기법을 통해 대상을 객관화하는 회화의 능력을 인정하면서도, 근대 회화가 무엇보다도 창조 그 자체로서 인위적 기법의 화신이고자 한다는 점 또한 간과하지 않았다. 그러나 그는 이 창조력을 말로처럼 "주관적인 것으로의 이행, 즉 개인의 영광을 위한 의식"[38]으로 해석하지는 않았다. 내신 이것을 '더 나은 지각'을 향한 탐색, 다시 말해 주관적 지각이 아닌 공통의 지각, 이른바 상호주관적인 지각을 심화하려는 노력으로 해석한다.

---

37) *Ibid.*, p.82.
38) *Ibid.*, p.81.

메를로퐁티는 말로의 양식 이론에 대한 '수정'을 제안하면서, 예술 창작을 지각의 세계와 역사적 상황 속에 재배치한다. 그는 말로가 예술가를 세계로부터 지나치게 분리하고, 예술가의 천재성을 세계를 초월하는 것으로 상정함으로써, 양식의 작동 방식 자체에는 끝내 몰입하지 못하고 있다고 지적한다. 말로가 이 '작동'을 "관객처럼 외부에서 관조한다"[39]라고 보는 것이다. 메를로퐁티는 또한 말로가 "마치 감각 소여들이 불변적인 것인 양 전제하며, 회화가 그것들에 의존하는 한에서는 고전적 원근법이 필수적인 것처럼 간주한다"라며 비판한다. 그러나 "원근법은 세계를 복사한 것이 아니라, 인간이 지각한 세계를 자신 앞에 투영하기 위해 고안한 수많은 방법 중 하나에 지나지 않는다"[40].

다시 말해, 말로의 사유는 '세계의 무정형성'과 '예술의 구현 능력'이라는 이분법적 구도에 머물러 있는 듯하다. 한쪽에는 혼돈의 질료적 세계가, 다른 한쪽에는 그것을 형상화하는 초월적 행위와 변형의 과정이 따로 존재하는 듯하다. 이렇게 보면 미학적 창조의 차원은 인간을 넘어서는 듯한 인상을 준다. 예술 창작이 시간 외부적이거나 초시간적이라도 되듯이 데미우르고스적 신성의 불가사의가 발생한다는 것이다. 마치 "운명"이라도 있는 것처럼, 역사적으로 아주 멀리 떨어진 창작물들을 지배하고, 이 작품들이 시간을 초월한 듯이 보이게 만든다. 이를 함축하듯 말로는 "예술가는 세계를 기록하는 자가 아니라, 세계와 겨루는 경쟁자"[41]라고 했으며, 또 예술이 세계를 "바로 잡는다"rectifie라고도 말

---

39) *Ibid.*, p.86.
40) *Ibid.*, p.78.
41) 말로의 책 『초시간적 세계』(*L'Intemporel*)에도 나타나는 이 같은 표현은 다음 문장의 반복

공범처럼 유혹으로 존재하고 있는 대상 세계와 화가 사이의 밀접한 '관계성'을 보여 주는 정물화
폴 세잔, 「사과가 있는 정물」, 1893~1894

했다.

반면에 메를로퐁티는 창작자를 지배적 존재로 보지 않고, 오히려
매혹적 공모자인 세계와의 친밀한 관계 속으로 되돌리려 했다. 그는 모
든 데미우르고스적 신비를 거부하면서, "화가를 그 자신의 세계와 다시
접촉하게 하는 것"[42]을 바랐다. 논문집 『의미와 무의미』에 실린 「세잔
의 빈뇌」에서 메를로퐁티는, 자신의 강박적인 '모티프'와 내내 씨름하

---

적 인용이다. "모든 위대한 걸작품은 데미우르고스적 신성으로 우리에게 도달한다 […] 위
대한 예술가들은 세계에 대한 필경사들이 아니라 세계의 경쟁자들이다." André Malraux,
"La Création artistique", *Le Voix du silence*, O.C. IV, La Pléiade Gallimard, 2004,
p.698.
42) Merleau-Ponty, *Signes*, p.93.

던 이 엑상프로방스 화가에 관한 세간의 평가를 재해석한다. 그는 예술가의 자유란 결코 초월적이고 탈세계적인 것이 아니라 언제나 "상황 속에" 놓여 있음을 역설한다. 세잔이 이 모티프[43] 앞에서 보낸 긴 시간의 성찰을 메를로퐁티는 심리학적 인과성[44]으로 환원하지 않는다. 그는 그것을, 세잔이 이미 사로잡힌 채 그의 소명이 헌신되는 내재적 의미로 이해한다. 요컨대 세잔의 작품은 화가 그 자신이 매혹된 살아 있는 의미[45]를 번역해 내야 하는 것이었다.

그렇다면 예술가를 통한 표현의 침투력은 지각의 능력과 본질적으로 다른 차원의 것이 아니다. 모든 주체는 체화된 존재이자 온전히 세계의 일부로서 지각을 통해 대상 속으로 스며들며, 결국 그 지각 과정 자체와 하나가 된다. 세잔은 이러한 지각의 힘을 자기 예술의 핵으로 삼는데, 이는 근본적으로 상호주관적이고 상호신체적인 것이다. 예술 작품은 "사물처럼 고정되어 존재하는 것"이 아니라, "관객에게 다가와 창작의 행위를 다시 경험하도록 초대하는"[46] 특별한 존재이다.

세잔이 겪은 '번뇌'는 그의 예술적 요구가 그 자신이 지닌 수단을 넘어선 데서 비롯한다. 그것은 그의 기질이라는 우연적 조건들을 넘어선 것이며, 동시에 동시대 예술사조나 사회적 영향과 같은 외적인 한계들마저 초과한 결과이다. 화가의 자유를, 말로의 방식처럼 역사와의 실질

---

43) Merleau-Ponty, *Phénoménologie de la Perception*, Paris: Gallimard, 1945, p.154, note 2 ; Merleau-Ponty, *Signes*, p.104 참조.

44) 물론 앙드레 말로도 프로이트주의를 비롯한 예술의 모든 심리학화를 거부한다.

45) 아마도 우리는 이것을 제3의 존재 장르를 통해 체화된 의미라고 해석할 수 있을 것이다.

46) Merleau-Ponty, *Signes*, p.83.

적 연관성을 끊어 낸 채 어떠한 구속도 허용하지 않는 절대적 천재성의 발현으로 해석할 수는 없다. 말로는 예술의 절대정신이 역사를 초월해 부유하다가 특정한 순간들에 현현한다는 일종의 신비주의로 이를 설명하지만, 메를로퐁티는 그러한 자유를 받아들이지 않았다.

## 개성적인 것의 표현이기보다 원초존재로의 접근인 모더니즘 예술

자아의 내면성을 벗어나 지각의 세계로 가는 예술

세잔이나 클레의 모티프를 통하여 메를로퐁티는 모더니즘 예술이 작가의 자기 동일성을 중심에 둔 '개성의 표현'을 지향한다고 보는 앙드레 말로의 견해를 반박한다. 현대 화가들은 파편적이고 미완의 것을 선호하며, 장중하고 완결된 작품을 거부한다. 그들은 직접적인 것, 감각된 것, 날것의 표현을 추구하고, 즉흥과 습작의 형식을 선택한다. 문제는 '지각 속에서 즉각 주어지는 복합성'을 어떻게 충실히 드러낼 것인가인데, 화가들은 이미 주어진 명증과 표현을 수없이 해체함으로써 그 시도를 한다. 그러나 이러한 작업은 단순히 개별 주관성을 표현하기 위한 것이 결코 아니다. 오히려 그것은 개인적 체험을 넘어 항상 선행하고 있으며, 우리가 공유하는 세계의 현전을 열어 보이려는 것이다. 이처럼 살아 있는 현전은 화가의 내적 경험을 끊임없이 외부성, 즉 지각의 세계로 열어 준다. 요컨대, 세잔이나 클레의 회화는 주관적 내면의 표출이 아니라, 주체와 세계가 얽히는 자리를 표현한다. 그림 속에서 주체는 자기 내부에 갇히는 것이 아니라, 항상 자신의 경험을 넘어서는 공통의 세계를 다시 만나게 된다. 따라서 "예술적 표현"이란 내적 주관을 벗어나 세계의 현전을 재소환하는 행위인 것이다.

이제 하나의 완성된 작품은 더 이상 즉자적으로 존재하는 것이 아니라, 그것을 바라보는 관객에게 도달하여 그 작품을 낳은 창조적 몸짓을 재개하도록 초대하는 존재가 된다. "지각은 결코 완결되지 않는데, 우리의 시각적 원근perspectives은 언제나 그것을 포괄하면서 동시에 넘어서는 세계, 그리고 소릿말parole이나 아라베스크arabesque처럼 섬광 같은 징후[47]로 예고되는 세계를 표현하고 사유할 과제를 우리에게 부여하기 때문이다."[48] 따라서 예술 앞에 제기되어야 할 문제는 전통적으로 생각되었던 것처럼, 더 이상 '개성으로의 귀환'이 아니라 "모두의 감각에 동일하게 열려 있는 미리 정해진 자연Nature préétablie의 표상적 도움 없이 어떻게 우리가 서로 소통할 수 있는가"[49]라는 문제이다. 여기서 '미리 정해진 자연'이란, 객관적으로 배열되어 표상의 대상으로 기능하는 자연을 뜻하고, 주체와 타자가 이미 공유하고 있다고 가정된 객관적 세계의 틀을 의미한다. 메를로퐁티는 이러한 기성既成의 보증 없이도, 예술가가 일궈낸 감각의 변형을 통해 우리가 어떻게 타자와의 근원적 소통에 도달하는지를 묻고 있는 것이다. 전통적으로는 바로 이 '주어진 자연'이 미학적 사유를 규정해 왔지만, 이제는 지각의 세계를 통해 이러한 전제를 넘어서는 새로운 소통의 방식이 요청되고 있다.

실제로 고전주의 예술가와 그가 표상하는 것 사이의 관계를 규정하

---

47) 파롤을 통해서는 소리를, 아라베스크로써는 동작을 대변하는 입체적 감각의 찰나적 '세계 표현성'을 가리킨다.
48) Merleau-Ponty, *Signes*, p.83.
49) *Ibid.*, p.84.

는 것은 객관적 자연을 재현하는 감각적 관계이다. 고전주의 작가의 훈련은 위대한 작품들을 모방하고, 살아 있는 존재를 충실히 표상하기 위해[50] 기존의 기법들을 습득하는 데 있었다. 예컨대 인간과 동물의 육체적 실재성을 보여 주는 실제 누드를 그리는 것 등이다. 반대로, 초현실주의 자동기술écriture automatique의 지시사는 원초존재와의 '이질적인' 관계를 설명하기 위해 애쓰는 것이라 할 수 있을 것이다. 이것은 무미건조한 차원에서 벌어지는 "감각과 개념 사이의 산문"[51]적 관계 즉 기능적으로만 유용한, 제한되고 종속된 관계가 아니고, 화가의 감각과 객관적 자연 사이의 본질상 평범한 관계도 아니라, 미완성의 세계로 드러나는 본질적으로 시적인 관계로 이해될 수 있다. 이는 마치 메를로퐁티가 "지금 막 태어나고 있는 듯한 상태"état naissant를 '표현'으로 부른 것처럼, 우리의 시학적 진원지라고 할 수 있는 "순수 표현력"[52] 속의 관계라 할 수 있다. 따라서 메를로퐁티는 말로에 맞서, 폐쇄된 작품들과 단절하는 모더니즘 예술 속 표현은 마침내 '시'가 되려 한다고 주장한다. 말하자면 "이러한 표현이란 기존에 말해지거나 보이던 사태들 너머로 우리의 '순수 표현력'을 근원적으로 일깨우고 다시 불러 모으는 것"[53]이 된다.

메를로퐁티에 따르면, 현대 예술가들의 '독창성 추구' 속에는 세계에 대한 깊은 배려와 그 급진적 심화, 나아가 세계에 대한 '일종의 집

---

50) 인간 신체나 동물 육체의 자연적 실재를 그대로 보여 주는 '나체 현실'을 그리는 것이 한 예이다.

51) Merleau-Ponty, *Signes*, p.83. 괄호는 인용자 추가.

52) *Ibid*., p.84.

53) *Ibid*., p.84.

착[54]이 깔려 있다. 달리 말해, 여기서 '자연의 발견'이란 더 이상 우리의 감각에 주어진 객관적 진리, 곧 상식이나 아카데미즘을 떠받치는 자료가 아니다. 그것은 오히려 익숙한 습관 및 이미 알려지고 느껴진 것에서 벗어나려는 위험과 모험,[55] 다시 말해 지각 경험으로서 외재성 자체와의 만남이다. 따라서 새로운 자연 개념은 지각하는 존재인 우리 각자에게 열린 가능성이며 "우리가 지닌 가장 고유한 것을 통해서 보편적인 것에 접붙여져 있음"[56]을 뜻한다. 이로써 예술적 독창성의 추구란 이미 전제된 '개인적 내면'을 표현하는 작업이 아니라, 낯선 것에 대한 호기심으로 불확실성을 감수하며 자기 자신을 유보하고 외부로 나아가는 하나의 방식이 된다. 이러한 태도가 극한에 이른 사례가 바로 초현실주의다. 순수한 우연에 기대는 창작, 이를테면 '자동기술적' 글쓰기, 얼룩으로부터 출발하는 회화, 혹은 잡지나 사진, 종잇조각을 오려 붙이는 콜라주 등이다. 이 모든 형식은 세계가 개인에게 가져다주는 미지의 것을 불러들이며, 예술은 그 성과가 우연적일지라도 이 미지의 차원을 통한 도약으로 특정한 문화적 맥락 속의 인간들을 묘하게 결속시킨다.

결국 우리는, 앙드레 말로가 주장했던 화가 "개인이 세계를 병합한다"라는 도식에서는 멀리 떨어져 있으며, 오히려 반대로 회화란 이 개인이 세계로 도래하는 사건이라고 말해야 할 것이다. 여기에는 화가에 의한 어떠한 병합도, 어떠한 지배도 없다. 오히려 '승리하는 주관성'은 철회되고, 세계라는 신비 앞에 자신을 내맡기는 화가의 소명이 있을 뿐이

---

54) 이러한 집착은 작가의 능동성과 수동성을 동시에 호출하는 표현이다.
55) 여기가 '진부한 현실'과 '평범한 표현'에 대한 비판이 발생하는 온상이다.
56) *Ibid.*, p.84.

다. 말로가 세기를 가로질러 이어진 창조적 천재의 신비를 믿었던 반면, 메를로퐁티는 인간을 세계에 결속시키는 유대, 그리고 인간 자신의 삶이나 심리보다 더 근원적인 경험을 신뢰한다. 따라서 예술 작품은 하나의 사건으로서 세계 안에 새롭게 진입하는 진리가 되지만 이는 말로가 생각한 것처럼 죽음조차 거스르는 전적인 자유의 초월적 권위에서 산출되는 것이 아니다.

## 미未사유, 말로가 생각지 못한 자신의 심층

메를로퐁티는 초월적 주체를 상정하는 태도를 거부함으로써, 예술사의 다양한 형식과 역사적 차이를 단순한 사실로서가 아니라 살아 있는 지각과 체험의 맥락 속에서 구성되는 의미로 이해하고자 했다. 체화된 주체와 역사성에 대한 이러한 관점은, 앙드레 말로가 제기한 초월적 '예술 정신'의 변주라는 역사 해석과 정면으로 대립한다. 메를로퐁티에게 말로의 견해는 헤겔 미학의 변증법적 역사관을 지나치게 단순화하여 경직된 진보사로 환원한 것으로 비칠 수밖에 없었다. 시대와 창작을 거치며 반복적으로 드러난다고 여겨지는 '회화의 영'을 말로처럼 논하는 방식은, 그의 눈에 과도히 도식화된 헤겔주의적 접근에 불과했다. 그래서 메를로퐁티는 말로의 분석을 "그다지 신뢰할 수 없는 것"[57]

---

57) 말로의 근대 회화 분석은 메를로퐁티에게 "믿을 수 없을 정도로 모순적"으로 비쳤다. 말로는 근대 회화가 르네상스의 원근법을 통해 '객관성'을 획득한 순간으로 규정하면서도, 동시에 그 같은 회화를 '주관성으로의 이행'이라 진단하고, 나아가 '개인이 세계를 지배하는 행위'로 설명했기 때문이다. 이는 회화의 객관성과 주관성 사이의 긴장을 정교하게 해명하기보다 상호 배타적으로 보이는 두 규정을 단순히 나열한 것에 불과하다. *Ibid.*, pp.81∼82 참조.

으로 보았으나, "그것을 굳이 반박하기보다는 그 안에 담긴 깊이와 타당성을 끌어내 확장하고자 했다".[58] 바로 이 지점이 그가 지적한, 말로의 '사유되지 않은 것'impensé이다.

메를로퐁티가 말로에게서 발견한 미사유未思惟, 즉 '사유되지 않은 것'은 역사를 관통하는 예술 원리로서 어떤 '초월적 사유', 곧 위에서 내려다보는 사유pensée de survol를 세울 수 있다는 후자의 환상에서 비롯한다. 말로는 '회화의 정신'이나 '창조의 의지'와 같은 비약적으로 도입된 개념들을 동원하여 자신의 시도를 정당화한다. 그는 창작자를 멀리서 주권적으로 현실을 변형하는 일종의 데미우르고스로 상정한 채 "그 자신이 예술 속에 주입한 신적인 기질"에 스스로 감탄하면서 예술론적 스펙터클을 펼친 것이다. 요컨대 말로는 예술가를 세계로부터 분리함으로써, 그가 전제한 데미우르고스적 창조 행위를 경이롭게 묘사할 수 있었다. 그 결과, 그는 "시간적, 공간적으로 서로 먼 창조물들 사이에서 '그들을 지배하는 운명'이라는 이름 아래 기적적인 통일성"[59]을 파악할 수 있었다.

메를로퐁티는 정반대의 길을 택했다. 그는 말로 자신이 충분히 사유하지 못했던 그의 사상의 '미사유'를 가로질러, 말로의 폐쇄적인 예술 세계론을 비판적으로 전유하며, 이를 현상학적 지각의 열린 장으로 전환시키고자 했다. 이를 위해 그는 말로가 "지각, 역사, 표현"[60] 사이에 설정한 관계를 다시 검토한다. 말로에게 예술이 '표현'이라면, 그리고 양

---

58) Ronald Bonan, *Premières leçons sur l'esthétique de Merleau-Ponty*, PUF, 1997, p.15.
59) *Ibid.*, p.17.
60) Merleau-Ponty, *Signes*, p.122.

식화$^{stylisation}$를 통해 말로에게도 지각이 이미 하나의 예술이 된다면, 우리는 예술사의 작품들을 위에서 내려다보는 방식으로 접근하는 대신, 작품들 곁에 머무르며 예술 고유의 표현 행위와 신비 안으로 들어가야 한다.

앙드레 말로가 예술 표현의 형태들을 위로부터 초월적으로 관찰하고, 이 형태들을 그 운명과 변형을 설명하는 이른바 지고의 정신$^{Esprit}$ $^{supérieur}$에 귀속시키기 시작하면, 메를로퐁티가 말하듯이 우리는 결국 하나의 유령$^{fantôme}$만을 붙잡는 결과에 이른다. 말로가 '이성, 역사, 정신'과 같은 "헤겔주의적 괴물들"을 만들어 냈건만, 이것들은 "말로 자신의 개인주의에 대한 반정립이자 보완물"[61]에 불과한 것이다. 그런데 만약, 말로 스스로가 보았듯이, 예술의 의미가 신체와 세계 관계의 표현인 지각에서 시작된다면 그는 사건들의 인과율 너머에서 "회화의 세계를 자체의 법칙을 지닌 초감각적$^{supra-sensible}$ 세계[62]로 만드는 이차적 인과율"[63]을 더 이상 찾아서는 안 될 것이다.

따라서 작품에는 작가의 산출 의도와는 명백히 구분되는 "초과분"[64]이 존재한다. 그것은 "작품 자체와는 비례할 수 없는 막대한 유발력$^{puissance de suscitation}$"이 된다. 이 힘은 세상을 변모시키고 그 이후의 예술 역사를 변화시킬 것이다. 메를로퐁티는 헤겔이 관심을 가졌던 이

---

61) *Ibid.*, p.105.
62) 경험 세계(monde empirique)가 아니라 배후 세계(arrière-monde)로서 원초적 언어의 차원을 지칭함이다.
63) Merleau-Ponty, *Signes,* p.110.
64) *Ibid.*, p.110.

러한 변증법을 이해하는 데 있어 굳이 '회화의 영'Esprit de la Peinture 같은 초월적 원리를 찾을 필요는 없다고 한다. 모든 의미는 생성 중이며 "성장하고 변화하는 것 […] 자기 자신으로 되돌아가는 것 따라서 역사의 형식으로 현전하는 것이야말로 예술에 본질적"[65]이기 때문이다. 지각에서 시작하는 신체의 표현적 활동은 예술의 이러한 운명적 생성 과정을 설명하기에 충분하다. 즉 창조적 몸짓의 이 거대한 증폭은 예술사의 한 국면으로 편입되어 결국 박물관들에 전시되고, 뒤이은 성찰에서 그 의미가 질문의 대상이 될 것이다. 만약 예술에 '일종의 영원성'이 존재한다면, 그것은 외부의 권능이나 불가해한 초월적 운명의 영원성이 아니라 오로지 "체화된 실존의 유사-영원성quasi-éternité과 겹치기"[66] 때문이다. 헤겔이 보았듯이, 역사는 "어떤 미래가 현재 속에서 숙성하는 것"[67]이며 "자기 행로를 스스로 개척하면서 자기 자신으로 되돌아가는 경로"[68]이다.

말로가 끝내 사유하지 못했던 지점은, 역사와 긴밀히 맞물려 있는 표현의 내재성이다. 예술에서 표현과 양식은 단순한 장식이나 형식적 요소가 아니라, 작품들 사이의 통일성을 이해하게 해주는 풍요로운 생산의 근원이 된다. 이 관점에서 보면, 예술 속에는 이미 하나의 '참여의 미학' 곧 세계와의 관계로써 형성되고 세계 속으로 개입하는 미학이 잠재한다. 여기서 예술은 외부에서 초월적으로 세계를 주조하는 데미우르

---

65) *Ibid.*, p.112.
66) *Ibid.*, p.113.
67) *Ibid.*, p.117.
68) *Ibid.*, p. 118. cf. p. 112.

고스가 아니라, 세계 안에서 스스로를 형성하고 변형시키는 내적 생성력이다. 따라서 서로 멀리 떨어진 지역과 시대의 작품들 사이에서 우리는 초월적 정신의 단일한 지배를 보는 것이 아니라, 오히려 표현의 힘과 세계가 맺는 원초적 접촉의 장면을 목격하는 것이다. 표현은 세계로부터 분리될 수 없고, 이 세계는 표현을 통해 스스로를 드러내며 변모한다. 예술은 이 만남을 매개하는 힘으로서, 시간과 공간을 넘어 작품들을 이어주는 보이지 않는 연결의 장을 만들어 낸다. 말하자면, 예술의 역사란 거대한 서열이나 체계적 통일성이 아니라, 표현과 세계가 서로를 비추고 변용하는 과정의 연속이다. 그리고 바로 이 과정에서 예술은 단순한 미적 대상이 아니라, 세계와 더불어 사유하는 하나의 실천 형식이 된다.

요컨대 메를로퐁티는 말로와는 전혀 다르게 '변모'의 이념을 이해했다. 화가를 가로질러 생산된 그림을 통해 세계를 변형하는 이 변모는, 발생기에서 성숙기에 이르기까지 세계 안에서 세계를 끊임없이 변주할 뿐만 아니라, 각 세대가 미처 알아차리지 못했던 의미를 사후적으로 과거의 작품들에 부여하게 한다. 화가는 그래서 신성시된 '회화의 영'을 알고 구현하는 존재가 아니라 작품 의미의 도래를 매개하는 자리로서,

> 그는 매일 아침 사물들의 모습 속에서 동일한 질문을 받고 있으며, 한 번도 응답하기를 마다한 적 없는 호출을 마주하고 있는 '작업 중인 인간'이다. 화가의 눈에 그의 작품은 결코 완결된 것이 아니기에 […] 그 누구도 세계와 등을 진 채로는 자신의 작품을 자랑할 수 없을지니.[69]

---

69) *Ibid.*, p.94.

반면, 앙드레 말로의 예술은 "현실의 속박"을 벗어나게 해 주면서 "우주 및 사망과의 전투"가 된다.[70] 따라서 말로가 불러온 데미우르고스에게 번뇌란 존재할 수 없으며, 그에게 허락된 것은 오로지 절대적인 창조이다. 만약 역설적으로 세잔과 같은 화가에게서 데미우르고스적 창작을 말할 수 있다면, 그것은 절대적인 창조가 아니라 회의와 번뇌로 점철된 작업일 것이다.

## 예술 속 내재적 초월성: 말로와 메를로퐁티의 수렴 가능성

지금까지 우리는 메를로퐁티의 현상학적 입장에서 말로의 초월적 예술관을 비판해 왔다. 그러나 이제는 양자 사이의 접점을 모색해 볼 필요가 있다. 즉 앙드레 말로의 시각은 정녕 메를로퐁티의 현상학적 직관에 비해 단순한 추상성으로만 치부될 것인가? 여기서 우리는 두 사유의 수렴 가능성을 탐색하기 위해 다음과 같은 질문을 던져 보고자 한다. 후기의 메를로퐁티가 '보이지 않는 것'이라 부른 주제를 따라가 보면, 세계 지각의 심층에 자리한 '원초적 차원'에 뿌리내린 화가는 말로가 말한 표현적 천재성과 그토록 동떨어진 존재일까? 사실 두 사상 모두에서, 보이는 것을 구조화하는 신비로서 '보이지 않는 것'과 기억 너머 시간의 신비로서 '태곳적 차원' 사이의 관계가 공통의 사유 지평으로 재구성될 수 있다. 즉 메를로퐁티의 '비가시성'l'invisible과 말로의 '초시간성'l'intemporel 사이에는 개념적 접합의 가능성이 내포되어 있다

---

70) André Malraux, *Le miroir des limbes*, *O.C.* V, La Pléiade Gallimard, 2004, p.938.

고 하겠다. 말로의『상상의 박물관』은 인간이 사유하기 시작한 이래로 끊임없이 그 자신을 사로잡아 온 초월에 대한 증인들이 모여 있는 "정신의 자리"로 해석될 수 있다. 따라서 작품은 창작자의 죽음 이후에도, 그것이 예술이라 불릴 자격을 갖춘 것이라면, 스스로 변모도 하면서 베르그손의 철학적 의미에서 '영원한 것'이 된다.

> 영원성은 우리 안에 내재하며, 우리는 그 속에서 우리 자신에 대한 덜 왜곡되고 보다 실재적인 자기의식을 획득한다. […] 아마도 바로 그 때문에 우리는 오늘날 '예술작품'이라 불리는 이미지들에 대해 연대기적 시간에 구속되지 않는 생명 — 초자연, 영원성, 불멸성 — 을 부여한 것이다.[71]

과거의 작품을 응시할 때 우리는 그것이 창조되던 과거의 시간 지평으로 이끌리기도 하지만, 동시에 그것은 현재 우리의 시대에도 말을 걸어온다. 곧 그것은 "보이지 않는 것의 부활"[72]이 되면서, 세기를 가로지르는 아우라를 획득한다. 말로는 한 라디오 강연에서 "예술적 사실은 헤겔주의적 의미의 역사 속에 있지 않다"라고 말한 바 있다. 또 1964년

---

71) André Malraux, *La métamorphose des dieux. L'Intemporel*, *O.C.* V, La Pléiade Gallimard, 2004, p.780 cité par François de Saint-Cheron, *Malraux. La recherche de l'absolu*, ed. de La Martinière, 2004, pp.100~101. 이 인용은 베르그손 텍스트의 직접 인용이 아닌 말로 자신의 해석이다. cf. *La métamorphose des dieux. L'Intemporel*, *O.C.* V, La Pléiade Gallimard, 2004, p.1478, note 1.

72) André Malraux, *Discours prononcé à la Fondation Maeght pour l'inauguration de l'exposition «André Malraux et le Musée Imaginaire»*, *O.C.* III, La Pléiade Gallimard, 1996, p.881.

메크트 재단Fondation Maeght 개관 연설을 통해서는, "종교를 제외하면, 박물관은 죽음을 초월할 수 있는 거의 유일한 장소"이며, 그래서 이제 "예술은 사람들이 볼 수 없는 것, 곧 신성불가침, 초자연성, 비현실성의 표명이요", 결국 이 박물관은 "사람들이 오직 예술을 통해서만 볼 수 있는 것들의 시위 현장"[73]이라고 말하게 된다. 마침내 1966년 유네스코에서 그는 "형상effigies들의 생존이 우리에게 삶의 한 형태가 되었다"라고 선언했다. 예술 작품은 단순한 '문화적 산물'이 아니라 인간 조건의 비극에 대한 응답인 것이다. 바로 이러한 점에서, 말로가 여러 시대 사이와 작품들 사이에서 강조해 온 '변모'의 중요성이 드러난다.[74]

이렇듯 작품의 가시적인 것 속에 깃든 비가시적인 것이라는 수수께끼는 『보이는 것과 보이지 않는 것』에 나타난 후기 메를로퐁티의 전형적인 사유 양식을 환기한다. 메를로퐁티가 내재성의 언어를, 말로가 초월성의 언어를 선호한다고 할 경우, 그 공통된 지평은 바로 '내재적 초월성'transcendance immanente이다. 메를로퐁티는 예술 작업과도 흡사한 지각의 신비를 언급하는데, 그것은 하나의 수수께끼이자 원초적 토대인 살의 존재Être가 드러나는 사건이라 할 수 있다. 이 점에서 그는 전혀 다른 언어를 통해 말로의 비전에 다가서지만, 예술 행위를 자유와 초월의 프로메테우스적 창조 행위로 규정하는 것을 단호히 거부하고 오히려 천재성이란 지각 속에 뿌리내린다는 점을 끊임없이 강조한다. 메를로퐁티는 천재성의 이러한 존재론적 정박을 곧이어 '세계의 살'chair

---

73) *Ibid.*, p.880.
74) 예컨대 샤갈의 작품 중 아라베스크 양식으로 변하는 부부 그림 "Les Mariés"를 참고로 이해하라.

du monde과 연결하게 된다.

메를로퐁티는 말로를 비판한 미학 에세이 「간접적 언어와 침묵의 목소리들」을 사르트르에게 헌정했는데, 이는 중요한 사상사적 함의를 지닌다. 사르트르는 메를로퐁티와 공히 근본적인 반관념론자로, 모든 위계와 권위에 저항하면서 "어떤 지배에도 송속되지 않으며, 그 누구와도 동등한 실존으로서의 인간"[75]이 될 것을 주장했다. 그러나 메를로퐁티는 이와 같은 사르트르와 사상적으로 분명히 갈라선다. 특히 역사의 영역에서, 당대 마르크스주의의 파르티장partisan으로서 사르트르가 보여 준 지나친 정치적 리얼리즘 — 스탈린주의와의 단절을 거부하고, 순수성의 이름으로 당대 이념에 편승하며, 모든 것을 계급적 이해관계로 환원하는 이른바 '의심의 이데올로기'[76] — 으로부터 그는 단호히 거리를 두었다.

한편, 사르트르의 이러한 이데올로기적 시각에서 보면, 모든 인류적 이상이란 기껏해야 부르주아 계급의 저속한 물질적 욕구를 정당화하는 알리바이에 불과했다. 환언하자면, 사르트르를 둘러싼 '의심의 이데올로기'란 도덕과 종교를 포함한 모든 이상적 가치가, 실상은 부르주아지의 경제적 욕망을 은폐하는 이데올로기적 외피에 불과하다는 의혹에 기초한 것이다. 물론 이 문제의식 자체에 대해서는 메를로퐁티 역시 공유한 바가 있다. 그런데 플로베르 연구에서도 사르트르는 개인을 어떤 정치-사회적 계급의 맥락에 긴밀하게 연결함으로써 작가의 작품을

---

75) Jean-Paul Sartre, *Les mots*, Folio Gallimard, 2010, p.213.
76) 의심의 이데올로기(idéologie du soupçon)란 본래 서구의 사유전통을 거역하고 의심한 19세기의 마르크스, 프로이트, 니체의 철학을 가리킨다.

해석하려 했던 것이다.[77] 이렇게 보면 사르트르의 '전체적 정향toute une orientation'은 예술과 정치 모두에서 연속성 · 애매성 · 양의성을 긍정하려는 메를로퐁티의 사유 방향과 구조적으로 긴장 관계에 놓이게 된다.

이에 비해 말로는 초시간성을 통해, 메를로퐁티는 비가시성을 통해 예술의 신비를 설명하려 했다. 두 사상가 모두 경험적 시간을 넘어서는 차원을 드러내고자 한 것이다. 그러나 말로는 19세기의 관념론적 정신주의spiritualisme의 영향 아래 있었고 현대 철학의 개념적 전개를 체계적으로 내면화한 철학자라기보다는 문학적 · 역사적 사유를 통해 예술을 사유한 인물이었다. 또한 그는 엄격한 의미에서의 무신론자라고 보기도 어렵다. 이러한 조건들 속에서 말로는 초시간적 의미와 비가시적 차원을 사유함에 있어, 결국 초월적 정신에 의존하는 방향으로 나아가게 된다. 그 결과 말로의 사상에서는 예술의 변모가 헤겔주의적 '정신'과 유사한 동력에 의해 인도되는 것으로 이해되며, 이와 결부된 '천재' 개념이 구조적으로 요청된다. 반면 메를로퐁티는 예술가의 끝나지 않을 지각적 탐색을 통해 이른바 '내재적 초월'의 의미를 해명하려 했다. 이런 차이로 인해 말로는 단절을 전제로 한 초월적인 창조에 집착했고, 메를로퐁티는 연속성을 바탕으로 한 부단한 번뇌의 작업을 강조했다. 결국 말로는 '완성된 걸작'에 관심을 두었지만, 메를로퐁티는 늘 새롭게 시작되는 '지각적 염려'의 진원지로서 작품을 바라보았다. 그럼에도 메를로퐁티는 예술을 계급적 관계로 환원하는 인과율을 거부하면서, 예술비평을 위해 말로의 『침묵의 목소리들』에서 볼 수 있는 것과 크

---

77) Jean-Paul Sartre, *L'idiot de la famille*, 3 vols., Gallimard, 1971~1972.

게 다르지 않은 수수께끼 언어, 원초적인 언어, 비가시성 언어를 사용한다. 이 점에서 그는 사르트르보다 오히려 말로에게 더 가깝다고 할 수 있겠다.

# 3부
# 첨단 인터스페이스 시대의 메를로퐁티

# 7장 / 소통의 플랫폼, 디지털스킨과 감성적 '살' 공동체

김화자

## 포스트스마트폰으로서 미디어 파사드

인간은 르네상스 시대에 투시도법으로 재단한 사각의 '열린 창'으로 세상과 소통하기 시작했다. 이후 보다 많은 사람과, 보다 멀리 소통하고자 하는 인간의 끝없는 욕망은 스크린, TV, 모니터처럼 사각의 밝은 창을 개발했다. 현대에 이르러 디지털과 정보통신 융합기술이 일궈 낸 스마트폰으로 인간은 이동하면서도 물리적인 시공간을 넘나들며 자유롭게 소통할 수 있게 되었다. 그러나 이제 스마트폰 시장만으로는 더 이상 새로운 기술력으로 소비자들의 기대를 만족시키지 못하는 포화 상태에 다다랐다. 따라서 정부와 기업은 온라인과 오프라인을 연결한 지능형 기반 플랫폼에 근거해 혁신적인 개인 맞춤형 서비스산업 개발을 목표로 4차 산업혁명에 몰두하고 있다. 게다가 최근 5G 개통으로 모바일과 ICT 기술을 융합한 게임은 물론 문화, 교육, 의료 전 분야에 걸쳐 VR(가상현실)Virtual Reality과 AR(증강현실)Augmented Reality을 새로운 성장 동력으로 주목하고 있다. HMD$^{\text{Head Mounted Display}}$와 홀로렌즈는 증강현실과 가상현실을 더욱 실감나는 3차원 입체 영상으로 체감하게 해준다. 또한 인간은 건축 벽면에 발광다이오드$^{\text{LED}}$나 영상을 투사한 미디어 파사드$^{\text{media facade}1)}$를 만들고, 촉각적인 디스플레이어로 사물과도 상호소통하게 되었다. 물질 세계를 부드러운 이미지와 기호로 변환시켜 새로운 생태계를 창조해 가고 있는 포스트스마트폰 시대에 미디어 파사드는 사회적 소통의 주요 디스플레이 공간이다.

특히 ICT 기술과 막대한 경제 자본이 결합된 미디어 파사드의 표피는 한 사람의 내면을 드러내는 얼굴 피부처럼 단순히 상징적인 장식 기능 이상의 소통을 위한 자율적인 인터페이스가 되려고 한다. 밤이 되면 딱딱하고 건조한 도시의 시멘트 숲은 이벤트성 강한 미디어 파사드와 광고 전광판이 내뿜는 휘황찬란한 빛에 의해 환상적인 공간으로 탈바꿈한다. 이제 우리는 서울에서 외벽이 미디어 파사드로 장식된 건축물들$^{2)}$을 쉽게 발견할 수 있다. 그렇다면 미디어 파사드의 디지털스킨은

---

1) 빌렘 플루서(Vilém Flusser)는 건축물의 얼굴에 해당하는 전면을 라틴어 'Facies'에 기원을 둔 '파사드'(Facade: 빌렘 플루서, 『그림의 혁명』, 김현진 옮김, 커뮤니케이션북스, 2004, 188쪽)라고 정의하였다. 따라서 파사드는 자연스럽게 건축물의 기능과 형태를 드러낸다. 그러나 1990년대 후반에 파사드에 미디어를 입혀 건축, 디자인, 미디어가 융합되어 등장한 미디어 파사드는 독립된 대상이 되었다. 현재는 벽면 외에, 기둥이나 건물 전체에 입혀져 각각 '미디어 폴', '미디어 월'로도 지칭된다. 미디어 파사드는 건축물 자체에 발광다이오드(LED)조명을 설치하는 LMF 방식(설치 비용은 비싸지만 저렴한 유지 비용으로 다양한 콘텐츠를 사용할 수 있는 영구형)과 외벽에 프로젝터를 통해 영상을 투사하는 PMF 방식(프로젝션 매핑 방식으로 설치, 유지 비용이 적은 반면 외벽의 물리적 제한을 넘어 자유로운 형태 투사가 가능한 이벤트형)이 있다.

2) 2004년 갤러리아 백화점(압구정동, 2004)의 외벽에 등장한 이후로 강남대로의 미디어 폴, 서울스퀘어의 「군중」(줄리안 오피, 가로 99m×세로 78m, 2009) 외에 서울시청, LG CNS 상암 IT 센터, SK 텔레콤 T-타워를 비롯해 신세계 백화점 본점의 미디어 파사드(「겨울 휴가」, 2014. 11.)처럼 도시 곳곳에서 쉽게 발견할 수 있다. 특히 동대문디자인플라자(DDP)에서

스마트폰에 접속한 채 생생한 교류를 상실해 가는 도시인들에게 새로운 사회적 플랫폼이 될 수 있는가? 말하자면 디지털스킨은 개개 시민들이 몸으로 그 빛의 향연에 직접 참여함으로써 타인과의 집단적인 소통으로 연장해 주는 공감각적인 인터페이스가 될 수 있을까? 미디어 파사드는 치열한 자본주의 경쟁 사회에서 더욱 고립되며 공동체 의식이 부재한 시민들에게 균등한 정보를 공유할 수 있게 하면서도 사심 없이 유희하는 인간관계를 실현시켜 줄 수 있는가? 아니면 거대 자본과 미디어 권력이 공모해 점점 더 화려해진 VR의 스펙터클은 오히려 현대인들에게 과잉의 충격 효과와 장식으로 소모되며 디지털 스트레스를 배가시키는 것은 아닌가?

현재까지 학계에서 진행된 미디어 파사드 연구는 크게 세 영역으로 구분된다. 첫째, 건축 영역에서는 공학적 접근과 도시 환경 문제에 중점을 두고 있다. 둘째, 디자인 영역에서는 3D 디자인 기술과 조명 테크닉을 활용한 예술적 장식 효과 및 마케팅 전략에 관한 연구가 주를 이룬다. 셋째, 인문사회 영역에서는 상호소통을 위한 미디어 특성과 콘텐츠 개발 방안에 대한 탐구가 이루어지고 있다. 상호소통을 위한 인문사회학 연구는 주로 다양한 매체 이론과 벤야민Walter Benjamin의 촉각적 충격 효과와 몰입 체현에 기반하고 있다.[3] 그렇다면 현실 인간과 가상세계를

---

2019년부터 열리는 '서울라이트 DDP'의 빛의 향연들은 예술과 첨단 기술의 융합에 의해 전통적인 과거와 환상적인 미래를 창의적인 내용으로 연결해 표현한 문화 콘텐츠들을 통해 감각적이고 사회적인 소통 플랫폼의 역할을 하고 있다.
3) 이런 주제와 관련된 미디어파사드에 관한 최근 논문들에는 김주연, 「미디어 파사드 영상과 대표배색에 따른 감성어휘 비교 연구」, 『한국색채학회논문집』, 제28집, 한국색채학회, 2014, 142~155쪽; 서윤경, 「미디어 파사드의 뉴미디어 가능성에 대한 연구」, 『디자인지

연결하는 미디어 파사드의 디지털스킨이 기존의 수동적인 소통을 벗어나 직접적인 상호소통을 위한 공공의 플랫폼이 될 수 있을까? 이 문제는 미디어 파사드가 직접 체험의 결핍을 보완하고, 소비문화의 일회성 이벤트에 대한 성찰을 담아 공동체 소통의 새로운 역할을 할 수 있는지에 관한 연구와 연결된다.

따라서 본 글은 미디어 파사드의 표피가 ICT 기술과 센서를 장착해 생체모방적biomimetic 디지털스킨을 구현함으로써 능동적이고 상호작용적인 교류를 가능하게 하는 공공 플랫폼이 될 수 있는지 고찰한다. 미디어 파사드라는 사물의 기술적 외피가 소통의 감각적 공통 지대가 될 수 있는가에 대해, 감각적 소통의 공통 지대를 연구한 메를로퐁티 현상학에서 드러나는 생명체의 자기조절성, '살'chair의 감각적 연결성에 입각해 살펴본다. 이를 위해 기술과 인간의 공생, 기술 문화의 중요성을 역설한 시몽동[4]의 기술에 관한 사유와 피부를 자아의 내면과 외부를 잇는

---

식저널』, 제26집, 한국디자인지식학회, 2013, 211~220쪽: 이유나·정창용·김형기, 「미디어 파사드 콘텐츠에 나타나는 서사 구조에 대한 연구—서울스퀘어의 정규 콘텐츠를 중심으로」, 『디지털콘텐츠학회논문지』, 제14집, 한국디지털콘텐츠학회, 2013, 367~379쪽: 서윤경, 「미디어 파사드와 도시민들 간 상호작용의 공간적 이해」, 『디자인지식저널』, 제28집, 한국디자인지식학회, 2013, 153~162쪽: 김선영, 「도시 마케팅과 환경심리학적 측면으로 본 미디어 파사드 디자인과 도시 이미지」, 『한국과학예술포럼』, 제14집, 과학문화전시디자인연구소, 2013, 23~38쪽 등이 있다.

4) 시몽동(Gilbert Simondon, 1924~1989)은 베르그손, 캉길렘, 메를로퐁티, 바슐라르에 이르는 프랑스의 인식론적 사유를 토대로 물리학, 생물학, 형태심리학, 사회학, 정보 이론 등 자연과학과 기술공학적 학문들에 대한 비판적 성찰을 통해 자신만의 독창적인 기술철학을 구축하였다. 국내에서 시몽동에 대한 연구는 주로 베르그손과 들뢰즈의 철학 및 디지털 정보 기술과 연계하여 수행되고 있다. 그런데 시몽동은 자신의 박사학위 논문 전반부인 『개체와 개체의 생물학적–물리학적 발생』(L'individu et sa genèse physico-biologique)을 헌정했던 스승 메를로퐁티의 '자연' 강의를 수강했고, 인간과 자연을 물질적, 생명적, 의식적 관계로 연구했던 메를로퐁티에게서 생명체와 자연과의 '순환적, 역동적 관계', '인간 행동의 멜로디

감각적 소통의 중개 인터페이스로 간주한 정신분석가 앙지외[5]의 '심리적 싸개' 개념을 매개로 접근할 것이다.

메를로퐁티는 자신의 철학을 통해 줄곧 몸을 매개로 인간과 세계, 나와 타자가 인과적 관계를 넘어 횡단하며 상호침투하는 '실존적인 순환 관계'를 탐색했다. 세계를 몸으로 직접 체험하는 것을 강조한 메를로퐁티는 과학의 객관적인 자연주의 태도와 데카르트 인지 모델에 근거

---

구조'에 영향 받았다. 특히 개체는 물질적, 생명적, 심리사회적으로 개체화한다고 본 시몽동의 개체화론에서 개체가 자신을 초월해서 집단으로 구조화한 심리사회적 존재로서 집단에 메를로퐁티의 '살'적 존재에 대한 사유가 나타난다. 개인들이 외재적으로 관계 맺는 상호개체성으로 머물지 않고 자신에 잔존하면서도 자신을 넘어서서 타자가 되어 개인들 사이를 관통하며 연결하는 '전개체적인'(préindividuel) 퍼텐셜'로서의 '개체초월적인 것'(le transindividuel, 관(貫)개체적인 것)에서 메를로퐁티의 감성적 공통 토대로서 '살' 존재와의 연관성을 찾아볼 수 있다. 그런 교감에도 불구하고 시몽동은 지평으로서의 현상학적 시간 개념에 '질료형상 도식'의 잔재가 존재한다고 비판하거나, 지각장(場)에 의한 현상학적 상호성을 문제 삼기도 하였다. 시몽동이 보기에 현대사회에서 인간과 기계, 문화와 기술을 대립시키는 태도는 기술 대상을 신성시함과 욕망을 실현하는 수단으로 활용하는 기계에 대한 인간의 몰이해와 편견에서 기인한다. 따라서 시몽동은 기계의 자동성을 '사용 가능한 수단'이 아니라, 인간이 개입할 수 있는 비결정적인 '작동의 여지'로 간주해야만 기술 문화가 기계, 인간, 자연 사이에 상실된 조절 기능을 회복할 수 있다고 주장한다.

5) 앙지외(Didier Anzieu, 1923~1999)는 교수 자격시험을 준비하던 중(1947~1948) 말브랑슈(Nicolas Malebranche), 비랑(Marie-Francois-Pierre Maine de Biran)과 베르그손에게서 '영혼과 신체의 결합'이란 메를로퐁티의 수업을 듣고, 정신분석학자 라가슈(Daniel Lagache)의 지도하에 '프로이트의 자동-분석'에 관한 박사논문을 쓴다. 그 후 앙지외는 조교(1951~1952)로 일할 때 소르본 대학과 심리학 연구소에서 메를로퐁티와 가깝게 지내면서 정신분석가임에도 '몸'에 많은 관심을 가지게 되었다. 이처럼 정신분석가이자 심리학자로서 앙지외는 메를로퐁티와 프로이트의 사상에 이론적 토대를 두고, 발생생물학과 신경생리학의 성과를 응용해 1974년에 Le Moi-Peau(『피부자아』, 권정아·안석 옮김, 인간희극, 2008)를 저술했다. 이 저서에서 앙지외는 '피부자아'를 '환상적 실재성'으로 지칭하고, 피부자아를 원초적인 용해와 분화 사이의 '중개 구조'로 간주하였다. 앙지외는 메를로퐁티처럼 몸을 원초석이고 중심적인 것으로 이해하고, 엄마와 아이 사이의 피부를 인과 밖, 용해와 분화의 '중개 구조'로 파악한 점에서 그의 '피부'는 메를로퐁티의 '살' 개념과 관련된다. Hervé Le Baut, *Merleau-Ponty, Freud et les psychanalystes*, Paris: L'Harmattan, 2014, pp.165~169 참조.

한 사이버네틱스cybernetics에 다음과 같은 부정적인 견해를 지녔다.

> 과학적인 사유, 즉 위에서부터 바라보는 사유, 대상 일반을 생각하는
> 사유는 사유에 앞서 '있음'il y a에로 돌아가야 한다. […] 곧 감각적이
> 며 개방된 세계의 땅인 '있음'에로 돌아가야 한다. 내 몸과 '연결된 몸
> 들' 그러나 […] 나와 동종이 아닌 '타자들' 역시 되살려 내야 된다.[6]

다시 말해 과학은 현실의 감각적이고 불투명한 세계에 직접 접촉
하지 않고 일정하게 계획된 추상적 모델에 근거해 사물들을 조작하고
구성적 가치를 만든다. 게다가 사이버네틱스는 인간을 인간 기계의 모
형에서 구성된 정보의 창조물로 조작한다. 따라서 과학은 모든 인위적
인 조작에 앞서 우리의 몸이 타자들과 함께 살고 있는 불투명하고 야생
적인 '있음', 즉 감각적인 세계로 귀환해야 한다는 것이다.

반면 시몽동은 현대의 사이버네틱스가 기계와 인간 사이의 공통된
상징 체계를 통해 협력 작용을 가능하게 해주기 때문에 인간이 정보기
술과 연합해 자신을 초월하는 자유, 즉 타인들과 교류하며 집단과 연결
된 해방을 실천할 수 있는 기술 문화에 대해 긍정적인 사유를 펼쳤다. 육
체노동과 직접 연결된 연장 같은 전통적인 기술은 목적성을 우위에 두
고 개인의 능력만을 향상시키는 데 그칠 뿐만 아니라, 사용 주체에 의해
좌지우지될 수 있다. 이에 반해 현대의 정보통신 기술이 문화에 편입된

---

6) Maurice Merleau-Ponty, *L'Œil et l'esprit*, Gallimard, 1964, pp.12~13.

"기술 문화"[7]에서는 기계의 작동이 외부보다는 자신과 관련되게 설정된 자기-조절에 의해 작동하고, 이런 자기조절 작용은 인간과 기계가 동등하게 작용하는 "상호개체적인 쌍"[8]에 의해 실현되어 인간이 기술에서 소외되지 않고 상호작용할 수 있다는 것이다.

　나아가 메를로퐁티와 친교가 있었던 앙지외는 기존 정신분석가들과 달리 심리적인 내용보다 신체에 주목하고 피부를 매개로 인간(아이)은 환경(엄마)과 감각적인 소통을 하면서 자아를 형성할 뿐만 아니라 사유하는 자아도 구축한다고 보았다. 다시 말해 앙지외에게서 피부는 외부의 자극을 막고 주변 환경과의 감각적인 소통을 통해 내면의 심리적인 메시지를 전달하는 인터페이스로 간주되기 때문이다. 요컨대 뉴미디어를 기반으로 한 디지털스킨의 빛 축제가 단순히 장식 넘어 도시 산책자들을 감성적으로 연결해 새로운 사회적·미적 공동체를 만드는 소통의 불빛이 될 수 있을까? 그렇다면 한시적 이벤트로 끝나지 않는 미디어 파사드로 인해 현대건축이 거주 넘어 소통의 플랫폼이란 잠재적인 공공의 가치를 실현할 수는 있는지 살펴보자.

---

7) Gilbert Simondon, *Du mode d'existence des objests techniques*, Aubier, 1989[1958], p.119.

8) *Ibid.*, p.120. 시몽동은 기술적 대상이 개별화되거나 문화에 적용되는 과정에서 인간-기계 짝짓기에 작동하는 '기술성'의 특징을 물리학에서 사용되는 '위상 관계'(rapport de phase)에 근거해 설명한다. 즉 양분된 존재는 대립을 내포하지만 평형을 이루는 '2상 위상 구조'(structure diphasée)를 지닌 실재이다. 따라서 실재는 다른 위상과의 상호긴장과 평형 관계로만 존재하므로 생성 변화에 부정성이 개입하는 변증법적 도식과 다르게 위상 차를 통해 발생한다. 사진가와 카메라는 서로에게 환원될 수 없는 위상 차를 지니고 상보적이지만 동등한 관계를 유지하며 상호작용한다고 볼 수 있다.

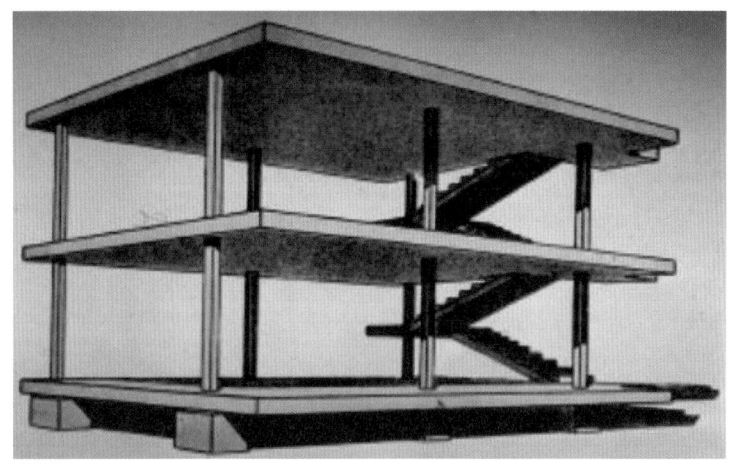

르 코르뷔지에, 「도미노 시스템」, 1914

## 건축 표피의 진화: 상징적 장식성에서 자율적인 소통의 인터페이스로

건축물을 마주할 때 건물의 외부는 '입면, 표피, 파사드' 등으로 지칭되고, 건축 기능과 내용에 대한 상징적 가치를 지닌다. 근대건축 이전의 건축 외피는 내부와 외부 공간을 분리하는 정적인 것으로서 건축물의 기능과 권위를 표현하는 장식과 구조가 혼합되었기 때문에 구조에 종속될 수밖에 없었다. 즉 건축의 표피는 내력벽에 의해 구조와 결합되었고, 신 또는 왕의 권력을 상징적으로 가시화시켜 장식되었다. 19세기 이후 건축은 근대의 합리화 전략에 걸맞게 철이 주재료로 사용된 철근 콘크리트와 철골의 모듈화 같은 효율적인 표준화 과정을 통해 구축됨에 따라 조립과 해체가 가능해졌다. 철근 콘크리트와 철골의 구조에서 분리된 비내력벽의 건축 표피는 구조적 제약에서 벗어나, 표면을 덮은 불필요한 장식이 제거되고 독립적인 표현이 가능한 공간이 되었

리차드 로저스, 〈파리 퐁피두센터〉, 1977

다. "건축물의 표피는 더 이상 부차적 산물이 아닌, 현대건축을 이해하거나 설명할 수 있는 핵심 요소인 것이다."[9)]

그로피우스Walter Gropius의 격자형 유리와 르 코르뷔지에Le Corbusier의 커튼월curtain wall, 즉 건물의 하중을 지지하지 않고 단순히 칸막이 커튼 역할만 하는 비내력벽에 의해 건축 표피는 구조체와 무관하게 기능적 효용성을 극대화시킨 합리성에 따라 장식은 사라지고 격자형의 추상적 형태가 되었다. 특히 르 코르뷔지에의 도미노 시스템Domino System[10)]에 의해 표피는 기하학적인 그리드 형태에도 불구하고 표현적

9) 박진호·박정란, 『현대 건축의 단면과 장면』, 시공문화사, 2013, 144쪽.
10) 도미노 시스템은 도시를 기관차처럼 조립할 수 있는 기계로 간주한 르 코르뷔지에에 의해 1914년경 대량생산의 효율성, 기능성에 적합하게 고안된 규격화로서, 최소한의 개수(6개의 지주와 3개의 평판)의 얇은 철근 콘크리트 기둥들이 모서리에서 지지하는 단순한 구조이다. 그러나 단순한 도미노 구조에 의해 기둥, 바닥, 보 등만을 일체화시켜 벽이 필요 없는 커튼월이 가능해졌다. 내력벽에서 독립된 건물 표피는 표현과 디자인의 자율성을 획득할

헤르조그 & 드 뫼롱, 〈바젤 전시장〉, 2013

인 공간이 될 수 있었다. "표면은 볼륨을 감싸고 있는 표피로, 볼륨이 우리에게 주는 감동을 감소시키거나 증대시킬 수 있다. […] 건설의 목적이 건물을 지탱하는 것이라면, 건축의 목적은 사람을 감동시키는 데에 있다."[11] 그 이후 렌조 피아노Renzo Piano 와 리차드 로저스Richard Rogers의 하이테크 건축인 〈파리 퐁피두센터〉에 와서야 건축의 내부 구조와 시스템이 표피로 드러난 가역적 구조를 통해 내부와 외부 표피의 경계는 해체된다. 1980년대 이후 포스트모던 건축의 표피는 건물 내부 공간의 기능과 분리되어 자유로운 공간과 디자인의 창조로 이어지게 되었다. 로버트 벤츄리Robert Venturi도 『라스베이거스의 교훈』에서 내부 공간에서 분리될 수 있는 '건축 표피의 독립성'을 주장하며 포스트모던 건축의

수 있게 된 것이다.
11) 르 코르뷔지에, 『건축을 향하여』, 이관석 옮김, 동녘, 2002, 36~37쪽.

프랭크 게리, 〈뉴욕 레지덴셜〉, 2011

이론적 기틀을 마련해 주었다.

　　표피의 변화는 새로운 건축 재료와 구축법의 변화와도 관계된다.[12] 특히 헤르조그Herzog 및 드 뫼롱Meuron과 프랭크 게리Frank Gehry[13]를 비롯해 동시대의 많은 건축가들이 활용했던 접이식 표피folding skin는 건물 내부와 표피의 경계를 흐리고 주변 환경에 따라 시시각각 변화하는 다양한 시각적 효과를 연출할 수 있게 된다.

　　마침내 독립된 건축 표피는 장 누벨Jean Nouvel의 〈아그바 타워〉의 표피[14]처럼 센서 장치에 의해 주변 환경에 순환적으로 반응하는 지기

---

12) 철골 구조가 다양한 소성변형으로 기하학적 형태를 만들 수 있듯, 다양한 패널(유공, 폴리카보네이트, 유리) 등이 다양한 표현 가능성을 열어 놓았다.

13) 대표적으로 헤르조그, 드 뫼롱의 〈The Eberswaide Technical School 도서관〉(1997~1999), 〈De Young 박물관〉(2005)과 게리의 〈빌바오 구겐하임 미술관〉(1991), 〈네덜란드 보험회사〉(1995), 〈월트 디즈니 콘서트홀〉(2003), 〈뉴욕 레지덴셜〉(2011) 등을 들 수 있다.

14) 도요 이토(Toyo Ito)의 〈윈드 타워〉(Tower of Winds, 1986)에 나타난 타공 철판 표피는 타

장 누벨, 〈아그바 타워〉, 2005

조절적 미디어 역할을 할 수 있게 되었다. 이처럼 포스트모던 건축의 외벽은 건물의 내외 공간을 주변 공간과 연결하면서도 독립적이고 자율적인 매체가 되어 표면 재료의 물성을 살리거나 물성에서 벗어난 표현 장소가 된다. 표면 재료의 물성을 살린 패턴 디자인을 통해 도시 미화에 집중하거나 비물질적인 표면이 되어 주변 환경에 반응하게 된 것이다.

---

위 주변의 보이지 않는 바람을 디지털 기술, 조명 장치에 의해 시각적인 정보로 변환시켜 물질적인 현실과 비물질적인 정보를 넘나들게 만든 자가반응형이다.

그리고 마침내 건축 표피에 IT 기술, 영상, 예술적 감성이 결합하면서 외피는 예술과 비예술의 경계가 사라진 독립적인 디자인의 대상이 되거나 정보를 유통시킬 뿐만 아니라 행인 또는 주민에게 반응하며 상호작용하는 미디어 파사드가 될 수 있었다. 물질적이고 고정적인 건축의 외피는 비물질적, 유동적, 일시적인 이미지와 정보를 전달하는 디지털 파사드가 되어 사람과 사람을 연결하는 인터페이스이자 플랫폼이 된 것이다.

## 소통의 인터페이스로서 미디어 파사드

### 자기반응적 디지털스킨과 자기조절 피부

현대건축의 표피는 근대건축의 획일적이고 균질적인 그리드 양식에서 벗어나 자율성을 획득하게 된다. 자율성을 획득하는 과정은 외부 환경과 스스로 반응하는 생명체의 피부나 화장과 문신에 의해 자신만의 고유한 개성과 메시지를 전달하는 얼굴의 피부처럼 생체모방적으로 진화해 왔다. 최근 미디어 파사드는 ICT 기반의 멀티미디어, 센서 장비, LED 조명의 하이브리드를 통해 다양한 디지털스킨을 갖춘 디지털 파사드로 건물의 피시드 또는 건물 전체를 치장하는 것이 트렌드처럼 되었다. 디지털스킨은 크게 전시형 스킨, 자가반응형 스킨,[15] 상호작용형 스킨[16]으로 분류되나, 경우에 따라 혼합형으로 설치되기도

---

15) 자가반응형의 예: "Climate on the Wall"(http://vimeo.com/26423771, 2015. 01. 13.)

16) 상호작용형의 예: "FLEV_interactive_media_facade_reel_2014"(http://vimeo.com/101603904, 2015. 01. 13.)

(전시형의 예) 라 메르세를 맞아 2012년 바르셀로나 시청에서 진행된 미디어 파사드

한다. 전시형 스킨이란 서울스퀘어에 처음 설치되었던 줄리안 오피의 「군중」처럼 주변 환경조건과 상관없이 프로그램화된 광고 이미지들, 또는 예술작품을 보여 주는 것이다.

자가반응형 스킨은 건축 표피가 사람들과의 직접적인 상호작용적 소통보다 생명체의 피부처럼 자연환경의 요소들(빛, 온도, 바람 등)에 반응하고 조절하면서 표피의 형태, 색을 변화시키며 다양한 디자인과 패턴들을 보여 준다. 따라서 자가반응적 외피는 시대와 사회의 변화에 따라 그 기능과 의미가 변화해 온 것처럼, 단순히 건축의 내·외부를 나누는 경계면이 아니라 내부 기능과 외부환경이 관계 맺는 과정으로 해석되어야 한다. 이런 관점은 건축 표피를 물질적인 사물이 아니라 자연환경과 끊임없이 상호작용하는 생명체의 피부와 유사한 것으로 간주하는 것이다.

서울스퀘어 미디어 캔버스에 전시된 줄리안 오피의 「군중」

자가반응 표피란 생물체의 피부가 노출되어 외부 자극에 반응하듯,
건물의 표피도 외부와 상호반응해야 한다는 인식에서부터 출발한다.
유기체가 외부 조건에 적절하게 반응하며 스스로를 보호하듯, 건물도
피부와 같은 표피를 통해 자기조절력을 갖추게 된다는 것이다. 외부
세계에 대한 조절 메커니즘은 효율적인 센서 장치로 가능하며, 이 장
치를 통해 건물의 모든 정보를 원활하게 제어할 수 있다.[17]

이와 같이 건축 표피의 자가반응성은 미디어 파사드가 장식적인
디자인을 변화시키며 사람들과 상호소통, 상호작용할 수 있는 토대를
마련해 준다. 생체모방적인 자가반응적 건축 표피의 대표적 예는 장 누

---

17) 박진호·박정란, 『현대 건축의 단면과 장면』, 168쪽.

장 누벨, 〈아랍문화원〉, 1987

벨의 〈아랍문화원〉을 들 수 있다. 〈아랍문화원〉은 아랍 문화를 상징하는 기하학적 무늬 240여 개에 감광 장치가 달린 카메라 조리개 장치를 응용해 유리 표면 뒤에 설치하고, 그 장치가 외부 빛에 스스로 반응하며 건물에 들어오는 빛의 양을 자동적으로 조절하도록 구축된 것이다. 이 자가반응 표피는 디자인의 차원을 넘어서는 반복적인 패턴과 유리로 구성된 이중 표피 벽체 시스템을 갖춰 벽체 사이의 공간이 냉난방과 환기를 효율적으로 유지할 수 있게 되었다. 따라서 자연 환기는 물론 소음 차단과 에너지를 절감할 수 있는 친환경적인 요소도 지니기 때문에 안과 밖을 소통시키는 인터페이스 외에 지속가능한 환경에도 일조하는 특징을 지닌다. 자연철학자이자 기술철학자로서 생명체의 개체화에 근거해 기술의 개체화를 연구했던 시몽동은, 기술적 대상이란 주변 자연환경에 반응하는 동시에 기술 환경에 적응하는 이중적인 회귀적

récurrent 작용을 통한 "연합 환경"milieu associé[18])에 맞춰 스스로 조절하면서 단일한 구조로 발전한다고 주장했다. 말하자면, 자연환경과 기술 환경은 인간의 선택에 의해 적응하도록 조정될 때에만 '진정한 기술적 진보'가 이루어진다는 것이다. 즉 기술적 대상의 구체화가 가능한 것은 구체화를 통해 새롭게 창조된 조건들이 과진화적이지 않게 적응하도록 하는 환경으로서 '적응에 의해 창조된 환경'이다.

> 구체화-적응은 이미 주어진 환경에 의해 조건 지어지는 것이 아니라 환경 자체의 탄생을 조건 짓는 과정이다.[19])

시몽동에게서 기술적 대상은 자연환경과 기술 환경에 적응하며 '자기-조절auto-conditionnement의 원리'에 의해 기술-지리적 환경이 혼합된 존재로서 발전한다. 미디어 파사드의 자가반응적인 건물 표피는 건물의 기술 시스템과 주변 환경과의 이중적인 관계 맺음을 통해 발전된 것이다. 이 현상은 현상학자로서 진리와 존재의 근원을 반성되기 전 세계로 열려 움직이는 몸의 지각 체험에서 찾았던 메를로퐁티가 『행동의 구조』에서 언급한 생명체의 질서에서 나타나는 현상이다. 즉 생명

---

18) Gilbert Simondon, *Du mode d'existence des objests techniques*, p.57. 시몽동은 모터의 진화 과정을 예로 들어 기술적 대상은 '자기에 대한 적응과 자기에로의 수렴' 같은 '일관성(consistance)과 수렴(convergence)'이란 개체발생의 원리에 의해 진화한다고 보았다. 기술적 대상은 '자기조절'에 의한 '내적 공명'(résonance interne)에 따라 스스로를 통합한다. 즉 과거 모터의 부품들은 닫힌 시스템에서 인과 작용에 의해 추상적 형태로 존재하는 반면, 오늘날 엔진의 주요 부품들은 상호회귀적인 인과 작용에 의해 구체적-개방적인 형태로 존재한다.
19) *Ibid.*, p.55.

체의 반사 행동은 피부 근육의 반응과 이 반응을 조건 짓는 자극의 관계가 단순히 내적 성격이나 점괄적 원인에 의한 국소적인 반응이 아니라 "운동적 신경 감응이 매 순간 각각의 경우 상황의 특수성을 고려하여 조정"[20]된 것이고, 기계적이지 않은 우연적인 것을 내포한다는 것이다. 이 때 "감각중추와 운동중추는 단 하나의 기관에 속하는 부분들처럼"[21] 기능한다. 메를로퐁티는 지골을 도려낸 분식성 풍뎅이와 반맹증 환자의 실례를 들어 생명체의 본질은 단순히 해부학적 사실이 아닌 운동신경과 감각들의 기능적인 사용에 있다고 강조했다.[22]

대체 작용 수행으로서의 기능의 재조직화는 '주문에 따른' 행위에 의해서가 아니라, 생명적 이해관계가 문제가 될 때에만 특정한 방식으로 이루어진다. 다시 말해 그것은 신경계 전체를 위한 균형의 회복 수단을 나타내는 것이지 어떤 자동적인 국소적 장치의 가동을 나타내는 게 아니다.[23]

---

20) 현상학자로서 진리의 근거를 세계와의 생생한 감각적 체험에 입각해 탐문했던 메를로퐁티는 이 책에서 몸의 행동이 세계와 맺는 구조를 연구했다. Merleau-Ponty, *La structure du comportement*, Paris: PUF, 1942, p.36 참조. 메를로퐁티는 그런 행동의 구조를 물질적 차원, 생명적 차원, 의식적 차원에서 고찰한다. 생명체의 행동 구조는 환경과의 순환적인 교환 작용을 통해 적절한 환경을 만들어 가지만, 인간의 행동 구조는 이 세 차원을 다양한 관점을 통해 "관계적·변증법적으로 재조직 통합"한 의미를 지닌다는 것이다.

21) Merleau-Ponty, *La structure du comportement*, p.36.

22) 지골을 도려낸 분식성 풍뎅이가 즉각적으로 전진을 계속할 수 있는 이유는, 나머지 다리의 운동 결과가 아니라 한 기관의 기능이 재조직화되어 새로운 방식의 이동을 나타내기 때문이다. 또한 두 개의 반망막만을 가진 반맹증자들의 경우도 제대로 보지 못한다는 느낌을 갖지만 시야가 반으로 줄어들었다는 느낌을 전혀 갖지 않는 이유는, 그들 시각의 신경 활동들이 기능적 균형으로 방향 잡혔기 때문이다.

23) *Ibid.*, p.40.

다시 말해 의식적이지 않은 반응들이라도 신경 활동 전체에서 분리될 수 없다는 것이다. 기능적 재조직화란 맹목적 메커니즘과 지능적 행동 사이에서 지향적인 활동이다. 반사 행동과 지능적 행동을 분명하게 구분할 수 없고, 자극들에 대한 반응은 맹목적이지 않고 상황과 관련된 것이다. 메를로퐁티는 생명체의 행동이란 외부 환경, 즉 자연과 인과적이지 않고 순환적임을 강조한다.

> 이제부터 분명한 것은 반사의 수준에서조차도 자극들의 상호작용으로 인해 신경 활동이 수용기들로부터 효과기들에 이르기까지 전개되는 '종단적 현상들'로 간주될 수 없다는 것이고, 자동 응답기에서처럼 신경계의 어디선가 '횡단적 현상들'이 발생하게 되어 있다는 것이다. […] 유기체와 환경 사이의 관계는 선형적 인과관계가 아니라 순환적인 인과관계라는 사실이다.[24]

이는 유기체가 환경과 순환적으로 상호작용하듯, 생체모방적인 자가반응적 건물의 표피는 건물 입면을 구성하는 요소들만의 합이 아니라 표피를 이루는 기술 장치와 빛, 온도, 바람 같은 환경 요소들과 분리될 수 없는 전체라는 뜻이다. 시몽동은 기술적 대상이 '자기-조절'을 통해 구축적으로 진화할 때 환경을 창조할 수 있고, 이를 통해 기술 진화가 진보적 방향으로 발전할 수 있다고 주장한다. 즉 기술적 구체화의 진화 과정은 새로운 환경을 창조함으로써 주어진 실재와 현실적 시스템

---

24) *Ibid.*, pp.12~13.

의 한계를 넘어서 새로운 형태로 도약하는 생명 작업과 본질적으로 유사하다는 것이다. 요컨대 시몽동에게 기술적 대상의 구체화란 단순한 타협이 아니라, 동시적 공존이자 수렴에 의해 구조적인 단일성으로 발전하는 것을 의미한다. 따라서 〈아랍문화원〉의 창 형태, 또는 〈윈드 타워〉의 조명 밝기는 외부의 빛, 온도, 바람에 의해 수동적으로 결정된 것이 아니다. 자가반응형 스킨이 만들어 내는 디자인은 외부 자극에 적절한 방식으로 반응하고 조절하는 관계에서 형성되고 변화하는 게슈탈트 Gestalt이다.

전통적으로 피부란 내부와 외부의 경계면으로서 바깥 자극으로부터 몸을 보호하는 막이자 정보를 받아들이는 표피로만 간주되어 왔는데, 피부를 보이지 않는 내면과 상관없는 "비본질적인 것"[25]으로 치부할 수 있는가? 더 나아가 환경 자극에 반응하며 다양한 형태와 다채로운 색이 만든 장식을 보여 준 미디어 파사드는 사람들과 상호작용하며 메시지와 정보를 전달하고 소통하는 인터페이스는 될 수 없는가? 이를테면 디지털스킨이 환경과 교류하는 자기조절 피부의 생명적 질서를 넘어서 시민들과 직접 상호작용하며 교감할 수 있는 감각적인 소통의 플랫폼이 될 수 없는가?

상호작용적 디지털스킨과 메시지로서의 피부

최근 미디어 파사드는 근대건축의 획일적이고 균질적인 그리드 외피에서 벗어나 인간이 얼굴에 화장하거나 문신하는 것처럼 자신만의 고

---

25) 니마토 지히로, 『생각하는 피부』, 김경주·이종욱 옮김, 논형, 2014, 24쪽.

7장 _ 소통의 플랫폼, 디지털스킨과 감성적 '살' 공동체  287

유한 개성을 표현하고 소통하길 원한다. 즉 상호작용형 디지털스킨은 자가반응형 스킨의 특징에 입각해 행인들의 몸짓이나 행동에 직접 반응하며 메시지와 정보 전달을 목표로 하는 것이다. 이런 디지털스킨의 특징은 표정을 통해 내면을 드러내는 심리적인 피부의 특징에서 찾아볼 수 있다. 얼굴은 개인의 감정을 곧바로 드러내는 표정에 의해 심적인 내용을 전달하므로 얼굴 피부가 바로 메시지 전달의 인터페이스가 되는데, 일시적인 화장 외에도 직접 메시지를 새겨 넣는 문신에서 더 잘 드러난다. 과거에는 위화감을 조장하는 문신이 대다수였지만 최근에는 스타들이 '액세서리 문신'을 통해 자신만의 개성을 표현한다. 이처럼 피부가 단순히 외부환경과의 순환적인 자가반응막의 기능만 하는 것이 아니라, 내면의 심리적인 것을 적극적으로 전달하는 메시지 역할을 하기 때문에, 메시지를 전달하려는 미디어 파사드의 상호작용적 스킨은 자신을 표현하는 인간의 피부에 비유될 수 있다. 마치 화난 사람의 얼굴이 그대로 화난 의미를 드러내듯이 말이다. 메를로퐁티는 인간 행동이란 생존을 위해 환경과 상호작용하는 동물의 운동감각적인 생물학적 질서 너머 세계에 대한 즉흥적이면서도 다양한 조망을 통해 자신만의 고유한 의미를 표현할 수 있다고 강조한다.

이에 근거해 현상학적 미학자인 뒤프렌Mikel Dufrenne은 "인간에게서 심오한 것이 있다면, 그것은 피부다. 그러나 정확히 피부가 무엇인가? 개체에게는 싸개이고 환경과 개체 사이에서는 교환의 장소이다"[26] 라고 기술한다. 즉 피부란 심연에 옷 입혀 외부와 소통하게 하는 인터페

---

26) Mikel Dufrenne, *Esthétique et Philosophie*, Tom 2, Paris: Klincksieck, 1976, p.90.

이스이다. 따라서 표피 위에 기입된 것은 심오한 것을 표현하기 때문에 피부의 문신은 단지 기록이 아니라 내면의 이야기인 것이다. 표피는 곧 심연의 피부이다. 요컨대 피부란 자아의 심층적인 것을 드러내며 외부 환경과 연결시켜 주는 것이다. 촉각적인 피부를 통해서만 타자와 접촉하거나 분리될 수 있기 때문에 촉각이 다른 감각을 소통시키는 공감각의 공통 지대이다.

외부와 내면, 나와 타자 사이의 촉각적 인터페이스로서 심리적 피부에 대한 연구는 앙지외[27]의 『피부자아』에서 그 성과를 찾아볼 수 있다. 이를테면 모든 세포는 사이에 빈 공간이 있는 두 겹 구조로 된 세포막으로 이루어졌기 때문에, 피부는 자신의 내부와 외부, 나와 타자를 구분하게 하는 '경계'로서 물리적인 표면을 형성함과 동시에 자아를 형성케 하는 심리 장치의 표면처럼 이중의 층으로 이루어졌다는 것이다. 따라서 앙지외에게 사고는 뇌보다 피부와 관련되어 있고, 자아는 신체적 자아와 심리적 자아의 이중적 지형 구조를 지닌 "피부자아"[28]로 정의된

---

27) 주로 경계성 장애와 성격장애에 대해 연구했던 앙지외는 『피부자아』에서 현대적 병리가 심리적 내용과 용기 사이의 장애에서 기인하는 데 반해, 기존 정신분석이 주로 심리적 내용물에 치중했다고 비판한다. 그리고 그는 이제 '용기의 균열과 방어적인 과투여'의 원인을 분석해야 한다고 주장한다. 뇌의 활동이 뇌의 백질을 감싸는 회백질의 외부층인 피질(cortex)에서 이루어지는데, 신경생물학은 표피로서의 뇌가 피부, 감각기관들과 분리되지 않고 연결되어 있다는 사실을 알려 준다. 태아발생학에서 낭배기 동안 세포막의 끝 부분이 '함입', 즉 '피부의 접힘 현상을 통해' 외배엽과 내배엽이라는 두 개의 층을 형성한다. 이때 외배엽이 감각기관인 피부와 뇌를 형성하기 때문이다. 심리적 피부 개념은 처음 프로이트의 『쾌락원칙을 넘어서』(1920)에서 단지 은유와 환유로 사용된 '싸개'(envelloppe)로 나타나서 피부막이란 지형학적 도식으로 윤곽 잡혔으나, 신체 표면을 피부라고 부르게 된 것은 에스더 빅(Esrher Bick)이 자신의 논문에서 제시한 '심리적 피부'(1968)의 이후부터이다. 『피부자아』, 35쪽 참조.
28) 가장 외부의 피부는 바깥에서 온 물리-화학적인 자극과 흥분을 막는 영사막을 만들고, 가장 내부의 층은 수용 기능을 하며 징후와 기호를 지각해서 기재하므로 얇은 막(필름)과 인

다. 심리적 싸개로서 피부는 두 겹의 층으로 이루어졌는데, 밖의 자극들을 막아 주는 가장 외부의 딱딱한 자극막과 안과 밖을 연결해 수신 작용하는 경계면으로서의 얇은 막으로 이루어졌다. 즉 피부막은 힘이 작용하는 자극막과 의미 작용 하는 수신막이란 두 층으로 구축되었다. 앙지외는 이 두 층을 사람들과 환경에 따라서 다양하게 분화되고 연결되는 "자극의 싸개와 의사소통 혹은 의미의 싸개"[29]로 분류한다. 사유와 인식이란 뇌의 고립된 활동이 아니라 피부의 표면들과 서로 이어진 감각기관들 사이의 작용이라는 것이 밝혀진다. 이런 점에서 전통적인 건축물 외피는 주변 자극으로부터 건물을 보호하고, 건물의 의미와 내용을 상징적인 장식들로 드러내기 때문에 자극의 싸개와 의미의 싸개라는 피부의 두 기능을 수행한다. 그러나 전통적인 건축물의 의미는 건물이 축조될 때 이미 결정되어 지속되기 때문에, 거주민을 참여시키는 능동적인 의사소통을 수행하지 못한다. 이에 반해 미디어 파사드의 자가반응형 디지털스킨은 계속해서 주변의 물리적 환경과 순환적인 상호반응을 통해 변화하는 게슈탈트를 보여 준다. 그런데 이 자가반응형 게슈탈트 또한 내부적인 것을 어느 정도 드러내지만 적극적으로 어떤 메시지를 전달하며 상호소통하는 것이 아니기 때문에 상호작용적 인터페이스의 역할을 능동적으로 수행한다고 볼 수 없다.

앙지외가 밝혀 준 것처럼, 피부는 단순히 내용물을 감싸는 싸개처

---

터페이스의 역할을 한다. 피부의 두 층은 자극을 막는 싸개이자 소통 혹은 의미 작용의 싸개이다. 즉 중심-자아와 외피-자아 사이에는 살-자아인 심리적 자아가 있는데, 살은 피부와 뼈대를 이어 준다(앞의 책, 36쪽).

29) 앞의 책, 351쪽.

럼 물질적 차원으로만 존재하는 것이 아니라, 지각과 의식을 일깨우는 피부의 촉각처럼 여러 감각기관들의 공감각적 토대다. 즉 감각이란 피부 접촉에 의한 주관적인 반응에서 기인한다. 피부는 심리적인 내면을 외부환경 자극의 피드백으로 드러내는 스크린 역할을 하며, 자아의 해부학적, 생리적, 문화적인 요소들을 종합적으로 드러낼 수 있다. '용기로서의 피부의 고유한 수용성'이 어린이의 사고와 성격 발달에 중요하다고 본 발롱Henri Wallon처럼, 앙지외는 언어 습득 이전에 아이는 엄마와 촉각적인 피부 접촉에 의한 애착 관계를 통해 피부를 표면으로 지각한다고 보았다. 구강기 아이에게 엄마의 젖가슴은 단지 빨기의 쾌감만이 아니라 피부의 촉각을 통한 엄마와 소통의 시작이므로, 최초의 심리적 대상인 것이다. 여기서 앙지외는 이제까지 정신분석학이 몸을 무의식의 대상으로 여기지 않았다고 비판하고, "피부자아의 창설은 자기애적인 싸개를 향한 욕구를 만족시키고, 심리 장치에 지속적이고 확실한 기초적인 행복감을 제공한다"[30]라고 강조했다. 즉 피부자아는 아기가 신체 표면의 경험을 통해 심리적 자아로 나타나기 위한 형상이기 때문에 심리적 자아는 신체적 자아와의 연결에 의해 형성된다는 것을 의미한다. 요컨대 앙지외는 피부자아의 심리적 활동이 피부의 생물학적 세 가지 기능, 즉 "담아 주는 주머니로서의 기능", "경계면으로서의 기능", "관계를 형성하는 최초의 장소이자 수단으로 기능"[31]에 의존하고 있음

---

30) 앞의 책, 82쪽
31) 피부의 첫 번째 기능은 수유 환경을 통해 좋은 것을 "담아 주는 주머니로서의 기능"이고, 두 번째 기능은 내부와 외부를 분리하고 내부를 보호하는 "경계면으로서의 기능"이고, 세 번째는 입처럼 타인과의 소통을 통해 "관계를 형성하는 최초의 장소이자 수단으로 기능"

을 밝혀 주었다. 이처럼 피부자아는 피부의 기능과 수용 감각을 기반으로 경계선을 형성하고 외부와의 교류들을 걸러 내는 애착욕동을 통해 자아로 통합될 수 있다. 그 결과 사고자아는 이런 피부자아의 기능에 근거해 형성된다는 것이다.

몸주체와 대상, 나와 타자의 공통 토대에서 진리의 근원을 탐색했던 메를로퐁티도 유고집,『보이는 것과 보이지 않는 것』에서 보이지 않는 관념이란 보이는 감각적인 몸 운동이 펼쳐 낸 진동과 두께에서 형성된다고 강조한다. 보이는 세계와 형태는 보이지 않는 의미와 분리된 것이 아니라 감각적으로 연결되어 있다는 것이다. 따라서 보이지 않는 것은 존재하지 않는 것이 아니라 존재하는 것을 드러나게 해주는 그 이면이자 의미이고, 보이는 것은 보이지 않는 것의 골조이다.

의미는 보이지 않지만 보이지 않는 것은 보이는 것과 상반되는 것이 아니다. 말하자면, 보이는 것은 그 자체로 보이지 않는 것의 골조이고 안 보이는 것은 보이는 것의 비밀스러운 보안물이다. 안 보이는 것은 보이는 것에서만 나타난다. […] 그러나 그것(안 보이는 것)은 보이는

하는 것이다. 여기서 앙지외는 거울단계 이전에 아이가 엄마와의 신체 접촉에서 과도한 자극이 애착욕동을 좌절시켜 외상을 일으키는 피학증 후에 성적-정신적 피학증으로 발전한다고 보았다. 피학증적 집착은 과거 아이가 엄마와 하나의 피부로 연결되어 있다는 '촉각적인 피부 융합의 환상'에서 비롯된다. 이때 피부 접촉 유형은 자극 전달과 정보 전달이란 두 가지 유형의 접촉이 아이에게 구별되지 않은 상태로 남아 있다는 것이다. 여기서 '자극적인 접촉'은 '피학증'에로, '의미 있는 접촉'은 '자기애'로 향한다. "피부자아가 자기애적 측면이 발달할 때 공통의 피부라는 최초의 환상은 강화되고, 훼손될 수 없는 피부라는 2차적 환상으로 변한다. 반면 피부자아가 피학적인 측면에서 발달할 때는, 공통의 피부는 벗겨지고 상처 입은 피부라는 환상을 가지게 된다." 앞의 책, 90쪽.

것의 선상에 있고, 보이는 것의 잠재적 안식처이고, 보이는 것에 투명한 무늬로 새겨져 있다.[32]

보이는 것과 보이지 않는 것의 관계는 사실과 의미의 대립을 뜻하는 것이 아니라 감각적인 것에 내재한 의미이다. 따라서 사람의 화난 표정에서 그 사람의 불편한 심리를 알 수 있듯이, 내·외부의 경계면으로서의 피부는 보이지 않는 심리적인 메시지를 드러낸다. 마찬가지로 미디어 파사드의 디지털스킨도 주변 환경과 상호작용하며 변화하는 형태만을 보여 주는 자가반응형에만 머무르는 것이 아니라, 의미작용하는 메시지를 전달할 수 있다. 이제 디지털스킨은 삭막한 빌딩 숲에 개성 있는 얼굴들을 찾아 주는 표현의 장을 열어 놓아 최근에는 건물의 표피와 벽 외에도 광고를 위해 움직이는 사물들에 프로젝션 매핑projection mapping을 통해 디지털스킨을 입히고 있다. 그런데 미디어 파사드가 기존의 광고 전광판처럼 단순히 소비 정보를 전달하는 상업용에서 벗어나 지역민들과 감각적으로 상호작용하는 사회적인 소통의 장을 열 수 있을까? 나아가 디지털스킨이 발산하는 현란한 빛의 점멸이 과잉의 메시지와 정보를 전달해 디지털 중독, 또는 디지털 스트레스를 초래하지 않고 공공의 플랫폼이 되기 위한 조건은 무엇인가?

---

32) Merleau-Ponty, *Le visible et l'invisible*, Paris: Gallimard, 1964, p. 269.

## 디지털스킨과 감성적 '살' 공동체

현대건축은 디지털 파사드 내부에 센서를 장착한 자가반응형 피부를
적극적으로 활용해, 사용자의 상호작용적 경험을 증대시킨 정보 전달
을 우선시한다. 초기 미디어 파사드는 광고용 전광판이나 네온사인처
럼 정보를 일방향적으로 제공하기 때문에 수용하는 사람들의 경험이
중요하지 않았다. 상호작용형 디지털스킨은 자연환경적 요소와 상호
반응하는 스킨에서 발전된 것으로 시민들의 감각적인 몸짓과 보다 섬
세하게 교류하면서 메시지도 소통하는 미디어 역할을 수행한다. 시몽
동은 '기계의 자동성'을 인간이 개입할 수 있는 '작동의 여지'로 간주
해야만 기술이 문화에 편입될 수 있으며, 이때 인간과 기술은 대립하
지 않고 사회적 공동체를 만들 수 있다고 주장했다. 이처럼 인간과 기
술이 서로의 능력을 교환하며 만든 환경이 '기술적 앙상블'이다.[33] 그
렇다면 미디어 파사드란 인간과 기계가 짝지은 기술적 앙상블이 되어
'이상적 커뮤니케이션'을 실현할 수 있는가? 시몽동에게서 기술적 앙
상블은 단순히 개인 실체들의 총합이 아닌 "관계들의 시스템"[34]이다.
뉴미디어로서 미디어 파사드는 정보기술 사회에서 인간과 기계가 소

---

33) 여기서 기술적 앙상블이란 기술적 대상들의 비결정적인 상관관계 속에서 '기계-인간 짝짓
    기'가 되는 것을 의미한다. "개별적인 기계는 인간을 표현하지만, 인간은 기계들의 앙상블
    을 표현한다. 왜냐하면 모든 기계들의 기계는 없지만, 모든 기계들을 겨냥하는 사유는 있
    을 수 있기 때문이다." Gilbert Simondon, *Du mode d'existence des objets techniques*,
    p.145.
34) Gilbert Simondon, *L'individuation à la lumière des notions de forme et
    d'information*, Grenoble : Millon, 2005, p.295.

외나 지배로 흐르지 않게끔 하고 상호등가적이고 교환적인 관계들의 시스템을 유지하며 새로운 소통의 공동체를 형성할 수 없는가? 우리는 미디어 파사드를 통해 상호작용하며 하나로 연결되어 정보를 교환하면서도 사적인 이해타산에서 벗어난 미적 공동체가 될 수 있는가?

발터 벤야민이 일찌감치 주목했듯이, 도시를 걷는 산책자에게 현대 도시 경험은 몽타주로 된 영상 매체의 발달로 온몸에 충격 효과를 주는 시각적 촉각성이 그 특징이다. 피부는 촉각 문화를 체험할 수 있는 공감각 기관이다. 앙지외도 "시각적인 인상들은 궁극적으로 촉각적인 인상들로부터 비롯된다"[35]라고 본 프로이트의 분석을 인용하며 피부자아를 초월한 공동체의 조건을 촉각에서 발견한다. 촉각은 운동감각적 공간이 심리적 공간을 구성함으로써 상호감각적 교감 체계를 형성할 수 있게 해주고, 상상적 공간을 제공함으로써 사고 작용의 공간을 형성하는 데로 나아간다. 메를로퐁티 또한 만지고-만져지는 촉각에서 시각과 인식이 시작되기 때문에 나와 타자는 상호신체에 의해 상호주체가 가능하다고 보았다.

> 눈에 보이는 광경은 '만질 수 있는 성질들'보다 더 많이도 아니고 더 적게도 아니게 촉각에 속한다. 우리는 보이는 것이 무엇이나 만져지는 것 가운데서 재단되었다고, 만질 수 있는 모든 존재는 어떤 식으로든 가시성을 약속받고 있다고 생각하는 데에 익숙해져야 한다.[36]

---

35) 지그문트 프로이트, 『성욕에 관한 세 편의 에세이』, 김정일 옮김, 열린책들, 2004, 263쪽.
36) Merleau-Ponty, *Le visible et l'invisible*, p.177.

피부의 촉각이 시각으로 확장되고 공감각을 형성해 사유와 인식도 가능하다. 미디어 파사드 앞에 일시적으로 모였다 흩어지는 산책자들이지만, 불특정 개인들은 각자의 몸으로 디지털스킨에 촉각적으로 반응하는 감각적 경험을 통해 한시적이지만 감성적 공동체가 될 수 있다. 날것의 세계와 직접 접촉하는 몸의 지각 체험을 강조했던 메를로퐁티에게 지각이란 자신만의 고유한 몸의 감각기관들이 세계와 관계 맺으면서 그 의미를 드러내는 것이다. 그런데 만지는 오른손과 만져진 왼손의 이중 감각을 지닌 몸이란 온전한 의식 주체도 아니고 그렇다고 물질 대상도 아니라 이 둘이 중첩된 "현상의 몸"corps phénoménal이다.[37] 세계는 이처럼 순수한 의식으로도, 순수한 물질로도 환원될 수 없는 현상적인 몸의 움직임을 통해서 출현하는 감각적 현상이다. 온전히 주체도, 대상도 아닌 손의 이중 구조가 내 몸을 형성하듯, 나와 타자가 감각적으로 상호침투하고 얽혀 있다는 메를로퐁티의 "교직교차"chiasme[38]는 디지털스킨을 매개로 나와 타자가 만들어 가는 공동체의 특징을 밝혀 줄 수 있다. 다시 말해 메를로퐁티에게서 '상호얽힘' 운동인 '교직교차'란 주체와 대상, 나와 타자가 횡단하며 서로에게 침투해 하나의 직물처럼 짜여진 "살"[39]이란 감각적 소통의 공통 지대를 생성한다.

---

37) Merleau-Ponty, *Phénoménologie de la perception*, Paris: Galimard, 1945, p.123.
38) Merleau-Ponty, *Le visible et l'invisible*, p.172.
39) *Ibid.*, p.175. 메를로퐁티는 '살'을 물질적, 정신적 실체가 아니라 "존재(Être)의 '원질'"(*Ibid.*, p.184)이라고 정의하고, 보는 몸주체가 보이는 대상이 되는 '거울현상'과 같은 '살'의 가역성이 소통의 감각적 토대이자 진리의 토대임을 강조했다. 즉 메를로퐁티에게서 거울은 보는(만지는) 주체이자 보이는(만져지는) 객체라는 몸의 이중감각인 '살적 구조'를 가장 잘 드러낸다는 점에서 모든 기술매체의 토대로 간주된다.

살의 개념은 객관적 몸이 아니며, 또 영혼에 의해 자기 것으로 사유된 몸(데카르트)도 아니다. 이 살은 우리가 감각하는 것이면서 누군가 감각한 것이라는 이중의 의미에서 감각물이다. […] 그리고 내 살 자체는 여타의 모든 감각적인 것들이 기재되어 오는 감각적인 것 중의 하나이다. 즉 내 살이라는 감각적인 것은 다른 모든 감각적인 것들이 관여하고 있는 감각적인 축이고, 열쇠-감각적인 것, 차원적인 감각적인 것이다. 내 몸은 최고도로 모든 사물이 되고 있는 것, 즉 하나의 '차원적인 이것'이다. 내 몸은 보편적인 사물이다.[40]

내 몸의 오른손과 왼손의 감각적인 교직교차에 의한 제3의 '사이존재'로서 '내 살'은, 나와 타자 사이의 교직교차에 의한 '세계의 살'을 이해하는 토대이다. 즉 세계에 거주하며 활동하는 내 몸은 세계의 사물들을 붙잡고 연결하기 때문에 "사물들은 내 몸 자체의 부가물이거나 그 연장이고, 내 몸의 살을 채워서"[41] 결국 내 몸과 사물들은 동일한 소재로 되어 있다는 것이다. 이런 점에서 디지털스킨은 단순히 유용한 기술적 수단이 아니라 나와 타자 사이의 매개로 작용하며 살적인 관계를 더욱 활성화시킬 수 있다. 시몽동은 기술 장치가 단지 유용한 도구에 불과한 것이 아니라, 인간과 세계를 관계 맺어 주면서도 정보를 전달하는 매개적인 특징에 주목하고 기계를 "교환역학적 존재"[42]로 간주했다. 메를로퐁

---

40) *Ibid.*, p.313.
41) Merleau-Ponty, *L'Œil et l'esprit*, p.19.
42) Gilbert Simondon, *L'individuation à la lumière des notions de forme et d'information*, p.524. 시몽동에게서 기계의 교환역학적 특징은 김화자, 「디지털 아트의

티의 '나와 사물과의 살적 관계'는 시몽동의 개체화 과정에서 물질, 생명 개체화의 지속으로 나타난 심리사회적 개체인 '정념감동성'affectivo-émotivité[43]의 집단 개체화에서 발견된다. 심리사회적 주체로서 집단은, 지속적으로 퍼텐셜의 실재인 자연을 공유하며 환경과 자신 사이의 문제를 해결하면서 개별화하는 개인이 심리적인 내재적 개체화와 사회적인 외재적 개체화를 통해 세계와 연결되는 데 참여한 것이다. 즉 인간 개체들이 자신을 초월해서 단순히 외적으로만 연결되는 것이 아니라, '전前개체적'préindividuel인 자연에 근거해 심리적이면서 사회적인 개체화에 의해 서로 정념적, 감동적으로 겹쳐질 때 비로소 '개체초월적' transindividuel인 집단이 된다.

개체초월적인 것의 심리적-사회적 세계는 날것의 사회도 상호개체적인 것도 아니다. 따라서 그 세계는 전개체성의 실재성에 입각해 양쪽에 연결되어 자신의 고유한 준안정성을 지닌 새로운 문제 제기를 구성할 수 있는 진정한 개체화 작용을 상정한다.[44]

따라서 '나'는 기술과의 짝짓기에 의한 앙상블 안에서 타자와의 사

---

상호작용적 '관계'에 대한 탐색─시몽동의 개체화와 기술에 대한 사유를 중심으로」, 『철학과 현상학 연구』, 제56집, 한국현상학회, 2013, 207~241쪽을 참조.

43) Gilbert Simondon, *L'individuation à la lumière des notions de forme et d'information*, p.248. "만일 우리가 어떤 의미에서 한 단체(groupe)의 개체성 혹은 한 민족의 개체성에 대해 말할 수 있다면 행동의 공동체에 의한 것도 […] 의식적인 표상들의 동일성에 의한 것도 아니고, […] 집단적인 연합이 구성되는 표상과 행위로 혼합된 정념감동적 명제들의 수준에서다."

44) *Ibid.*, p.29.

회적 관계, 자기 자신과의 심리적 관계를 통해 양극단이 이중적으로 교차하는 관계로서 집단이 된다. 그 관계는 정념과 감동을 통해 개별화되므로 세계와 나는 정념감동성의 강도로 연결되어 있지만, 심리사회적인 집단 개체는 메를로퐁티의 '살'처럼 고정되고 결정된 실체가 아니다.

만짐-만져짐이 교차하는 내 몸의 가역적인 경험처럼, 나와 타자 사이를 횡단하는 '살의 주름운동'[45]을 통해 나와 디지털스킨, 나와 타인들은 감각적으로 서로 연결되어 메시지와 정보를 전달하면서 디지털 파사드의 이미지들에 몰입할 수 있다. 그런데 만지는 오른손과 만져진 왼손이 서로 연결되고 중첩되지만 온전히 하나로 일치되지 않는 '간극'이 존재하듯이 이 간극은 나와 타자, 인간과 기계가 어느 한쪽으로 귀속되지 않고 동등하게 존재할 수 있게 해주는 '거리'라고 볼 수 있다. 앙지외도 피부자아가 새로운 자아로 구성되기 위해서는 촉각 경험에만 머무르지 않고 "상호감각적 기입의 공간인 공통 감각성sensorium commune"[46]으로 구성되어야 한다고 보았다. 새로운 자아를 위해 개별적인 촉각 경험을 넘어선 공통감이 필요한 것처럼, 미디어 파사드의 현란한 스펙터클이 소비가 아닌 소통의 인터페이스가 되기 위해서는 소비적 · 이벤트적 몰입 체험을 넘어서는 순수한 유희적 · 사회적 플랫폼이 되어야 한다. 즉 공감각적 몰입과 함께 일정한 거리를 유지하며 타인들과 소통할

---

45) 살의 주름운동이란 원심적으로 펼치고 구심적으로 접히는 살의 자발적인 파동으로, 살이 원초적 존재(Être) 내부에서 자기-중재를 통해 나와 타자는 물론, 사물의 표면과 이면을 연결하면서 존재의 자기되기를 수행하는 "자기-타자화하는 운동"이다. 이렇게 만들어진 살 존재의 주름은 두께를 형성해 사물을 내 몸이 되게 만들어서 소통할 수 있게 해준다. 한국현상학회,『프랑스 철학의 위대한 시절』, 123쪽 참조.
46) 디디에 앙지외,『피부자아』, 246쪽.

수 있는 공통감의 생성을 의미한다. 칸트가 『판단력 비판』에서 미적 판단으로서 진정한 취미 판단은 사적인 애호와 단절된 사심 없는 쾌에 입각해 오성과 상상력의 자유로운 유희를 통한 "공통감"[47]을 실행한다고 본 의미와도 통한다. 디지털스킨이 내뿜는 현혹적인 빛과 음악이 어우러져 시시각각 변하는 이미지들에 촉각적인 시각 또는 공감각적인 일체감으로 몰입하면서도, 어느 정도 거리를 둘 수 있어야만 빛의 축제는 타자의 다양한 목소리를 들을 수 있는 사회적 소통의 인터페이스가 될 수 있다. 그런 점에서 메를로퐁티가 언급한 내 오른손(주체)과 왼손(타자)의 교직교차가 완성하지 못하는 "간극"[écart48]이란 나와 타자가 상호 침투하며 하나의 살로 연결되는 경첩이지만, 나와 완전히 동화되지 않는 타자를 위한 자리이자 그런 타자의 존재를 경험할 수 있는 새로운 자아의 자리이기도 하다. 즉 나의 몸과 디지털스킨이 감각적으로 횡단하며 하나가 되지 않는 틈을 통해 내 몸과 타자의 몸이 상호작용하면서 사회적인 살을 형성할 수 있다.

감각적 공통 지대인 '살'이 펼치고 접는 주름의 파동은 현실의 나와 파사드의 가상세계, 더 나아가 나와 타인들을 가로지르며 하나로 연결시켜 준다. 그러나 서로 일치하지 못하게 만드는 틈이란, 서로의 경험이 뒤엉기는 사회체를 경험할 수 있게 해주는 동시에 비판적, 반성적 시각을 견지할 수 있는 균열이기도 하다. 그로 인해 '지각된 것과 상상적인 것의 교직교차'에 의해 가상과 현실이 중첩된 미디어 파사드의 이미지

---

47) Emmanuel Kant, *Critique de la faculté de juger*, trans. Alexis Philonenko, Paris: Vrin, 1993, p.20.
48) Merleau-Ponty, *Le visible et l'invisible*, p.194.

와 정보는 감각적이면서도 미적인 소통의 공동체를 형성할 수 있는 것
이다.

## 소통의 플랫폼으로서 사물의 표피

지구촌 어느 나라나 마을과 도시마다 고유한 역사의 흔적이 그대로 새
겨진 고색창연한 건축물들은 있고, 그런 건축물들이 진정 그 도시와
마을의 랜드마크이다. 그런데 최근 신자유주의 경제 자본, 디지털 혁
명, 소통의 다변화에 대한 인간의 욕망이 현대건축의 외피로까지 확장
되었다. 그 결과 현대건축의 표피는 광고 전광판과 TV 스크린처럼 기
존의 수동적인 소통 공간에서 벗어나 ICT 기술, 센서 장치, 조명 디자
인, 문학적 서사, 게임적 유희를 융합한 미디어 파사드로 장식되고 있
다. 화려한 빛의 향연이 벌리는 미디어 파사드는 근대건축의 획일화된
그리드와 소외, 삭막함의 상징이었던 도시를 심미적이고 개성 있는 표
정들로 변모시켰다. 미디어 파사드는 피부의 자기조절적, 메시지적 기
능을 적극적으로 응용한 디지털스킨을 매개로 거주민들과의 상호작
용적 경험을 통한 정보 전달을 우선시한다. 다시 말해 기존의 광고를
위한 전광판, 네온사인 등은 정보를 일방향적으로 제공하기 때문에 정
보를 수용하는 사람들의 경험이 중요하지 않았다. 반면 빛으로 리모델
링한 디지털스킨은 전통적인 건축물의 고유한 기능과 개성을 손상시
키지 않으면서도 새로운 디자인과 이야기를 표현하며 시민들과 상호
작용적으로 소통하는 미디어 역할을 수행한다.

특히 파사드 내부에 ICT 기술과 센서를 장착하고 산책자나 주민들

과 소통하려는 상호작용형 미디어 파사드는 몰입 체험을 통해 정보 전달은 물론 적극적인 소통을 시도하고 있다. 나아가 도시 개발과 미화를 위해 새로운 건축물들을 계속 건설할 수 없는 상황에서 자원 낭비와 환경파괴를 최소화하기 위해 미디어 파사드는 새로운 콘텐츠와 매핑을 주기적으로 교체함으로써 지속가능한 환경을 지향할 수 있다. 또한 근래에 사물인터넷을 통해 움직이는 사물들의 표피도 정보와 메시지를 전달하는 디지털스킨이 되어 인간과 하나로 연결되는 초연결시대를 앞두고 있다. 하루가 다르게 변화하고 있는 최첨단 과학기술의 발달을 멈추지도, 돌려놓을 수도 없는 현시점에서 그 폐해를 최소화하는 노력은 도시 심미화와 소통화라는 긍정적인 목표로 유행하고 있는 미디어 파사드 프로젝트에서도 지속되어야 한다. 건축물 너머 모든 물질적인 사물의 외피가 비물질적인 인터페이스로 되어 정보와 메시지를 전달하게 될 미래에, 미디어 파사드는 단발적인 볼거리로 소비 충동만을 자극하는 문화 산업이나 과잉의 일방적인 정보 유출에 그치지 말고 주민들 간의 진정한 상호소통의 플랫폼이 되어야 한다.

지금까지 우리는 최근 현대건축 표피 장식의 트렌드가 된 미디어 파사드의 화려하고 역동적인 디지털스킨이 현란한 패턴 장식, 과잉 광고이 일방적 보여 주기, 최첨단 IT 영상 기술이 실험과 효과에 치준한 화려한 공간으로 전락하지 않고, 공적이고 상호작용적인 소통의 인터페이스가 될 수 있는가를 살펴보았다. 다시 말해 시몽동의 기술철학과 앙지외의 심리적 피부 분석을 매개로 메를로퐁티로부터 인간의 생명적, 의식적 질서로서 공동체에 대한 현상학적 시각에 근거해 어떻게 디지털스킨의 자가반응적, 상호작용적 기능이 사회적 소통을 가능하게 해

주는가를 탐문해 보았다. 또한 기계란 인간과 함께 문화를 창조할 때 공생할 수 있다고 본 시몽동의 사유를 토대로 앙지외의 '자극의 싸개'와 '의미의 싸개'로서의 피부의 이중 구조를 건축 내·외부의 경계면이자 정보를 전달하는 경계면으로서 미디어 파사드의 디지털스킨에 응용해서 메를로퐁티의 환경과 순환적인 생명의 자기조절적 질서, 메시지를 전달하는 지각적 상징 질서, 나아가 '살' 존재의 촉지적 연결성을 통해 살펴보았다. 특히 기존의 정신분석가들과 달리, 메를로퐁티처럼 심리적인 내용보다 신체에 주목했던 앙지외가 피부란 외부의 자극을 막고 주변 환경과의 감각적인 소통을 통해 내면의 심리적인 메시지를 전달하는 인터페이스임을 밝혀 준 점은 메를로퐁티의 사유를 디지털스킨에 적용하는 데 도움이 되었다.

그 결과 미디어 파사드가 표피 디자인뿐만 아니라 새로운 공동체를 위한 교류의 장이 되기 위해서 디지털스킨은 인간과 짝을 이루는 앙상블이 되었고, 감각적인 소통은 유지하되 완전히 몰입하지 않는 거리를 통해 디지털스킨이 만들어 내는 빛의 이미지와 기호들을 반성적인 시각으로 바라볼 수 있는 미적 체험의 필요성도 밝혀졌다. 그래야만 미디어 스크린은 일방향의 환상적인 스펙터클만을 제공하며 카니발적 도취를 통해 소비 욕망만을 자극하는 것에서 벗어나 상상력과 오성이 자유롭게 유희하며 주민들이 함께 공감하는 플랫폼이 될 수 있다. 다시 말해 미디어 파사드는 거주 넘어 소통의 인터페이스가 되어 잠재적인 사회적 소통의 가치를 실현할 수 있다는 것이 밝혀졌다. 나아가 디지털스킨은 순수한 감각적-미적 체험 외에 정보 접근과 활용에 균등한 기회를 부여할 수 있어야 한다.

요컨대 디지털 파사드는 차가운 시멘트 숲에서 생생한 접촉을 상실하고 고립되어 가고 있는 도시인들에게 사회적 플랫폼이 되어 '목적 없는 인간관계'를 실현할 수 있어야 한다. 그렇다면 우리는 미디어 파사드와 공감각적으로 상호작용하는 가운데 스마트폰 중독과 디지털 스트레스에서 벗어날 수 있는 감성적 커뮤니티의 결속감도 회복할 수 있을 것이다. 1989년부터 매년(12월 초) 오래된 건축물들에 도시 고유의 역사와 이야기를 감각적인 영상으로 표현하면서 지역민을 하나로 만든 프랑스 리옹Lyon에서 열리는 '빛 축제'Fête Des Lumières의 성공에서 디지털 파사드가 나아가야 할 방향성을 찾아볼 수 있다. 가까운 미래에 모든 물질적인 것들이 비물질적인 인터페이스가 되어 시공간을 초월하는 소통을 가능하게 함으로써 편리함이 극대화될 수 있다. 그러나 비물질적인 미디어 파사드의 빛은 '인간의 거주'라는 건축의 고유한 특성에서 벗어나지 않고 지역과 도시의 역사를 담지한 고색창연한 파사드와 함께 공존할 때 더욱 빛날 수 있다.

결론적으로 미디어 파사드의 이미지와 기호들이 휘발성 강한 이벤트로 전락하지 않기 위해서는, 감각적인 상호작용적 경험과 함께 지역민들을 참여, 결속시킬 수 있는 새로운 콘텐츠 개발이 지속되어야 한다. 뉴미디어와 건축, 디자인, 인문학의 학제 간 연구를 통해 미디어 파사드는 지역의 특수한 역사와 문화를 다룬 양질의 콘텐츠에 기반해 거주민의 관심과 참여를 높일 수 있을 때 진정한 소통의 인터랙션을 실현할 수 있을 것이다.

# 8장 / 건축의 살, 메를로퐁티와 팔라스마

박신화

> 내가 보기에 건축의 과제는 '세계가 우리를 어떻게 만지는지를 가시화하는 것'이다.
> 메를로퐁티가 세잔의 그림에 대해서 말한 것처럼 말이다.
> —J. Pallasmaa, *The Eyes of the Skin: Architecture and the Senses*

## 건축과 현상학

메를로퐁티의 지각 철학에는 건축에 대한 이렇다 할 얘기가 없다. 그가 평생 예술적 표현의 문제에 각별한 관심을 가졌고, 특히 같은 조형 예술인 회화에 대한 분석을 자기 철학을 뒷받침하는 중추로 삼았던 사실에 비추어 보면 건축에 대한 그의 한결같은 침묵 혹은 무관심은 다소 뜻밖이기까지 하다. 우리의 물음은 여기서 비롯된다. 비록 명시적으로 드러난 바는 없다고 해도 메를로퐁티의 철학으로부터 건축에 대한 의미 있는 성찰을 끌어낼 수는 없을까?

그러나 그의 침묵과는 대조적으로 그의 지각 철학은 오늘날 일군의 건축가와 건축 이론가들에게 새로운 건축 이론을 형성하는 데 있어 큰 영감의 원천이 되고 있다. 그중에는 이 글에서 주목하고자 하는 핀란드의 건축가이자 건축 이론가인 유하니 팔라스마J. Pallasmaa가 있다. 1996년에 팔라스마가 건축에 대한 자신의 생각을 종합적으로 제시한 주저『피부의 눈: 건축과 감각』을 냈을 때, 그의 동료 스티븐 홀S. Holl은 책의 서문에서 자신들의 초창기 만남을 서술하고 있다.

> 우리가 다시 만난 것은 1992년 10월, 내가 헬싱키 현대미술관 설계 작업으로 헬싱키에 있을 때였다. 우리는 메를로퐁티의 저술들이 건축에서 경험되는 공간적 시퀀스나 텍스처, 재료, 빛의 차원으로 해석 가능하며, 혹은 그렇게 해석되어야 한다고 이야기했다. 우리는 점심 시간 내내 이 같은 대화를 헬싱키항에 정박해 있던 큰 목조 보트의 갑판 아래에서 나눴다.[1]

홀은 인용문에서 볼 수 있듯이 그들이 공간적 시퀀스, 텍스처, 재료, 빛에 메를로퐁티의 관점을 적용하는 문제에 몰입했었다고 말하고 있다. 그런데, 예로부터 공간, 결, 재료와 빛 등은 형태form와 함께 건축을 이루는 요소들이었다. 건축가는 이상의 요소들을 나름의 방식으로 조직해 건물을 만들어 왔다. 이 말인즉 공간 구성, 질감, 재료와 빛에 대한 고려는 건축에서 그다지 특별한 얘기가 아니며 이것이 곧바로 건축에 메를로퐁티의 관점을 도입할 필요성을 의미하지는 않는다는 것이나. 그렇다면 왜 지들은 건축의 동일한 문제 앞에서 메를로퐁티의 저술들에 그토록 주목했던 것일까? 이 물음과 관련해 같은 서문에서 홀은 팔라스마의 책이 "우리가 건축을 경험할 때의 주요한 현상학적 차원의

---

1) Juhani Pallasmaa, *The Eyes of the Skin: Architecture and the Senses*, 2nd ed., Wiley, 2005, pp.6~7.

문제들을 더욱 밀도 있고 명쾌하게 다루고 있다"고 말한다. 홀의 평가는
이들이 공유하는 건축에 대한 관점을 잘 드러내고 있다. 그것은 바로 현
상학적 관점, 즉 건축에서 본질적인 것은 건축물의 객관적인 구조나 성질
의 목록이 아니라 우리가 그것을 어떻게 경험하느냐에 있다는 것이다.[2]

　　팔라스마의 건축 현상학[3]은 홀의 증언을 통해 그 일단이 드러나듯
메를로퐁티의 지각 철학에 힘입은 바 크다. 그러나 이제 보게 되겠지만
그의 건축적 경험 이론과 메를로퐁티의 지각 이론이 전적으로 합치되
는 것은 아니다. 반대로 이론의 핵심 부분에서 양자 사이에는 미묘한 대
립이 발견된다. 따라서 이 글은 먼저 팔라스마의 건축 현상학을 몇 가지
쟁점을 통해 고찰한 후 메를로퐁티의 지각 철학을 참조하면서 그 타당
성과 의미를 논의하는 데에 목적이 있다. 이를 통해 결론적으로 건축적
경험이 어떻게 이해될 수 있으며 이로부터 어떤 건축 이념이 가능할지
를 생각해 보는 것이 이 글의 목표이다.

---

2) "건축의 현상학은 이렇게 건축을 그것을 경험하는 의식 내부로부터 '고찰하는 것(보는 것)'
　　이다. 물리적 비례나 건축물의 특성 또는 양식상의 기준 틀에 대한 분석이 아니라 건축적
　　감각(느낌)을 통해서 말이다." Pallasmaa, "The Geometry of Feeling"(1986), reprinted
　　in *Theorizing a New Agenda for Architecture: An Anthology of Architectural Theory
　　1965-1995*, ed. K. Nesbitt, Princeton Architectural Press, 1996, p.450.
3) 건축 현상학은 용어로는 1960년대 초반에 최초로 일기 시작한 새로운 건축 운동에서 비
　　롯되었다. 오테로-파일로스(J. Otero-Pailos)는 건축에서 이러한 지적인 변화(intellectual
　　shift)가 공통의 행동 강령으로 무장한, 자기정체성을 가진 집단에 의해 이루어진 것이 아니
　　라 일련의 독립적인 건축가들에 의해 이루어졌고, 이것이 나중에 가서야 새로운 지적 형성
　　물, 즉 '건축 현상학'(architectural phenomenology)으로 받아들여지게 되었다고 말한다.
　　Jorge Otero-Pailos, *Architecture's Historical Turn: Phenomenology and the Rise of
　　the Postmodern*, Univ. of Minnesota Press, 2010, p.11.

## 모더니즘 건축과 시각중심주의

팔라스마 건축 이론의 주목할 만한 특징은 동시대의 건축에 대한 그의 평가에 있다. 모더니즘 건축에 대한 비판이 그것인데, 그는 모더니즘 건축을 '시각중심주의'ocularcentrism로 규정한다. 그의 건축 현상학은 모더니즘 건축의 이 시각중심주의에 대한 확고한 비판에서 시작되었고 자신의 저술들에서 그는 자주 이 비판으로 되돌아왔다. 서구 건축 이론의 맥락에서 모더니즘이 시각적 요소를 중시했다는 것은 잘 알려진 사실이다. 모더니즘 운동이 전통과 단절하기 위해 추구했던 하나는 앞선 시대에는 유의미한 것으로 여겨졌던, 그러나 더 이상 불필요한 것으로 간주된 장식적 요소를 건축에서 제거하고 건축의 형태적 단순성을 추구하는 것이었다. 팔라스마에 따르면, 이 과정에서 모더니즘 건축가는 건축적 경험에서 우리의 다양한 감각들 중 시각을 지배적인 것으로 간주했다. 그가 참조하는 건축가들 중에는 모더니즘 건축 운동을 선도했던 르 코르뷔지에가 있다.

시각을 가장 지배적인 감각으로 보는 태도는 모더니스트들의 글에서 강력하게 형상화되고 있다. 르 코르뷔지에의 언급들을 살펴보자. "나는 삶 속에 존재한다. 오직 내가 볼 수 있는 한에서." "나는 떳떳한 시각적 존재이며 그런 채로 남아 있다. 모든 것은 시각적 존재 안에 있다." "우리는 이해하기 위해 분명하게 볼 필요가 있다." "나는 당신이 눈을 뜨기를 촉구한다. 눈을 떴는가? 당신은 눈을 뜨도록 훈련받았는가? 어떻게 눈을 뜨는지는 아는가? 자주 혹은 언제나 눈을 잘 뜨는가?" "인간은 건축의 창조물을 눈으로 본다. 땅에서부터 5피트 6인치 높이에서." "건축은 조형적인 것이다. 내가 말하는 '조형적'이라는 것은 눈에 보이고 눈으로 측정되는 것이다."[4]

팔라스마에 따르면 "르 코르뷔지에의 유명한 신조, '건축은 빛 속에서 드러나는 매스mass의 능수능란하고 올바르며 장엄한 운용play'이라는 언급은 의심할 여지없이 시각 중심의 건축을 규정"하고 있다.[5] 물론 건축적 경험은 지각에 기초해 있고 시각이 그 한 가지인바 건축에 있어 다른 감각에 대해 시각적 요소(비례, 균형 등 형태적 아름다움)를 보다 중시할 수 있다. 사실 어느 시대, 어떤 문화에서도 시각적 요소는 건축에서 가장 주요한 고려 대상이 아니었을까. 실로 그러한데 그럼에도 팔라스마에 따르면 모더니즘 건축의 시각중심주의는 역사상 유례없는 것으로, 다른 건축과 비교할 때 극단적이고 병적인 데가 있다. 예를 들어 그리스 건축 또한 시각적 요소에 공을 많이 들이고 있고 눈의 즐거움을 추구한 정제된 시스템이었지만 거기에는 동시에 "촉각적 감수성과 물질성 그리고 권위 있는 무게감"이 충만해 있었다. 그러니까 건축에서 "시각이 특권을 가진다고 해서 이것이 반드시 다른 감각을 거부하는 것을 의미하지 않으며, [···] 시각은 다른 감각의 양상들을 통합하고 강화할 수도 있다."[6] 팔라스마에 따르면 심지어 르 코르뷔지에조차 실제 건축에 있어서는 특유의 뛰어난 재능을 통해 시각 외의 촉각이나 청각적 요

4) Pallasmaa, *The Eyes of the Skin*, p. 27.
5) *Ibid.*, p. 27.
6) *Ibid.*, p. 26.

소 등을 적극적이고도 정교하게 고려하였다. 반면 모더니즘 건축의 시각중심주의가 말 그대로 적나라하게 구현된 현대건축에서는 헤게모니를 가진 시각 외의 나머지 감각들에 대한 고려는 최소화된다. "현대건축은 내부 공간을 희생시키고 외부 설계에만 관심을 보인 나머지 마치 집이란 것이 거주자의 안녕보다는 눈을 위한 즐거움을 위해 고안되어야 하는 것인 양 취급한다."[7] 현대건축에 공통적인 평면성과 날카로운 모서리가 만들어 내는 스펙터클한 외관과 무미건조한 유리판, 에나멜을 씌운 금속, 합성 플라스틱 등 기계 생산에 의한 재료들이 연출하는 투명성, 무중력의 느낌, 부유감은 현대건축의 이런 시각중심주의의 단면을 보여 주고 있다.[8]

팔라스마에 따르면 모더니즘 건축의 시각중심주의가 문제가 되는 것은 시각과 그 밖의 감각들 사이의 근본적인 차이 때문이다. 그에 따르면 시각은 대상과의 거리 두기와 분리의 감각이다. "눈은 거리 두기와 분리의 기관이다. [⋯] 눈은 살피고, 제어하며 조사한다."[9] 다른 감각들, 예를 들어 촉각은 대상을 근접성과 친밀감 그리고 애정의 관계 속에서

7) *Ibid.*, p.62.

8) *Ibid.*, pp.31~32 참조. 한편 팔라스마의 비판은 모더니즘의 건축 이념을 겨냥하고 있다. "기술결정론을 강조하든 미학적 자기표현의 사고를 강조하든 간에 대부분의 모더니즘 건축가들은 줄곧 형태가 세계를 변화시킬 수 있다는 기본적인 신념을 갖고 있었다. 비록 이것이 사회 개혁이라는 다소 애매하고 훨씬 광범위한 목표와 연결되기는 했지만 말이다. 건축가들은 모더니즘 건축의 구조적 합리주의와 매끈하게 규격화된 표현을 통해 주거와 기타 사회적 문제들이 해결될 수 있다고 열렬히 믿었다." Diane Ghirardo, *Architecture after modernism*, Thames and Hudson Ltd., London, 1996[『모더니즘 이후의 현대건축』, 최왕돈 옮김, 시공사, 2002, 10쪽].

9) Pallasmaa, *The Eyes of the Skin*, p.46.

경험하게 하는 데에 반해 시각은 대상으로부터 우리를 소외시킨다.[10] 마찬가지로 "시각은 우리를 고독하게 만드는 데 반해 청각은 연결과 연대의 감각을 창출한다. 우리의 시선은 대성당의 어둡고 깊은 공간에서 외롭게 방황하지만 오르간의 소리는 공간에 대한 친밀감을 경험하게 한다".[11] 그런가 하면 후각 또한 그 밖의 어떤 감각들 못지않게 건축적 경험의 중요한 차원을 이루는데, 왜냐하면 "사람이 거주하는 곳은 모두 고유한 냄새를 가지고" 있기 때문이다.[12] 하나의 건축적 공간은 고유한 냄새 속에서 현전하며 그 냄새를 떠나 경험되지 않는다. 특정 공간의 고유한 냄새는 그 공간을 친숙한 것으로 드러내면서 우리의 즐거움과 상상력을 고양한다. 팔라스마는 이미 헐린 집에 대한 과거의 삶의 이미지를 묘사한 릴케의 한 대목을 통해, 하나의 공간에 대한 경험이 얼마나 후각적 요소와 불가분적으로 뒤얽혀 있으며 나아가 거주지의 고유한 냄새가 그 공간에 대한 경험의 본질을 형성할 수 있음을 보여 준다.

거기에는 한낮의 삶이, 질병이, 날숨과 오랜 세월 밴 연기 냄새, 겨드랑이에서 배어 나와 옷을 무겁게 적시는 땀내, 퀴퀴한 입 냄새, 더위에 지친 발 고린내가 스며 있었다. 거기에는 오줌 지린내, 눈을 찌르

---

10) Pallasmaa, "Hapticity and Time : Notes on Fragile architecture", *The Architectural Review*, vol.207, 2000, pp.78~79 참조. "시각적 건축은 분리시키고 제어하는 데 반해 촉각적 건축은 참여하게 하고 통합시킨다. 촉각적 감각은 질료성, 근접성과 친밀감을 강화함으로써 시각의 분리 이미지를 대체한다."

11) Juhani Pallasmaa, Steven Holl and Alberto Pérez-Gómez, *Questions of Perception: Phenomenology of Architecture*, William Stout Publishers, 2006, p.31.

12) Pallasmaa, *The Eyes of the Skin*, p.54.

는 듯한 그을음, 감자에서 나는 거무스름한 냄새, 오래된 기름의 무겁고도 맨들맨들한 냄새가 섞여 있었다. 엄마의 돌봄을 받지 못한 젖먹이에게서 나는 달콤, 시큼한 냄새, 학교 가는 아이들의 두려움의 냄새 그리고 성년기 사내아이들의 침대에서 나오는 훅훅한 냄새가 스며 있었다.[13]

또한 건축적 경험은 미각적 경험이기도 해서, 일례로 섬세한 색깔과 광택을 가진 돌의 표면은 우리 자신도 인식 못 하는 사이에 혀를 통해 감지된다. "맛있어 보이게 칠해진 윤이 나는 돌은 자신도 모르는 사이 혀를 통해 감각된다. 여러 해 전 캘리포니아 카르멜에 있는 찰스와 헨리 그린Charles and Henry Greene이 디자인한 제임스 주택을 방문했을 때, 나는 무릎을 꿇고 그 하얀 대리석을 맛보아야 할 것만 같은 기분을 느꼈다."[14] 이렇듯 건축적 경험은 근본적으로 복합 감각적임에도 불구하고, 모더니즘 건축은 시각 외의 다른 감각들의 중요성을 간과했다. 팔라스마는 건축적 경험은 우리의 몸과 세계가 가장 친밀한 방식으로 접촉하는 것이라서, 우리와 세계와의 친밀한 만남을 불가능하게 하는 시각 중심의 모더니즘 건축은 결과적으로 우리에게 소외와 격리감 그리고 고독감의 증폭을 가져오면서 오늘날 사회 일반에 병적 그림자를 드리운다고 말한다. "현대건축과 도시의 비인간성은 우리의 몸과 감각들을 방치한 결과이자, 감각 체계의 불균형으로 이해될 수 있다. 예를 들어 오늘

---

13) *Ibid.*, p.55.
14) Pallasmaa, Holl and Pérez-Gómez, *Questions of Perception: Phenomenology of Architecture*, p.37.

찰스와 헨리 그린, ⟨D. L. James 주택⟩, 1918

날 과학기술 사회의 소외, 격리감 그리고 고독감의 증가는 일정 정도 감각에 대한 병적 증상과 연관되어 있다."[15]

　　시각 중심의 모더니즘 건축은 과연 사회 전반의 소외나 격리감 그리고 고독감을 증가시키는가? 인간의 사용물일 뿐인 건축(물)이 진정 인간 삶에 그토록 큰 의미와 결과를 가져오는가? 팔라스마에 따르면 과연 그런데, 사실 모더니즘 건축의 문제는 모더니즘 건축만의 문제가 아니다. 왜냐하면 시각중심주의는 특정 시기 건축가들의 발명품이 아니라 서구 문화에 면면한 세계를 보는 근본 틀이었기 때문이다. 그러니까 시각중심주의가 문제가 된다면 그것은 서구 문화 전반의 시각중심주의가 문제라는 것이며, 건축에서 모더니즘을 극복한다는 것은 건축이 서

---

15) Pallasmaa, *The Eyes of the Skin*, pp.17~19.

구 문화의 잘못된 방향을 바로 잡는 첨병이 된다는 것을 의미한다. 모더니즘 건축에 대한 팔라스마의 비판이 단순히 건축 영역에 국한되지 않고 서구 문화 전반에 대한 비판으로 확장되는 한편, 그의 건축 이론이 '건축 철학'philosophy of architecture[16]의 면모를 띠는 이유가 여기에 있다. 그에 따르면 건축가들의 시각중심주의는 사실 서구 문화 안에 뿌리 깊은 것이었다. 고대 자연철학에서부터 시작해 르네상스를 거쳐 현대에 이르기까지 인간과 세계의 관계를 규정하는 데 있어 시각은 중심적 패러다임으로서 특권적 지위를 가져왔다. 이는 인간과 세계의 관계가 근본적으로 인식적 관계로 간주되었기 때문인데, 세계가 인식의 대상으로 간주되면서 확실한(정확한) 인식이 중요한 문제로 부각되었고 시각이 이에 답하는 제일의 감각으로 자리를 잡았던 것이다. 그리하여 "서구 문화에서, 시각은 역사적으로 가장 숭고한 감각으로 간주되었고, 나아가 사고 자체가 보는 행위의 차원으로" 생각되었다.[17]

그런가 하면 시각 중심적 패러다임 안에서 인간 신체의 다섯 가지 감각들은 차별화되고 서열화되었다. 시각은 사물의 진상을 가장 정확하게 드러내는 감각으로 높이 평가된 데에 반해 가령 촉각은 인식상 가장 낮은 위상에 머물렀다. 르네상스기의 원근법의 발견은 세계를 인식히는 데 있어 눈(시각)을 제일의 감각기관으로 확정하게 한 인식상의 혁명적 사건이었다. 눈은 그 밖의 어떤 감각기관도 할 수 없는 방식으로 세계의 구조를 '드러내 보여 주는' 것으로 여겨졌다.

---

16) 이것은 앞의 책 서문에서 홀이 쓴 용어이다. *Ibid.*, p.7.
17) *Ibid.*, p.15.

팔라스마에 따르면 건축에서 시각중심주의는 특정 양식의 문제이기에 앞서 근본적으로 철학의 문제이다. 왜냐하면 "메를로퐁티는 '회화의 이론치고 형이상학 아닌 것이 없다'고 했는데, 사실 이 말은 현실에서 이루어지고 있는 모든 종류의 예술로 확장될 수 있기" 때문이다.[18] 모든 회화는 그 자체가 세계의 본질에 대한 화가의 추정에 근거한다. 일례로 캔버스에 스펙트럼의 일곱 가지 색만을 사용하기로 마음먹은 인상주의 화가는 세계(최소한 경험에 주어지는 세계)를 순수한 일곱 가지 색의 복합체로 간주하는 것이다.

그런데 이는 건축가가 건축에서 시각적 측면을 중심적으로 고려할 때도 마찬가지다. 건축에는 세계에 대한 고유한 형이상학이 전제되어 있는 것이다.

다른 모든 예술과 마찬가지로 건축은 근본적으로 시간과 공간에서 인간 실존의 문제들과 마주한다. 건축은 세계 속에 있는 우리들의 실존을 표현하며 그것과 관계한다. 건축은 자아와 세계, 내부성과 외부성, 시간과 지속, 삶과 죽음과 같은 형이상학적 문제들에 깊숙이 관여되어 있다.[19]

현대건축의 시각중심주의는 형이상학적 차원을 가지는 것이며, 문제의 형이상학은 실제의 건축적 경험을 왜곡한 것이다. 여기서 팔라스

---

18) *Ibid.*, p.45.
19) *Ibid.*, p.16.

마는 시각이 아닌 '촉각의 원초성'primacy of touch이라는 그의 건축 이론의 중심 테제를 제기한다. "시각을 포함해 모든 감각들은 촉각의 연장이다. 즉 모든 감각(기관)은 피부 조직이 특수화된 것이고, 모든 감각 경험은 촉각의 양태들이며 이렇게 촉감과 관련되어 있다."[20] "촉각은 세계와 우리 자신에 대한 우리들의 경험을 통합하는 감각 방식이다. 시각적 지각과 청각적 지각조차도 자기self의 촉각적 연속체 속으로 융합되고 통합된다."[21] 그는 서구 문화에서 면면히 유지되어 온 눈의 헤게모니가 '의학적'medical으로도 그리고 감각학적으로도 문제가 있다고 말한다. 먼저 유기체가 몸을 가진 한, 시각이 없이는 살 수 있어도 근육감각을 포함한 피부의 촉각이 없이는 살 수 없듯이, 생물학적으로 보면 촉감의 영역이 가장 원초적primacy이다. "심지어 눈의 투명한 각막조차도 변형된 피부 층에 의해 덮여 있다."[22] 그러나 시각의 '중심성'을 주장할 수 없는 보다 중요한 이유가 있는데, 그것은 많은 철학자들이 지적한 바대로 "촉각으로부터 분리된 시각은 거리, 외부성outness, 깊이profundity의 관념을 전혀 가질 수 없을 뿐만 아니라, 결과적으로 공간이나 몸을 이해하는 것도 불가능하기" 때문이다.[23] 건축적 경험을 그것이 주어지는 바에 따라

---

20) Pallasmaa, "Mental and Existential Ecology", *Sustainable School Building. From Concept to Reality*, 2009, p.4.

21) Pallasmaa, "Touching the World: Vision, Hearing, Hapticity and Atmosphere Perception", *Invisible Places: Sound, Urbanism and Sense of Place*(Proceeding), 2017, p.22.

22) Pallasmaa, *The Eyes of the Skin*, p.11.

23) *Ibid.*, p.42. 이어지는 절에서 보다 자세히 논의하겠지만 사실 팔라스마의 이러한 주장은 지각에서 감각(들)의 상호작용이 본래적인 것인가 그렇지 않은가를 묻는 철학사의 유서 깊은 문제와 관련되어 있다. 1688년 몰리뉴(W. Molyneux)는 선천적 맹인이 눈을 뜬다면 이전에 촉각으로 인지하던 구와 직육면체를 시각만으로 알아볼 수 있을지를 로크(J. Locke)

고찰해 보면 감각(들)의 통합성이 드러나고 촉각(촉감)이 우리가 세계와 만나는 가장 근원적인 방식임이 드러난다는 것이 팔라스마 건축 현상학의 주장이다. 이 주장이 뜻하는 바는 '감각적 건축'sensory architecture이라는 그의 건축이념 속에서 보다 잘 드러난다.

## 감각적 건축의 과제

모더니즘 건축의 문제점은 그것이 시각을 건축적 경험의 주요한 요소로 삼았기 때문이 아니다. 문제는 다른 데에 있다. 팔라스마는 생리학적, 지각적, 심리학적 사실들에 비추어 볼 때 시각이 우리의 가장 중요한 감각이라는 사실을 부정하지 않는다. 그에 따르면,

> (그러나) 문제는 눈을 다른 감각 양상들과의 자연스러운 상호작용으로부터 고립시키고, 다른 감각들을 제거하거나 억제하면서 세계에 대한 경험을 시각 영역에 국한된 것으로 점차 축소, 제한하는 데서 비

---

에게 물었는데, 인간에게 있어 선천적 지식의 존재를 부정한 경험론자 로크는 눈을 막 뜬 사람은 완전히 새로운 경험을 하게 되므로 두 입체를 알아보지 못할 것이라고 답했다. 21세기에 들어와 비로소 몰리뉴의 문제에 대한 실제 실험이 행해졌는데, 선천적 맹인이었다가 눈을 막 뜬 아동은 구와 직육면체를 알아보지 못했다. 로크의 예견에 손을 들어 준 이 실험은 일단 팔라스마가 주장하는 감각들의 상호작용의 본래성을 부정하는 듯 보였다. 그러나 보다 최근에 행해진 선천적 맹인에 대한 동일한 취지의 실험에서는 정반대의 결과가 나왔다. 그러니까 이 문제에 대한 해석의 논쟁은 현재진행형이다. 한편 우리가 팔라스마의 이 주장의 타당성에 주목하는 이유는 그의 건축 현상학 전체가 메를로퐁티의 지각 분석에서 이어받은 이 감각들의 상호작용 테제에 전적으로 기초하기 때문이다. 이상 지각에서 감각들의 상호작용과 관련해 몰리뉴의 문제에 대한 최근의 분석을 위해서는 한우진, 「몰리뉴의 문제와 뮐러-라이어 착시」, 『과학철학』, 제20권 2호, 2017, 69~96쪽 참조.

롯된다. 이러한 분리와 환원으로 인해 지각 체계에 있었던 내적인 복합성과 포괄성 그리고 조형성plasticity이 산산조각 나면서, 분리와 소외의 감각은 강화되어 간다.[24]

시각 중심의 모더니즘 건축이 건축적 경험에서 일어나는 감각들 사이의 상호작용을 보지 못했다는 팔라스마의 비판은 두 가지 측면에서 메를로퐁티의 현상학적 지각 분석과 조응한다. 먼저 메를로퐁티가 고전적 경험론의 '원자주의'를 비판한 것과 동일한 논리에서, 팔라스마에 따르면 지각된 대상은 요소 인상들의 합이기 이전에 하나의 통일적 존재unity이다. 통일적 존재인 실재가 경험의 원초적인 사태이다. 각각의 감각은 독립적이고 배타적인 영역을 소유하기는커녕 반대로 상호작용하면서 하나인 실재real를 이룬다. 팔라스마가 메를로퐁티를 인용해 주장하는 바대로,

> 우리는 눈으로 대상의 깊이나 매끄러움, 부드러움과 딱딱함을 본다. 세잔은 심지어 우리가 대상의 냄새도 본다고 주장했다. 만약 화가가 세계를 표현하려 한다면, 그의 색깔 배치는 이런 불가분의 전체를 표현할 수 있어야 한다. 그렇지 않으면 그의 그림은 사물을 암시만 할 뿐, 그 사물에 견고한 통일성과 현전 속에서의 넘어설 수 없는 충만성—우리에게 실재의 정의 자체인—을 부여하지는 못할 것이다.[25]

---

24) Pallasmaa, *The Eyes of the Skin*, p.39.
25) *Ibid.*, pp.42~44. 원문을 위해서는 Merleau-Ponty, *Sens et non-sens*, Paris: Nagel, 1966, p.26 참조.

건축적 경험에서 감각들이 상호작용한다는 것은 메를로퐁티가 말한 대상의 지각적 통일성을 뜻하며, 그 통일성이 지각되는 건축물의 원초적 실상이라는 것인데, 그렇다면 모더니즘 건축이 건축의 본질을 시각적인 것으로 환원하는 한 그것은 건축적 경험의 풍요로움을 간과하는 것이며 건축적 경험을 추상화, 단순화하는 것이다.

다음으로 감각들의 상호작용에 대한 팔라스마의 분석이 메를로퐁티의 지각 분석과 조응하는 또 다른 면은 그것이 건축적 경험의 주체를 몸(신체)으로 드러내면서 몸의 고유한 통일성을 제시한다는 데 있다. 사실 팔라스마에 따르면 모더니즘이 건축물의 지각을 시각적 경험으로 환원했을 때 거기에는 암묵적으로 "몸 없는 관찰자라는 생각이 들어와 있었다".[26] 왜냐하면 시각만이 유의미한 건축적 경험일 때, 시각은 원격 감각인 터라 대상과의 접촉이 불필요하고 이는 경험에 있어 몸의 부재를 가능하게 할 것이기 때문이다. 보는 것은 결국 눈이 아니라 정신이라는 고전적 테제가 뜻하는 바가 이것이다. 반면 팔라스마가 주장하는 바대로 만약 건축물의 지각이 근본적으로 감각들이 상호작용하는 '다감각적 경험'multi-sensory experience이라면 건축적 경험의 주체는 더는 '몸 없는 정신'일 수 없고 '몸을 가진 정신' 내지 '정신을 가진 몸', 즉 살아 있는 우리의 몸이어야 한다. 팔라스마에 따르면 "우리는 자신의 신체적 실존 전체로 세계를 보고, 만지고, 듣고 측정한다. 경험 세계는 몸을 중심으로 조직되고 짜인다".[27]

---

26) *Ibid.*, p.27.
27) Pallasmaa, Holl and Pérez-Gómez, *Questions of Perception: Phenomenology of Architecture*, p.35.

메를로퐁티의 철학은 인간의 몸을 경험적 세계의 중심에 둔다. 커니R. Kearney가 요약했듯, 메를로퐁티는 "우리의 몸을 통해서, 즉 지향성의 […] 살아 있는 중심인 우리의 몸을 통해서 우리는 우리의 세계를, 우리의 세계는 우리를 선택한다"고 줄기차게 주장했다. 메를로퐁티 스스로도 다음과 같이 말했다. "심장이 유기체 안에 있듯이 우리 자신의 몸은 세계 안에 있다. 우리의 몸은 가시적인 광경을 끊임없이 살아 있게 하고, 그 광경에 생명력을 불어넣고 마음속에서 살아가게 한다. 몸을 통해 하나의 체계가 형성되는 것이다."[28]

메를로퐁티는 지각이 신체도식schema corporel, 즉 몸의 고유한 통일성에 대한 의식(지각)을 통해 작동하는, 몸과 세계의 부단한 상호작용에서 비롯된다고 주장했는데[29] 이와 마찬가지로 팔라스마에 따르면, "우리의 몸과 몸의 움직임은 주변 환경과 끊임없이 상호작용을 하고 있다. 세계와 자아가 쉼 없이 서로가 서로를 알리고 재규정하는 것이다. 이렇게 몸의 지각과 세계의 이미지는 하나의 단일하며 연속적인 실존적 경험이 된다."[30]

페터 춤토르Peter Zumthor의 〈발스 욕장〉을 평하면서 팔라스마는 "드물지만 간간이 풍요로움을 갖추도록 형식적으로 제한된 건축은 모

---

28) Pallasmaa, *The Eyes of the Skin*, p.40.
29) 어느 한 시기의 것이 아니라 메를로퐁티 신체도식 개념의 전체 윤곽을 보고자 한다면 Raphaël Gély, *La Genèse du sentir*, Paris : Ousia, 2000, pp.118~123 참조.
30) Pallasmaa, *The Eyes of the Skin*, p.40.

페터 춤토르, 〈발스 욕장〉, 1990~1996

든 감각에 일제히 말을 건다"라고 썼다.[31] 이 논평은 팔라스마 자신의 건축 이념을 그대로 제시한다. 건축적 경험의 주체가 몸이고 몸이 감각들의 상호작용으로 존재한다면, 건축은 감각의 주체인 몸을 고려해야 한다. 시각에 편중된 건축이 아니라 세계와의 관계에서 몸이 감각들의 통일성임을 인정하는 건축, 즉 오감을 고루 충족시켜 주는 '감각적 건축'이 요구되는 것이다. 가령 팔라스마가 보기에 알바 알토Alvar Aalto의 건축은 감각적 건축의 가장 빼어난 실례가 된다. 알토는 모더니즘의 기능주의적 이상을 공유했음에도 불구하고 그의 건축은 거기에 머물지 않고, 개념적이고 기하학적 순수성을 추구하는 것과는 반대로 감각적 실재성을 추구했다. "알토는 디자인을 접근함에 있어 감각적 실재론자였

---

31) *Ibid.*, p.69.

다. 그의 디자인은 자신의 모든 양식상의 국면들에서 감각성과 촉각적 친밀성을 투사했는데, 이는 드문 일이다."[32]

팔라스마의 감각적 건축 이론은 모더니즘 건축의 시각 중심적 미학을 극복하려는 새로운 건축 방향의 제시일 뿐만 아니라, 현대의 왜곡된 실존을 본래의 모습으로 되돌리려는 철학적이고 사회비판적인 시도이다. 그에 따르면 현대의 인간 실존의 문제와 관련해 건축에 부여되는 철학적, 실존론적 과제가 있다.

시간을 초월하여 건축에 부여된 과제는 육화되고 체험되는 실존적 은유들을 창조하여, 우리의 세계 내 존재being in the world를 구체화하고 구조화하는 것이다. 건축을 통해 이상적인 삶의 이념들과 이미지가 반영되고, 실현되며, 영속화된다. 우리는 건물과 마을들로 인해 형체가 없는 실재의 흐름을 구조화하고 이해하며 기억한다. 나아가 그것들로 인해 우리 자신이 누구인지를 인식하고 기억한다. 건축은 우리로 하여금 영속성과 변화 사이의 변증법을 지각하고 이해하도록 해주고, 우리 자신을 세계 안에 정착하도록 하며, 문화와 시간의 연속체 안에 위치시킨다.[33]

---

32) Pallasmaa, "Alvar Aalto: Toward a Synthetic Fuctionalism", ed. Peter Reed, *Alvar Aalto: Between Humanism and Materialism*, The Museum of Modern Art, 1998, p.31. 또 Pallasmaa, "Hapticity and Time: Notes on Fragile architecture", pp.80~81 참조.

33) Pallasmaa, *The Eyes of the Skin*, p.71.

건축은 건축가의 삶의 가치관을 포함한 세계 이해를 담기 마련인데, 팔라스마에 따르면 개별 건축이 전제하는 가치관과 세계 이해는 건축적 경험에 대한 현상학적 분석에 대조해 그 타당성이 따져져야 한다. 건축가는 건축을 통해 자신이 이해하는 세계상과 이상적인 삶을 제시하는데, 이것이 가치의 문제를 함축하고 있다고 해서 객관적 평가의 피안에 존재하는 것은 아니다. 정반대로 모더니즘 건축에 대해 팔라스마는 모더니즘 건축 이념은 사태 자체인 우리의 건축적 경험에 비추어 볼 때 그릇된 것이며, 이런 의미에서 그런 건축은 "결코 지어지면 안 된다"고 주장한다.[34] 팔라스마에게 있어서 자신의 감각적 건축 이론은 당위적인 의미를 가진다. 건축적 경험에 대한 '사실적' 분석은 건축 이념에 대한 '당위적' 결론을 뒷받침한다. '어떻게 사실명제로부터 당위명제를 끌어낼 수 있는가?' 하는 오래된 난제를 팔라스마는 건축적 경험에 대한 현상학적 분석으로 넘어선다. 건축적 경험은 감각들이 상호작용하는 다감각적 경험이며, 몸은 세계(건축물)와의 다감각적 경험에서 실존의 고양을 경험한다. 시각 중심의 모더니즘 건축이 실존의 피폐함을 가져왔다면, 감각적 건축을 통해 실존의 회복과 고양을 추구해야 하는 것이 현대건축이 당면한 과제인 것이다. 팔라스마에 따르면 실존이 풍요로운 삶이 좋은 삶이며, 좋은 삶은 '좋은 건축'에서 비롯된다. 이 점에서

---

34) Pallasmaa, "Mental and Existential Ecology", p.3. 또 Pallasmaa, *The Eyes of the Skin*, p.24. "우리 사회는 악성 종양과도 같은 시각의 성장으로 특징 된다. 보거나 내보일 수 있는 능력으로 모든 것이 평가되고 소통은 시각적 과정으로 변해 간다. 구축적인 (tectonic) 논리나 물질성 및 공감에 대한 감각은 전혀 없는, 피상적인 건축 이미지가 암처럼 번져 가는 오늘의 상황은 명백히 이러한 과정의 한 부분이다."

그의 건축 이론은 좋은 삶에 대한 이론이다.

## 지각에서 감각의 통일성

팔라스마의 건축적 경험 이론은 메를로퐁티의 지각 이론을 적극 수용한 결과지만, 양자 사이에는 미묘하지만 중요한 이론적 대립이 존재한다. 양자의 분석이 갈라지는 지점을 고찰해 봄으로써 우리는 팔라스마 건축 현상학의 쟁점과 그 의의를 보다 분명히 인식할 수 있다.

먼저 팔라스마의 건축 현상학이 출발점으로 삼고 있는 모더니즘 건축에 대한 그의 비판은 메를로퐁티의 지각 이론과 비교할 때 한 가지 중요한 물음을 제기한다. 즉 팔라스마는 모더니즘 건축을 시각중심주의로 규정하면서 모더니즘 건축에는 감각들의 상호작용적 측면, 즉 통일성의 측면이 결여되어 있다고 비판한다. 그러나 사실은 건축가의 의도와 표현 방식이 어떠하든 건축적 경험, 즉 건축물에 대한 지각은 지각의 논리를 따르며, 그런 한에서 건축적 경험에서 감각들의 통일성은 달성해야 할 과제가 아니라 원초적 사태로서 주어지는 것이 아닌가? 팔라스마의 주장과는 달리 적어도 지각에 대한 메를로퐁티의 분석에 따르면 그렇다. 메를로퐁티에 따르면 "감각들은 사물의 구조로 열림으로써 상호 간에 소통한다. 우리는 유리의 딱딱함과 취성脆性을 본다. 유리가 투명한 소리를 내면서 깨어질 때 그 소리는 눈에 보이는 유리가 전한다. 우리는 강철의 탄성, 붉게 달궈진 강철의 연성延性을 보고, 대팻날의 단단함과 대팻밥의 부드러움을 본다".[35] 메를로퐁티에 따르면 우리의 자연적 지각은 '감각적 성질들'로의 분화에 앞서는 통일적 존재이다. 감각적 성질들을 구분하는 것은 우리가 지각의 자연적 태도를 떠나서 대상에 대한 호기심 어린 태도나 관찰의 태도를 취할 때 일어날 뿐이다. 즉,

> 감각적 성질, 분리된 감각성은 내가 내 시각의 전체적 구조화를 깨뜨릴 때, 내가 나 자신의 시선에 충실하기를 멈출 때, 내가 보는(시각을 체험하는) 대신 봄에 대해 물을 때, 내가 나의 가능성을 시험하고자 할 때, 내가 나의 시각과 세계와의 연관, 나 자신과 나의 시각과의 연관을 포착하고 기술하기 위해 그 연관을 풀어 버릴 때 일어난다. 이러한 태도에서 세계는 감각적 성질들로 분해됨과 동시에 지각하는 주체의 자연적 통일성은 부서지고 나는 시각장의 주체로서의 나 자신을 잊게 된다.[36]

메를로퐁티는 감각의 통일성을 지각의 원초적 사태로 규정한다. 그가 수행한 다양한 생리학적, 병리학적 사례들에 대한 연구는 객관주의적 태도하에서는 잘 드러나지 않는 이 감각의 통일성의 원초적 사태를 드러내 보여 주기 위한 것이다. 그의 이러한 지각 분석에 따르면 모더니즘 건축 또한 지각의 대상으로서 나름의 감각적 통일성 속에서 드러나고 체험된다. 이를테면 모더니즘 건축을 특징짓는 공통적인 평면성

---

35) Merleau-Ponty, *Phénoménologie de la perception*, Paris: Gallimard, 1945, p.265.
36) *Ibid.*, p.262.

과 날카로운 모서리가 만들어 내는 스펙터클한 외관과 강화 유리판, 에나멜을 씌운 금속, 합성 플라스틱 등의 재료들은 독특한 시각적 효과를 나타낼 뿐만 아니라 그 속에는 나머지 감각들과의 고유한 통일성이 작동하는 것이다. 팔라스마는 브뤼헐P. Bruegel the Elder의 풍속화 속에 나타난 중세의 도시 풍경과 네모난 콘크리트 건물들이 도열해 있는 현대 도시를 비교하면서 전자를 "감각이 충만한 도시"로, 후자를 "감각이 결핍된 도시"로 규정한다.[37] 그러나 현대 도시도 중세 도시의 그것과는 다르지만 나름의 고유한 통일적인 감각들로 충만한 것이 아닐까? 비록 도시들이 구현하는 감각들에 대한 선호는 시대와 문화 그리고 지각 주체에 따라 다를지라도 말이다.

모더니즘 건축을 시각중심주의로 비판하는 팔라스마의 건축 이론은 그의 지각 이론을 함축하고 있다. 팔라스마가 "구시가지의 이름 없는 집들이나 가장 수수한 농장 별채 등도 우리에게 친밀감과 기쁨을 주곤 하는데 왜 대개의 현대 건축물들은 우리에게 아무런 느낌도 주지 않는가?"[38]라고 비판한다면, 이는 그가 보기에 시각 중심의 현대건축은 감각들의 통합을 제대로 이루어 내지 못하기 때문이며, 이것은 다시 말해 건축적 경험에서 감각들의 통일은 주어지는 것이 아니라 '좋은' 건축을 통해 달성해야 할 과제라는 것을 뜻한다. 즉 어떤 대상의 지각은 감각들의 통일을 주는 데 반해 다른 대상의 지각은 그렇지 않다는 것이다. 팔라스마의 모더니즘 건축 비판은 '건축적 경험에서 감각들의 통일성

---

37) Pallasmaa, *The Eyes of the Skin*, p.43.
38) Pallasmaa, "The Geometry of Feeling", p.448.

은 보편적 사태이되 각각의 건축이 실존의 고양에 기여하는 바는 다르다'는 주장이 아니다. 이 주장은 지각 이론과는 상관없이 건축적 경험의 심리적 분석에만 관계할 것이다. 이때 건축의 문제는 단순히 '의도한 심리적 효과를 극대화하기 위해 어떻게 표현할 것인가?'의 문제, 즉 "건축 성격"[39]의 문제가 된다. 반면 팔라스마에게 있어서는 지각에서 감각들의 통일성의 여부 자체가 곧 실존의 고양여부를 결정한다. 그러니까 그에게 있어서 언급한 '건축 성격(들)'은 단순히 특정한 심리적 효과를 끌어내려는 '심리학적 관심'에서 비롯된 것이라기보다는, 보다 근본적으로 그의 지각 이론이자 건축 이론, 즉 건축은 감각들의 통일성을 구현해야 한다는 그의 건축적 경험 이론에서 비롯된 것이며 언급된 건축 성격(들)은 이것을 달성하기 위한 경험적 방법으로 제시된 것이다.

---

39) 이 표현은 정태용의 논문에서 가져왔다. 정태용, 「팔라스마 건축 현상학의 배경과 특성」, 『한국실내디자인학회논문집』, 제24권 2호, 2015, 45쪽. 정태용은 "메를로퐁티 계열" 건축 현상학의 "건축 성격"으로 "다감각적 지각에 기반, 빛과 색채, 다시점, 감성적 디자인, 부드러움, 경쾌함, 변화감"을 들고 있다. 한편, '메를로퐁티 계열'의 건축가와 그들의 작품에 대한 분석을 보기 위해서는 다음을 참조하라. 김지영, 「메를로퐁티의 현상학적 공간 분석 방법을 통한 도미니크 페로 건축의 분석」(서울대학교 대학원 건축학과 석사논문), 2015 ; 곽문정·김기수·조용수, 「메를로퐁티의 신체현상학을 통한 체험된 건축공간 연구」, 『대한건축학회 학술발표대회 논문집』, 제25권 1호, 2005, 303~306쪽 ; 김남현·장용순, 「메를로퐁티의 현상학적 '얽힘(Chiasme)'을 통하여 본 현대건축에 관한 연구—건축적 재생공간을 중심으로」, 『대한건축학회 논문집: 계획계』, 제31권 11호, 2015, 103~110쪽 ; 김지영·최두남, 「메를로퐁티의 현상학적 공간 분석 방법을 통한 로버트 벤츄리 건축의 분석」, 『대한건축학회 학술대회논문집』, 제34권 2호, 2014, 161~164쪽 ; 조종수, 「현대건축공간에 구축된 체험된 공간개념과 표현기법에 관한 연구—안도 타다오와 피터 줌터를 중심으로」, 『대한건축학회 논문집: 계획계』, 제33권 4호, 2017, 21~30쪽 ; 홍덕기·구영민, 「현대건축에 나타나는 신체적 시각성에 관한 연구—스티븐 홀과 다니엘 리벤스킨트의 건축을 중심으로」, 『대한건축학회 논문집: 계획계』, 제27권 5호, 2011, 89~97쪽 ; 이보형·김봉주·조종수, 「현상학적 이론을 기반으로 한 현대건축 공간 디자인의 특성 분석」, 『대한건축학회 논문집』, 제35권 2호, 2015, 155~156쪽.

팔라스마의 모더니즘 건축 비판은 건축적 경험의 주체를 고전적 의미에서의 '정신'이 아니라 살아 있는 몸으로 파악한 데서 기인했다.[40] 그는 메를로퐁티를 따라 "감각적 경험들은 몸을 통해 통합되며, 나아가 몸의 구성 자체에서 그리고 인간의 존재 방식에서 통합된다"[41]고 말한다. 메를로퐁티 스스로도 감각들의 통일성은 나의 몸이 '실존의 응결된 모습'인 데서 기인하는바, "나의 신체는 병렬적인 기관들의 총합이 아니라, 그 모든 기능들이 세계로의 존재être au monde의 일반적 운동에서 되먹임 되고 결합되는 공조 작용 체계"라고 말한 바 있다.[42] 그런데 이러한 사실은 모더니즘 건축에 대한 팔라스마 비판의 타당성을 되묻게 한다. 왜냐하면 실존의 공조 작용 체계로서의 우리의 몸은 늘 감각들의 통일성으로 존재하기 때문이다. 그렇다면 모더니즘 건축이 건축적 경험의 다감각적 차원을 간과하고 시각적으로만 매혹적인 대상을 만들려 한다는 팔라스마의 비판을 어떻게 이해해야 할까? 혹은 모더니즘 건축물이 시각을 제외한 다른 감각들은 억압하고 축소한다는 그의 비판을 어떻게 볼 것인가? 건축적 경험의 주체는 우리의 살아 있는 몸이라는 사실에 비추어 보면, 결국 이 물음의 답은 문제 되는 몸이 '누구의' 몸인가에 달려 있다. 여기서 팔라스마에 따르면, "건축적 경험은 기본적으로 명사

---

40) "인간의 의식은 육화된 의식이다. 우리의 세계는 감각적이고 신체적인 중심 주위에서 구조화된다. 가브리엘 마르셀이 주장했듯이 '나는 나의 몸'이다." Pallasmaa, "Embodied and Existential Wisdom in Architecture : The Thinking Hand", *Body & Society*, vol.23(1), 2017, p.100.

41) Pallasmaa, *The Eyes of the Skin*, p.40.

42) Merleau-Ponty, *Phénoménologie de la perception*, p.270.

적이기보다는 동사적"이다.[43] 즉,

> 진정한 건축적 경험은 파사드를 형태적으로 잘 이해하는 데 있는 것
> 이 아니라 건물에 접근'하기'와 조우'하기'에 있다. 말하자면 단순히
> 문의 시각적 디자인이 아니라 들어서는 행위가, 물질적 대상으로서
> 의 창문 자체보다는 창문을 통해 내다보거나 들여다보는 행위가, 시
> 각적 디자인의 대상으로서의 벽난로보다는 온기의 영역을 점유하는
> 행위가 건축적 경험을 이루는 것이다.

건축적 경험의 본령은 우리의 몸이 행위를 통해 주변 환경과 끊임
없이 상호작용하는 데 있고, 이 상호작용은 건축 공간에 각자의 신체 도
식을 투사하는 것이다. "건축적 스케일을 이해하고 있다는 것은 대상이
나 건물을 자신의 몸을 통해 무의식적으로 가늠하고 있음을, 자신의 신
체도식을 해당 공간에 투사하고 있음을 암시한다."[44] 건축적 경험에서
신체도식은 몸의 부분들의 협력적 통일성 체계이고, 다름 아니라 이 몸
의 통일성 체계가 건축물의 구조를 모방하고 이해한다. 메를로퐁티의
표현을 빌자면, "지각적 경험에서 사물의 동일성은 탐색 운동 중에 있는
신체의 동일성의 또 다른 측면일 뿐이며, 그러니까 양자는 같은 성질의
것이다. 신체도식과 마찬가지로 저 벽난로는 어떤 법칙에 대한 인식 위
에 기초하는 것이 아니라 물체적 현전에 대한 체험 위에 기초하는 등가

---

43) Pallasmaa, *The Eyes of the Skin*, p.63. 또한 Pallasmaa, *The Embodied Image: Imagination and Imagery in Architecture*, Wiley, 2011, pp.123~124 참조.
44) Pallasmaa, *The Eyes of the Skin*, p.67.

의 체계système d'équivalence"이다.[45] 요컨대 건축적 경험에서 지각 주체의 신체도식과 건축물의 구조는 자연스럽게 일치를 이룬다. 승강기에서 내려 적당한 보폭으로 두세 걸음을 옮겨 현관문에 다다른 후 적당한 높이로 손을 들어 적당한 힘으로 손잡이를 돌려 문을 여는 일상의 경험은 명시적인 의식 없이 몸의 차원에서, 즉 몸의 부분들의 통일성인 신체도식을 통해 준비되고 수행된다. 이 말은 신체도식은 건축물의 구조와 조응하는 방식으로 늘 재통합되는 과정 중에 있다는 것을 의미한다. 이사한 새집의 불편함은 집의 낯선 구조와 나의 신체도식이 충돌하기 때문이며, 반대로 익숙해진 집의 편안함은 집의 구조와 나의 신체도식의 일치에 있다.[46] 그리고 매 순간 얻어지는 일치의 경험은 상응하는 감각적 즐거움을 동반한다.[47] 팔라스마는 모더니즘 건축이 시각적 즐거움을 가져다줄 뿐 다른 감각들의 즐거움을 외면한다고 말한다. 그렇다면 이때의 몸은 누구의 몸인가가 문제다. 이것은 사고의 주체이기에 앞서 자연적 지각의 주체로서의 팔라스마-몸이 아닐까? 다시 말해 지각이 감각의 통일성으로 존재하는 한, 새로운 환경과 몸의 신체도식이 일치를 찾아 가는 데서 알 수 있듯이, 모더니즘 건축은 그것을 시각뿐만 아니라 온몸으로 향유하는 자신의 거주자를 가지는 것이 아닐까? 이 문제를 좀더 논의해 보자.

---

45) Merleau-Ponty, *Phénoménologie de la perception*, p.216.
46) Pallasmaa, Holl and Pérez-Gómez, *Questions of Perception: Phenomenology of Architecture*, p.37 참조. "우리들의 집과 거처는 우리들의 자기정체성과 통합된다. 즉 집과 거처는 우리 자신의 몸과 존재의 일부가 된다."
47) Pallasmaa, *The Eyes of the Skin*, p.67 참조.

## 건축의 살

팔라스마는 모더니즘 건축에 대한 비판에서 출발해서 감각적 건축을 주장했다. 감각적 건축은 건축에서 감각들의 상호작용을 강조한 것으로 앞서 언급한 다감각적 지각에 기반, 빛과 색채, 다시점, 감성적 디자인, 부드러움, 경쾌함, 변화감 등이 그가 제안하는 감각적 건축의 특징을 이룬다. 우리는 팔라스마가 제안하는 감각적 건축을 새로운 스타일의 건축으로 인정할 수 있다. 그러나 모더니즘 건축에 대한 그의 비판은 건축적 경험을 이해하고자 함에 있어 여전히 문제로 남는다. 지각 주체와 세계(지각 대상)의 관계에 비추어 모더니즘 건축과 그것의 거주자(향유자) 사이의 건축적 경험을 규정해야 하는 문제가 그것이다.

팔라스마는 모더니즘 건축이 시각 중심적이며 다른 감각들을 억압하고 축소함으로써 자연스러운 감각의 통일성을 결여하게 되고, 결과적으로 실존의 피폐함을 가져올 뿐이라고 주장한다. 그러나 우리가 보기에 메를로퐁티의 지각 분석은 이 문제에 대해 전혀 다른 결론을 함축하고 있다. 두 사람은 지각 혹은 건축적 경험에 대한 분석의 많은 지점들을 공유하지만 결정적인 지점에서 갈린다. 먼저 팔라스마가 이 문제, 즉 지각 주체와 세계(대상)의 관계 문제를 분석하면서 다른 무엇보다도 메를로퐁티의 살 개념을 원용하고 있다는 사실을 확인할 필요가 있다.

메를로퐁티에게 시각은 육화된 시각, 즉 '세계의 살'에 구현된 육화된 시각이다. "우리의 몸은 대상들 중의 하나지만 대상들을 보고 만지는 대상이다." 메를로퐁티는 자아^self^와 세계 사이의 삼투적 관계 —세계와 자아는 서로를 침투하고 상호규정한다—를 잘 이해했던 사람이며 감각들 사이의 동시성과 상호작용을 강조했던 사람이다.[48]

팔라스마가 옳게 인식했듯이 메를로퐁티의 살 개념은 자아와 세계 사이의 삼투적 관계를 표현하고 있다. 살 개념에 따르면 지각 주체와 세계의 관계는 고전적인 관념론이나 실재론에서 볼 수 있듯이 하나가 다른 하나 위에서 정초되는 '일방적인' 관계가 아니라 주체와 세계가 상호 정초하는 쌍방적인 관계이다. 이를 메를로퐁티는『보이는 것과 보이지 않는 것』의「얽힘-교차」장에서 '바다와 해변 사이의 관계'로 비유한 바 있다. 좀 길지만 인용하자면,

우리 주위에 있는 보이는 것은 그 자신 속에 놓여 있는 듯하다. 마치 우리의 시각이 보이는 것의 핵심에서 형성되거나, 또는 보이는 것과 우리 사이에 바다와 해변 사이의 관계처럼 밀접한 관계가 있는 듯하다. 그러나 우리가 보이는 것 속에 녹아든다거나 보이는 것이 우리 속으로 들어온다는 것은 가당치 않다. 그렇게 된다고 하면 보는 자가 사라지거나 아니면 보이는 것이 사라짐으로써 시각은 이루어지는 순간에 스러지고 말 터이다. 그러니까 결국 존재하는 것은 나중에 보는 자에게 제공될 자기동일적으로 존재하는 사물들이 아니며, 처음엔 비어 있다가 나중에 사물들에게 열리게 되는 보는 자가 아니다. 존재하

---

48) *Ibid.*, p. 20. 각주에서 팔라스마는 메를로퐁티의 살 개념에 대해「얽힘-교차」,『보이는 것과 보이지 않는 것』에서 몇몇 핵심적인 구절들을 인용한다. p. 148 참조.

는 것은 우리가 시선으로 어루만짐으로써만 더 가까이 다가갈 수 있는 어떤 것이며, 시선이 감싸고 있고 시선이 자신의 살로 옷을 입히기에 우리가 결코 완전히 '벌거벗은' 모습을 볼 수 없는 사물들이다.[49]

바다와 해변은 애초 정해진 경계가 없다. 밀물과 썰물에 따라 그 경계는 유동적이다. 그러나 바다와 해변은 경계를 떠나 존재할 수 없으며 그 경계로 인해 구분된다. 또 바다와 해변은 상호규정적이다. 바다는 해변(땅)이 있음으로 바다가 되고 해변은 바다가 있음으로 말 그대로 해변이 된다. 나아가 해변의 풍경이 바다를 떠나 생각할 수 없듯이 반대도 마찬가지다. 해변의 풍경에는 바다의 '살'이, 바다의 풍경에는 해변(땅)의 '살'이 삼투되어 있다. 사실 바다와 해변의 관계같이 이렇듯 밀접한 지각 주체와 세계 사이의 살의 관계는 역설적 측면을 갖는다. 왜냐하면 인과적 사고에서 보면 상호규정하는 지각 주체와 세계 어느 것도 지각의 발생에 있어 원인 혹은 결과일 수 없기 때문이다. 오히려 주체와 세계는 양자가 함께 지각의 원인이자 결과라고 보아야 한다. 더 정확히 말하면 지각은 '분수처럼' 주체와 세계가 분화하는 현상이다. 메를로퐁티에 따르면 주체의 시선과 세계는 '함께 태어나면서'[50] '오렌지의 두 쪽처럼'

49) Merleau-Ponty, *Le Visible et l'invisible*, Paris: Gallimard, 1964, p.173.
50) 이 개념은 메를로퐁티에게 있어서 주체와 세계의 동시성(simultanéité) 혹은 얽힘 관계 (Ineinander)를 나타낸다. 이에 대한 자세한 논의는 Emmanuel de Saint-Aubert, "La 'co-naissance'. Merleau-Ponty et Claudel", eds. Marie Cariou, Renaud Barbaras and Etienne Bimbenet, *Merleau-Ponty aux frontières de l'invisible*, Associazione Culturale Mimesis, 2003, pp.249~279 참조.

서로 대응한다.[51] 양자가 함께 태어나고 '닮았기에' 시선의 운동은 역설적이다. 왜냐하면 "시선은 마치 보이는 사물들과 예정 조화의 관계에 있듯이, 마치 사물들을 알기도 전에 이미 알고 있는 듯이 자기 식으로 불규칙적이고 강압적인 스타일로 움직이는데, 그렇지만 포착된 광경들은 아무거나가 아니고, 나는 혼돈이 아니라 사물들을 바라보는 터라 결국 우리는 '시각을' 지휘하는 것이 시선인지 아니면 사물들인지 말할 수 없"기 때문이다.[52]

메를로퐁티의 이러한 살 개념을 건축적 경험에 적용하면 지각 주체와 건축물의 관계 또한 살의 관계로 파악된다. 경험은 항상 지각 주체와 대상 사이의 살적인 관계인 터라 주체는 대상 안에서 자기를 발견하고 나르시스를 비추는 호수마냥 대상은 바로 '그' 지각 주체를 반영하는 대상이 된다. 사실 우리가 앞서 참조했던 자신의 주저에서 팔라스마는 메를로퐁티를 인용하면서 "예술작품과 마주했을 때 우리는 감정과 느낌을 그 작품 위에 투사한다. 이때 흥미로운 교환이 일어난다. 즉 우리는 작품에 우리의 감정을 건네고 작품은 우리에게 자신의 권위와 아우라를 건넨다. 그러니까 우리는 작품 속에서 우리 자신과 만나게 된다"라고 썼는데,[53] 이 주장의 존재론적 근거가 바로 지각 주체와 대상 사이의 살의 관계인 것이다. 건축적 경험은 근본적으로 존재의 살 구조에 기초한다. 건축적 경험을 이해하기 위해서는 주체와 세계 사이의 존재론적 얽

---

51) Merleau-Ponty, *Le Visible et l'invisible*, p.176.
52) *Ibid.*, p.175. 메를로퐁티의 살 개념에 대한 보다 상세한 분석을 위해서는 박신화, 「메를로퐁티의 살 철학과 경험의 발생론」, 『철학과 현상학 연구』, 제55집, 2012, 63~95쪽 참조.
53) Pallasmaa, *The Eyes of the Skin*, p.66.

힘인 살의 관계를 이해해야 한다.

그러나 우리가 보기에 팔라스마는 건축적 경험을 분석하면서 실상 살 관계의 일부만 보았을 뿐 전체를 보지 못했다. 메를로퐁티의 용어법에 따라 말하자면 그의 감각적 건축 개념은 '보이는 것'의 차원에 주목했을 뿐 '보이지 않는 것'의 차원을 간과했다. 그는 건축적 경험에서 다섯 가지 감각들의 상호작용은 보았지만, 이러한 '보이는 것'들이 '보이지 않는 것', 즉 관념의 차원으로 이어져 있음에 별다른 주의를 두지 않았다. 메를로퐁티에 따르면, 보이는 것은 늘 보이지 않는 것과의 얽힘을 통해서만 보이는 것으로 존재한다. 멜로디의 의미(보이지 않는 것)는 소리(보이는 것)를 통해 존재하지만 동시에 멜로디의 소리는 자신이 구현하는 의미에 의해 틀지어져 아무렇게나 존재하지 않고 특정한 리듬과 구조 속에서 존재한다. 보이는 것은 말 그대로 '보이는 것'에 그치지 않고 이미 그리고 항상 보이지 않는 것의 차원과 뒤얽혀 있다. 그런 까닭에 메를로퐁티는 '이' 빨강을 분석하면서 하나의 개별적인 감각 소여인 이 빨강조차 이미 그 안에는 보이지 않는 것의 무한한 표지가 가로놓여 있다고 말했다.

말할 것도 없이 붉은 옷은 섬유 하나하나가 보이는 것의 직물에 결부되어 있으며, 보이는 것에 의해 보이지 않는 존재의 직물과 결부되어 있다. 붉은 옷은 지붕의 벽돌들, 건널목지기와 혁명의 깃발, 엑스 부근이나 마다가스카르의 어떤 땅을 망라하는 붉은 사물들의 장場에 찍힌 구두점이지만, 또한 여인들의 옷, 교수들·주교들·차장 검사들에, 그리고 장신구들과 유니폼의 장에 찍힌 구두점이다. 그리고 저 붉은

색은 말 그대로 그것이 나타나는 맥락에 따라 동일하지 않다. 그 안에 몰려드는 것이 1917년 혁명의 순수한 본질인지, 영원한 여성성의 순수 본질인지, 혁명 검사의 순수 본질인지, 아니면 25년 전 샹젤리제의 어느 술집을 휩쓴 기마병 차림의 집시들의 순수한 본질인지에 따라 동일한 빨강이 아니다.[54]

이 빨강은 그것이 드러내는 대상의 본질에 따라 동일한 빨강이 아니게 된다. 그렇다면 대상의 본질은 보이는 것을 통해 어떻게 드러나는가? 가령 이 붉은 옷이 여성의 외출용 드레스가 아니라 엄숙한 법정의 예복으로 드러나게 되는 이유는 무엇인가? 그것은 앞서 언급한 바와 같이 존재는 지각 주체와 세계의 동시적 분화이기 때문이며, 특정 주체에게 대상은 특정하고 고유한 비가시성의 차원 속에서 드러나고 존재하기 때문이다.

정리하자면 메를로퐁티의 살 개념은 지각이 감각의 통일성으로 존재한다는 것을 말하는 데 그치지 않고 그 통일성이 비감각적인 것(보이지 않는 것)의 차원에 의해 교차되어 있음을 말해 준다. 우리가 앞서 팔라스마의 비판과는 달리 모더니즘 건축은 보편적인 실존의 소외를 초래하기는커녕 그것을 온몸으로 향유할 자신의 거주자를 가질 것이라고 주장했던 궁극적인 근거가 바로 여기에 있다. 팔라스마가 비판했던 모더니즘의 소위 시각 중심적 건축은 비록 어떤 지각 주체(몸)에게는 무미건조한 외관만을 드러내는 건물에 불과할지 모르나, 반면 그것에 거

---

54) Merleau-Ponty, *Le Visible et l'invisible*, pp.174~175.

모더니즘 건축은 그것을 온몸으로 향유하는 거주자의 몸, 그의 실존과 뒤얽혀 있다.
사진은 강남구 테헤란로.

주하고 그것을 향유하는 주체에게는 자신의 실존이 구성되고 구현되는
보이는 것과 보이지 않는 것의 얽힘의 자리인 것이다. 이렇게 보면 팔라
스마가 모더니즘 건축을 평가절하하게 된 근본 동기가 드러난다. 그에
게 있어서 건축적 경험에서의 감각의 통일성은 오직 보이는 것의 차원
에만 관계하는 것으로 간주되는데, 이것은 감각과 지각 주체인 몸을 말
하자면 '자연주의적' 관점에서 이해한 데서 기인한 것이다. 거기서 감각
과 몸은 보이지 않는 것의 차원, 즉 의미와 문화의 차원을 결여한 순수한
자연적 사실이 된다. 그러나 이것은 메를로퐁티의 지각 철학이 처음부
터 거리를 두었던 입장으로, 그의 지각 철학에 따르면 감각의 통일성과
실존의 고양은 보이는 것과 보이지 않는 것의 얽힘 속에서 무한히 다채
롭게 전개될 수 있다. 이것이 우리가 인간 실존의 향방을 쉽사리 예단할

수 없는 이유이고 문화적 삶의 다양성 앞에 늘 열린 마음을 가져야 하는 이유이다.

　이런 의미에서 팔라스마의 새로운 건축 개념이 새로운 실존의 장을 열었다는 것을 십분 인정하면서도, 우리는 꼭 마찬가지로 모더니즘 건축, 나아가 자신의 거주자를 가졌던 모든 시대, 모든 건축의 철학적, 실존적 가치를 인정하게 된다. 그러니까 "건축의 항구적 과제는 인간의 세계 내 존재being in the world를 구체화, 구조화하는 육화된 실존적 메타포를 창조하는 것으로, […] 건축은 우리의 이상적 삶의 이미지들을 구현한다"[55]는 팔라스마 건축 현상학의 이념은, 이로부터 그가 끌어낸 귀결이야 어떻든, 역사상의 모든 건축에 대한 긍정이며 건축이 가능케 한 우리 실존의 보편적 진리를 담고 있는 것이다.

---

[55] Pallasmaa, Holl and Pérez-Gómez, *Questions of Perception: Phenomenology of Architecture*, p.37.

# 9장 / 댄 그레이엄과 메를로퐁티의 신체상호성

정소라

## 주체의 얽힘을 간파했던 한 예술가의 실험

댄 그레이엄Dan Graham[1]은 1960년대부터 드로잉, 사진, 영화, 퍼포먼스, 비디오 설치, 건축 등 다양한 작업을 선보여 온 미국 출신의 작가이다. 개념적 성향을 강하게 띠었던 그의 작업은 시기별로 변화를 갖게 되는데, 1960년대 말에 시작된 퍼포먼스에 이어 1970년대에 집중했던 작업들은 비디오 피드백을 활용하여 관람자들을 작품에 깊숙이 개입시키는 것들이었다. 이 작품들은 이후 쌍방향의 거울two-way mirror로 만들어진 파빌리온pavillion 설치 작업으로 이어진다. 이 작업들의 전개

---

1) 1942년 미국, 일리노이(Ilinois)주 얼바나(Urbana)에서 태어나 2022년 작고한 댄 그레이엄은 1960년대부터 사진, 비디오, 퍼포먼스 그리고 건축적 공간 형태의 다양한 작업을 선보였다. 정규 미술교육은 받지 않았지만 미니멀리즘적인 사진 작업을 시작으로 예술가로 활동한 그는 해당 장르 외에도 록밴드와 같은 뮤지션들과도 협업하였고, 1970년대 이후에는 주로 건축적인 프로젝트에 집중했다.

과정에서 중심이 되는 매체이자 논의의 대상이 되는 것은 바로 거울, 유리와 비디오카메라이다. 이 각각의 매체의 특성들은 그레이엄이 주체와 타인 그리고 공적 공간 속에서의 자기 인식의 문제를 다루는 데 중요하게 작용한다. 그레이엄은 자신의 작품에서 지각 자체를 실험함으로써 주체와 대상, 보는 것과 보이는 것 간의 관계 그리고 주체와 타인 간의 관계에서 만들어지는 상호주관성에 대한 탐구를 해 나간다. 이러한 탐구 과정에서 그는 관람자를 작품의 관찰자로서가 아니라 능동적인 행위자로서 설정한다.

우리는 자아를 어떻게 인식할 수 있을까? 그리고 타인이란 주체에게 어떤 존재일까? 모든 지식의 근원이 지각을 통해 얻어질 수 있다고 보았던 프랑스 철학자 모리스 메를로퐁티[2]는 우리 자신에 대한 인식 역시 지각을 기반으로 하고 있다고 주장한다. 지각은 인간이 세계와의 관계에 있어 가장 원초적으로 만날 수 있는 행위이다. 그리고 지각이란 행위의 주체는 바로 우리의 신체이다. 그런데 이 신체는 내용물이 그릇 속에 담긴 것처럼 세계 속에 존재하는 것이 아니라, 세계에 깊이 귀속되어 있고 밀접하게 엮여 있다. 메를로퐁티가 자신의 현상학적 단계에서 주장했던 '세계-에로-존재'being-in-the-world는 인간이 세계를 향해 계속해

---

2) 메를로퐁티는 후설 현상학의 영향을 받아 대상으로 향하는 의식의 지향적 성격에 주목하고, 세계와 가장 원초적으로 만나는 지각의 행위를 모든 앎의 근원으로 보았다. 그의 지각이론은 크게 『행동의 구조』, 『지각의 현상학』을 중심으로 펼쳐지는 현상학 단계와 『눈과 마음』 (Eye and Mind), 『보이는 것과 보이지 않는 것』(The Visible and the Invisible)의 존재론 단계로 구분할 수 있다. 한편 메를로퐁티는 체계적인 예술에 대한 비평을 전개하지는 않았으나 폴 세잔과 파울 클레 등 여러 회화 작가들에 관심을 갖고 있었고, 예술 작품의 의미가 어떻게 발현되는지에 대한 관점을 피력하는 등 자신만의 예술론을 펼쳤다.

서 나아가는 존재임을 드러내고 있다. 그는 이렇게 우리가 신체를 매개로 끊임없이 세계와 소통하고 그러므로 의식은 언제나 체화되어 있음을 주장한다.

　　메를로퐁티는 후기의 존재론적 탐구에서는 인간과 세계를 하나의 직물처럼 얽힌 것으로 보고 그것을 '살flesh이라는 새로운 개념으로 제시하기에 이른다.[3] 신체의 확장된 개념인 살은 물질도 정신도 아닌 이 둘을 초월하는 제3의 개념이다. 그런데 그의 주장에서, 이 살이라는 것은 거울과 같은 반사성reflexibility 그리고 가역성reversibility을 지닌다.[4] 따라서 대상을 본다는 것은 결국은 보고 있는 자신을 보는 것이 된다고 설명한다. 이와 같이 메를로퐁티는 세계를 지각하는 것은 결국은 다시 지각하는 스스로를 향하게 함으로써 반성에 이르게 한다는 주장을 펼친다. 이런 관점에서 그는 타인 역시 일종의 대상으로 보지 않고 세계라는 기반을 나와 공유하는 또 하나의 자아로 보았다. 나와 타인은 신체를 통해 내적 연결성을 지니고 있고, 다르게 표현하자면 살이라는 같은 조직으로 구성된 하나이지도 둘이지도 않은 관계에 놓여 있다는 것이다. 그러므로 메를로퐁티는, 우리가 개별적 주관성을 먼저 확립하는 것이 아

---

3) 메를로퐁티는 후기에 가서는 자신의 현상학적 논의들을 존재론적으로 탐구한다. 여기서 인간과 세계의 구성 원소로 제시되는 '살'은 물질도 정신도 아닌 새로운 개념으로 이해해야 한다. 메를로퐁티는 주체와 대상의 이분법을 넘어서기 위해 지각과 신체를 강조했던 자신의 주장들의 한계점을 스스로 비판하고, 모든 것을 살로 구성된 것으로 바라본다. 그리고 이 살로 된 존재는 가역적 성질을 지니고 있어 주체와 대상, 인간과 세계, 보이는 것과 보이지 않는 것 등 계속해서 다른 양상으로 나타나는 것으로 설명하고 있다.
4) 메를로퐁티가 주장하는 살의 몇 가지 특징 중 가장 핵심적인 것은 가역적 성질을 가졌다는 것이다. 가역성이란 일반적으로 어떤 것이 다른 상태로 변했다가 원래의 성질로 돌아가려는 특성을 가리킨다. 이러한 살의 가역성으로 인해 계속해서 주체와 객체는 지각의 과정에서 서로의 자리를 맞바꾸게 되는데 이것을 메를로퐁티는 키아즘으로 지칭했다.

니라 타인과 연결된 세계라는 기반 위에서, 즉 상호신체적 세계 위에서 자신의 주관성을 갖게 된다는 입장을 취한다.

이와 같은 메를로퐁티의 지각에 대한 탐구를 통해 얻어진 주체와 타인에 대한 고찰들은 고정된 개념으로서의 독립된 주체를 부정하려는 그레이엄의 입장과 맞닿아 있다. 지각을 통해 주체와 대상이 가역적으로 위치를 교환하며 자기 인식이라는 과정에 이르는 것을 그레이엄의 작품에서도 읽어 낼 수 있다. 또한 그레이엄은 지각의 과정에서 순수한 현존이 불가능하다는 것을 타인, 상호신체성, 시간과 기억, 사회적으로 코드화된 의미들을 보여 줌으로써 주장한다. 한편 이것은 그레이엄이 메를로퐁티의 현상학에 영향을 받았던 미니멀리즘과는 입장을 달리하는 근거가 된다.[5]

이 글에서는 그레이엄의 1960년대 말 퍼포먼스에서부터 1970년대 비디오 설치 작업과 파빌리온 작업을 메를로퐁티의 신체 지각 이론을 통해 살펴본다. 중점적으로 그레이엄의 작업에서 주체와 대상 그리고 타인 간에 일어나는 지각의 의미 그리고 상호신체성의 형성에 대해 논의해 보기로 한다. 궁극적으로 이 글에서 강조하고자 하는 것은 메를

---

5) 메를로퐁티의 현상학은 1962년 『지각의 현상학』이 영어로 번역 · 출간되면서 로버트 모리스(Robert Morris)를 위시한 많은 미니멀리즘 작가들에게 영향을 주었던 것으로 알려져 있다. 로잘린드 크라우스(Rosalind Krauss), 아넷 미켈슨(Annett Michelson)과 같은 미술사가들은 이와 같은 미니멀리즘과 메를로퐁티 철학 간의 관련성을 짚어 낸다. 미니멀리즘은 단일한 형태와 반복적 배열을 통해 작품의 내적 구성을 최대한 없애고 관람자를 조명, 공간과 같은 작품의 외연적 요소로 향하게 한다. 그로 인해 이들 작품은 관람자의 현존을 통해 작품의 의미가 매 순간 발생하게 된다. 이와 같은 미니멀리즘의 특징들은 주체와 대상의 관계, 지각과 신체에 대한 메를로퐁티의 관점과 밀접하게 연결되어 있다는 것이 이들 이론가의 분석이다.

로퐁티가 역설했듯이 주체에 대한 그리고 주체가 관계 맺고 있는 세계에 대한 인식이 모두 타인과의 긴밀한 상호작용을 통해 가능해진다는 사실을 그레이엄의 작업에서도 확인할 수 있다는 것이다. 또는 메를로퐁티의 주장처럼 모든 의미가 우리의 신체 또는 살에 내재해 있고 타인은 이러한 것들을 끄집어내는 계기라는 것을 그레이엄의 작업들이 보여 주고 있다는 것이다. 이러한 고찰의 과정을 통해 주체와 대상에 대해 메를로퐁티가 주장하는 하나이지도 둘이지도 않은 존재론적 관계를 다시 한번 숙고해 보고자 한다.

## 메를로퐁티의 관점에서의 상호주관성

메를로퐁티는 지각을 모든 근원적인 앎의 기반으로 삼고, 이 지각의 주체로 신체를 내세운다. 따라서 지각과 신체의 현상학적 특징들을 그의 대표적 저서인 『지각의 현상학』(1945)에서 상세하게 기술하고 있다. 그러면서 메를로퐁티는 자신의 논의에 타인들의 주관성이 우리의 경험 속에 어떻게 나타나는지의 문제를 포함시킨다. 즉, 지각의 대상을 사물과 자연세계에서 타인과 문화세계로까지 확장시킨다. 그의 관점에서 타인은 일반적인 사물이 아니라 하나의 또 다른 신체-주체 body-subject[6]이다. 메를로퐁티가 생각하는 우리의 신체는 타인의 신체와의 상호작용 속에서 세계의 의미를 획득한다. 메를로퐁티는 개별적

---

6) '신체-주체'는 메를로퐁티가 인간을 정신과 신체의 연합이 아닌 통합으로 규정하는 개념이다. 인간은 정신적이거나 또는 물질적이기만 한 존재가 아니라 정신적이면서 동시에 물질적인 존재라는 것이다. 그는 이를 통해 정신과 신체의 이원화된 구조를 뛰어넘고자 한다.

주체들 사이에서 일어나는 상호작용을 인정하고 그 작용 속에서 만들어지는 상호주관성에 특별한 의미를 두었다. 상호주관성이란 여러 주체들의 상호관계 속에서 나타나게 되는 공통성을 말한다. 그리고 일반적으로 상호주관성에 앞서 개별적 주관성이 존재한다고 인식하지만, 메를로퐁티는 나의 개별적 주관성이 상호주관적인 관계 속에 놓여 있다고 주장한다. 즉, 우리의 주관성은 그 상호신체적 토대 위에 생겨나는 것이라고 말한다.

메를로퐁티의 타인과 상호신체성의 논의는 이원론적 사고에 대한 비판으로부터 시작된다. 메를로퐁티가 궁극적으로 넘어서고자 했던 데카르트는 모든 것을 의심하더라도 의심할 수 없는 유일한 그 무엇으로 생각하는 자아를 내세웠다. 자아의 의식만을 절대 명제로 둔 것이다. 그렇게 될 경우 우리는 모두 자신의 의식만을 확신할 수 있게 되며, 타인은 그저 대상으로 인식하게 된다. 우리는 우리 스스로만이 접근할 수 있는 자신의 마음으로서 존재하게 된다. 이것이 바로 유아론이다. 타인의 존재를 인정하는 것은 내가 세계에 대한 유일한 관리자임을 부정하는 것이 되어버린다. 그런데 유아론적 입장을 인정하게 되면 자아와 같은 형상의 타인들은 단지 비슷하게 만들어진 기계일지도 모른다는 생각에 이를 수 있다. 그렇다면 타인은 자아의 마음 속에서만 존재하는 개념이며, 상상에 의해 만들어진 것이 된다.

그러나 우리는 타인 역시 우리와 같이 의식을 가진 존재임을 부인할 수 없다. 그것은 우리가 타인과 대화를 하거나 그밖에 상호적 행위를 하는 것으로도 알 수 있다. 이러한 문제를 해결하기 위해 전통 철학은 자아와의 유비추론을 통해 타인의 존재를 인정하고 타인의 행동을 설명하려 한다. 의식을 지닌 자아는 신체를 지니고 있고, 따라서 나와 유사한 신체를 지닌 타인 역시 의식을 지녔을 것이라고 추론하는 것이다. 그리고 나의 손가락이 못에 찔렸을 때 아픔을 느끼기에, 타인 역시 못에 찔렸을 경우 아픔을 느낄 것이라고 생각하게 된다.

이에 대해 메를로퐁티는 유아의 사례를 통해 반박한다. 거울을 본다든지 하는 어떤 경험이 전혀 없는 15개월 된 아기는 만약 누군가가 입으로 자신의 손가락을 무는 시늉을 하면 자신의 입을 열어 그 행동을 따라 한다.

> 생후 15개월 된 아기는 내가 놀이 삼아 손가락을 하나 입에 넣어 무는 시늉을 하면, 자신의 입을 열어 보인다. 그러나 아기는 거울 속의 자신을 본 적이 없고, 아기의 치아는 나의 것과 같지 않다. 아기가 내부에서 느끼는 대로 그 자신의 입과 치아는 즉시 그에게는 무는 장치가 되고, 아기가 외부에서 보는 대로 나의 턱은 즉시 그에게는 동일한 의도들을 능히 실행할 수 있는 것으로 여겨진다는 것은 사실이다. '무는 것'은 즉시 그에게는 상호주관적 의미를 지닌다. 그는 자신의 의도들을 자신의 신체에서 지각하고, 자신의 신체로 나의 신체를 지각하며, 이로써 나의 의도를 그의 신체에서 지각한다.[7]

이 사례를 통해 메를로퐁티가 전달하려는 것은 우리의 신체가 타

---

7) M. Merleau-Ponty, *Phenomenology of Perception* (New York : Routledge, 1945), p.410 ; 모리스 메를로퐁티, 『지각의 현상학』, 류의근 옮김(문학과 지성사, 2003), pp.526~527.

인의 신체와 내적으로 연결되어 있다는 사실이다. 우리는 우리의 신체가 뿌리를 내리고 있는 세계를 타인과 함께 공유하는데, 이것은 우리가 타인과 근원적으로 결합되어 있음을 뜻한다는 것이다. 메를로퐁티는 신체도식[8]을 통해 신체의 각 부분이 유기적으로 연결되어 있음을 보여 주었듯이, 이것을 확장시켜 주체와 타인들의 지각이 서로 통합될 수 있음을 주장한다. 이처럼 신체-주체인 나는 근원적인 지각세계에서 다른 신체-주체와 결합되어 있기 때문에, "나는 그를 유비추론을 통해 간접적으로 경험하는 것이 아니라 그 어떤 추론의 매개도 없이 직접적으로 경험하게 된다".[9] 사례 속 15개월 된 아기는 자신의 입을 본 적이 없지만 입을 통해 물 수 있다는 것을 즉각적으로 느낀다. 그리고 자신의 손가락을 물려는 타인의 행동이 갖는 의도를 이미 자신의 신체를 통하여 간파한다. 타인들의 의도와 자신의 의도는 어떠한 번역의 필요성도 그 안에서 요구되지 않는 단일한, 전반성적인, 상호주관적 시스템을 구성한다.[10] 이것은 마치 나의 의식을 통해 나의 신체의 감각을 파악하는 것이 아니듯, 타인의 신체가 하는 행동 역시 우리의 의식으로 유추하는 것이 아님을 보여 준다. 타인의 행동은 우리로 하여금 이미 우리의 신체에 내재되어 있던 의미들을 끄집어내게 한다.

익명의 타인들과 함께 서는 이 세계는 '나'라는 주체가 먼저 형성되

---

8) '신체도식'은 메를로퐁티가 신체의 현상학적 특징으로 내세운 것 중 하나이다. 신체도식은 신체의 부분들의 공간적 위치를 통합하는 능력이다. 우리는 다른 사물을 인식할 때와 달리 어떤 객관적 거리를 파악하지 않고도 우리 자신의 신체의 각 부분의 위치를 잘 알고 있다. 이것은 신체도식에 의해 가능하다는 것이 메를로퐁티의 설명이다.

9) 이남인, 『후설과 메를로퐁티 지각의 현상학』(한길사, 2013), p.231.

10) 모니카 M. 랭어, 『메를로 퐁티의 지각의 현상학』, 서우석, 임양혁 옮김(청하, 1992), p.163.

고 그 기반 위에서 생겨나는 사회생활을 통하여 인간관계가 전개되는 것이 아니다. 하나의 자아는 인간들의 상호신체적 세계에 먼저 던져졌고, 그 기반 위에서 자신의 주관성이 만들어진다. 왜냐하면 나 자신에 대한 인식은 지각 이후에 오는 것이나, 세계에 속한 타인의 등장은 나에게 지각의 계기를 만들어주기 때문이다. 로리 스펄링Laurie Spurling은 메를로퐁티가 보는 상호주관성의 세계, 즉 자아와 타인이 만들어가는 세계를 두 명의 테니스 선수가 만들어 가는 하나의 리듬 있는 패턴에 비유한다. 마치 한 선수의 스트로크가 상대편의 되받아침의 동기가 되듯이, 테니스 게임에서 두 선수의 행동은 하나의 단일한 리듬 있는 패턴으로 흘러 들어간다.[11) 여기에서 상대편과 무관한 한 선수만의 행위와 의도를 명확하게 가려낼 수 없을 것이다.

메를로퐁티에 의하면 이와 같은 상호신체성이 형성되는 과정은 대화를 통해 가장 잘 드러난다. 대화는 타인의 생각과 나의 생각을 얽힘 관계로 만든다.

> 대화의 경험에서 언어는 타인과 나 사이에 공통 지반을 구성하고, 나의 사고와 그의 사고는 하나의 직물만을 만들며, 나의 말과 대화자의 말은 논의 상태에 의해 불려 나오고, 이것들은 우리 중 어느 누구도 그것의 창조자가 아닌 공통작용에로 끌려간다.[12)

---

11) Laurie Spurling, *Phenomenology and the Social World*(London: Routledge & Kegan Paul, 1977), p. 41.
12) M. Merleau-Ponty, *Phenomenology of Perception*, p.530.

이와 같이 우리가 어떤 사물에 대한 의미를 갖게 되는 것은 타인과의 소통 속에서이다. 우리는 우리가 타인들과 나누는 어떤 개념들에서 사물들의 의미를 발견하는데 바로 그 타인들은 우리가 말한 언어에 이미 체화되어 있다.[13] 상호신체적 세계에 던져진 우리의 주관성은 이러한 언어를 통해 끊임없이 타인과 얽히게 된다. 메를로퐁티는 이러한 상호주관적 의미 발생을 "우리는 완전한 상호성의 협력자이고, 우리의 조망들은 서로에게 스며들며, 우리는 동일한 세계를 통하여 공존한다"라고 표현한다.[14] 나의 주관성의 내용은 나에게만 존재하는 것이 아니라 타인의 신체에서 일어나는 주관성에 얽혀 의미를 만들어 낸다. 그러므로 메를로퐁티는 타자와의 교류를 거부하는 고독이란 것도 이미 일종의 교류를 내포한 것이라 말한다. 고독을 누리려는 우리의 의도에는 타인에 대한, 타인과의 경험이 하나도 새겨져 있지 않을 수 없기 때문이다.

이러한 타인에 대한 관점은 메를로퐁티의 후기 존재론에서는 더욱 심화되고 확장된다. 살로 만들어진 모든 것이 보고, 보이는 가역적 관계 속에 놓이는 것을 주장하고 있기에, 타인 역시 주체와 그런 관계 속에 놓인다. 살은 한 신체로부터 다른 신체로의 이행과 소통의 가능 근거이고, 나와 타자가 상호주관적인 관계를 맺도록 해주는 존재론적 조직이다.[15] 『보이는 것과 보이지 않는 것』에서 메를로퐁티가 상호신체성의 예로 든 것은 악수이다. 악수 역시 가역적이기에 우리는 손을 잡음과 동시에

---

13) Eric Matthews, *Merleau-Ponty*(London : Continum, 2006), pp. 117~118.
14) M. Merleau-Ponty, *Phenomenology of Perception*, p. 530.
15) 이소희, 「후기 메를로퐁티의 살의 존재론에서 본 세계」, 『철학과 현상학 연구』 40집(2009), p.200.

잡힘을 느낀다. 이런 감각의 역전 현상은 각 유기체의 내부에서 일어나는 것처럼 여러 다른 유기체들 사이에서도 일어난다는 것이 메를로퐁티의 주장이다.[16]

> "나의 신체가 통일을 이루는 일반성이 나의 신체를 다른 신체들에게 개방시키지 못할 이유가 있겠는가? 악수도 가역적이다. 나는 손을 잡을 때, 잡음과 동시에 잡힘을 느끼지 않는가 […] 공조작용이 각 유기체 내부에서 가능하다면, 공조작용이 여러 다른 유기체들 사이에서 존재 못할 이유가 있을까?"[17]

타인들을 지각함으로써 우리는 우리 자신을 지각하게 된다. 개별적 주체의 인식이 모든 대상에 대한 의미의 원천이 되는 것이 아니라, 살이라는 같은 조직으로 구성되어 있으므로 얽힘 관계 속에서 그것들의 의미를 발생시킨다.

이런 관점에서, 타인은 나의 또 다른 자아, 즉 타아alter ego로 볼 수 있다. 메를로퐁티는 타인을 나로부터 생겨나는 세계에의 '제2의 관측자'second spectator라고 한다.[18] 타인의 존재는 거리를 두고 있는 제3자로서가 아니라 나와 얽혀 있는 그리고 나를 따라다니는 환영과 같은 존재

---

16) 모리스 메를로퐁티, 『보이는 것과 보이지 않는 것』, 남수인·최의영 옮김(동문선, 2004), p.204.
17) 모리스 메를로퐁티, 『보이는 것과 보이지 않는 것』, p.204.
18) Maurice Merleau-Ponty(1973), *The Prose of the World*, ed. Claude Lefort, trans. John O'Neill(Illinois: Northwestern University Press, 1973), p.135.

로서 위치 지을 수 있다. 그래서 메를로퐁티는 타인이 "뒤에서부터 나의 지각으로 미끄러져 들어온다"라고 표현했다.[19] 요약하자면, 메를로퐁티는 나의 주관성이 상호신체성을 기반으로 한다는 것을 분명히 하고 있다. 상호주관성은 주관성에 선행한다. 그리고 이 상호주관성은 지각을 통한 신체와 또 다른 신체의 만남에서 비롯된다. 이러한 관점에서 보면 우리의 어떤 경험도 독자적인 것은 있을 수 없고, 타인과의 교류를 통한 경험에서야 비로소 의미를 갖게 된다. 더 정확히 말해서, 우리의 신체 그리고 살은 경험 이전에 이미 타인과의 상호 교류적 의미들을 지니고 있다.

## 퍼포먼스: 두 체화된 의식의 투영

그레이엄은 퍼포먼스, 비디오 그리고 건축적 형태의 설치 작업을 통해 지각에 대한 문제, 주체와 타인, 이 밖에도 공적 공간과 사적 공간에 대한 주제 등을 지속적으로 다루었다. 그레이엄의 이러한 주제들에 대한 관심은 퍼포먼스와 설치 작업을 이끄는 계기가 된다. 그레이엄의 많은 작품에서는 관람자가 관찰자가 아닌 행위자로서 등장하게 되며 이러한 그의 작업 경향은 1960년대와 1970년대에 선보인 퍼포먼스에서 본격적으로 드러난다. 메를로퐁티의 상호신체적 관점에서 살펴볼 첫 번째 작품은 1969년도 작품인 「느슨한/편하게 있으세요」이다. 이 퍼포먼스에서는 녹음된 소리를 통해 한 여성이 'lax'를 소리 내어 말한다.

---

19) Maurice Merleau-Ponty, The Prose of the World, pp.136~137.

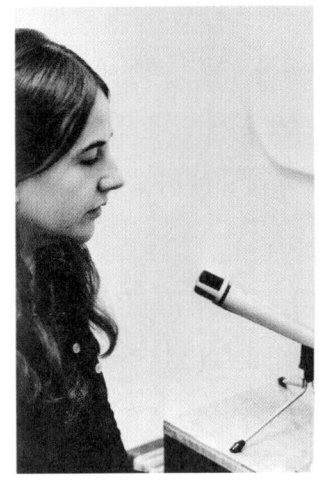

그레이엄, 「느슨한/편하게 있으세요」Lax/Relax, 1969, 퍼포먼스, 녹음된 테이프, 작가 소장

그리고 숨을 들이마시고 내쉰 후 계속해서 그것을 반복해 나간다. 관람자를 앞에 두고 퍼포머로 무대에 직접 등장하는 그레이엄은 'relax'를 소리 내어 말한다. 그는 자신에게 집중하려고 하지만 여성의 목소리와 관람자의 현존 둘 다에 의해 영향을 받는다. 그리고 결국에는 두 목소리는 하나로 겹쳐지고 관람자는 이것을 목격하게 된다. 우리의 의식이 과거의 기억, 사회적으로 습득된 것들 그리고 타인들 모두에 영향을 받는 것을 이 퍼포먼스는 보여 준다. 문화적으로 함축된 의미에서, 'lax'는 게으름과 같은 부정적인 의미를 지니고 있고, 'relax'는 휴식의 의미를 지니는 긍정적인 언어이다. 그러나 한편으로는 언어적 단계에서 're-lax'는 'lax'를 '다시'$^{re}$ 반복한다는 의미가 되기도 한다.[20] 사

---

20) 이미 과거에 있었던 퍼포먼스를, 즉 이전에 녹음한 여성의 나레이션 퍼포먼스를 다시 공적

회 문화적 의미에서는 분명히 차이를 지니지만 음성적으로 두 단어는 결국 하나로 겹쳐질 뿐이다. 그는 특히 퍼포먼스 작업에서는 여성과 남성의 사회적 역할에 대한 의미들도 고려하는데, 이 작품에서 남성의 의식은 여성의 목소리에 의해 영향을 받게 되며 이렇게 두 젠더의 역할을 전도시킨다.

그레이엄의 1972년도 작품, 「두 의식의 투영」은 위의 작품에서 보여 준 개념들을 더욱 심화시킨 것이다. 이 퍼포먼스는 주체의 체화된 의식의 흐름이 타자에 영향을 받고, 더 나아가 메를로퐁티가 주장하듯이 주체와 대상이 시각을 통해 가역적으로 수시로 위치 교환됨을 보여 준다. 이 과정은 상호신체성의 형성을 잘 보여 준다. 이 작품은 의자에 앉아 자신의 모습이 실시간으로 비추어지는 모니터 영상을 바라보는 여성과 이 모습을 카메라로 바라보고 있는 남성을 등장시킨다. 그리고 이 두 사람을 뒤의 객석에 많은 사람이 보고 있다. 의자에 앉은 여성은 자신의 모습이 촬영된 이미지를 바라보면서 계속해서 자신의 의식에 나타나는 것들을 언어화시킨다.

이 여성은 남성의 지각에 의해 대상화되지만, 자신의 모습을 바라보는 또 하나의 주체이기도 하다. 거울을 바라보듯이 여성은 모니터에 비친 자신의 모습을 바라보면서 보고 있는 자신 스스로를 인식한다. 남성 역시 여성을 대상화하면서도 그 두 사람 뒤에 앉아 그들을 바라보고 있는 다른 관람자들에 의해 객체가 된다. 여성은 주체이자 객체로서 남

---

장소에서 되풀이한다는 의미로도 볼 수 있다. Gregor Stemmrich, *Dan Graham*(Cologne: Dumont, 2008), p.30 참조.

그레이엄, 「두 의식의 투영」
Two Conscious Projection, 1972, 비디오 설치, 퍼포먼스, 작가 소장

자의 의식에도 영향을 준다. 그것은 카메라 렌즈를 통해 그 여성을 바라
보는 남성의 의식을 역시 언어화하면서 드러난다. 그는 객관적으로 그
녀를 묘사하려 하지만 시간이 지날수록 그녀와 다른 관람자들을 의식
하게 된다. 그와 그녀의 의식은 서로 영향을 주고받으면서 때론 겹쳐지
기도 한다. 이때 신체를 기반으로 그 현장에 있는 두 의식은 이미 체화되
었다고 말할 수 있다. 메를로퐁티가 주장하듯이, 인간은 신체를 기반으
로 세계와 밀접하게 관련되어 있으며 세계로 향해 나아가는 운동성을
지닌다. 따라서 순수 의식은 존재하지 않으며, 의식은 불투명할 수밖에
없는데 이 작품이 이 점을 잘 보여 주고 있다. 퍼포먼스에서 등장하는 여
성과 남성은 각각 자신의 의식에만 집중하려 하지만 신체 또는 살을 매
개로 내적으로 연결된 다른 퍼포머 그리고 관람자에 의해 계속해서 영

그레이엄, 「현재 계속되는 과거」
Present Continuous Past, 1974, installation with mirrored room, video monitor, and hidden
camera, Musee National d'Art Moderne Centre Georges Pompidou, paris 소장

향을 받게 된다. 타인과의 교류는 매 순간 지각의 계기로 작용하여 세계
를 향한 지향적 운동과 그로 인해 세계에의 의미작용을 가져온다는 메
를로퐁티의 주장처럼, 그레이엄의 퍼포먼스에서 퍼포머 간의, 퍼포머
와 관람자 간의 교류들은 현전하는 세계와 대상의 의미들을 형성하는
데 타인의 동참을 보여 준다. 이상의 두 퍼포먼스에서 관람자는 퍼포머
와 함께 작품이 능동적인 행위자로 등장한다. 그레이엄은 이 작품에서
'관람자와 퍼포머가 서로에게 통제를 가하는 상황'을 목격할 수 있다고
말한다.[21]

---

21) 정연심, 『현대공간과 설치미술』(A&C, 2014), p.141.

## 비디오 설치: 수동적 종합의 시간성

비디오 설치에서는 그가 퍼포먼스에서 추구했던 개념과 방식들이 좀 더 진화한다. 퍼포먼스에서 보여 주었던 피드백 효과가 거울과 비디오 기제를 활용하여 더욱 강조된다. 이러한 매체를 사용하면서 하나의 주체가 아닌 다수의 주체 그리고 그들 간의 상호주체성을 작품의 중요한 지점으로 끌어들인다. 또한 비디오의 시간을 지연시키는 기능을 사용함으로써 시간성이란 것이 신체-주체를 중심으로 계속해서 과거와 현재 그리고 미래가 겹쳐지고 그것들을 스스로 종합하면서 만들어지는 것임을 보여 준다.[22] 1974년도 작업인 「현재 계속되는 과거」는 전시실 방에 비디오카메라와 모니터를 설치하고 그 맞은편은 거울 벽을 설치한 것이다. 비디오카메라는 촬영된 장면을 모니터에 8초 후 내보낸다. 그러므로 관람자는 모니터를 바라보면서 8초 전의 방의 모습을 보게 되고, 거울을 통해서는 즉각적으로 현재의 모습을 보게 된다. 이것은 비디오의 느린 피드백 효과 때문에 가능한 것으로, 그레이엄은 이 작업 이후에도 이 기능을 종종 사용한다. 여기서 관람자들은 자신의 16, 24, 32…초 전의 모습도 함께 볼 수 있는데 그것은 모니터 건너편의 거울로 인해서이다. 8초 전의 모습을 보여 주는 모니터 속에는 반대편 거울 속 모니터의 이미지 역시 비치기에 모니터 속에는 무한한 과거의 이미지가 포함되게 된다. 그런데 자신의 몇 초 전의 과거의 행동을 보

---

22) 메를로퐁티가 바라보는 시간성은 단순히 현존의 선형적인 연속이 아니라 계속해서 신체-주체를 출발점으로 하여 과거, 현재, 미래를 수동적으로 종합하는 것이다.

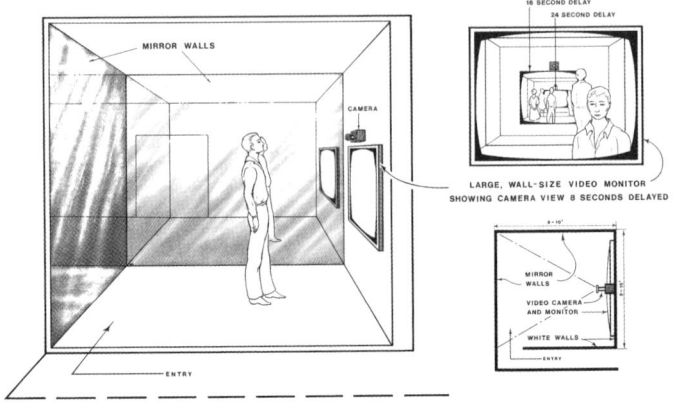

그레이엄, 「현재 계속되는 과거」, 1974, Diagram of installation with mirrored room, video monitor, and hidden camera, 작가 소장

게 되는 관람자는 그 행동을 반복하게 된다. 이렇게 자신의 행동을 모방하는 것은 과거의 모습을 현재의 모습과 동일시하기 때문이다.[23] 그레이엄은 이렇게 비디오의 지연된 이미지와 관람자의 행동 사이에서의 피드백 효과를 실험한다. 메를로퐁티가 바라보는 시간은 객관적 대상이나 사유의 구성물이 아니라 존재의 차원이다. 과거, 현재, 미래는 명료하게 분할될 수 없고 그 서로들은 근본적으로 연결되어 있다. 과거를 떠올리는 것은 과거의 어떤 이미지들을 현재로 가져오는 것이 아니라 시간을 재개방하여 현전의 장이었던 그 시간으로 우리 자신을 되가져 가는 것이다.[24] 즉 메를로퐁티의 관점에서 과거, 현재, 미래는 단

---

23) Gregor Stemmrich, *Dan Graham*, p.40.
24) 모니카 M. 랭어, 『메를로 퐁티의 지각의 현상학』, p.200.

일한 흐름이 아니라 신체 주체를 출발점으로 갖는 지향성들의 그물망이다. 그레이엄의 작품에서 지연된 시간의 이미지들은 시간이 현존의 연속이 아니라 계속해서 과거, 현재, 미래에로 미끄러지는 스스로를 종합하는 것임을 주장한 메를로퐁티의 시간성을 연상시킨다. 이런 점에서 순수한 현존의 지속만을 강조한 미니멀리즘에 비해 좀 더 메를로퐁티의 시간성을 구체적으로 구현했다고 볼 수 있다.

「시간 지연의 방」은 조금 더 복잡한 구조를 지니지만 그가 보여 주려는 개념은 위의 작품과 거의 동일하다. 다만 여기서는 주체와 타인과의, 즉 다른 사회 구성원과의 긴밀한 관계가 더욱 강하게 드러난다. 이 작품은 완전히 막힌 두 개의 공간으로 구성된다. 공간 A는 관람자가 들어갈 수 있는 공간이고, 다른 공간 B에는 퍼포머가 서 있다. 공간 A 벽에는 두 개의 모니터가 나란히 설치되어 있다. 왼쪽의 모니터에서는 공간 A의 10초 전 모습이 비치고 오른쪽 모니터에서는 현재의 모습이 실시간으로 보인다. 공간 B에서 퍼포머는 공간 A의 8초 전의 모습을 모니터로 보면서 설치된 마이크에 대고 이것을 묘사한다. 모니터에 대한 퍼포머의 설명은 공간 A에 설치된 스피커를 통해 그곳의 관람자에게 전달된다. 이 과정을 간단하게 정리하면, 첫째, 퍼포머가 옆방의 관람자들이 바로 직전에 했던 행동을 보고 이것을 언어화 시킨다. 둘째, 옆방의 관람자들은 이 언어화된 자신들의 과거의 모습을 들으면서 그 과거의 모습과 현재의 모습을 동시에 보게 된다. 여기서 관람자를 주체로 상정할 때, 퍼포머는 일종의 타인이다. 자신의 과거와 또 다른 타인의 이에 대한 언술은 자신의 현재 행동에 영향을 주게 된다. 두 개의 모니터에 찍혀지는 관람자들의 행동을 반영한 이미지는 과거와 현재, 미래로 계속해서 겹

그레이엄, 「시간 지연의 방」Time Delay Room, 1974, video camera, monitor

쳐지는 시간 그리고 타인에 의해 영향을 받는다. 이 작품에서 '주체'는 고정될 수 없는 공간과 시간의 심리학적 영역의 한 부분으로서의 과정에서 자신 스스로를 경험하게 된다.[25]

　관람자가 오브제를 경험하는 것은 메를로퐁티가 말하고 있는 주체와 대상이 분리되지 않는 순간을 그리고 존재를 체험하는 것이다. 마주 보고 있는 두 개의 거울이 반사된 대상의 이미지를 끝없이 소급하듯이 주체와 대상의 관계 역시 얽혀 있다. 내가 하나의 대상을 바라볼 때, 본다는 체험과 보이는 체험 둘 다를 갖게 된다. 내가 보는 것은 대상뿐만이 아니고 그 대상을 보고 있는 나인 것만도 아니다. 그레이엄의 작품에서 렌즈와 모니터를 동시에 갖춘 비디오카메라, 또는 카메라와 모니터는 신체처럼 지각하는 주체이면서 지각되는 대상의 기제가 된다. 또한 거

---

25) 앞의 책, p.47.

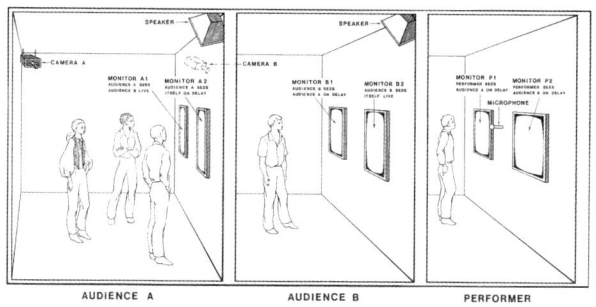

그레이엄, 「시간 지연의 방」, 1974, installation diagram

울은 주체를 보이는 대상으로서도 그리고 보고 있는 자신의 사회적 환경 역시 볼 수 있게 하는 매체이다.

신체는 보이는 것에 둘러싸여 있다. 이러한 일은 신체가 마치 상감 세공으로 그 안에 들어 있을 평면 위에서 일어나지 않고, 신체는 진짜로 둘러싸여 있고 포위되어 있다. 이러한 상황은 신체가 자신을 본다는 것을, 신체는 하나의 보이는 것이라는 것을 의미한다―하지만 신체는 보고 있는 자신을 보며, 저기에서 내 신체를 발견하는 나의 시선은, 신체가 여기, 시선 자신 쪽에 있다는 것을 알고 있다―이처럼 신체는 세계 앞에 우뚝 서 있으며, 세계는 신체 앞에 서 있다.[26]

봄, 가시성은 신체 자체에도, 세계 자체에도 속하는 것이 아니다. 이 것을 메를로퐁티는 마치 마주 보고 있는 거울에 비친 이미지가 양쪽 거울 표면 모두에 속하지 않는 것과 같은 이치라고 설명한다. 각각의 영상은 다른 영상의 반사물에 불과할 뿐이다. 이것처럼 보는 자는 그가 보고

---

26) 모리스 메를로퐁티, 『보이는 것과 보이지 않는 것』, pp.389~390.

있는 것 속에 사로잡혀 있기에, 결과적으로 그가 보는 것은 여전히 자기 자신이다.[27)]

그레이엄이 이와 같은 작품들에서 드러내려 했던 것은 첫째, 순수한 현존은 없다는 사실이다. 그레이엄의 작업이 가리키는 작품에의 현존은 사회적 의미를 배제시키지 않는다. 그리고 이 점에서 미니멀리즘 작품들과 다르다. 전반적으로 그레이엄의 설치 작업은 단순하고 중성적인 공간을 제시하는 듯 보인다. 그러므로 관람자의 현존만을 강조하는 듯 보이지만, 거울, 유리 그리고 비디오카메라와 같이 그의 작업에 사용된 매체들은 사회적, 역사적인 맥락을 지닌 것이기에 미니멀리즘의 현상학적 관심과는 차이를 보인다. 루드거 저드스 Ludger Gerdes와의 인터뷰에서 밝혔듯이, 그레이엄은 기억에 포함된 시간을 향한 태도를 보여 주는 그의 작업이 기억 또는 예술에 대한 참조나 과거로부터의 모든 것을 배제시키는 미니멀리즘과 다름을 인정한다.[28)] 오히려 그레이엄은 1960년대 미니멀리즘이 강조해 왔던 관람자의 현존이 어떤 사회적, 역사적 맥락을 배제시켰다고 비판한다. 그레이엄은 자신의 작품을 통해 순수한 현재 시제를 위치시키는 것이 불가능하다는 사실을 보여 주고자 한다.[29)]

둘째, 관람자들이 지각하는 그들 스스로를 지각하고, 그들을 지각하는 다른 사람들을 지각하도록 하는 것이었다. 이것을 통해 우리가 매

---

27) 앞의 책, p.199.

28) Dan Graham, *Two-Way Mirror Power: Selected writing by Dan Graham on His Art*(Cambridge : MIT Press, 1999), p.75.

29) Dan Graham, *Two-Way Mirror Power*, p.144.

순간 지각하고 있다는 사실을 인식하게 되고, 그러한 지각의 과정이 타인이란 존재와 얽혀서 일어나고 있음을 일깨워 준다. 클레어 비숍$^{Claire}$ $^{Bishop}$은 그레이엄의 1970년대 설치 작업에서 거울과 비디오 피드백은 '어떻게 세계에 대한 우리의 인식이 타인과의 소통에 의존하는지'를 설명해주는 일종의 지각적 실험으로 사용되었다고 말한다.[30] 그레이엄은 단 하나의 관람자가 아닌 타인과의 상호적 관계 속에 놓인 관람자를 상정한다. 그는 관람자가 그들 스스로를 또는 다른 사람들을 바라보고 있는 그들을 볼 때, 무엇이 일어나는지에 더 흥미 있어 했다.[31]

## 건축적 작업: 공적 공간에서의 상호신체성

비디오 설치를 통해 보여 주었던 개념은 건축 형태의 작업에서 좀 더 단순화된다. 그리고 미술관, 갤러리에서 벗어나 공원과 같은 공적 공간에 놓이는 것으로 변화한다. 그러나 건축적 작업의 첫 작품은 여전히 미술 기관의 공간에서 소개된다. 1976년 베니스 비엔날레에서 전시되었던 「공적 공간/ 두 명의 관람자」는 방음 처리된 투명한 유리벽으로 경계를 이루는 두 개의 방으로 구성된다. 한쪽 방의 끝은 거울로 된 벽면을 지니고 다른 방의 끝은 흰색의 벽면으로 되어있다. 각각의 방에 들어선 관람자는 미술관의 다른 소리나 관람자와 격리된 채 오로지 유리벽 너머의 관람자, 즉 당신을 바라보고 있는 한 사람과 대면하

---

30) Claire Bishop, *Installation Art*(New York: Routledge, 2005), p.72.
31) Graham, *Forum International*, September, 1991, p.74 in Claire Bishop, Installation Art, p.73에서 재인용.

그레이엄, 「공적 공간/ 두 명의 관람자」Public Space/ Two Audiences, 1976, mirror, glass, wood, light, 120x276x114inch, Van Abbe Museum, Eindhoven 소장

게 된다. 그 당시 관람자들은 그 공간에 10분간 머물도록 안내를 받았다. 이 작품은 「현재 계속되는 과거」처럼, 결국은 자기를 바라보는 자신의 응시와 타인의 응시, 타인을 바라보는 자기의 응시를 교차시킨다. 이러한 이유로 그의 작품들은 메를로퐁티의 체화된 시각을 통한 가역성 외에도 라캉의 이론으로 여러 차례 분석된 바 있다. 그레이엄의 다른 작품에서처럼, 이 특수 유리와 거울로 만들어진 공간에 들어선 관람자는 관찰자이면서 관찰되는 대상이 된다.

관람가는 지가하는 주체인 신체로서 그 자신의 의식, 심리학적인 자의식이 되도록 만들어졌다. 마치 사회학적으로 그가 그의 그룹과의 관계에서 스스로를 깨닫게 되도록 만들어진 것처럼 말이다. 이것은 관람자가 전통적 미술작품을 바라볼 때 "주체"의 일상적인 잃어버림과는 반대이다. "주체"는 정신적으로 작품의 주체로 투영된다. 이 전통적, 숙고하는 모드에서 관찰하는 주체는 그의 "주체"에의 깨달음을 잃을 뿐만

이 아니라 현재의 만질 수 있는, 특정한 사회 집단의 일원임에 대한 의식도 잃는다 […] 관람자들이 작품의 물질적 양상에 의해 반사적으로 되돌아지는 "주체", 전통적으로는 잃어버리게 되는 자신의 투영을 본다.[32)

그레이엄은 자신의 작품을 설명하면서, 작품에의 경험을 통해 주체가 사라지는 것이 아닌 작품에 현존하게 되는 주체를 내세운다. 그의 작품은 관람자를 작품에 투사시키는 것이 아닌 자신, 즉 주체로 되돌아가게 한다. 메를로퐁티는 『눈과 마음』에서 주체는 무엇인가를 바라볼 때 보고 있는 자신을 보고, 무엇인가를 만질 때 만지고 있는 자신을 만진다고 한다.[33) 어떤 대상을 보는 사람은 대상에 내존하는 자아이며 만지는 사람 역시 만져지는 대상에 내존하는 자아이다. 우리가 어떤 대상을 바라보게 될 때, 이미 그 대상에는 우리의 자아가 존재한다. 우리는 지각을 통해 우리 스스로를 인식하는 것이다. 이러한 철학적 논리를 작가들은 거울, 유리 등을 사용하여 드러내고자 했고, 그레이엄 역시 그러한 작가 중의 하나라고 할 수 있겠다. 한편 이 작품에서 방음 유리벽 너머의 또 다른 관람자의 행동은 나의 신체에, 살에 내재한 의미들을 이끌어 낸다. 이 작품은 시간과 공간을 경험하는 것은 타인을 배제하고서는 불가능하다는 것을 보여 준다.

1978년부터 실험되었던 그의 파빌리온 연작은 1982년 카셀도큐멘타에서 실제화된다. 파빌리온은 르네상스 시기에 등장한 정원이나 공원에 조성된 건축물을 가리킨다. 이후 파빌리온은 시민들의 휴식 공

---

32) Graham, *Two-Way Mirror Power*, p.158.
33) Merleau-Ponty, 『눈과 마음』, 김정아 옮김(마음산책, 2008), p.53.

그레이엄, 「두 개의 인접한 파빌리온」Two Adjacent Pavilions, 1982, Two-way mirror, glass,
steel 2units, 251x186x186cm each, Kröller Müler Museum, Otterlo 소장

간으로써 사용된다. 여기서 소개된 「두 개의 인접한 파빌리온」은 야외
에 놓인 쌍방향의 거울로 만들어진 두 개의 큐브 형태 작품이다. 이들은
각각의 내부에 4~6명의 사람이 들어가서 서거나 누울 수 있는 정도의
크기이다. 두 개의 공간은 모든 면에서 동일하나 윗면이 하나는 투명한
유리로, 다른 하나는 빛이 전혀 들어오지 않는 재질로 되어 있다는 차이
를 지닌다. 이런 이유에서 빛이 차단된 천장을 지닌 파빌리온은 내부에
서는 더 투명한 광경을, 외부에서는 더 반사된 이미지를 낳는다. 이 차이
점을 제외하고는 각각의 모든 면의 반사도 역시 동일하다.

　이 작품의 주재료인 반사되는 유리, 즉 쌍방향의 거울은 빛이 비추
는 정도에 따라, 너머의 사물을 보이게도 하고, 반사되어 바라보는 대상
을 반영하기도 한다. 즉, 한 면에 보는 주체와 주체가 보고 있는 대상 그
리고 주체가 놓인 환경 모두가 겹쳐 보이게 된다. 그레이엄은 이와 같은
반사가 되는 유리로 만들어진 파빌리온을 통해 주체와 타인, 주체와 환

경 외에도 사적/공적 영역의 문제들을 이끌어 낸다. 그레이엄의 퍼포먼스, 비디오 설치에서 읽어낼 수 있었던 체화된 의식, 주체와 대상의 가역성, 신체 및 살을 기반으로 한 상호주관성을 파빌리온 작업에서는 좀 더 열린 공간에서 다수의 사람과 함께 경험하도록 이끈다.

## 나가며

메를로퐁티의 철학적 관점에서 댄 그레이엄의 퍼포먼스, 비디오 설치 그리고 파빌리온 연작을 차례로 살펴보았다. 그레이엄은 지각을 통해 사회적, 역사적 맥락에서의 한 개인이 어떻게 인식될 수 있으며 타인과 함께 만들어 내는 상호주관성이란 무엇인지에 관심을 갖고 있었다. 이러한 주제를 자신의 신체, 비디오카메라와 모니터, 거울과 유리라는 매체를 활용하여 드러내고 있다. 그리고 관람자를 능동적인 행위자로 위치시킨다.

그레이엄의 작업에는 메를로퐁티의 지각이론과 겹쳐지는 관점들이 내재한다. 먼저, 그레이엄의 퍼포먼스에서는 우리의 의식이 체화되어 있다는 것을 읽어 낼 수 있었다. 그리고 체화된 의식은 타인과 얽이면서 상호적 관계에 놓이게 된다는 것을 알 수 있었다. 메를로퐁티가 주장하듯이 우리에게 순수 의식은 존재하지 않으며 세계를 향해 나아가는 신체로 인해 우리의 의식은 체화될 수밖에 없다. 퍼포먼스에서 등장하는 인물들은 자신의 행동에만 집중하려 하지만 다른 퍼포머, 녹음 그리고 관람자, 즉 타인에 의해 계속해서 영향을 받게 된다. 이어서 비디오 설치에서, 지각을 통한 주체와 대상의 가역적 교환을 피드백 기능을 통해 볼 수 있었다. 작품의 부분인 거울과 실시간의 비디오 이미지는 작품을 보고 있는 관람자를 스스로 인식하도록 이끈다. 그러나 몇 초 시간이 지연된 모니터상의 이미지는 보는 관람자의 과거를 보여 줌으로써 대상을 지각하는 것이 순수한 현존에 의해서가 아니라 축적된 과거와 역사적 의미를 포함하는 것임을 함께 일깨워 준다. 이러한 시간이 지연된 이미지는 거울의 반사를 통해 무한대의 과거로 소급되어 간다. 또한 독립된 주체가 아니라 사회적 그룹 속에서의 주체를 보여 줌으로써 상호신체성의 형성 과정을 드러낸다. 현전하는 대상을 인식함에 있어서, 상호신체적인 타인의 존재를 드러내 주는 것이다. 파빌리온 연작을 포함한 건축적 형태의 작업에서는 이러한 주제와 의미들이 좀 더 응축되어 있다. 메를로퐁티의 상호신체성에 대한 입장처럼, 그레이엄의 작업들은 단순히 타인들로부터 영향을 받아 상호주관성을 만드는 것이 아니라 역으로 신체에, 그리고 살에 잠재된 상호주관적 의미들을 타인들에 의해 끄집어내게 된다. 이와 같이 우리는 이미 신체로 인해 또는 살이라는 재질로 타인과 연결되어 있음을 그레이엄의 작업들은 환기시켜 준다.

그레이엄이 자신의 작품을 통해 강조하려는 것은 첫째, 고정된 개념의 주체와 대상을 부정하려는 것이다. 그레이엄의 작품에서 관람자는 작품을 형성하는 중요한 요소로 작용한다. 관람자의 현존을 통해 작품의 의미는 비로소 생겨난다. 관람자는 작품을 바라보고 있는 주체일 뿐만이 아니라 보이는 대상이기도 하다. 둘째, 그러나 미니멀리즘과는 다르게 순수한 현존을 부정하고 주체가 지각할 때 얽혀 있는 여러 시간적, 공간적 맥락들을 보여 주려 한다. 우리의 지각은 이러한 것들을 배제시킬 수가 없다는 것이다. 셋째, 하나의 개인이 아니라 타인과 만들어 내는 사회 속의 주체를 드러내고자 한다. 세계에 대한 인식이 개별적 주체에 의해 가능한 것이 아니라 타인과 엮여 만들어진다는 것이다. 이것은 결국 작품을 통해 상호신체적인 상호주관성의 형성을 보여 주는 것이다.

결론적으로, 거울을 사용하든 비디오의 피드백 기능을 사용하든 그레이엄이 보여 주려는 것은 자기 또는 타인을 바라봄으로써, 즉 지각함으로써 지각하고 있는 스스로에 대한 인식에 도달할 수 있다는 것이다. 본다는 것은 지각에 이은 반성의 단계로 끌고 가며 주체, 즉 관람자는 보고 있는 자신을 보게 된다. 더 나아가 보고 있는 자신이 속한 맥락을 함께 지각함으로써 사회 속의 주체, 타인과의 상호신체적 관계 속에서 형성되는 자신의 주체성을 깨닫게 된다.

# 출처

## 1부

### 1장 _ 제1 철학으로서 예술철학, 메를로퐁티의 미학

이 글은 2006년 9월 동경에서 개최된 PEACE(Phenomenology for East-Asian Circle, "What is experience? - Perception, Science and Life-World") 대회에서 발표한 논문 "On Merleau-Ponty's Aesthetic Experience as an Eminent Experience"와, 그 이후 『철학과 현상학 연구』 제35집에 발표한 논문 「메를로-퐁티에서 탁월한 경험으로서 미학적 경험—회화론을 중심으로 한 예술철학 연구」를 대대적으로 수정, 보완한 것이다. 논문 제목에서 '탁월한 경험'이라는 표현을 사용한 이유 중 하나는 해당 논문의 목적이 진리 인식의 장애로서(플라톤), 부정적인 의미의 애매성으로서(데카르트), 낮은 인식능력으로서(라이프니츠, 바움가르텐) 또는 경험의 침묵성으로서(후설) (지각)경험을 평가절하된 상태로 이해하는 것에 대한 이의제기였기 때문이다. 즉 이 철학자들은 경험의 탁월성을 제대로 인식하지 못하고 있다. 이 글에서 밝혀질 경험은 —영국경험론에서 말하는 경험의 정의와 구별되는 경험으로 —원초적 경험으로서 세계를 드러내는 데 그 어떤 '정제된' 이성보다도 탁월한 능력을 갖고 있다. 물론 필자는 라이프니츠와 후설의 경험 이해를 매우 긍정적인 가능성을 가진 것으로 본다. 다만 이들 이론에 대해 비판적 수용을 하며 이런 비판적 수용은 이 두 철학자의 한계를 넘어서고자 하기 위함이다.

## 2장 _ 세잔으로서의 메를로퐁티, 메를로퐁티로서의 세잔

이 글은 『철학사상』 제57호(2015)에 수록했던 「세잔의 회화와 메를로퐁티의 철학」을 수정, 보완한 것이다.


## 3장 _ 모던 아트의 거장들에 대한 메를로퐁티의 해석

이 글은 『미술사학보』 제25호(2005)에 수록했던 「메를로퐁티의 현상학적 시각과 미술작품의 해석」을 수정, 보완한 것이다.


# 2부

## 4장 _ 프랜시스 베이컨의 삼면화와 메를로퐁티의 표현의 존재론

이 글은 『미학예술학연구』 제34집(2011)에 수록했던 「프랜시스 베이컨의 〈십자가책형을 위한 세 개의 습작〉 연구」를 수정, 보완한 것이다.


## 5장 _ 메를로퐁티와 파울 클레: 그림은 보이지 않는 것을 보이게 한다

이 글은 『철학과 현상학 연구』, 제35집(2007)에 수록했던 「메를로-퐁티의 파울 클레: 그림은 보이지 않는 것을 보이게 한다」를 수정, 보완한 것이다.


## 6장 _ 앙드레 말로와 메를로퐁티의 예술 이념: 표상과 표현의 긴장

이 글은 『철학』 제100집(2009)에 수록했던 「앙드레 말로의 예술세계에 대한 M. 메를로-퐁티의 현상학적 비판」을 수정, 보완한 것이다.

# 3부

## 7장 _ 소통의 플랫폼, 디지털스킨과 감성적 '살' 공동체

이 글은 『인문과학』 제56집(2015)에 수록했던 「현대건축과 소통의 인터페이스: 디지털 스킨과 감각적·미적 '살'공동체」를 수정, 보완한 것이다.

## 8장 _ 건축의 살, 메를로퐁티와 팔라스마

이 글은 『현상학과 현대철학』 제79호(2018)에 수록했던 「건축의 살(flesh): 유하니 팔라스마(J. Pallasmaa)의 건축적 경험의 현상학」을 수정, 보완한 것이다.

## 9장 _ 댄 그레이엄과 메를로퐁티의 상호신체성

이 글은 『미학예술학연구』제46집(2016)에 수록했던 「댄 그레이엄의 작품에서 나타난 상호주관성에 대한 고찰」을 수정, 보완한 것이다.

# 참고문헌

## 1부

### 1장 _ 제1 철학으로서 예술철학, 메를로퐁티의 미학

Baumgarten, A. G., *Aesthetica*, Frankfurt(Oder), 1750.

_____, *Meditationes philosophicae de nonnullis ad poema pertinentibus*, 1735, German ed. H. Paetzold, *Philosophische Betrachtungen über einige Bedingungen des Gedichtes*, Hamburg, 1983.

_____, *Theoretische Ästhetik: Die grundlegenden Abschnitte aus der "Aesthetica"* (1750/58), trans. and ed. H. Rudolf Schweizer, Hamburg, 1988.

Beardsley M. C., *Aesthetics From Classical Greece to the Presen: A Short History*, 1966[『미학사』, 이성훈·안원현 옮김, 이론과실천, 1987].

Da Vinci, L., *Treatise on Painting*, trans. A. Philip MacMahon, 2 vols, 1956.

Descartes, *Œuvres de Descartes*, édition Adam et Tannery, Paris, 1897~1913.

De Waelhens, A., "Une Philosophie de L'Ambiguïté" in M. Merleau-Ponty, *La structure du comportement*, 1949².

Husserl, E., *Cartesianische Meditationen und Pariser Vorträge*, Den Haag, 1950[『데카르트적 성찰』, 이종훈 옮김, 한길사, 2002].

_____, *Ideen zu einer reinen Phänomenologie und Phänomenologischen Philosophie I*. Buch, Den Haag, 1952.

_____, *Logische Untersuchungen*, Tübingen, 1980⁶[『논리연구 2-2』, 이종훈 옮김, 민음사, 2018].

_____, *Zur Phänomenologie der Intersubjektivität I-III*, Den Haag, 1973.

_____, "Überrationalismus, Brief an Lévy-Brühl"(1935) in *Arbeit an den Phänomenen*, ed. B. Waldenfels, Frankfurt/M., 1993.

Leibniz, G. W., *Monadologie*, ed. H. Herring, Hamburg, 1982[「모나드론」, 『형이상학 논고』, 윤선구 옮김, 아카넷, 2010].

Madison, G. B., "Merleau-Ponty und die Postmodernität" in A. Metraux, B. Waldenfels, *Leibhaftige Vernunft. Spuren von Merleau- Pontys Denken*, München, 1986.

Merleau-Ponty, Maurice, *La prose du monde*, C. Lefort, Paris, 1969, German ed. R. Giuliani, *Die Prosa der Welt*, München, 1984.

_____, *La structure du comportement*, Paris: PUF, 1942, German ed. B. Waldenfels, *Die Struktur des Verhaltens*, Berlin/New York, 1976[『행동의 구조』, 김웅권 옮김, 동문선, 2008].

_____, *Le primat de la perception* (*Bulletin de la société française de philosophie*, 1947), Édition Verdier, 1996[「지각의 기본성과 그 철학적 제귀결」, 『현상학과 예술』, 오병남 옮김, 서광사, 1983].

_____, *Le visible et l'invisible*, Paris, 1964, German ed. R. Giuliani and B. Waldenfels, *Das Sichtbare und das Unsichtbare*, München, 1986[『보이는 것과 보이지 않는 것』, 남수인 옮김, 동문선, 2004].

_____, *L'Œil et l'esprit*, Paris, 1964, German ed. H. W. Arndt, *Das Auge und der Geist*, 2003[「눈과 마음」, 『현상학과 예술』, 오병남 옮김, 서광사, 1983].

_____, *Phénoménologie de la perception*, Paris: Gallimard, 1945, German ed. R. Boehm, *Phänomenologie der Wahrnehmung*[『지각의 현상학』, 류의근 옮김, 문학과지성사, 2002].

_____, *Sens et Non-sens*, Paris, 1948, German ed. H. -D Gondek, Sinn und Nicht-Sinn, 2000[『의미와 무의미』, 권혁민 옮김, 시광사, 1985].

_____, *Signes*, Paris, 1960.

Métraux, A. and B. Waldenfels(ed.), *Leibhaftige Vernunft. Spuren von Merleau- Pontys Denken*, München, 1986.

Phenomenology for East-Asian Circle, *What is experience? - Perception, Science and Life-World*, Univ. of Tokyo, 2., International Conference Proceedings, 2006.

Platon, *Sämtliche Werke*, ed. F. Schleiermachers and F. Susemihl etc.,

Frankfurt/M.〔『국가』, 박종현 옮김, 서광사, 1997 ; 『티마이오스』, 박종현·김영균 옮김, 서광사, 2000〕.

Strasser, S., "Grundgedanken der Sozialontologie Edmund Husserls", *Zeitschrift der Philosophische Forschung*, 1975.

Waldenfels, B., *Der Stachel des Fremden*, Frankfurt/M., 1990.

＿＿＿, *In den Netzen der Lebenswelt*, Frankfurt/M., 1985.

Waldenfels, B. etc(ed.), *Phänomenologie und Marxismus*, Frankfurt/M., 1977~1979.


최재식, 「거비취, 후설, 메를로-퐁티에 근거한 장(場) 현상학 — 현상학적 사회철학의 위한 하나의 시도」, 『인간의 조건과 실천철학』, 1996.

＿＿＿, 「메를로-퐁티의 현상학에 있어서 형태개념에 의거한 사회성 이론 I」, 『현상학과 실천철학』, 『철학과 현상학 연구』, 제7집, 1993.

＿＿＿, 「상호문화성의 현상학 — 문화중심주의를 넘어 상호문화성으로」, 『철학과 현상학 연구』, 제30집, 2006.

＿＿＿, 「영화에 대한 현상학적 이해 — 메를로-퐁티를 중심으로」, 『철학과 현상학 연구』, 1998.

＿＿＿, 「하버마스의 "생활세계"와 "체계" 이론 및 이에 관한 사회·문화적 비판」, 『철학과 현상학 연구』, 제13집, 1999.

한전숙, 『현상학』, 민음사, 1996.

## 2장 _ 세잔으로서의 메를로퐁티, 메를로퐁티로서의 세잔

Bernard, E., *Souvenirs sur Paul Cézanne et lettres*, Paris: la Rénovation Esthétique, 1921.

＿＿＿, "La methode de Paul Cézanne" in *Mercure de France*〔Paris, 1890〕, 1920-03-01.

＿＿＿, "L'erreur de Cézanne" in *Mercure de France*〔Paris, 1890〕, 1926-05-01.

＿＿＿, "Une conversation avec Cézanne" in *Mercure de France*〔Paris, 1890〕, 1921-06-01.

＿＿＿, "Paul Cézanne" in *Conversations avec Cézanne*, ed. P. -M. Doran, Pairs: Macula, 1978.

Brion-Guerry, L., "L'espace dans la peinture de Cézanne" in *Revue de métaphysique et de morale*, n. 1, Jan.-March 1596.

Bonan, R., "De la profondeur comme dimension spatialisante: le dialogue entre Cézanne et Merleau-Ponty" in *Qu'est-est qu'une philosophie de la science?*, Dijon-Marseille: CNDP, 1997.

Borély, J., "Cézanne à Aix" in *Conversations avec Cézanne*, ed. P.-M. Doran, Pairs: Macula, 1978.

Cézanne, Paul, *Paul Cézanne, Correspondance*, ed. J. Rewald, Paris: Bernard Grasset Editeur, 1937.

Denis, M., *Théories* (extrait) in *Conversations avec Cézanne*, ed. P.-M. Doran, Pairs: Macula, 1978.

De Waelhens, A., "Merleau-Ponty philosophe de la peintrure" in *Revue métaphysique et de morale*, n. 4, 1962.

Dominique, R., *La perception du peintre et le problème de l'Etre. Essai sur l'esthétique et l'ontologie de M. Merleau-Ponty*, thèse de doctorat de l'Univ. de Fribourg, 1978.

Garelli, J., "voir ceci et voir selon", *Merleau-Ponty, Phénoménologie et expérience*, Grenoble: Editions J. Millon, 1992.

Gasuet, J., *Cézanne*, Encre marine, 2012.

Gowing, L., *Cézanne: la logique des sensations organisées*, Paris: Macula, 1992.

Jourdain, F., *Cézanne* (extrait) in *Conversations avec Cézanne*, ed. P.-M. Doran, Pairs: Macula, 1978.

Larguier, L., *Le dimanche de Paul Cézanne* (extrait) in *Conversations avec Cézanne*, ed. P.-M. Doran, Pairs: Macula, 1978.

Loran, E., *Cezanne's composition*, 3rd ed., Berkeley, Los Angeles, London: Univ. of Califonia Press, 1963.

Merleau-Ponty, Maurice, *La structure du comportement*, Paris: PUF, 1942.

_____, *Le primat de la perception et ses conséquences philosophiques*, Cynara, 1989.

_____, *Le visible et l'invisible*, Paris: Gallimard, 1964.

_____, *L'Œil et l'esprit*, Paris: Gallimard, 1964.

_____, *Phénoménologie de la perception*, Paris: Gallimard, 1945.

_____, *Sens et non-sens*, Paris: Nagel, 1948.

Osthaus, K. E., "Une visite à Paul Cézanne" in *Conversations avec Cézanne*, ed. P.-M. Doran, Pairs: Macula, 1978.

Reff, T., *Cezanne and Poussin* in *Journal of the Warburg and Courtauld Institutes*, vol. 23, No. 1/2, 1960.

Rivière, R. P. and J. F. Schnerb, "L'atelier de Cézanne" in *Conversations avec Cézanne*, ed. P.-M. Doran, Pairs: Macula, 1978.

Solso, R. L., *Cognition and the visual arts*, The MIT Press, 1994[『시각심리학』, 신현정·유상욱 옮김, 시그마프레스, 2000].

Tillette, X., "L'esthétique de Merleau-Ponty" in *Rivisita di estetica*, n.14, 1969.

Vollard, A., *Paul Cézanne* (extrait) in *Conversations avec Cézanne*, ed. P.-M. Doran, Pairs: Macula, 1978.


마순자, 「세잔의 신화, 그 의미와 진실」, 『현대미술사연구』, 제19집, 현대미술사학회 2006. 6.

주성호, 「메를로퐁티의 '육화된 의식'」, 『철학사상』, 제43호, 서울대철학사상연구소, 2012. 2.

## 3장 _ 모던 아트의 거장들에 대한 메를로퐁티의 해석

Dominic Willsdon, "Merleau-Ponty on the Expression of Nature in Art", *Journal of the British Society for Phenomenology*, vol. 29, no. 2, May 1998.

Dufrenne, Mikel, "Eye and Mind" in *The Merleau-Ponty Aesthetics Reader: Philosophy and Painting*, ed. Galen A. Johnson, Evanston: Northwestern Univ. Press, 1993.

Grene, M., "The Sense of Things", *Journal of Aesthetics and Art Criticism* XXXVII, 1980.

Hall, Harrison, "Painting and Perceiving", *Journal of Aesthetics and Art Criticism* XXXIX, 1981.

Hill, Ed, "The Inherent Phenomenology of Alberto Giacometti's Drawing", *Drawing*, III, 1982.

Huysmans, J. K., "Cézanne" in *Cézanne in Perspective*, ed. Judith Weschler, Englewood Cliffs, NJ: Prentice-Hall, 1975.

Johnson, Galen A., "Ontology and Painting: "Eye and Mind"" in *The*

*Merleau-Ponty Aesthetics Reader: Philosophy and Painting*, ed. Galen A. Johnson, Evanston: Northwestern Univ. Press, 1993.

_____, "The Invisible and the Unrepresentable: Barnett Newman's Abstract Expressionism and the Aesthetics of Merleau-Ponty", *Analecta Husserliana*, LXXV, 2002.

Kagan, Andres, *Paul Klee / Art and Music*, Ithaca: Cornell Univ. Press, 1983.

Krauss, Rosalind E., "Richard Serra Sculptrue" in *Richard Serra*, ed. Laura Rosenstock, New York: Museum of Modern Art, 1986.

Merleau-Ponty, Maurice, *The Phenomenology of Perception*[Paris, 1945], trans. Colin Smith, London: Routledge & Kegan Paul, 1962.

_____, *The Visible and the Invisible*, trans. Alphonso Lingis, ed. Claude Lefort, Evanston: Northwestern Univ. Press, 1968.

_____, "Cézanne's Doubt" in *The Merleau-Ponty Aesthetics Reader: Philosophy and Painting*, ed. Galen A. Johnson, Evanston: Northwestern Univ. Press, 1993.

_____, "Eye and Mind" in *The Merleau-Ponty Aesthetics Reader: Philosophy and Painting*, ed. Galen A. Johnson, Evanston: Northwestern Univ Press, 1993.

_____, "Eye and Mind," trans. Carleton Dallery in *The Primacy of Perception and Other Essays*, ed. J. Edie, Evanston: Northwestern Univ. Press, 1964.

_____, "The Primacy of Perception and its Philosophical Consequences", trans. James Edie in *The Primacy of Perception*, Chicago: Northwestern Univ. Press, 1964.

Polson, Margaret R., "Paul Klee: Landscape as Extension of Body", *Southeastern College Art Conference Review*, IX, 1979.

Prendeville, Brendan, "Merleau-Ponty, Realism and Painting: psychophysical space and the space of exchange", *Art History*, vol.22, 1999.

Robert Maillard(ed.), *New Dictionary of Sculpture*, New York: Tudor Publishing Company, 1971.

Toadvine Jr., Theodore A., "The Art of Doubting: Merleau-Ponty and Cezanne", *Philosophy Today*, vol.41, 1997.

Widdershoven, Guy A. M., "Truth and Meaning in Art: Merleau-Ponty's Ambiguity", *Journal of the British Society for Phenomenology*, vol.30, 1999.

김홍우, 『현상학과 정치철학』, 문학과지성사, 1999.
한국현상학회, 『예술과 현상학』, 철학과현실사, 2001.

# 2부

## 4장 _ 프랜시스 베이컨의 삼면화와 메를로퐁티의 표현의 존재론

Anzieu, Didier, "Bacon, Beckett, Bion: pour un renouveau empiriste", *Francis Bacon ou le portrait de l'homme désespécé*, Paris: Seuil, 1993.

_____, "Douleur et création chez Francis Bacon", *Francis Bacon ou le portrait de l'homme désespécé*

Deleuze, Gilles, *Francis Bacon: Logique de la sensation*[1981], Paris: Seuil, 2002[『감각의 논리』, 하태환 옮김, 민음사, 1996].

HAN, Eui-Jung. *Expression et ambiguïté: regard merleau-pontyen sur l'oeuvre de Francis Bacon*, Villleneuve d'ascq: ANRT, 2013.

Mercury, Jean-Yves, *L'expressivité chez Merleau-Ponty: du corps à la peinture*, Paris: L'Harmattan, 2000.

Merleau-Ponty, Maurice, *Eloge de la philosophie et autres essais*, Paris: Gallimard, 1995[1953].

_____, *La prose du monde*, Paris: Gallimard, 1969.

_____, *Le visible et l'invisible*[1964], Paris: Gallimard, 2001[『보이는 것과 보이지 않는 것』, 남수인·최의영 옮김, 동문선, 2004].

_____, *L'Œil et l'esprit*, Paris: Gallimard, 1964[『눈과 마음』, 김정아 옮김, 마음산책, 2008].

_____, *Merleau-Ponty à la Sorbonne: résumé de cours 1949-1952*, Grenoble: Cynara, 1988.

_____, *Phénoménologie de la perception*, Paris: Gallimard, 1945[『지각의 현상학』, 류의근 옮김, 문학과지성사, 2002].

_____, "Le doute de Cézanne", *Sens et non-sens*, Paris: Gallimard, 1948.

_____, "Les relations avec autrui chez l'enfant", *Parcours 1935-1951*, Lagrasse: Verdier, 1997.

Peppiatt, Michael, *Francis Bacon: Anatomie d'une énigme*, trans. Jeanne Bouniort, Paris: Flammarion, 2004.

Russell, John, *Francis Bacon*, New York: Thames & Hudson, 2001.

Sylvester, David, *Entretiens avec Francis Bacon*, Genève: Skira, 2005.

Sylvester, David, *Looking back at Francis Bacon*, London: Thames & Hudson, 2000.

## 5장 _ 메를로퐁티와 파울 클레: 그림은 보이지 않는 것을 보이게 한다

Boehm, Gottfried, "Die Bilderfrage", *Was ist ein Bild?*, München: Wilhelm Fink, 1994.

_____, "Die Wiederkehr der Bilder", *Was ist ein Bild?*, München: Wilhelm Fink, 1994.

Carbone, Mauro, "Sichtbar machen: Merleau-Ponty und Paul Klee", *Phänomenalität des Kunstwerks*, ed. Hans Sepp and Jürgen Trinks, Wien: Turia & Kant, 2006.

Glaesemer, Jürgen, "nulla dies sine linea" in *Paul Klee: Kein Tag ohne Linie*, ed. Tilman Osterwold. Bern: Hatje Cantz, 2005.

Hopfengart, Christine (ed.), "Theater-Wohin man sieht", *Paul Klee: Überall Theater*, Bern: Hatje Cantz, 2007.

Klee, Paul, *Das bildnerische Denken*, ed. Jürg Spiller, Basel: Schwabe, 1990.

_____, *Kunst-Lehre*, ed. Günther Regel, Leipzig: Reclam, 1995.

_____, *Tagebücher 1898-1918*, Stuttgart: Hatje Cantz, 1988.

_____, *Unendliche Naturgeschichte*, ed. Jürg Spiller, Basel/Stuttgart: Schwabe, 1970.

_____, "Beiträge zur bildnerischen Formlehre"(1921~1923), *Kunst-Lehre*, Leipzig: Reclam, 1995.

_____, "Schöpferische Konfession"(1918), *Kunst-Lehre*, Leipzig: Reclam, 1995.

_____, "Über die moderne Kunst"(1924), *Kunst-Lehre*, Leipzig: Reclam, 1995.

_____, "Wege des Naturstudiums"(1923), *Kunst-Lehre*, Leipzig: Reclam, 1995.

Marx, Bernhard, *Balancieren im Zwischen: Zwischenreiche bei Paul Klee*, Würzburg: Königshausen u. Neumann, 2007.

Merleau-Ponty, Maurice, *Das Auge und der Geist*, Hamburg : Felix Meiner, 2003.

_____, *Das Sichtbare und das Unsichtbare*, München: Wilhelm Fink, 2004.

Nonhoff, Nicola, *Paul Cézanne*, Königswinter: Krönemann, 2005.

_____, *Die Prosa der Welt*, München: Wilhelm Fink, 1993.

_____, *Phänomenologie der Wahrnehmung*, Berlin: De Gruyter, 1966.

_____, *Vorlesungen I*, Berlin/New York: De Gruyter, 1972.

_____, "Der Zweifel Cézannes"(1945), *Das Auge und der Geist*, Hamberg: Felix Meiner, 2003.

Osterwold, Tilman, "Zeichnung nach Innen", *Paul Klee: Kein Tag ohne Linie*, Bern: Hatje Cantz, 2005.

Regel, Günther, "Das Phänomen Paul Klee" in Paul Klee, *Kunst-Lehre*, Leipzig: Reclam, 1995.

_____, "Der Maler und Kunsttheoretiker Paul Klee als Lehrer" in Paul Klee, *Kunst-Lehre*, Leipzig: Reclam, 1995.

Schmidt, James, *Maurice Merleau-Ponty: Between Phenomenology and Structuralism*, London: Palgrave Macmillan, 1985.

Sorg, Reto, "Der Tanz und das 'Gesetz der Bewegung' bei Paul Klee", *Paul Klee: Überall Theater*, ed. Christine Hopfengart, Bern: Hatje Cantz, 2007.

Waldenfels, Bernhard, *Deutsch-Französische Gedankengänge*, Frankfurt/M.: Suhrkamp, 1995.


신인섭, 「메를로-퐁티의 살의 공동체와 제3의 정신의학 토대」, 『철학』, 제93집, 한국철학회편, 2007년 가을.

이종관, 「그림에 떠오르는 현대 문화—하이데거와 그 후계자들을 통해보는 큐비즘과 추상미술」, 『예술과 현상학』, 한국현상학회편, 철학과현실사, 2001.

조광제, 「메를로-퐁티의 후기 철학에서의 살과 색」, 『예술의 현상학』, 한국현상학회편, 철학과현실사, 2001.

조정옥, 「현대미술문화에서 미적 기준의 문제—칸딘스키의 예술론을 중심으로」,

『철학과 현상학 연구』, 제30집, 한국현상학회편, 2006.


## 6장 _ 앙드레 말로와 메를로퐁티의 예술 이념: 표상과 표현의 긴장

Bonan, Ronald, *Premières leçons sur l'esthétique de Merleau-Ponty*, PUF, 1997.

Gombrich, Ernst H., *L'Art et l'illusion*, Gallimard, 1971.

Merleau-Ponty, Maurice, *Sens et non sens*, Paris: Gallimard, 1995[Paris: Nagel, 1948].

_____, *Signes*, Paris: Gallimard Folio, 2003[1960].

_____, *Phénoménologie de la Perception*, Paris: Gallimard, 1945.

Malraux, André, *Discours prononcé à la Fondation Maeght pour l'inauguration de l'exposition «André Malraux et le Musée Imaginaire»*, O.C. III, La Pléiade Gallimard, 1996.

_____, *La métamorphose des dieux. Le Surnaturel* in *Ecrits sur l'art II*, O.C. V, La Pléiade Gallimard, 2004.

_____, *La métamorphose des dieux. L'Intemporel* in *Ecrits sur l'art II*, O.C. V, La Pléiade Gallimard, 2004.

_____, *Le miroir des limbes*, O.C. V, La Pléiade Gallimard, 2004.

_____, *Les noyers de l'Altenburg*, O.C. II, La Pléiade Gallimard, 1996

_____, *Les voix du silence* in *Ecrits sur l'art I*, O.C. IV, La Pléiade Gallimard, 2004.

Saint-Cheron, François de, *L'esthétique de Malraux*, SEDES, 1996.

Sartre, Jean-Paul, *Les mots*, Gallimard, 1964.

_____, *L'idiot de la famille*, 3 vols., Gallimard, 1971~1972.

Zarader, Jean-Pierre, *André Malraux et la pensée de l'art*, Ellipses, 1998.


신인섭, 「메를로-퐁티의 미술론(세잔)」, 『미술은 철학의 눈이다』, 문학과지성사, 2014.

# 3부

## 7장 _ 소통의 플랫폼, 디지털스킨과 감성적 '살' 공동체

Dufrenne, Mikel, *Esthétique et Philosophie*, Tom 2, Paris: Klincksieck, 1976.

Le Baut, Hervé, *Merleau-Ponty, Freud et les psychanalystes*, Paris: L'Harmattan, 2014.

Merleau-Ponty, Maurice, *La structure du comportement*, Paris: PUF, 1942.

_____, *Le visible et l'invisible*, Paris: Gallimard ,1964.

_____, *L'Œil et l'esprit*, Paris: Galimard, 1964.

_____, *Phénoménologie de la perception*, Paris: Galimard, 1945.

Kant, Emmanuel, *Critique de la faculté de juger* , trans. Alexis Philonenko, Paris: Vrin, 1993.

Simondon, Gilbert , *Du mode d'existence des objests techniques*, Aubier, 1989[1958].

_____, *L'individuation à la lumière des notions de forme et d'information*, Grenoble: Millon, 2005.


김화자, 「디지털 아트의 상호작용적 '관계'에 대한 탐색―시몽동의 개체화와 기술에 대한 사유를 중심으로」, 『철학과 현상학 연구』, 제56집, 한국현상학회, 2013.

니마토 지히로, 『생각하는 피부』, 김경주·이종욱 옮김, 논형, 2014.

디디에 앙지외, 『피부자아』, 권정아·안석 옮김, 인간희극, 2008.

르 꼬르뷔지에, 『건축을 향하여』, 이관석 옮김, 동녘, 2002.

박진호·박정란, 『현대 건축의 단면과 장면』, 시공문화사, 2013.

빌렘 플루서, 『그림의 혁명』, 김현진 옮김, 커뮤니케이션북스, 2004.

지그문트 프로이트, 『성욕에 관한 세편의 에세이』, 김정일 옮김, 열린책들, 2004.

한국현상학회, 『프랑스 철학의 위대한 시절』, 반비, 2014.

## 8장 _ 건축의 살, 메를로퐁티와 팔라스마

De Saint-Aubert, E., "La 'co-naissance'. Merleau-Ponty et Claudel", ed. M. Cariou, R. Barbaras and E. Bimbenet, *Merleau-Ponty aux frontières de l'invisible*, Associazione Culturale Mimesis, 2003.

Gély, R., *La Genèse du sentir*, Paris: Ousia, 2000.

Ghirardo, D., *Architecture after modernism*, Thames and Hudson Ltd., London, 1996〔『모더니즘 이후의 현대건축』, 최왕돈 옮김, 시공사, 2002〕.

Merleau-Ponty, *Sens et non-sens*, Paris: Nagel, 1966.

_____, *Le Visible et l'invisible*, Paris: Gallimard, 1964.

_____, *Phénoménologie de la perception*, Paris: Gallimard, 1945.

Otero-Pailos, J., *Architecture's Historical Turn : Phenomenology and the Rise of the Postmodern*, Univ. of Minnesota Press, 2010.

Pallasmaa, J., *The Eyes of the Skin: Architecture and the Senses*, Wiley, 2005[2].

_____, *The Embodied Image: Imagination and Imagery in Architecture*, Wiley, 2011.

_____, "Alvar Aalto: Toward a Synthetic Functionalism", ed. P. Reed, *Alvar Aalto: Between Humanism and Materialism*, The Museum of Modern Art, 1998.

_____, "Embodied and Existential Wisdom in Architecture: The Thinking Hand", *Body & Society*, vol.23(1), 2017.

_____, "Hapticity and Time: Notes on Fragile architecture", *The Architectural Review*, vol.207, 2000.

_____, "Mental and Existential Ecology", *Sustainable School Building: From Concept to Reality*(http://www.mizs.gov.si/fileadmin/mizs.gov.si/pageuploads/ANG/OECD_Conference/Pallasmaa.doc), 2009.

_____, "The Geometry of Feeling"(1986), reprinted in *Theorizing a New Agenda for Architecture, An Anthology of Architectural Theory*, ed. K. Nesbitt, Princeton Architectural Press, 1996.

_____, "Touching the World: Vision, Hearing, Hapticity and Atmosphere Perception", *Invisible Places: Sound, Urbanism and Sense of Place*(Proceeding)(http://invisibleplaces.org/IP2017.pdf), 2017.

Pallasmaa, J., S. Holl and A. Pérez-Gómez, *Questions of Perception: Phenomenology of Architecture*, William Stout Publishers, 2006.


곽문정·김기수·조용수, 「메를로퐁티의 신체현상학을 통한 체험된 건축공간 연구」, 『대한건축학회 학술발표대회 논문집』, 제25권 1호, 2005.

김남현·장용순, 「메를로퐁티의 현상학적 '얽힘(Chiasme)'을 통하여 본 현대건축에 관한 연구—건축적 재생공간을 중심으로」, 『대한건축학회 논문집: 계획계』, 제31권 11호, 2015.

김지영, 「메를로퐁티의 현상학적 공간 분석 방법을 통한 도미니크 페로 건축의 분석」(서울대학교 대학원 건축학과 석사논문), 2015.

김지영·최두남, 「메를로퐁티의 현상학적 공간 분석 방법을 통한 로버트 벤츄리 건축의 분석」, 『대한건축학회 학술대회논문집』, 제34권 2호, 2014.

박신화, 「메를로퐁티의 살 철학과 경험의 발생론」, 『철학과 현상학 연구』, 제55집, 2012.

이보형·김봉주·조종수, 「현상학적 이론을 기반으로 한 현대건축 공간 디자인의 특성 분석」, 『대한건축학회 논문집』, 제35권 제2호, 2015.

정태용, 「팔라스마 건축 현상학의 배경과 특성」, 『한국실내디자인학회논문집』, 제24권 2호, 2015.

조종수, 「현대건축공간에 구축된 체험된 공간개념과 표현기법에 관한 연구—안도 타다오와 피터 줌터를 중심으로」, 『대한건축학회 논문집: 계획계』, 제33권 4호, 2017.

한우진, 「몰리뉴의 문제와 뮐러-라이어 착시」, 『과학철학』, 제20권 제2호, 2017.

홍덕기·구영민, 「현대건축에 나타나는 신체적 시각성에 관한 연구—스티븐 홀과 다니엘 리벤스킨트의 건축을 중심으로」, 『대한건축학회 논문집: 계획계』, 제27권 5호, 2011.


## 9장 _ 댄 그레이엄과 메를로퐁티의 상호신체성

Bishop, Claire, *Installation Art*, New York: Routledge, 2005.

Graham, Dan, *Two-Way Mirror Power: Selected writing by Dan Graham on His Art*, Cambridge: MIT Press, 1999.

London, BarBara, "Five artist's Video Installations", *Leonardo*, vol. 28. no. 5, 1995. pp. 423~426.

Matthews, Eric, *Merleau-Ponty*, London: Continuum, 2006.

Merleau-Ponty, Maurice, *Phenomenology of Perception*, trans. by Colin Smith, London and New York: Routledge, 1962.

_____, *The Visible and the Invisible*, trans. by Alphonso Lingis, Illinois: Northwestern University Press, 1968.

_____, *The Prose of the World, ed. by Claude Lefort*, trans. by John O'Neill,

Illinois: Northwestern University Press, 1973.

Pelzer, Brigit, "Vision in Process", *October*, vol. 10, Autumn, 1979, pp. 105-119.

Pelzer, Brigit, Francis, Mark and Colomina, Beatriz, *Dan Graham*, London: Phaidon, 2001.

Spurling, Laurie, *Phenomenology and the Social World*, London: Routledge & Kegan Paul, 1977.

Stemmrich, Gregor, *Dan Graham*, Cologne: Dumon, 2008.


김형효,『메를로 퐁티와 애매성의 철학』, 철학과 현실사, 1996.

마이클 러시,『뉴미디어 아트』, 심철웅 옮김, 시공사, 2003.

모니카 M. 랭어,『메를로 퐁티의 지각의 현상학』, 서우석, 임양혁 옮김, 청하, 1992.

모리스 메를로퐁티,『지각의 현상학』, 류의근 옮김, 문학과 지성사, 2003.

_____,『보이는 것과 보이지 않는 것』, 남수인, 최의영 옮김, 동문선, 2004.

_____,『눈과 마음』, 김정아 옮김, 마음산책, 2008.

이남인,『후설과 메를로퐁티 지각의 현상학』, 한길사, 2013.

이소희,「후기 메를로퐁티의 살의 존재론에서 본 세계」,『철학과 현상학 연구』40집, 2009, pp. 181~204.

정소라,「M. 메를로퐁티의 예술론 연구: 신체 지각에 의한 미술작품의 창작과 감상」, 박사학위 논문, 이화여자대학교, 2015.

정연심,『현대공간과 설치미술』, A&C, 2014.